HUMANITIES AND SOCIETY

认同伦理学

Kwame Anthony Appiah

[美国] 夸梅·安东尼·阿皮亚 著 张容南 译

译林出版社

图书在版编目（CIP）数据
认同伦理学／（美国）阿皮亚（Appiah, K.A.）著；张容南译. —南京：译林出版社，2013.4（2019.12 重印）
（人文与社会译丛／刘东主编）
书名原文：The Ethics of Identity
ISBN 978-7-5447-3667-1

I.①认… II.①阿… ②张… III.①伦理学 - 研究 IV.①B82

中国版本图书馆 CIP 数据核字（2013）第 031189 号

著作权合同登记号　图字：10-2015-354 号

认同伦理学［美国］夸梅·安东尼·阿皮亚／著　张容南／译

责任编辑　马爱新
特约编辑　梁欣琢
责任印制　单　莉

原文出版　Princeton
出版发行　译林出版社
地　　址　南京市湖南路 1 号 A 楼
邮　　箱　yilin@yilin.com
网　　址　www.yilin.com
市场热线　025-86633278
排　　版　南京展望文化发展有限公司
印　　刷　江苏凤凰扬州鑫华印刷有限公司
开　　本　880 毫米 × 1230 毫米　1/32
印　　张　12.375
版　　次　2013 年 4 月第 1 版　2019 年 12 月第 2 次印刷
书　　号　ISBN 978-7-5447-3667-1
定　　价　68.00 元

主编的话

刘东

总算不负几年来的苦心——该为这套书写篇短序了。

此项翻译工程的缘起,先要追溯到自己内心的某些变化。虽说越来越惯于乡间的生活,每天只打一两通电话,但这种离群索居并不意味着我已修炼到了出家遁世的地步。毋宁说,坚守沉默少语的状态,倒是为了咬定问题不放,而且在当下的世道中,若还有哪路学说能引我出神,就不能只是玄妙得叫人着魔,还要有助于思入所属的社群。如此嘈嘈切切鼓荡难平的心气,或不免受了世事的恶刺激,不过也恰是这道底线,帮我部分摆脱了中西"精神分裂症"——至少我可以倚仗着中国文化的本根,去参验外缘的社会学说了,既然儒学作为一种本真的心向,正是要从对现世生活的终极肯定出发,把人间问题当成全部灵感的源头。

不宁惟是,这种从人文思入社会的诉求,还同国际学界的发展不期相合。擅长把捉非确定性问题的哲学,看来有点走出自我囿闭的低潮,而这又跟它把焦点对准了社会不无关系。现行通则的加速崩解和相互证伪,使得就算今后仍有普适的基准可言,也要有待于更加透辟的思力,正是在文明的此一根基处,批判的事业又有了用武之地。由此就决定了,尽管同在关注世俗的事务与规则,但跟既定框架内的策论不同,真正体现出人文关怀的社会学说,决不会是医头医脚式的小修小补,而必须以激进亢奋的姿态,去怀疑、颠覆和重估全部的价值预设。有意思的是,也许再没有哪个时代,会有这么多书生想要焕发制度智慧，这既凸显了文明的深层危机，又表达了超越的不竭潜力。

于是自然就想到翻译——把这些制度智慧引进汉语世界来。需要说明的是，尽管此类翻译向称严肃的学业，无论编者、译者还是读者，都会因其理论色彩和语言风格而备尝艰涩，但该工程却绝非寻常意义上的“纯学术”。此中辩谈的话题和学理，将会贴近我们的伦常日用，渗入我们的表象世界，改铸我们的公民文化，根本不容任何学院人垄断。同样，尽管这些选题大多分量厚重，且多为国外学府指定的必读书，也不必将其标榜为“新经典”。此类方生方成的思想实验，仍要应付尖刻的批判围攻，保持着知识创化时的紧张度，尚没有资格被当成享受保护的“老残遗产”。所以说白了：除非来此对话者早已功力尽失，这里就只有激活思想的马刺。

主持此类工程之烦难，足以让任何聪明人望而却步，大约也惟有愚钝如我者，才会在十年苦熬之余再作冯妇。然则晨钟暮鼓黄卷青灯中，毕竟尚有历代的高僧暗中相伴，他们和我声应气求，不甘心被宿命贬低为人类的亚种，遂把迻译工作当成了日常功课，要以艰难的咀嚼咬穿文化的篱笆。师法着这些先烈，当初酝酿这套丛书时，我曾在哈佛费正清中心放胆讲道：“在作者、编者和读者间初步形成的这种‘良性循环’景象，作为整个社会多元分化进程的缩影，偏巧正跟我们的国运连在一起，如果我们至少眼下尚无理由否认，今后中国历史的主要变因之一，仍然在于大陆知识阶层的一念之中，那么我们就总还有权想象，在孔老夫子的故乡，中华民族其实就靠这么写着读着，而默默修持着自己的心念，而默默挑战着自身的极限！”惟愿认同此道者日众，则华夏一族虽历经劫难，终不致因我辈而沦为文化小国。

一九九九年六月于京郊溪翁庄

献给亨利·芬德

“这都是你的责任……”

——贺拉斯，《歌集》4.3

目　录

前 言

在英语世界对当代哲学的讨论中，对于自由主义政治传统的大纲和历史存在广泛的共识。例如，人们通常假定这一传统归结于洛克的宗教宽容概念以及他的财产权理论；从法国大革命和美国革命中发展出的人类平等和人类权利的语言是这个传统的核心遗产；一个自由主义者谈论人类尊严并假定每个人都平等地拥有尊严，是很自然的。人们还通常假定这个传统在伦理学上是*个人主义*的——在此意义上，它假定，一切事物之所以在道德上具有重要意义，最终都在于它对个人造成的影响——因此，如果说国家、宗教社群或家庭是有意义的，它们的意义就在于对组成它们的个人产生了影响。[①]我们可能已经学会将自由主义传统的这些核心要素看作是有争议的：因此，粗略一点说，自由主义者不是那些简单同意尊严、自由、平等、个性、宽容以及其他一些价值的人，而是就这些价值对政治生活的影响做出*论证*的人。我们可能已经了解到，与其说自由主义传统——像所有知识传统一样——是一套学说，不如说它是由一系列辩论组成的。尽管如此，人们还是普遍同意有这样一个传统。

我们是否能够在事实上去确认一个包含这些要素的思想传统是一

① 我认为，有点不幸的是，“个人主义”这个词通常的用法带有一种非社交性的意味，这个词本应成为这种立场的一个技术哲学标签。因此也许在开篇值得一提的是，这种类型的个人主义是一种对他人的广泛关注的基础。（毕竟，如果个人是重要的，那么你对他们做了些什么就很重要。）这种类型的个人主义被认为反映在这种普遍的尝试中，即尝试着表明为什么国家应该在“自然状态”下将自己推荐给个人。（这不是一个准确的陈述；准确性要求进一步的讨论，例如，讨论说某个事件的重要性时我们到底是指什么。）

个很有趣的问题；当然，对这个问题的解答需要严肃的历史探究。我自己的怀疑是如果你开始这样一个探究，你会发现穆勒、霍布斯、伯林或
ix 罗尔斯这样的思想前辈更多元而非更单一，而我们现在所说的自由主义传统不再像一个随着时间发展而来的观念体系，而更像是我们现在觉得有用就回过头去找的、有助于阐释一种重要政治哲学观点的理论来源的汇编，以及对这些来源的阐释：但这是密涅瓦的猫头鹰在黄昏时起飞的另一个例证。认为自由主义只是一种事后创造的一个理由是——也许是一个浅薄的理由，但这个理由打动了我——对"自由主义"这个词语的使用，就像一种政治信仰的名称一样，是十九世纪的一种发展；它从未出现于洛克或美国建国者的著作中，这个词语在这些著作中的缺失使我们所讲述的自由主义历史几近枯竭。[①]

---

① 第一个使用"自由主义者"（或者，更准确地说，它在西班牙语中的同源词）这个术语的政党是十九世纪西班牙的"自由党"。到了1827年，罗伯特·骚塞（Robert Southey）用它的英文词来描述在《魔鬼出行》（"The Devil's Walk"）这首诗中的政治立场，这首诗的第28节和29节（用撒旦的女儿之一的口吻说道）是这样的：

> 伟大的宇宙主宰！
> 你不会觉得我在用我的时间进行愚弄；
> 我们有许多枷锁，我的陛下，都在火中，
> 我不会让它们冷却；
> 因为你一定知道议会在此召集
> 它带着我定下的规则。
> 当我的自由理念
> 产生有害的议案时，
> 许多有良好意愿的人，
> 在议会的两院，
> 愿意为我提供帮助；
> 而且我还有前景良好的学生，
> 他们都在此接受教育。
>
> 他们使我的自由主义理念取得了良好的进展，
> 我的功利主义者，

因此你可能会试图用传统的实践而不是传统的思想去识别自由主义。采取脚着地而不是头着地的方法，你可以指出近几个世纪以来自由主义的发展，尤其是美国革命和法国大革命之后政治生活新方式的发展。这种生活方式在一定的政治制度中得以表达：其中包括通过选举制而非世袭制产生统治者，以及更普遍地，在某种程度上诉诸被统治者的同意，并且限制那些统治者的权力——即使它以大多数人的名义——体现在尊重特定基本权利的法律制度中。这些公民或政治权利为公民开辟出一个相应的自由领域，包括政治表达的自由和宗教自由。可以肯定的是，这些要素中的每一个都可以单独出现：欧洲的共和国远在雅典就已出现；最早的那些德国皇帝是被选出来的[1]；英国的出版自由和宗教宽容是在君主制下发展出来的。但是，标志着自由主义出现

我所有类型的主义者 277
以及我所有类型的分子，
我所有类型的派别，
以及我的托利党和辉格党，
他们经历了各种各样的曲折，
我知道，训练他们的方式是特别的，
父亲，你必须让他们走；
忽高忽低，
聪明与愚蠢，伟大与渺小，
让所有聪明的男孩们去行走。

① 当然，这些选举的选民是来自帝国的城镇、州和其他单位的小部分“选民”。但美国的第一次选举也是建立在决定性的有限投票权之上的。如果民主意味着基本由成人投票权所构成的选举系统，那么民主就是自由主义实践中的一个后来者。的确，自由主义的核心人物对民主制持有怀疑：穆勒（在他的《论代议制政府》中提出一种“多元投票制”，在这种投票制度中受到更好教育的人将享有更大的投票权利）对多数人专制的担心贯穿于《论自由》；而且，美国宪法也不是民主的，它并没有把投票权赋予所有成年公民。（可以说，只有当投票年龄被降到十八岁的时候，这个过程才得以完成，而这是不到半个世纪之前才发生的事情。）但我不是想在此意义上表达对民主制的怀疑，或者说民主制没有遵从核心的自由主义观念。尊重自由而平等的他人要求通过给予每个人选择政府的同等权利来表现他们的政治平等。最后，像民主制这样的东西可能会从自由主义的传统中诞生。我坚持要说的只是，自由主义与民主制之间的关系是需要讨论的。

的，看来可能是这些制度的一个综合：宪法、权利、选举和对私有财产权的保护。二十世纪的欧洲与北美，在这些因素之上，又加入了对保障每一位公民最低福利条件的公共关注。

然而，讨论实践并不会使你逃脱原则的困扰，你试图在两者之间划一条界限也不太行得通。因为政治理论不像天体力学：在政治领域，理论有一个趋势，即成为它所理论化的一部分。如果有一种自由主义的生
x 活方式，那么它不仅由制度来刻画，也由修辞、观念和论证来刻画。当美国的殖民地居民宣称，他们不言自明地拥有生命、自由和追求幸福的不可剥夺的权利时，他们试图让它变为真的。但强调实践而非强调原则对于展示这些原则的异质性可能是有帮助的。例如，历史学家经常争论古典共和主义——建立在公民资格理想而非个人权利基础上的一种政治，对美国建国者的重要性。而一旦你接受自由民主制既充满了关于公民德性的讨论，也充满了关于权利的讨论，你可能会总结自由主义也应该被包括到这类有争议的传统中。从这种宽松的意义上去理解，自由主义不仅包括欧洲和北美几乎所有主流政党的所有成员，它还包括那些批评“原子主义”或道义论的理论家，这些理论家对自由主义的传统而不是它的一部分充满敌意。让“自由主义”吸收它的表面反对者的许多看法可能招致词汇帝国主义的指责。但它至少可以阻止那些有关假定的自由主义立场是不是真的自由主义的苛刻的、熟悉的论证。这类论证在内容上常常带有启发性，但我认为，它们不是对一个词的论证。

因此为什么一开始就骑上这匹受伤的战马，驮着各种各样的语义行李疲于奔命呢？这是个好问题。我应该承认，我曾经希望自己能够不依赖于此来写这本书。我没有获得多大的成功，这提醒我，我们所有的政治术语都是些陈旧的概念；谈论自主性或宽容、尊严是加入一场持续的谈话，这场谈话在你来之前早就已经开始，在你离开之后还将持续很久。我们普遍认为我们所确信的某些价值，被一些以英语为母语的哲学家同“自由主义”词联系起来，这些价值事关我们想要过的生活，

以及我们希望实现的政治，我将要探索的此类问题对我们当中的一些人来说已经出现。与此同时，我想要探讨的这些问题的意义在于："自由主义"对于这些问题得以从中发生的那一规划而言，是不是一个的正确名称。的确，说来也奇怪，我希望劝服你这些问题也是重要的，即使你根本不倾向于认为自己是一个自由主义者。 xi

让我勾勒出一幅图画，在这幅图画中有我想要谈论的问题。我们每一个人都要去生活；尽管有很多关于我们如何生活的道德约束——其中显著的是我们对其他人的义务——这些约束并没有决定我们必须去过哪一种生活。例如，我们不能过残忍和不诚实的生活，没有这些恶习，我们还可以过很多种生活。从我们的历史环境，从我们的生理和心理天赋中，生出对我们如何生活的许多约束：我出生在一个错误的家庭，成为了一个约鲁巴人的酋长，投错了娘胎；我太矮以至于不能成为一个成功的职业篮球选手；我的手指不够灵巧，不能成为一个开音乐会的钢琴演奏家。但是，即使我们考虑所有这些因素，我们知道每个人生活开始的时候都充满着许多可能性。一些人比另一些人的选择范围更广、更有趣。我曾经与已故诺贝尔奖得主雅克·莫诺（Jacques Monod）——分子生物学的奠基者之一交谈，他告诉我他必须在生命的一个特定时刻做出选择，（据我记得是）选择成为一个开音乐会的大提琴家，或是一个哲学家，或是一个科学家。但每个人都有，或应该有多种多样的决策来塑造生活。而对一个自由主义立场的人来说，这些决策最终属于那个拥有这种生活的人。

这至少意味着两件事情。第一，我生活的尺度，评价生活成功与否的标准，部分依赖于我所设定的生活目标。第二，我要过什么样的生活取决于我（假设我完成了我对他人的义务），即使我的实际生活比我能够过上的生活要差。毫无疑问，我们所有人都可以比我们实际过得要好：但这不是其他人把那些更好的生活方式强加给我们的理由。体贴的朋友、善意的圣人、焦虑的亲属可能会正确地向我们提供如何前进的建议。但他们提供的只是建议，而不是强迫。而且，就像私人场合的强迫是错误的一样，当政府采取强制措施致力于其公民的完善时，它也是
xii 错误的。这就是为什么说：一旦我完成了我的义务，我的生活就取决于我。穆勒教我们的“个性”一词就是为这个任务而出现的。但它不会在真空中出现；相反，它由可以获得的社会形式塑造而成。而这可以包括超出我自愿承担的义务，以及超出基本道德的要求。

至此，我敢说我所说过的是相当地无懈可击——甚至在我的学术领域里它也是老生常谈的调调。事实是这些老生常谈反映了过去几十年元伦理学反思的氛围中的变化。尤其是，我们哲学家——不管我们站在“价值多元主义”还是“道德实在论”的立场——越来越意识到道德义务只代表了我们的规范性关注的一个分支。在此精神中，托马斯·斯坎伦区分了狭义的道德——在“我们相互亏欠什么”的意义上谈论的道德——与“广义的道德”，这种道德包括如何成为一个好家长或好朋友，或者如何达到极高的职业水准。类似地，伯纳德·威廉姆斯在他所说的伦理这个更广泛的传统中识别出了作为“较狭窄系统的”道德——在他看来，道德是一种“特殊制度”。但这种基本制度，以及它所代表的种种担忧，却绝不新奇。在二十世纪三十年代，亨利·伯格森的《道德与宗教的两种起源》的英文译者警告读者，作为一个“极其重要的”问题，他们使用了“morality”这个词来翻译“morale”，在法语中这个词的意义比在英语中要宽泛，它既有道德的意思，也有伦理的意思。对道德和伦理的区分可以回溯到过去，回溯到黑格尔，甚至可能更早。你也许假设说，道德在狭义上是哲学家的一种捏造；你也许会责怪康德，或认为它是自由主义宽容的结果。但我认为威廉姆斯坚持说，恰恰正相反，它“几乎是我们所有人的看法或不连贯的部分看法”，这种说法是正确的。正如我们看到的，对于如何划定这个区分，并没有固定的惯例，或者更确切地说，这个区分到底区分了什么是不清楚的。不过，

在大多数情况下，我认为追随罗纳德·德沃金约定的词汇是便利的，即伦理“包括有关哪种类型的生活对一个人是好生活或坏生活的信念，而道德包括一个人应该如何对待其他人的原则。”[1] xiii

从道德义务的领域转移到伦理提升的领域，现代人的哲学反思让他们回到古代人的问题：我们应该过什么样的生活，并且认为值得过的生活优于满足我们偏好的生活。一旦我们严肃对待这样的问题，我们必须承认塑造我们生活的工具包括许多由社会提供的资源和形式：在它们当中，最显而易见的是语言，但还有数不清的其他私人机构和公共机构。不过，被证明尤其麻烦的是考虑那些我们现在称之为认同的社会形式的努力：性别与性倾向，种族性与国民性，专业与职业。认同会提出伦理要求，因为这正是我们人类创造的关于这个世界的事实——我们是作为男人、作为女人，作为同性恋者、作为异性恋者，作为加纳人、作为美国人，作为白人、作为黑人去生活的。众多难题马上出现了。认同代表着对自主性的限制吗，还是说它们为自主性提供了轮廓呢？如果可以的话，认同群体可以向国家提出什么样的要求呢？这些关注已经成为近年来政治哲学的一些突出问题，但我希望表明的是，它们一点也不新奇。新奇的是我们以特殊的方式来概念化认同。被询问（自问）我们是谁已是老生常谈，现在我们还要问我们是什么。

接下来的篇幅中，我计划在我们的个人生活和政治生活中探究认

[1] T. M. Scanlon, *What We Own to Each Other* (Cambridge: Harvard University Press, 1998), 172; Bernard Williams, *Ethics and the Limits of Philosophy* (Cambridge: Harvard University Press, 1985), 6 and 174; “Translator’s Preface,” in Henri Bergson, *The Two Sources of Morality and Religion*, trans. R. Ashley Audra and Cloudesley Brereton, W. Horsfall Carter给予了帮助(New York: Doubleday, 1935); Ronald Dworkin, *Sovereign Virtue: The Theory and Practice of Equality* (Cambridge: Harvard University Press, 2000), 485 n. 1. 这与康德在法律义务和道德义务，或者说完全义务和不完全义务之间的区分有相似之处。但请注意，德沃金的定义可能允许伦理屈从于道德。最好是过一种以别人应该怎样被对待的方式去对待别人的生活。

同伦理学，但我想在我的叙述中严肃考虑穆勒的个性概念。的确，穆勒成为现代政治思想的核心人物，既是基于一些好的理由，也有少数坏的理由，在接下来的篇章中他将成为我们的旅游向导。穆勒之所以成为一个和蔼可亲的向导，而不是一个挂在后视镜上的旅行偶像，不是因为我们同意他所有的分析，而是因为我们关心的如此之多的话题都得到了他的关注，在一个谈论“认同”听起来如此时髦的年代，他提醒我们它
xiv 所反映的问题对于政治哲学的准则来说也毫不陌生。

我说过，我讨论的问题诞生于自由主义这个思想舞台（要把它看作一个非常普通的舞台）。但是，当然，许多探讨这些问题的理论家倾向于认为它们对自由主义造成了挑战。他们担心自由主义给我们提供的世界图景留下了太多空白；正统自由主义的奠基者，如我们集合的那些人，对各种生活方式之间的差异要么无视，要么不感兴趣。他们尤其劝告我们，与其信任抽象的习惯，以及个人未经反思的对话，不如信任单一化的、处境化的自我。因此人们有时候说约翰·洛克和其他一些自由民主制的奠基理论家生活在一个高度同质化的世界；他们的观念对我们多种族的现代性不适用。现在，从遗漏者（the Leavers Out）和进入者（the Putters In）之间的当代冲突中我们可以学到很多；它们的对峙就如同那清晰可见的战场。但也有些东西飘浮在战争的迷雾中。我自己的疑虑是，传统自由主义理论的概念资源还没有被耗尽，但无论如何，并不是每一个遗漏都是一种罪恶。

当然，由于洛克的写作是源于长期的和血腥的宗派冲突；他的抽象不是来自粗心大意或熟视无睹，或仅仅出于种族虚荣。多样性的问题，对于现代政治哲学的起源来说不仅不是边缘性的，而且是中心性的。这种遗漏是有目的的；而且这个目的是不能忽略的。有可能是自由主义者想更多地谈论另一个问题——对人的尊重。而“尊重”的范围正是自由主义的抽象的习惯展示其力量的地方。受累的自我（the encumbered self）负载着由其多方面的忠诚所带来的特殊性，它不是

按规则我们一定要去尊重的东西。与尊重人相对照，我也不只是对尊重不同文化抱有怀疑；我相信只有我们把人当作抽象的权利持有者的时候，我们才会尊重他们。我们的道德进步在很大程度上依赖于这种抽象的趋势。正如皮特·莱尔顿（Peter Railton）所言，“历史的大趋势是促使道德思想向普遍化方面发展”，而推进这种普遍化的正是来自内在多样性的挑战。“例如，宗教宽容要求我们把他人的观点也看作是 xv
宗教性的，而不仅仅是异端。这不仅要求我们与他人的信念保持批判性的距离，而且要求我们对自身也如此。”[①] 说这些肯定不是怀疑进入（putting-in）的价值：它只是说对进入要保持警惕，并不是越多就越好。如果遗漏是策略性的，那么进入也同样如此。

因此，我既不是作为认同的朋友，也不是作为它的敌人来写作的。两种立场都可能让我们回想起完全的拥护，一边是美国超验派玛格丽特·富勒所说的，“我接受宇宙！”另一边是卡莱尔的有名的反驳，“上帝！她最好如此！”你可能认可重力学说，但也不必过分恭维它。事实上，对于你在药品广告中找到的那些副作用的警告——他们警告说的会导致视力模糊的那些微型颗粒——我应该予以否认。我常常发现用认同的讨论来取代“种族”或“文化”的讨论会更有帮助；但我应该事先承认，对认同的讨论也有具体化的倾向。随着它在心理学的话语中活跃起来，它可能会受到虚假的心理整体性概念的损害（在“认同危机”、“找到你自己”等陈词滥调中被重复）。随着它在人种学的

① Peter Railton, “Pluralism, Determinacy, and Dilemma,” *Ethics* 102, no.4 (July 1922): 722. 也可参见Michael Blake, “Rights for People, Not for Cultures,” *Civilization* 7, no.4 (August—September 2000): 50—53。布莱克写道，“价值多样性的模糊之处，从某种意义上说，在于我们认为有价值的是有不同背景的人还是这些多样性的背景本身，第一个 278
观念——人们应该不论其种族、人种、性别和其他可分辨的特征而得到平等的尊重——今天是任何合理的政治哲学的一部分。但很难因此得出我们必须抽象地尊重和保存多样性本身；我认为，我们不会对世界没有包含比现在多一倍的文化而感到遗憾。”（52）我会在第四章回到这个问题。

话语中活跃起来，它可能被固化为某种固定的、确定的东西，一种差异（Difference）的同质化。[①]但我不知道如何对待这种危险，除了把它们指出来，并且试图避免它们。

我是否成功了，你将自行做出判断。在这些篇章里，我已尝试将过去十年中我对伦理和认同问题的思考和写作拉到一起。这个一起的部分不可避免地包含着大量的修改：延展、压缩和撤回。首先，导论性的第一章勾画出轮廓，特别介绍穆勒的个性观念。这一章有意作为全书争议性最小的部分，在它接受检验之前，我把它看作常识。（而且，像许多哲学家一样，我是那种认为不说去做比说了去做要好的人。）接下来的章节将讨论带到各个领域——"自主性"这个充满争议性的领域，围绕公民资格和认同的辩论；国家在我们的伦理繁荣方面应扮演的合适角色；在偏私性和道德之间的谈判；跨越伦理共同体的对话前景。通过对这些规范性问题的关注，我努力节制自己对道德实在论的宏大
xvi 问题——有关事实—价值区分所具有的本体论重要性的议题——做出形而上学的承诺。并且我也试图与对道德认识论的直接讨论保持距离，虽然完全没有形而上学或认识论的预设是无法前进的。如果在我的方法中有什么特别的话，那么就是我讨论的起点。我总是从致力于塑造其生活的个人视角开始，这些个人承认其他人也在进行同样的筹划，并且询问对这个我们共享的伦理筹划来说，社会的和政治的生活意味着什么。因而，我想强调说在我所指明的特殊意义上，这是伦理学的工作，它不是政治理论的工作，因为它不是从对国家的一种兴趣开始的。相反，它讨论的政治问题，是那些一旦我们承认我们每一个人的伦理任务——我们的生活塑造——不可避免地与他人的伦理生活交织在一起，就必然产生的问题。这就是我讨论一些更宽泛的社会关系和一些

① 对这类陷阱的警惕性讨论，参见Richard Handler, "Is 'Identity' a Useful Cross-Cultural Concept?" 收录于*Commemorations: The Politics of National Identity*, ed. John R. Gillis, Princeton: Princeton University Press, 1994, 27—40。

相对狭窄的政治关系的原因，而且这也是我最后以超越国家政治的更广泛的全球政治作为结尾的原因：那些——伦理计划关系到的别人不只是我们的同胞公民，也包括这个星球上其他国家的公民。我从自由主义这个政治传统的讨论开始，但这是因为我相信这个传统的一些伦理预设是完全正确的，而不是因为我最关心政治。

但我最后也最有力的反驳，针对的是那些寻求实践指导、寻找关于什么样的法律或制度能最好地治疗我们的社会疾病和政治疾病的特殊建议的人。哎，我是个糟糕的内科医生：我感兴趣的是诊断——病因和病理学方面，而不是治疗。如果你寻找的是一个纲领，一系列行动项目，我唯一的建议是你另寻别处吧。

事实上，这里提供的更多的是一种探究的精神，而不是结论。二十世纪早期经济学的一个伟大人物——是亚瑟·赛斯尔·庇古（Arthur Cecil Pigou）吗？——声称，他的学说的目的是提供热，而不是光。他的意思是它不仅要能照明，还要有用。尽管我会从一两个论点开始，但随后的探究能提供的热非常少，如果有的话；我希望能发出一点光亮，即 xvii
使这点光很微暗，闪烁不定。哲学毫无疑问更善于提出问题而不是给出策略。我的目标不是让人皈依，我几乎不在意你是否同意我提出的每一个观点；我不敢肯定说我会在意。我们如何说清楚认同和个性之间——是什么和是谁之间——的联系，是一个半像时间一样久远的对话主题。不管你是否认同我的研究方法，我希望我至少可以说服你，这场对话值得加入。 xviii

第一章

个性伦理学

伟大的实验

约翰·斯图亚特·穆勒所接受的教育要么是个性方面的一个案例研究，要么是抹杀个性的激烈尝试，这取决于你怎么看它。他自己似乎无法确定是哪一种。他把他的教育称为“实验”，在他的自传中，他对自我经历提供的论述足以保证它将成为传奇。他三岁学习希腊语，到十二岁时他已可以阅读希罗多德的全部著作，色诺芬的大量著作，维吉尔的《牧歌》以及《埃涅阿斯记》的前六卷，贺拉斯的绝大部分作品，以及索福克勒斯、欧里庇得斯、波利比奥斯、柏拉图、亚里士多德及其他人的多数著作。在学习了蒲柏的《荷马》之后，他着手构思一部“《伊利亚特》的续集”，一开始只是心血来潮，后来就是强迫式的了。他还对几何、代数和微积分有所涉猎。

年轻的穆勒被尽可能地隔离以防止受到其他男孩腐蚀性的影响（如他所说，“庸俗的思想模式和感情模式的感染”）；并且，在他十四岁那年，当约翰·斯图亚特打算开始接触超出他父亲监控范围的一些新鲜人物时，詹姆斯·穆勒把他的孩子带到海德公园，让他为将要遇到的人做准备。如果约翰·穆勒发现自己走到了其他孩子前面，他不能把

它归功于他自己的卓越，而应归功于他在智力成长方面受到的特别严
酷的训练：“如果我比其他人知道得多，这不是对我的赞誉，如果我比 1
他们知道得少，那才是我最深的耻辱。”这是他认识到自己早熟的最早迹象，而穆勒有足够的理由对此感到震惊。他回忆道，“如果我对自己有任何想法，那必定是我在学习上相当落后，与父亲对我的期望相比，我总觉得自己落后。”[①]

但詹姆斯·穆勒是一个有使命的人，正是他的大儿子被指定来承担这个使命。詹姆斯，作为杰里米·边沁最早的弟子，开始塑造另一位弟子——一个按照边沁的原则加以训练的人，一个将把伟大说教者的信条扩展和发布到一个新世纪的人。不妨说，他是武士之子。到头来，自我发展成为穆勒思想的一个中心议题，事实上，这是穆勒抱怨其智力遗产的一个主要因素。当他二十四岁的时候，他写信给他的朋友约翰·斯特林（John Sterling），述说快要击垮他的孤独：“没有人（和我平等的人）承认和我有共同的目标，甚至在任何实际的事务上也没有人和我合作，我感觉我是在利用人，他的目标和我不同，他是我实现自己目标的工具。”[②] 穆勒对以这种方式利用他人的敏感性来自他自身也被利用的感觉——他被拉进一个不属于他自己的大师计划。

穆勒清楚地写到过他生命中的巨大危机——在他二十岁的时候就发生的，与他的早熟相适应的一种中年危机——这种个人精神上的颓

① 凡参见John M. Robson主编的穆勒著作*The Collected Works of John Stuart Mill*（Toronto: University of Toronto Press, 1963—1991, vols.1—33, 以后就用*CWM*代替），题目、卷数和页码的顺序标注。在此，我引用的是*The Autobiography of John Stuart Mill*, *CWM* 1: 33, 35。穆勒也说得很清楚，他的教育不是被动地接受知识。“大多数被灌输了很多知识的男孩或青年，其心理能力不是被增强了，而是负担过重了。他们仅仅被事实以及其他人给出的观点或习语所填满，而这些东西替代了他们发展出形成自身观点的能力：因此，杰出父亲的儿子，在其教育上全力以赴，却常常成长为他们所学东西的应声虫，无法运用他们的头脑。我却不是填鸭式教育的产物。我的父亲从未允许我学习的任何东西堕落为仅仅是记忆的运用。”Mill, *Autobiography*, *CWM* 1: 21.

② Mill, *The Earlier Letters*, 1812—1848, *CWM* 12: 30.

丧状态自1826年的冬天开始就困扰着他。

> 在此心境下，我直接询问自己："假如你所有的生活目标都实现了，你所希望的制度和观念的所有变化在这个瞬间能够完全实现：对你来说这是极大的快乐和幸福吗？"一个无法压抑的自我意识立即答道："不！"我的心在往下沉：我的生活得以建立的全部基础崩溃了。[①]

他让自己从中解脱了出来，远离那让他炫目的光亮；但之后有很长一段时间他都是迷茫而漂泊的。为了脱离对边沁的迷信，他一头栽进不
2 加批判的折衷主义，不愿意运用他那也许得到过分发展的批判能力。他坚决地甚至倔强地接受那些他曾经认为是错误化身的论证，不管它们是圣西门那令人窒息的乌托邦主义还是科勒律治和卡莱尔那模糊不清的条顿神秘主义。穆勒是通过他的新朋友和灵魂伴侣泰勒夫人才重新回到他的智力轨道上的。他写道，"我从他人那里学习的意愿和热情，以及在我的观念中为每一个新收获留下余地以调整新旧观念的关系，都受到了她的影响，在她长期的影响下，我早期的观念得到了很大的纠正。"[②]

这是一段遭到谴责的关系，谴责它的不仅仅是詹姆斯·穆勒。所以有些讽刺的是，看来是泰勒而不是其他人，将穆勒这艘无舵的船扳回到其世袭事业的信条之下。穆勒对她的爱一度是反叛和恢复——这一段智力合作关系一开始就持续了近三十年。直到1851年泰勒夫人成为寡妇后，她和穆勒才以夫妻身份生活在一起，十九世纪五十年代中期他们合作产生出最伟大的成果：《论自由》，这本书显然是阅读得最多的英语政治哲学著作。

我回忆这个令人熟知的故事是因为占据穆勒社会和政治思考

① Mill, *Autobiography*, *CWM* 1: 139.

② Ibid., 259.

的大多数议题都贯穿他的一生。这是一种难得的便利。布里丹之驴（Buridan's ass）在屈服于饥饿之前不会对决策理论有任何贡献。伯纳德·威廉姆斯在分析“道德运气”中的标志人物和化身，保罗·高更，自己并不是一个道德哲学家。但穆勒对自我发展以及实验的关注既是一种哲学探究也是一种个人经验。《论自由》受到了众多影响，从德国浪漫主义，经由洪堡和科勒律治，再到穆勒继承的知识传统，即坚实的、每个人都有个体价值的平等和宽容。但我对穆勒著作的兴趣主要地、有意地是现世主义的，因为它预示了这本书的主要议题，就像它论及自由主义理论中的诸多话题一样。

考虑一下穆勒对多样性的强调，他对不可化约的人类价值多样本性的确认，他对国家广义上有义务推进人类繁荣的坚持，他对勾画一 3
个既是个人主义又是（有时这一点常常被忽略）社会性的福祉概念的努力。最后，我们将看到，他那强大的个性理想将调动对自主性和认同的批判性概念。我并非通过尊重穆勒的论证来关注他；我并不认为（他自己也不认为）穆勒的观点代表了最后的真理。但在他之前没有人——我还想加一句，之后也没人——如此清晰细致地描绘过这幅地图。我们也许会开垦出一个不同的花园，但我们是在他围起来以及耕耘的土地上开垦的。

自由与个性

“如果个性的自由发展被认为是福祉的一个主要要素的话，那么它不仅是和被称为文明、教化、教育、文化等一切东西并列的一个要素，而且它自身就是所有这些要素中的一个必要部分和必要条件；要调整个性与社会控制的边界就不会呈现特别的困难。”[①] 因此穆勒将该

① Mill, *On Liberty*, *CWM* 18: 261.

书著名的第三章命名为："论个性为人类福祉的要素之一"，这是一个有力的提议。因为看来它建议说个性甚至可以排到这本书的主题——自由——前面。我们以个人的方式运用我们所有的能力至少部分地使自由对我们来说是有价值的。在穆勒的论述中，个性不仅仅有助于，而且构成了社会之善。后来穆勒又回到的这个论题，以免有人漏掉了这一点："我已经说过个性与发展是一回事，只有培养个性才产生出或者才能够产生出发展得很好的人类，我在此就可以结束这个论证了：关于人类事务的情况，说到它已让人类自身更接近他们所能成为的最好的人，难道还有什么比它更多或更好的呢？难道还有什么比阻碍'好'更坏的吗？"[①]

可以肯定的是，穆勒的确给出了一个对自由的传统意义上的后果主
4 义论证——这个论证说自由会产生好的结果。他为言论自由做出的最有名的论证是，如果我们允许我们的意见在公共辩论（也就是我们今天所说的观念的市场）中得到验证，那么我们会更容易也更经常发现真理。但他用极大的热情论证人的个性培养自身就是福祉的一部分，本身就是好的，在此自由不是实现目的的一个手段而是目的的一部分。因为在众多事物中，个性意味着为自己做选择，而非仅仅被政治或社会批准的约束所桎梏。换言之，穆勒的部分观点是，自由是重要的，不仅仅因为它使其他的事情，例如发现真理，成为可能，还因为没有自由人们就无法发展出人类福祉的一个核心要素，即个性。[②]如他所写道的：

① Ibid., 267.

② 有一些人相信穆勒始终是一个一贯的功利主义者，因此，他们认为穆勒从本质上是在论证个性与功利之间的关系。但是，在《论自由》中对此关联没有给出一般性的论证，而且穆勒在这里或者别处谈到个性的时候也都没有提起这种关联。即使你假定存在此种关联，并不清楚的是，鉴于穆勒的幸福概念看来包含了个性，功利在此会起什么作用。拥有并且去运用自由选择的能力并不仅仅因为它带来了幸福所以是有价值的，相反，在穆勒的脑中它就是幸福的一部分。这类议题在以下这些人的著作中得到了关注，参见Fred Berger, *Happiness, Justice, and Freedom: The Moral and Political Philosophy of John Stuart*
279 *Mill* (Berkeley and Los Angeles: University of California Press, 1984); John Gray, *Mill on*

凡是听凭世界或者他自己所属的一部分世界代替自己选定生活方案的人，除需要一个人猿般的模仿力外便不需要任何其他能力。可是要由自己选定生活方案的人就要使用他的一切能力了。他必须使用观察力去看，使用推论力和判断力去预测，使用活动力去搜集为作决定之用的各项材料，然后使用思辨力去做出决定，而在做出决定之后还必须使用毅力和自制力去坚持自己深思熟虑的决定。他恰如其分的需要和运用的那些属性，是他按照自己的判断和情感来决定的行为中的很大一部分。可能，一点没有那些东西，他也会被引上某种好的道路而避开有害的途径。但是作为一个人，他的相对价值又是怎样呢？真正重要之处不仅在于人们做了什么，还在于做了这事的是怎样的人。①

个性不是一种生活方式所要追求的状态。穆勒说一个人选择自己的生活计划是非常重要的，自由至少部分在于提供条件，在此条件之下，在可接受的选项中有一个选项是可能的。但一个人必须选择自己的生活计划不是因为你必然会做出最明智的选择；事实上，你可能做出糟糕的选择。然而最紧要的是，这个生活计划（密尔在此点上的主张特别凄切，源于詹姆斯和杰里米的伟大实验主题）是要过这种生活的人自己选择的："一个人只要保有一些差不多够的常识和经验，他自己规划其存在的方式总是最好的，不是因为这方式本身算最好，而是因为这 5

Liberty: A Defence (London: Routledge and Kegan Paul, 1983)；以及Richard J. Arneson, "Mill versus Paternalism," *Ethics* 90 (July 1980): 470—98。还可以参见注释45以下。

① 穆勒阐述道："人类的官能如知觉能力、判断力、辨别感、智力活动，甚至道德取舍等等，只有在进行选择中才会得到运用。而凡因系习俗就照着办事的人则不作任何选择。"稍后，"性格"变成了一个价值术语："一个人，其欲望和冲动是他自己的——这些是他自己的本性经过他自己的教养加以发展和修改的表现——就称为具有某种性格。一个人，其欲望和冲动不是他自己的，就没有性格，正如一架蒸汽机之没有性格。" Mill, *On Liberty*, *CWM* 18: 262, 264.

是他自己的方式。”运用自己的能动性不仅本身是有价值的，而且这种运用会带来自我发展，会培养一个人的观察能力、推理能力和判断能力。[①]对人类来说，发展自主性的能力是必要的，这就是为什么人们选择什么是重要的，而且“做了这事的是怎样的人”也很重要的原因。所以穆勒用“个性”这个词既指进行深思熟虑的选择之前提，又指这种选择带来的结果。[②]

穆勒在《论自由》的第三章对个性的叙述中，没有在与他人不同是好的这种观念和在某种程度上自我创造成为“为自己选择计划的”人是好的这种观念之间做出一致的区分。[③]但我还是认为对穆勒最好的理解是，他在自我创造这项事业而非在多样性（成为与众不同的）上找到了内在价值。因为我可能选择一种正好与其他人类似的生活计划，但我并不是仅仅像人猿那样盲目地遵从他们。因此，我没有对多样性做出贡献（在此意义上，我不是非常具有个性），但我仍然在建构自己的（在另一种意义上，个性的）生活计划。《论自由》捍卫自由，因为只有自由的

---

① Ibid., 270. 穆勒强调对人的训练，而不是对“外部环境的管理”，他将自己这一思想转变追溯到1826年冬天之后，他说那时“我，第一次将个人的内在文化置于人类福祉的核心要素中”。Mill, *Autobiography, CWM* 1: 147.

② 参见Lawrence Haworth的仔细讨论。他区分了与穆勒所说的个性相关的三种自主性：“第一种意思：如果我们认为自主性是一种能力，那么拥有个性就是去发展那种能力，因此，它是一种实现了的人格特征。第二种意思：如果我们认为自主性是一种生活方式，是‘自主地生活’，那么个性（成熟的性格特征）是获得自主性的一个必要条件。第三种意思：当我们说‘一个人是自主的’时，我们头脑中想的也许是他的自主能力得到了发展；在这种语境下成为自主的与拥有个性是同义词。” Lawrence Haworth, *Autonomy: An Essay in Philosophical Psychology and Ethics* (New Haven: Yale University Press, 1986), 166. Cf. Arneson, “Mill versus Paternalism,” 477.

③ 在呼吁个性的时候，穆勒有一系列的考虑。一些是审美的（通过对个性的培养，“人类要成为思考中高贵而美丽的对象，” *On Liberty, CWM* 18: 266）；一些是半卡莱尔式的（伟大的英雄和天才将从平庸的垃圾中升起）；一些考虑产生自习俗的刁难（这种倾向“用压迫的办法，磨损人性中每一突出特立的部分，把在轮廓上显有异征的人都造成碌碌凡庸之辈，” ibid., 271）。

人才能够完全把握他们自己的生活。

生活计划

为什么穆勒坚持说个性的发展与“生活计划”有关呢？他所接受的功利主义训练意味着他不会把人类福祉与需求的满足割裂开来，但他清楚地意识到这些需求要成为合理的，它们就必须以特殊的方式被构造。我们当前的欲望和偏好常常与其他一些长期的欲望或偏好相冲突。我们希望已经写成了一本书，但我们并不想动笔写。我们想在大体解剖学的考试中拿高分，但我们不想在这个阳光灿烂的下午学习它。由于这个原因，我们发明各种各样的机制来蒙蔽自己（在第五章，我们将看到许多文化包含着自欺的机制），所以，像我们常说的那样，我们“强迫我们自己”去做兴趣要求我们做的事情。此外，我们许多的目标显然只是中级目标，它们从属于更全面的目标。你希望在大体解剖学考试中拿 6
高分因为你想成为一名外科医生；你想要成为一名外科医生因为你想在布基纳法索帮人修补颚裂，或者，你可能想修整贝弗利山庄那些人的翘鼻子；而这些野心可能还服务于其他一些野心。在第五章我将更仔细地探究种种原因，需要牢记的一点是，对穆勒来说，自由选择的行为有一个理性的向度，它体现为观察、推理、判断和思虑。在《逻辑学体系》中，穆勒甚至建议说将短暂的偏好合并为稳定的目标是成熟的表现：

> 意愿的习惯通常被称为目的；在我们意志的众多原因中，在从这些意志导出的行动中，不仅有喜好和厌恶，而且还有目的。只有当我们的目的独立于最初导致它们产生的快乐或痛苦的感觉时，我们才可以说拥有一个坚定的性格。诺瓦利斯说，“一种性格是一种得到完整修饰的意愿”，而这种意愿一旦得到修饰，可能是稳固和恒定的，即使快

> 乐和痛苦的消极感情被极大削弱或遭到重大改变。[1]

正是这种观念成为后来强调“生活计划”的理论家思想的核心，罗伊斯（Josiah Royce）将一个人定义为拥有这种计划的人。罗尔斯（Rawls）也处于穆勒这种论说之中，他规定“一个人的生活计划是理性的，当且仅当（1）当这些计划运用于他的处境中所有相关的特征时，这是一种与理性选择原则相一致的计划，而且（2）在满足这种条件的计划中，他使用了完全的审慎理性来选择这种计划，即他完全意识到了相关的事实并仔细考虑了所有结果。”[2]

在当代自由主义理论中，此类“计划”讨论的流行已招来一些敏锐的审视。麦基（J. L. Mackie）观察到，“总的说来，人们不会也不可能对总体的生活计划做出全面的选择”。丹尼尔·贝尔在批评一种与罗尔斯有关的自由个人主义时，坚持认为，“在选择职业和婚姻伴侣这些
7 事情上，与人们听从本能，实现其他人（家人、朋友、社群团体、政府、上帝）为他们设定的目标而努力，或者让命运决定剩下的事相比，他们并不必然拥有‘高一阶的兴趣’去做出理性的选择……这些，与意识到我们绝大多数的社会属性的非选择性一起，破坏了对建立在反思选择价值之上的社会组织的自由形式的辩护。”迈克尔·斯洛特则关注这类“生活计划”随着时间的改变改造我们偏好的方式。有时候，在未来不确定性之下，如果我们培养一种被动性，一种警惕的等待，我们将得到更好的服务。如他所说的，还有一种情况是“理性的生活计划性是一种有时间性的美德”，让孩子做出有关其职业生涯不可违逆的决定是不

---

[1] Mill, *A System of Logic*, *CWM* 8: 842—843.

[2] John Rawls, *A Theory of Justice* (Cambridge: Harvard University Press, 1971), 408. 此处他明确提及罗伊斯的《忠诚哲学》（*The Philosophy of Loyalty*），书中借此“塑造连贯的、系统的个人目的，是什么使一个人成为了有意识的、统一的道德个体”（在罗伊斯的注释中）。我将在第五章回头论述目的和理性的话题。

可取的，因为这种行为要求的审慎是他们不可能具备的。进一步而言，存在许多重要的人类之善，像爱或友谊，都不是我们可以精确“计划”的。[1]

批评者有他们的道理。毫无疑问如果我们想象人们把他们的生活蓝图巧妙地折起来放进口袋然后大步向前——如果我们把生活计划想象为单一的和固定的，而不是多样的和不断变化的，那么对计划的此类讨论就具有误导性。[2] 当写道董贝先生宣布他的年轻继承人时，狄更斯的讥讽之意昭然若揭，“我儿子前面的道路没有任何偶然或疑问。他的人生道路是清晰的、有准备的，在他出生前就已规划好了。”[3] 计划会发展，会扭转，会被大大小小的偶然性拖出既定的轨道；但我们对计划

---

① J. L. Mackie, “Can There Be a Right-Based Moral Theory?” in *Ethical Theory* 2: Theories about How We Should Live, ed. James Rachels (Oxford: Oxford University Press, 1998), 136; Daniel A. Bell, *Communitarianism and Its Critics* (New York: Oxford University Press, 1993), 6; Michael Slote, *Goods and Virtues* (Oxford: Oxford University Press, 1983), 280
43—47. 斯洛特关注“生活计划”在最近的自由主义哲学中的运用，尤其是David Richards, Charles Fried, 以及John Cooper等人的著作。

② 在《政治经济学原理》，*CWM* 3: 953—954中，穆勒写道，“个人是其自身利益的最好裁判者这个学说的一个例外是，当一个人现在试图一劳永逸地决定，他在将来以及遥远的未来最大的利益是什么。赞成个人判断的推定只有当这种推定植根于现实的，尤其是当下的个人的经验时才是合法的；如果它的形成先于经验，甚至在受到经验的谴责后也不悔改的话，它就是非法的。当人们受制于契约，不是简单地做一件事，而是持续地做某件事或者在相当长的时期内做某件事时，若没有任何权力取消这个契约，那么因其对他们有利，所以他们在此行为过程中表现出的毅力会提升，这种假定是不存在的；他们可能在早期自愿进入了契约，但对他们要做什么没有实际的认识，任何在此基础之上的假定等于是空话。没有对承诺永久性的限制，可以自由脱离契约的实践准则就是不可行的；法律非常警惕这样的承诺；如果订约双方没有能力去承担施加于他们的义务，法律就不会批准这样的契约；如果法律批准了契约，那么它会尽一切确保契约的签订是富有远见的、深思熟虑的；对不允许订约双方取消其承诺给予的补偿是，如果契约的签订是基于不平等的权威，那么订约双方有权解除合约。这些考虑尤其适用于婚姻，婚姻是生命承诺中最重要的一种承诺。”

③ Charles Dickens, *Dombey And Son* (New York: Oxford University Press, 1991), 139.

的讨论不应该导向这样的观点，即对每个人来说存在一个最优的方案。（值得注意的是，即使是欧洲小说中描写的最具野心的代表人物——司汤达的于连·索雷尔，或者特罗洛普的菲尼亚斯·芬——也是经历了一系列偶然的跌跌撞撞才进入其职业生涯的。索雷尔在红与黑之间选择了黑，这反映的不是他内在的信念，而是法国复辟期间军队和教会的特殊地位。）穆勒自己并没有处于任何此类幻象中。没有人会计划爱上别的男人的妻子，然后花二十年纠缠于这种伤脑筋的三角关系。[1]正是他这种恒定的气质，使他敏锐地意识到他的思想和目标随着时间变化
8 的方式。这是致使他认为对生活目标的探索将屈服于“生活实验”的一个原因，尽管他有理由知道，进行一个实验与在你身上做实验是两码事。

仆人的灵魂

尽管对计划的讨论听起来过分确定，但穆勒过激的言辞常常导向相反的方向——他的建议太缺乏操作性。他写作个性的方式，自由选择生活计划的结果（和条件），偶尔听起来像是一桩崇高得有些古怪的事情——不断地挑战成规，重新判断，对奋斗加以诗化。它会让人想起漫画家茱莉·菲佛（Jules Pfeiffcr）喜欢画的那个不断旋转的婀娜的表演艺术家，舞者在其舞蹈中不断表现其微弱的欲望。这不是穆勒的

① 可以肯定的是，在与泰勒夫人的罗曼史中，穆勒分析了各种计划，他们中有一人曾提出两人一起私奔、流亡，厚着脸皮来面对由此导致的放逐。如他1835年写给哈里特的信中所说，他会隐退，让自己变得微不足道。但这并未得到泰勒的赞同，她常常质疑他的这种“计划性”，1833年9月她写信给穆勒说：“我所知的最可怕的感觉就是当你说自己没有什么是可以绝对信赖的——你甚至怀疑你强烈的感情，我感觉恐惧布满了我全身。”Bruce Mazlish, *James and John Stuart Mill: Father and Son in the Nineteenth Century* (New York: Basic Books, 1975), 289.

意思，[①]这至多是一种工程示意图般的观点，但因为穆勒说得很抽象，可能想象一个具体的事例会对我们有帮助。考虑一下石黑一雄（Kazuo Ishiguro）在其著名的小说《长日留痕》中写的那个男管家，斯蒂文森先生。斯蒂文森先生将其一生奉献给达灵顿府，他的目标就是最好地使用他的能力来履行他的职责。他将自己看作这个机器的一部分，他的职责就是让他的主人达灵顿勋爵生活得舒适。由于他的主人活跃于公众历史舞台，他就将达灵顿勋爵的公共行为看作赋予他自己的生命意义的一部分内容。如他所说："让我们把它说清楚：一个男管家的职责就是提供好的服务，而不是去干预国家的大事。事实是，这类大事总是超出像你我这样的人的理解的，我们当中那些想出名的人必须意识到我们最好将注意力放在自己的领域之内。"[②]

斯蒂文森对其"领域之内"的事情非常认真，例如，他感觉，如他所说，那个晚上在他没有意识到他深爱的女人告诉他她要嫁给其他人之前，他有条不紊地履行其职责时，他都被一种"成功感托着"。[③]直到他向我们讲述这灾难性的一天时，我们才可能了解他当时有多么伤
感。 9

在这本书的最后，斯蒂文森趁假日又回到达灵顿府，他与我们一起回顾他的人生，他告诉我们他要用他所说的"幽默的技巧"来让他的新美国主人满意。

① 正如穆勒小心刻画的："若硬说人应当像在他们生于此世以前对世界一无所知那样去生活，应当像经验至今还毫未表明哪种生存方式或行为方式比另一种可取那样去生活，那是荒谬的。没有人否认人在年轻时就应受到这样的教育和训练，让他知道并受益于人类经验业已确定的结果……他人的传统和习俗，在某种程度上，乃是表明他们的经验教过他们什么东西的证明；而证明是可以例推的，因而就要求他来遵从。" Chapter 3 of *On Liberty*, *CWM* 18: 262. 281

② Kazuo Ishiguro, *The Remains of the Day* (New York: Knopf, 1989), 199.

③ Ibid., 228.

> 当然，我已经将大多数时间奉献于发展我的幽默技巧，但有可能我从未以我本应履行的承诺来完成我的职责。可能我明天就会回达灵顿府……我要用全新的努力来实践。因此，我希望当我的雇主回来的时候，我将能够愉快地让他感到惊讶。①

石黑一雄小说的读者几乎没有人会想要成为一个管家，更没有人想要成为斯蒂文森先生要做的那种管家。而且一个年长的男人运用他在营造轻松谈话氛围方面的技巧来讨好他的年轻“主人”听起来是有些可笑的。石黑一雄尤其擅长刻画这种古板的、自我欺骗的角色，读者很有可能读到最后对斯蒂文森生活中缺失的东西感到巨大的悲凉。

尽管如此，斯蒂文森仍然在继续他选择的这种生活。在我看来我们可以部分理解穆勒所说的，幽默对斯蒂文森是有价值的，因为他选择成为一名最好的男管家。这不是一种我们会选择的生活，但对于选择它的人来说，明智地增进他的幽默技巧是好的。在《论自由》中，穆勒没有清楚说明“个性”是如何与其他善相关联的。但他意识到有时候一个事物之所以重要是因为一个人选择的生活使它重要，而如果一个人不选择这样的生活它就不再重要了。说幽默对斯蒂文森来说是有价值的，不仅仅是说他希望自己有能力把它做好，就像他想要擅长打桥牌和保龄球一样，而是说，基于他的目标，他的“生活计划”，幽默这种技巧对他是有意义的；对我们来说幽默并不具有那样的意义，但我们仍然可以将幽默视作对于他选择的生活来说有价值的。

你可能认为任何有其他合理选项的人都不会选择这种生活，甚至那些被迫进入这种生活的人也不应该表露出斯蒂文森先生那样的热
10 情和忠诚。你可能解释说即使一个完美仆人的生活也不具有高贵的尊严。但事实是斯蒂文森先生的确选择了这种生活方式，他完全意识到了

① Ibid., 245. 石黑一雄体裁的微妙之处就在于这最后一句话是以一个不定式结尾的，它点出了斯蒂文森先生想要成为的那种人。

其他可能性，但他却以专注的野心来追求这种生活，在其他方面，他显然想要在职业成就上超过他的父亲。由于他的这种忠诚，他致力于如此有野心的自我发展，培养和改进他的各种技能。他在自我发展上的这种严肃性是穆勒唯一会赞成的。正如穆勒在给他的朋友大卫·巴克雷（David Barclay）的信中写道的，“只有一条简单的生活原则具有永久的约束力，它独立于各种各样的信条，在对这些信条的阐释中，它们平等地拥护伟大的道德和渺小的道德。它是这样的：不疲倦地尝试你自己，直到你发现你的能力可以做的最高难度的事情，只要你适当地考虑了你的能力和外在的环境，那么就去做吧。[①]穆勒还说，“所有人类都以这种形式或那种形式拥有尊严感”，[②]而尊严是斯蒂文森先生非常了解的东西。在回应旅途中遇到的医生的疑问时，他甚至给出了对尊严的定义。

> “你认为尊严是什么？”
>
> 我承认，您直接问这个问题，让我感到很吃惊。我这么说吧，“先生，很难用几个字解释清楚尊严是什么，但我怀疑它就是不在公共场合把一个人的衣服扒下来。”[③]

这不是一个笑话。斯蒂文森先生崇尚礼貌、良好的风度和礼节。这些东西构成了他生活的世界，让他的世界成为其世界。再说一次，这些东西可能对我们是没有价值的，但在他的生活计划内，它们对他是有价

① Caroline Fox在她的*Memories of Old Friends*（ed. Horace N. Pym, 2nd ed. London, 1882）中再现了这一点。Charles Larrabee Street在*Individualism and Individuality in the Philosophy of John Stuart Mill*（Milwaukee: Morehouse Publishing, 1926）一书的第41页做了引用。我们可以代表穆勒做出规定，这个“最高难度的事情”可能是从一组成员中选出来的。

② Mill, *Utilitarianism*, *CWM* 10: 212.

③ Ishiguro, *Remains*, 210.

值的。当他很严肃时，当他向满屋的村民解释什么是一个绅士和一个非绅士之间的差别的时候，他说，“你可能怀疑这种素质……最应该被叫做‘尊严’。”这是一种他以及许多保守主义者相信未被平等分配的素质。一个叫亨利·斯密斯的人说，“尊严不是仅绅士才有的东西”方病。斯蒂文森先生用平静的口吻说，“我发现，斯密斯先生和我在这个
11 问题上有不同的看法。”[1]

如果说斯蒂文森先生是展示个性（自我发展与自主性的价值）的一个有用案例，那么部分是因为他看上去像是这类价值的反面代表；如果把他当作有个性的代表，就是对石黑一雄小说的误读。石黑一雄与你我一样，是一个现代人，而他的小说是悲伤的，因为看来斯蒂文森自己都没意识到，他的生活是失败的。斯蒂文森先生还是一个有争议的人物，因为（原因我将在下一章进一步讨论）一些哲学家会否认他是完全自主的，所以，如果说他是自主的，这将挑战自主性这个特定概念的内涵。乍一看，斯蒂文森先生代表着穆勒在《论自由》中反对的惯例和传统的流毒。但是穆勒对惯例和传统的看法比此类谴责所指的要复杂得多。穆勒在《逻辑学体系》中写有一段充满忧虑的话：

> 像孔德所讲的那样，我们这个物种持续的时间越长，文明的程度越高，过去世代对我们的影响就越大，人类总体对其中每一个个体的影响就越大，这些影响超过了其他的力量；尽管事情的发展总会受到偶然因素和个人素质的影响，但是物种的集体能动性影响不断增大，超过了其他较小的原因，它保证物种的整体进化不会太偏离一个确定的和预先指定的轨道。[2]

---

① Ibid., 185—186. 必须要说的是，穆勒并不是完全不同情斯蒂文森的怀疑主义。穆勒写道，“平等的观念一旦进入一个未受教育的英国工人的头脑，他就被这种观念改变了。当他停止做奴隶的时候，他变得傲慢了。” Mill, *Principles of Political Economy, CWM* 2: 109.

② Mill, *System of Logic, CWM* 8: 942.

与此同时，斯蒂文森对其兴趣和专业“领域”过于狭窄的定义让他极其受制于道德运气的变幻莫测。因为达灵顿勋爵到头来成了个懦弱的人，他被德国国家社会主义工人党官员、德国战前驻伦敦大使约阿希姆·冯·里宾特洛甫所欺骗。结果（至少按照小说的叙述）斯蒂文森的生活是个败局，因为他的主人的生活注定是个败局（这不取决于他的服务）。如果斯蒂文森服务的对象是温斯顿·丘吉尔，那么他至少可以否认他的失败；他可以说他是一位伟大人物忠实的仆人，正如他的人生目标所设定的那样。[1] 相反，斯蒂文森的职业追求既剥夺了他的尊严也剥夺了他的爱情生活，因为他唯一有可能与之结婚的女人与他在同一个府邸工作，而他认为与她恋爱极有可能会牺牲他们的职业关系。尽管斯蒂文森把这种关系搞得一团糟，但我想说，我们没有理由认为这些损失是其职业选择的过失。[2] 12

因此我们又一次说，可能使他的生活看起来是个失败的原因在于他的奴性。奴性，这个术语正如托马斯·希尔（Thomas E. Hill）所说，

① Michael St. John Packe告诉我们，哈里特·泰勒曾经想成为一名记者，一名评论员，就像她的朋友哈里特·马蒂诺那样。但在她与穆勒关系的早期，她就决定牺牲她自己的职业生涯，专心帮助穆勒，“通过影响穆勒”来表达她自己的想法。Packe写道，“穆勒，而不是泰勒，是一个更好的作者；是穆勒的发展，而不是泰勒的发展，对世界有重大的影响。” Michael St. John Packe, *The Life of John Stuart Mill* (New York: Macmillan, 1954), 140. 虽然有些从属的因素，但泰勒作为教练和批评者的角色与仆人的那种镇定截然相反。

② 有人可能会反对说，真正的自主性（我在下一章将要探讨这个观念）的失败会带来这种灾祸：如果他更好地运用了批判评价的能力，那么他更能避免为一个傻瓜工作这种坏运气。但像我们看到的那样，某些形式的智力不足是普遍和不可避免的，要求我们为自己没有能力判断的评估负责任也是不合理的。（想象一下两个X射线晶体学家都接受了离家近的工作。一个为人类知识做出了巨大贡献，因为她恰巧与一支非常成功的分子生化学家团队在一起工作；另一个却几乎没做出贡献。）当然，由于斯蒂文森头脑中那种顽固性与世界的真实情况不符，石黑一雄的叙述被加强了，至于斯蒂文森的生活或者任何此类生活到底是成功的还是失败的，我们暂且不论。

不仅仅是通过服务他人而愉快地生存；它指的是像一个不自由的人那样去生活，这个人的意志从属于其他人的意志——用希尔的话来说，这是一个放弃了他的道德权利的人。[①]但甚至对于这个指控，斯蒂文森先生也可以找到辩护。事实上，他放弃了他的道德权利么？他对雇主的责任感看上去偏离了他对自己的责任感以及他的自尊心，因为我们毫不怀疑，即使没有摊上这么一个愚蠢的雇主，他也可以任其水准下降。尽管有同事的吹毛求疵，雇主的疏忽大意，斯蒂文森仍然坚持着他自己的合宜性标准，他觉得自己代表着一种濒危的生活方式；他的保守显然不是唯唯诺诺。让斯蒂文森先生成为个性这种道德力量的有用范例的是他展示了他的个性，尽管他自己并不相信自由、平等或友爱。即使像斯蒂文森那样非自由主义的个人，仍然展示着个性这种道德理想的力量。

社会选择

如我们看到的，对穆勒、罗伊斯和其他人来说，生活计划充当着融合一个人在不同阶段的目标，将不同事情融合为一种价值的作用。实现从这类计划（我们也许更喜欢称它为我们的根本计划与承诺[②]）中出来的目标与满足一个稍纵即逝的欲望相比有更多的价值。穆勒尤其说到，生活计划之所以重要是因为它是我的个性的表达，是对我是谁的表达。在此意义上，从一个生活计划中导出的价值产生的欲望比我仅仅偶尔拥有的欲望重要得多，因为它来自我的反思性选择，来自我的承诺，
13 而不是心血来潮。

---

① Thomas E. Hill, “Servility and Self-Respect,” in *Autonomy and Self-Respect* (Cambridge: Cambridge University Press, 1991).

② 根本计划是“赋予生活以意义的一系列计划”，Bernard Williams在*Moral Luck*（Cambridge: Cambridge University Press, 1981）的“Persons, Character, and Morality”一章
282 中讨论了这个概念，见第13页。

这种自我授权的理想弹奏出一种流行的和弦：我们都知道因为法兰克·辛纳屈（Frank Sinatra）而流行的那种情绪。在一首一个人在人生将尽时回顾其一生的歌曲中，辛纳屈唱道："我过了充实的一生。我行驶过每一条高速路；但更重要的是，我走的是自己的路。"[①]如果我的生活计划之所以是好的，部分是由于我自己的选择，那么强加于我一个生活计划——即使这个计划从其他方面看来是令人羡慕的——就是剥夺我的这种特定之善。对一个有自由主义倾向的人来说，假定我已经完成了对他人的义务，[②]我如何生活就取决于我，即使我选择的生活客观上比我本可以拥有的生活差。毫无疑问，我们都可以过得比我们现在更好：但是穆勒说，其他人没有理由把那些更好的生活强加给我们。

但是，这种自我选择的个性场景引起了很多担忧。首先，如果我的选择本身是武断的，那么就很难接受从这些选择中派生出的价值。仅仅因为我这么安排我的生活，就意味着它是最好的吗，尤其如果它"自身"并不是最好的话？

例如，假设我选择了做一个周游世界的孤独的旅行者，没有家庭和社群的牵绊，我在一处住几个月，又在另一处住几个月，通过教授商人英文课，我赚取我所需的钱。我父母告诉我我就像一个吉普赛学者那样在浪费自己的生命，我受过良好的教育，我有音乐天赋，并且我享有善于结交朋友的天赋，所有这些我都没有派上用场。即使你不是一个社群主义者，你也知道，仅仅说我考虑过不同的选项但这就是我所选择的，不是令人满意的回答。对于我为什么要这样选择，以及对我所遇到的人，或者对此选择我所使用的其他才能，难道我不需要做一点解

①　1967年发行；最早收录于法兰克·辛纳屈的专辑*My Way* (Warner Bros., February 13, 1969)，第六首。词曲作者分别是Giles Thibault, Jacques Revaux和Claude François（最早是"Comme d'Habitude"），英文词作者是Paul Anka。这个事实有可能是一个全球化的寓言，即Claude François有埃及血统，而Anka有黎巴嫩血统。有些人可能得出结论说，法语与英语歌词关注的差异在于，原先的法语歌词是有关常规的空洞恋爱之事的。

②　甚至这也快了些：我们在第六章将会看到，存在两种类型的义务。

释吗？说如果你选择这么过，政府、社会或你的父母不应该阻止你浪费你的生命，这是一码事，但仅仅因为它是你选择的，你选择了浪费你的生命，你以自己的方式去浪费生命是好的，则又是另一码事。

这可能解释了为什么穆勒在两种观点间犹豫不决的原因，一种观点认为，在我所能达到的"心理的、道德的和美学的高度"上，对于哪种生活对我最好，我占据着最优的决策地位；而另一种更激进的观点认
14 为，我选择了一种生活计划，这就说明它是好的。从前一种观点来看，我的选择不是武断的。它反映了我的能力，假定我有足够的"常识和经验"，在判断什么样的生活可以发挥这些能力方面我可能比其他人做得更好。根据这种观点，我发现了属于我的生活，这种生活基于我的天性和我在世界中的位置。但后一种观点认为我是价值的创造者，而非价值的发现者。在此反对个性的指控是：它是武断的。

让我们来谈一谈这种自我选择的个性情况引起的第二种担忧。穆勒不时谈起一种不受欢迎的个性形式，这种个性形式的目标是创造一种你自己最看重的生活。对不受束缚的人类灵魂的论述有时会美化这种观念。在奥斯卡·王尔德的《社会主义下人的灵魂》中，它在那二律悖反的、弥漫着薄雾的眼睛中得到了反映，一旦传统的枷锁被挣脱，某种飘着薄雾的、被花瓣点缀的前拉斐尔主义将占据统治地位："我们将看到，真正的人的性格，是了不起的。它会像花朵那样自然简单地生长，而不是像一场争斗。它不证明什么。它会知晓所有事情，但它并不忙于获得知识。"它不会气喘吁吁。[①]正是这种粗劣的道德败坏了个性的名声。

穆勒的确为这种自我是一项计划的观点辩护过，他的辩护方式听起来像是说自我创造与社会性是相互竞争的价值，尽管二者都有其地

① Oscar Wilde, *The Soul of Man under Socialism and Selected Critical Prose*, ed. Linda Dowling (New York: Penguin, 2001), 134. 显然，王尔德持有一种尼采式的道德，当然与他联系更广泛的首先是对自我创造价值的赞扬。

位。[1]这让我们认为个性之善会被社会之善遏制或者置换，因此在自我与社会之间有一种内在的张力。这也让我们认为发展和反映了社会价值的政治制度总是对我们个性的约束。这是对个性的第二项指控：它是非社会的。

现在，说个性或更直截了当地说自我创造并不一定受制于这些缺点，不等于说它不易于受其影响；但我们立刻可以说它既不需要包含武断性又不需要包含非社会性。对穆勒来说一个生活计划是可以包含家庭和朋友的，也可能包含（像他从事的）公共服务。斯蒂文森先生的个性也决不是非社会性的，因为他选择当一个男管家，这个角色只有当其他人扮演社会中的其他角色时才有可能出现；一个男管家需要一个 15
男主人或女主人，厨师，女管家，女仆。这是一种本质上具有社会性的角色，一个具有公共义务的身份，而不仅仅是追随私人品味的一个机会。而且斯蒂文森先生的个性也远不是武断的，因为这种角色是在一个传统中发展起来的，只有在一个特定的社交世界里这个角色才是有意义的：这个社交世界已经不存在了，这也是为什么我们没有人想成为斯蒂文森先生那样的男管家的原因。我们不想成为那样的男管家是因为——没有“府邸”的社交世界、府邸里的聚会，以及其他东西——你就不可能成为那样的男管家。（伯纳德·威廉姆斯注意到了这一点，他说，与特定的历史地位相关，有一些生活方式不是“真正的选择”。）[2]斯蒂文森先生是一个个体，他做出了他自己的生活计划，但他的决定不是武断的。例如，在他的计划中，男管家这个要素是有意义的，有两个原因，其一是因为由这个角色提供的职业生涯是一种谋生手段；其二是因为他的父亲在他之前也是一个管家。（再说一次，我并不指望你认为

① “若说有谁低估个人道德，我是倒数第一名；个人道德在重要性上仅仅次于，假如还能说是次于，社会道德。”穆勒在《论自由》的第四章中写到，*CWM* 18:277。请注意这一系列的美德显然是可以排序的，尽管排序是不确定的。

② Bernard Williams, “The Truth in Relativism,” in *Moral Luck*.

所有这些理由都是有说服力的，但你应该看到它们是说得通的。）

如我们看到的那样，一种生活计划不像一个工程师的计划。它并不事先描绘出我们生活中所有重要的（以及许多不重要的）特征。这些计划都是可变的系列组织而成的目标，在这些目标中你既可以安排日常的选择，又可以安排长期的愿望。但是，说到斯蒂文森的生活计划，还是有些缺乏明晰性：他的计划到底是什么呢？我们不得不说，他的计划是尽可能地成为最好的男管家，是追随他父亲的脚步，成为一个男人。但我想说他计划像一个男管家，他父亲的儿子，一个男人，一个忠诚的英国人那样生活更自然一些。那么，构造其生活感的东西，与其说是一张蓝图，不如用我们今天所说的“认同”[1]一词。在此说像这样生活说的就是认同。[2]

斯蒂文森先生为自己构造了一个作为男管家的身份认同：更准确的说是达灵顿勋爵、达灵顿府的男管家，以及他父亲的儿子。他的性别在这种认同中扮演着作用（男管家必须是男人），他的国籍在此也是重要的，因为在二十世纪三十年代晚期达灵顿勋爵开始干预英国的国家
16 “大事”（结果证明也不是什么重要的事），为这样一个人服务给予斯蒂文森的工作以部分满足感。[3]但石黑一雄的角色拥有比这更广泛的认同——男管家、儿子、男人、英国人，与之一起还有一些更具体的、他用以修饰自身的其他技能和能力。正如我们将在第三章中看到的，认同这

---

① 我在第三章对这个概念会说得更多，但我想说清楚的是我在此使用的“认同”一词是取其战后流行的意思。当然，对“人格同一性”有更古老的哲学讨论，它关注的是一个人在时间中的连续性。

② 正如我的同事Mark Johnston向我指出的，并非所有存在者都以这种方式涉及到认同：一个装作异性恋者生活的、隐蔽的同性恋并不具有异性恋者的认同（或者，用他向我提供的那个很好的例子，一个叫金·菲比的间谍装作一个英国公务员生活，尽管他的真实认同——前苏联政府的忠诚公仆——表明那不是他真正的认同。）因此，我并不声称，说某人“像X那样生活”总意味着他享有X那样的认同。对这些议题的讨论要留待第三章《社会认同的结构》中有关《认同》那一节。

③ Ishiguro, *Remains*, 199.

个观念已经被构筑进对自我创造和社会性之间复杂的相互依赖性的认识中了。

创造与本真性

至此，考虑什么有助于塑造个性的两幅相竞争的图景可能是有帮助的。一幅图景来自浪漫主义，这种观点致力于发现自我——通过反思或者细致地观察世界，它发现的是已经存在那里的、等待被发掘的个人生活的意义。我们可以把这种观点称为*本真性*（authenticity）：它指的是，如果不存在扭曲的影响，要对那个真实的你保持真实。《社会主义下人的灵魂》就是这种观点的一个经典著作。（“人的性格……将像一个小孩的性格那样好。”）让我们把另一幅图景称为存在主义的图景，这幅图景如存在主义的学说所示，认为存在先于本质：也即，你首先存在，然后再决定怎样去存在，成为什么样的人。这种观点的一个极端版本是，我们必须创造自身，因为存在来自虚无，就像上帝创造人是无中生有一样，个性是有价值的，因为只有当一个人在创造自身时，这种生活才是值得过的。①

但这两幅图景都是不正确的。

本真性的图景是错误的，因为它没有为塑造自身的创造力保留空间，自我已经完全被我们的本性固定住了。穆勒正确地强调说不管我们如何被本性与环境约束，我们确实拥有这个角色。人“在一定程度上，有能力改变他的性格”，他在《逻辑学体系》中写道：

> 他的性格由他的环境形成（这其中尤其包括他所在的特定组织），但他以特殊方式塑造自身性格的欲望，也是这些环境的要素之

① 有一些方便的标签：并不是每一个引用本真性概念的人都以这种方式来使用它，对我所说的“存在主义的”观点批评得最凶的一个人就是尼采。

17 一，而且毫无疑问这个要素不是最无足轻重的。事实上，我们不能直接意欲成为与我们所是不同的人。但那些想要塑造我们性格的人也不能直接意欲我们应该是怎样的。除非通过他们自己的行为，否则他们的意志也没有直接的权力。他们通过对必要手段而非目的的选择，让我们做他们想让我们做的事情；而一旦我们的习惯不是那么根深蒂固，我们也会同样地通过对必要手段的选择让自己变得不同。如果是他们将我们置于特定的环境之下，那么我们也以类似的方式将自身置于其他环境的影响之下。如果愿意的话，我们完全拥有改变自己性格的能力，就像其他人为我们做的那样。[①]

出于同样的原因，存在主义的图景也是错误的，因为它说只存在创造性，没有什么是需要我们回应的，我们的创造是无中生有。穆勒告诉我们，“人性不是照模子造出来的机器，完全按照规定工作，人性是一棵树，根据让其成为生灵的内在力量的倾向生长”。他的比喻点明了这个限制：一棵树，不管环境如何，不会长成一片豆荚，一根藤蔓，或一头牛。一种合理的中间观点是，建构认同是件好事（如果自我授权是件好事），但认同要有些意义。要使认同有意义，认同得以建构时必须回应自身之外的事实，超出个人选择的那些东西。

一些哲学家——萨特是其中之一——试图将浪漫主义的观点和存在主义的观点结合起来，如米歇尔·福柯几年前建议的那样：“萨特想要避免自我是某种给定的东西这种观点，但通过本真性这种道德观念，他回到了我们必须成为自己、成为真实的自己这种观点。我认为对萨特所说的，唯一可接受的实际后果是将他的理论洞见与创造性的实践（而不是本真性的实践）联系起来。从自我不是给定的这种观念出发，我认为只有一个实际后果：我们不得不把自身当作一件艺术品加以

① Mill, *System of Logic, CWM* 8: 840.

创造。”[1]

福柯在这段话里谈到了创造性，但他可能没有充分意识到施展我们的创造性所需要的物质条件扮演的作用。正如查尔斯·泰勒注意到的，“我可以定义我的认同，但只有通过有意义的背景框架这才有可 18
能。去除了历史、自然、社会、团结的要求这一切东西，到我自身之内去发现自己，等于消除了所有对我来说有意义的候选人。”[2]

让我们来假想一个思想实验，这个思想实验可能会劝阻那些将自我选择说成是终极价值的人。假设我们可以通过某种即时的基因工程改变你性格的任何一个方面，从而你可以拥有在人类可能性范围内的任何能力的组合：你可以拥有迈克·乔丹的减速扣篮，莫扎特的乐感，格劳乔·马克斯（Groucho Marx）的喜剧天赋，以及普鲁斯特运用语言的精致技巧。假设你可以用这些能力满足你任何欲望——同质性的或异质性的，喜欢瓦格纳（Wagner）或者喜欢阿姆（Eminem）。（你可能走进那个变形的房间，用口哨吹起《瓦格纳序曲》，或者嘴里咕噜着阿姆的歌词“真正的痞子阿姆请起立？”）进一步假设，因为智能机器人能够满足我们所有的物质需要，向我们提供服务，所以这个世界上不再有职业和专业，在我看来，这远不是乌托邦，而是一个地狱。我们没有理由选择其中任何一个选项，因为营造一种生活将没有任何成就感。对这种无意义的生活的一个解释来自尼采：

> 有一件事是必需的。——赋予自己的性格“以风格”是一项伟大而罕有的艺术！它由那些考察了其性格中所有力量和弱点的人来实

[1] Michel Foucault, *Ethics: Subjectivity and Truth* (New York: The New Press, 1998), 262.

[2] Charles Taylor, *The Ethics of Authenticity* (Cambridge: Harvard University Press, 1991), 40. 我应该注意到，我对“本真性”这个概念的约定使用与泰勒对这个词的使用有所不同，泰勒的本真性概念既包含了自我发现的模型，也包含了自我创造的模型。

> 践，他们将之编织成一个艺术作品，直到他们中的每一个人都看起来像是艺术品、理性存在者，甚至其弱点也熠熠生辉。在此大量的第二本性得以添加；原初的本性通过长时间的实践以及日常的工作被移除。在此不能被移除的丑陋本性被隐藏起来；它被重新阐释因而成为高贵的。[①]

去创造一种生活就是从历史给定的物质条件中去创造一种生活。如我们看到的，穆勒在修辞中将自我授权的价值与实现个人能力的价值并列起来，可能是因为前者看起来是武断的。但一旦它与超出我们控制的东西联系起来，一旦我们的创造被视为是对我们的能力和环境的
19 一种创造性回应，那么这种武断的指控就失去了力量。

事实上，对历史赋予我们的能力和环境的考虑，也允许我们每一个人去应对由个体自我的无社会性带来的担忧，以及进一步去阐述我们归之于斯蒂文森先生的那种社会依赖性。用查尔斯·泰勒的话来说，认同的语言提醒我们，我们在多大程度上是被“语言地”构成的。从婴儿时期开始，我们就通过与他人理解的我是谁的对话中去发展我们自身的认同概念。我们进入一个“在保姆的手臂中啼哭和呕吐”（莎士比亚愉快地描述的）的世界，我们有能力拥有人类个性，但只有在与他人的交往中这种能力才能发展。一种认同总是通过你的宗教、社会、学校、国家提供给你的概念（和实践）得以阐述，并且这些概念还通过家庭、同辈和朋友得以调整。事实上，塑造我们认同的部分材料是由泰勒所说的“广义上的”语言提供的，它“不仅由我们说的语言构成，还由我们定义自身的其他表达方式构成，包括艺术的、姿态的、爱的‘语言’等等。”[②]从这段话我们可以得出结论说，那些自由主义赞赏的选择不是

① Friedrich Nietzsche, *The Gay Science*, ed. and trans. Walter Kaufmann (New York:
283 Vintage, 1974), 232.

② Charles Taylor, *Multiculturalism: Examining the Politics of Recognition*, ed. Amy

一个前社会的东西——不是独立于我们所成长的社会的某种本真的内在本质——而是我们在早年与他人互动的产物。

因此，个性预设了社会性，它不仅是对其他人个性的勉强尊重。一个自由的人是一个人类自我，正如亚里士多德很早以前说的，我们是城邦的人，是社会人。我们在很多方面都是社会的，这也由于很多原因：因为我们渴望陪伴，因为我们相互依存，因为我们在意的很多东西都是由集体创造的。对穆勒的伦理观来说，这种社会性的前景是基本的。他认为，"人类的社会情感是一种强大的自然感情"，它构成了道德的一个基础：

> 对人类来说，社会状态曾经如此自然，如此必要，如此习惯，除了在一些非常的场合，或者出于一种自愿的脱离，人从未把自己想象为不是团体的成员；而随着人类逐渐从野蛮的独立性中摆脱出来，这种联合也越来越紧密。因此，构成社会状态的任何本质条件与每一个人对其
> 出生状态的把握变得越来越不可分，而这是人类的宿命……每个个体 20
> 对其作为社会人根深蒂固的意识，让他觉得这是他的一种自然欲望，他的感情与目标应该与其他同类的感情与目标相和谐……对那些拥有它的人来说，它包含着自然感情的所有要素。它并非作为教育的迷信，或者作为社会力量强加的法律，呈现于人的脑中，它是一种如果缺乏就会很糟糕的属性。这个信念是对最大幸福道德的最终认可。①

Gutmann (Princeton: Princeton University Press, 1994), 32.

① 穆勒接着说："这是让任何情感成熟的大脑支持而非反对关心他人的外部动机，它由我所说的外部认可来支持；当缺乏这些认可，或者认可的是相反方向的行为时，在其自身中会产生一种强大的内部约束力，它的强度与性格中的敏感性和深思熟虑成比例；由于这些人的头脑是一片道德空白，因此他们对其生活计划的安排完全不顾其他人，除非受到他们自身私人利益的驱动。" *Utilitarianism, CWM* 10: 233. 在《功利主义》的其他地方，他敦促说"教育与意见对人的性格的影响如此之大，我们应该运用这种力量在每个人的头脑中建立他的幸福与整体之善具有不可分的联系这种观念"。Ibid., 218. 穆勒认为，即使在自我培养失败之前，"自私"也是"使生活不令人满意的主要原因"，而他抨击存在"每

我们需要回到这个观点，即穆勒的幸福概念或福祉概念包括个性、自由和自主性；这些要素与幸福的关系是构成性的，而非仅仅是工具性的。[1]正确地看待个性就要去承认我们的个人之善依赖于我们与其他人的关系。如我所说，没有这些关联，我们不能成为自由的自我，我们甚至根本不能成为自我。在我们的生活中，我们所回应的部分物质

个人应该成为一个自私的自我主义者，没有任何感情，不关心任何事物，而只关注他自身那可怜的个性的内在必要性”。Ibid., 215—216. 对这个问题，也可以参见Wendy Donner的讨论，*The Liberal Self: John Stuart Mill's Moral and Political Philosophy* (Ithaca: Cornell University Press, 1992), 180, 以及Alan Ryan的*The Philosophy of John Stuart Mill*, rev. ed. (Basingstoke: Macmillan, 1987), 200。突出社会性是穆勒和洪堡的另一个相似之处，泰勒就将洪堡描述为既是一个个体主义者，又是一个整体主义者。在穆勒的《论自由》第三章中所引用的洪堡的那段话之后，洪堡接着写道，“因此，正是通过建立于成员的内部欲望以及能力之上的社会联合，每一个人才能参与到所有其他人的丰富资源中……所有这类关系（友谊，“普通的爱”）作为培养工具的有效性，完全依赖于其成员将个体独立性与集体亲密感粘合的程度；与此同时，缺乏这种亲密感，一个人就好像无法充分拥有其他人的本性，独立性不是本质性的，每个人在被他人拥有的过程中得以以自身独特的方式加以转化……因此，这种个人的活力和多样性最初就结合在一起……只是随着个性从行为者的自由行为以及最伟大的多样性中自然生发出来，它反过来会直接产生它们。” Wilhelm von Humboldt, *On the Limits of State Action*, ed. J. W. Burrow (Cambridge: Cambridge University Press, 1969), 17.

[1] John Gray在其富有洞见的早期著作*Mill on Liberty: A Defence*中注意到自我发现的模型和选择或创造的模型在穆勒的自主性概念中都有一席之地。因此，问自主选择是不是判断“高级快乐”的标准或者是实现高级快乐的工具，是有误导性的。他写道，“区分它是一种标准，还是提供自主性与高级快乐之间关系的证据，没有抓住穆勒在这个问题上的
284 精神实质。”“毫无疑问，穆勒将选择过程视为幸福或者任何高级快乐的一个必要要素：一种快乐要成为高级快乐的必要条件是它包含有在一个合宜的可选范围内的选择行为。但一种快乐要成为高级快乐的充分条件是，它表达了人的个性，对人自身以及对其他人来说，他的快乐是去发现而非去选择的问题。在此穆勒的立场是复杂的。一方面，他与亚里士多德一样，认为人是其自身性格的塑造者。另一方面，毫无疑问穆勒持有浪漫主义的信念，也即每个人都有一种等待他去发现的本质，如果他幸运的话，他可能会用很少的生活方式中的一种去表现自身。看起来，穆勒以其复杂的方式将选择过程视作一个幸福的人类生活的部分构成性要素，以及实现它的工具。” Gray, *Defence*, 73.

条件对我们的塑造不是在我们自身之内的，而是外在于我们的，是属于社交世界的。绝大多数人通过成为恋人、配偶和父母来塑造他们的认同；我们认同的这些方面，虽然在某种意义上是社会的，但对于个体的我们来说是独特的，因而它们代表着我们认同中个性的那一面。但我们也是更广阔的集体的成员。集体认同——也即，我们个体认同中集体性的维度——是对外在于我们自身的某种东西的回应，说集体认同也就是说它们是历史的产物，由集体认同开发出的能力不受我们的控制。但它们是社会的，不仅因为它们包含着他人，而且因为它们部分由社会传达的、拥有那种认同的人应该如何行为的概念构成。

社会写字间

为了建构认同，你从其他事物中吸取这个社会中可获取的人格类型。当然，同性恋者、异性恋者、白人、黑人、男人、妇女并不仅仅只有一种行为方式，但有许多观念（有许多竞争性的观念，但这些竞争性的观念也在影响着我们的选择）告诉我们同性恋者、异性恋者、白人、黑 21
人、男人、妇女应该怎样行为。[①]这些观念向我们提供了宽松的规范和模型，我们据此塑造我们的生活计划。简言之，集体认同提供的是我们所说的剧本：人们用剧本里的叙事来塑造他们的生活计划，讲述他们的生活故事。（我们将在第三章进一步探索这个问题。）

当然，很多哲学家强调过叙事在塑造我们生活的意义、我们的认同方面具有的作用——查尔斯·泰勒和阿拉斯代尔·麦金太尔是其中

---

① 假定穆勒有抬高多样性的倾向，值得注意的是他也怀疑“在最高级的男性特质与女性特质之间存在任何区别”。在1833年10月他写给托马斯·卡莱尔的一封信中，他写道，“据我所知，拥有最高级别的女性特质的女性在她们身上综合了最高级别的男性特质，这种男性特质我只在一两个男人身上见过，这一两个男人也同样在很多方面是女性化的。我怀疑这两个性别当中第二等的人才彼此不像——第一等的男人和女人是相像的。” *The Early Letters*, 1812—1848, *CWM* 12: 184.

两位——他们担心自由主义理论的传统版本忽略了我们的认同得以塑造的社会母体。与此同时，他们坚持认为像行为者那样去生活要求我们将我们的行为和经验看作属于一个故事，这与穆勒式的生活计划的语言取得了共鸣。[①]对查尔斯·泰勒来说，这是"我们从叙事方式中把握自己的生活"，这是"形成自我意识的一个基本条件"；因此，叙事不是"可有可无的"。对阿拉斯代尔·麦金太尔来说，正是"因为我们以叙事方式来理解我们自己的生活，所以以叙事方式去理解他人的生活也是一个适当的方式"。如他所论证，我们每个人的"短期意向只有通过一些长期意向才能得以说明"，因此"只有当我们知道长期的和最长远的意向是什么，这些短期意向如何与长期意向相关联的时候，我们才能举止适当。我们又一次卷入了叙事史的写作。"[②]我希望我已经说清楚了，这类关注对穆勒试图宣称的那类自由主义来说并不陌生。

因此，我们应该承认，我们的个人历史，有关我们到过哪里、要去哪里的故事，有多少是在像小说和电影、短篇小说和民间故事那样的叙事传统里被建构起来的。事实上，流行叙事（不管是电影还是电视，是说出来的还是写出来的）为我们做的一件事就是向我们提供讲述生活的范式。[③]与此同时，我们的集体认同——一个社会向其成员提供的整

① 当然，我们以这种方式加以叙述的并不仅仅只是我们自己的生活：我们也这样叙述其他人的生活。林肯去世后，穆勒写信给废奴宣传册*Slave Power*的作者约翰·艾略特·卡恩斯（John Elliot Cairnes）："我现在的主要感觉是，林肯的死就像苏格拉底的死一样，是一种高贵生活有价值的结局，最终使得无数人纪念他。他现在在历史的丰碑上留下了自己的名字，也许对他个人来说，没有比可能是在他一生中最快乐的时刻几乎无意识地死去更好的结局了，令人高兴的是他看到了李将军的投降。" Mill to Cairnes, May 28, 1865, *The Late Letters*, 1849—1873, *CWM* 16: 1057.

② Taylor, *Authenticity*, 47. Alasdair MacIntyre, *After Virtue: A Study in Moral Theory*, 2nd ed. (Notre Dame: University of Notre Dame Press, 1984), 212, 207—208.

③ 有时候小说叙事的主人公也会沉思如何进行叙事。亨伯特回想起他与洛丽塔的母亲——他即将结婚的对象——之间的假装亲热。"她谈论她所谓的爱情生活，从第一次亲吻拥抱到婚姻中的琐事，那种真诚和朴拙，从道德上说，和我油腔滑调的长篇大论形成鲜明对比；但从手法上看，这两套倒是异曲同工，因为都是受同样事物的影响（肥皂

个剧目——的部分功能是去构造个体自我的可能叙事。 22

例如，许多社会通过男女的成年仪式来塑造他们的认同；同性恋者的认同围绕着公开认同的叙事而展开；五旬节派教会教徒会在宗教节日上得以重生；美国的黑人通常在种族主义面前建构一种自我建设的对立的叙事。对不同社会的人来说有同一件重要的事，也即存在一种确定的叙事整体，一种将自己的生活编织为一个故事的讲述能力。这个故事，也即我的故事，要与我在的社会中的人相称。①它不是日复一日、年复一年的老生常谈，但它融进了对我们大多数人来说包含着各种各样的集体性的更大叙事。并非只有性别认同会塑造一个人的生活，种族和民族认同也将个体叙事融进一个更大的叙事之中。对现代人来说，叙事的形式就像将一个人的生活看作一段特定的弧，每个人通过自我塑造来表达他是谁，正是这样的生活故事使我们的生活变得有意义。但那个叙事弧是每个人深深依赖社会创造和传达的东西的另一种方式。

早先我在认同的个体维度与集体维度之间做出了区分。在自我的故事中两者都起到了作用。但只有集体认同有剧本，而且只有它们才能算作伊恩·哈金（Ian Hacking）所说的“人格类型”。②对于机智的人，

剧、精神分析和廉价中篇小说），从中，我吸取的是我的人物，而她，吸取的是表达的模式。” Vladimir Nabokov, *Lolita* (New York: Vintage, 1997), 80.

① 麦金太尔在《追寻美德》里（第205页）写道，拥有美德要求“过一种能以整体的方式被想象和评估的生活”，我们可能会拒绝这种过于严苛的整体自我的要求，因为我们 285
中的一些人体验到的生活性质是松散的、宽松的、偶然的。约瑟夫·拉兹的观察是正确的：“一种自主的生活既不是全然计划性的也不是完全缺乏整体性的。但是认为自主性给予生活整体性的看法倒有点道理。一个自主的人逐渐发展出一种自我观念，他的行动对他的过去是敏感的。一个有计划的人的行动至少在两个方面对他的过去敏感。他必须意识到他曾有的追求，而且他必须意识到他在其中取得的进步。” Raz, *The Morality of Freedom* (Oxford: Oxford University Press, 1986), 385.

② Ian Hacking, “Making Up People,” in *Reconstructing Individualism: Autonomy, Individuality and the Self in Western Thought*, ed. Thomas C. Heller, Morton Sosna, and David E. Wellbery (Stanford: Stanford University Press, 1986), 222—236.

聪明的人，有魅力的人，或贪婪的人，存在一种逻辑范畴，而非社会范畴。拥有这些特质的人并不构成一个社会群体。在相对意义上，他们不是一类人。例如，在我们的社会中（尽管可能不是约瑟夫·艾迪生和理查德·斯梯尔——《观察者》杂志的两位创办人——的英国），机智并不等于"机智之人"的生活脚本。个体维度之所以不同于集体维度的主要原因是它们并不依赖于贴标签：在我们的社会里，智力是最重要的，即使没有这个概念，人们也可以是聪明的。而说一个种族是社会建构的，比如，在哈金的意义上，说非裔美国人是"一类人"，部分等于说，没有与这种种族标签相联系的社会实践，非裔美国人就是不存在的；对比之下，即使我们没有"聪明"这个概念，肯定还是有聪明的人。[①]我将在
23 第三章更详细地讨论这些问题。

认同中的伦理

认同是如何融进我们更广大的道德计划的呢？一种观点是这样的：世界上很多事物有价值。它们的价值是客观的；不管有没有人认识到它们的重要性，它们都是重要的。但是没有办法来排列这些善或者让它们相互交换，因此，并不是总有最佳策略。存在多种可能的道德选择。认同所提供的是另一种价值的源泉，它帮助我们在这些选项中进行选择。采取一种认同，让它成为我的，就是让认同去构造我的生活方式。也即，我的认同有其内在的模式（因此当穆勒暗示与他人不同总是好的的时候，他是错的），这种模式帮助我来思考我的生活；一种简单的此类模式，例如，职业生涯的模式，如果我们活得够久，它将以退休

① 这不等于说聪明不是一个社会产品；它显然是的。如果你像卡斯佩尔·豪瑟尔（Casper Hauser）那样成长，你不可能变得聪明。我也不是说聪明的社会重要性不是社会实践、社会态度以及共享信念的结果。

为结束。[①]但认同还创造出团结的形式：如果我认为自己是X，那么，有时另外一个人也是X，仅凭这个事实，我们就倾向于与他们一起做些什么或为他们做些什么；不管这个X是“妇女”、“黑人”还是“美国人”。现在与分享我们认同的这些人团结在一起被认为和其他事情一样是一件好事。尽管团结是一种普适价值，但对于不同的人来说它是以不同的方式起作用的，因为不同的人有不同的认同。或者因为我们喜欢它，它被认为是一件好事，其他的事情也是同样，因为人们喜欢去做它，所以它是好事。

然而，正如我们看到的，许多价值对于一种认同来说是内在的：它们是拥有那种认同的人必须去考虑的价值，但却不是没有那种认同的人所需要的价值。以仪式纯洁性的价值为例，它被很多正统犹太人视为一种价值。他们认为因为他们是犹太人，所以他们必须坚持犹太教的规定；他们并不期望非犹太人这么做，而且他们甚至并不认为非犹太人这么做是件好事。只有对那些是或即将成为犹太人的人来说这才是好事：并且他们并不认为所有人都成为犹太人这个世界将变得更好。毕竟，上帝只和以色列人的后代签订了契约。

类似地，我们可能认为，在一场反对殖民统治的斗争中，你作为一个民族主义者的认同将激励你冒着生命危险为了祖国的解放而战斗， 24
就像内森·黑尔（Nathan Hale）[②]做的那样，他唯一遗憾的是没有第二次生命可以献给祖国。如果你不是一个民族主义者，你仍然可能为了推进祖国的事业而献身。然而，尽管它可能带来一些好处，但那些好处不是你的好处。我们可能认为你浪费了你的生命，而这仅仅是因为你不认同于你为之献身的祖国。

---

① Richard Sennett在他的*The Corrosion of Character* (New York: Norton, 1998)一书中对“生涯”这个概念有精彩的追溯。

② 内森·黑尔是美国独立战争时期的上尉军官，在侦查英军阵地时被捕牺牲。他著名的遗言是：“我的唯一憾事，就是只能为国献身一次。”——译者注

因此，认同成为一种价值的来源而非实现其他价值的某种东西的方式可能有很多种。首先，如果一种认同是你的，它可能会决定哪种团结行为是有价值的，或是能使你满意、愉快的具体类型的内在部分，或可以激励或给你的额外善意行为以意义。事实上，作为某种认同的承担者，在我的具体目标中一种认同概念的出现也许部分地解释了为什么我会有那样的目标。在佛罗里达的飓风灾难之后，有的人可能通过捐款给红十字会来获得心灵的满足，这种行为表达了他与其他古巴籍美国人的团结。在此共享的认同部分解释了为什么他或她有这样的目标。基于同样的理由，一种共享的认同也许会赋予我的特定行为或成就以价值，若我没有这样的认同，则不会这样。当一支加纳球队赢得非洲国家杯足球联赛时，正是我作为加纳人的认同让我觉得这有价值。如果我是一名天主教徒，那么天主教堂的一场婚礼对我来说可能是有特殊价值的，因为我是天主教徒。

还有其他方式说明我们计划的成功（更不用说我们一开始就有这些计划的情况）可能来自一种社会认同。穆勒写道，由于人类是社会生物，他们“熟悉与他人合作，将集体的而非个人的兴趣作为行为目标的事实。只要他们在与他人合作，他们的目标就与他人的目标相等同；至少他们会短暂地感觉到他人的利益就是他们自己的利益”[①]。计划或承诺可能包含着集体的意向，就像一个宗教仪式要求你的祭拜同伴也协同参与进来一样。[②]一项社会计划可能包含着对一种认同的塑造或再造，就像伊利贾·穆罕默德（Elijah Muhammad）[③]试图重新定义美国

---

① *Utilitarianism, CWM* 10:231.

② 例如，可参见Robert M. Adams, “Common Projects and Moral Virtue,” *Midwest Studies in Philosophy* 13 (1988): 297—307; Nancy Sherman, “The Virtues of Common Pursuit,” *Philosophy and Phenomenological Research* 53, no.2 (June 1993): 277—299; 以及Michael Bratman, “Shared Intention,” *Ethics* 104 (1993): 97—113; 以及Margaret Gilbert, *Living Together* (Lanham, MD: Rowman and Littlefield, 1996)。

③ 伊利贾·穆罕默德(Elijah Muhammad, 1897—1975)，美国黑人穆斯林领袖，“伊斯

黑人的集体自我理解那样，也如聋哑的激进分子试图建构一种附加在聋哑条件之上的集体认同那样。对西奥多·赫尔茨（Theodor Herzl）来说，成功依赖于在也许从未认为他们属于一个国家的人中间创造出一 25
种国家意识。但一种共同追求可能包含许多较小规模的群体——二十人的，或十人的，或两人的群体。“当两个人的思想和推论完全一致的时候；当所有人的智力兴趣和道德兴趣在他们每天的日常生活中公开讨论的时候……当他们从相同的原则出发，通过共同努力得出他们的结论时”，穆勒在谈到《论自由》的写作时说，“关于原创性问题已经无关紧要，拿起笔的是他们所有人。”[①]

个人与国家

我们正在追溯的这幅自我发展的图画将认同置于人类生活的核心。我建议，政治理论应该严肃考虑这幅图画。这本身并不能解决实际问题，但我们可以发展和探索这幅图画以商定我们共享的这个政治世界。如温迪·多纳尔（Wendy Donner）所示，自我发展这个主题是一个连接穆勒的伦理、社会和政治贡献的桥梁；但他认为国家在这种发展中应该扮演一个角色的想法让他与有影响力的现代政治思想发生了冲突，这种观念认为公共领域应该在不同的善观念之间保持中立。[②]与大多数当代自由主义者——如罗尔斯、德沃金、内格尔——不同，穆勒不认为自己是个中立主义者。在《论代议制政府》中，穆勒写道，“对构成社群的有德性的和有智性的人民来说，任何形式的政府所能拥有的最重要的美德就是去推进这些人民的德性和智性。”[③]

兰民族”组织的创建者。——译者注

① Mill, *Autobiography, CWM* 1: 251.

② 参见Wendy Donner对穆勒的发展主题有劝说力的刻画，见其著作*Liberal Self.*

③ *Considerations on Representative Government, CWM* 19: 390; 还可参见Donner,

当然，在穆勒对善的观念的建构中，这肯定不是一种可怕的限制性的善观念，它注定要鼓励多样性而不是限制多样性。但是，如我们会在第四章中看到的，因为他强调促进个人自主性也是一种合宜的国家目标，穆勒被指控在不同的宗教中有偏向：这不等于说加尔文主义的强
26 烈形式会遭到谴责吗？[①]

因此，《论自由》对自由主义理论家来说是一笔奇特的遗产。一方面，它被认为倡导一种守夜人的国家——一种强烈的、互不侵犯形式的反家长制。另一方面，如我们看到的，它被认为支持一种偏狭的善观念，因此它刻画的国家形象是极其家长制的、具有侵犯性的和不宽容的。（用罗尔斯的话来说，它倡导了一种全面的而不是严格的政治的自由主义。）以赛亚·伯林所说的“消极自由”——政府要提供保护，对人们生活的特定领域不加以干涉——显然有助于发展一种你自己的生活，就如穆勒所相信的那样。但穆勒的个性观也让他假设，我们可能不仅需要免于国家和社会干涉的自由，也需要得到国家和社会的帮助去实现自我。以赛亚·伯林教我们把它叫做“积极自由”，他对此抱有深深的（深思熟虑的）怀疑：怀疑的理由是，他认为在积极自由的名义下，政府已经在并且还将继续试图着手改造人性，使他们变成更好的人。[②]很难否认，许多可怕的事情是以自由为名做出的，一些糟糕的论证引导人们从解放的理想一直堕入古拉格群岛。但是，踱步的伯林啊，建构一种认同

Liberal Self, 126。

① 例如，可参见Bhikhu Parekh, *Rethinking Multiculturalism* (Cambridge: Harvard University Press, 2000), 44. 以及Martha Nussbaum, “A Plea for Difficulty,” 收录于Susan Moller Okin, *Is Multiculturalism Bad for Women?* ed. Joshua Cohen, Matthew Howard, and Martha C. Nussbaum (Princeton: Princeton University Press, 1999), 111。（由于随机数的存在，我们可以抛开这个熟知的指责，即按照严格的标准，假定的中立主义者不一定是中立的。）我会在第二章回到这个议题，在“不宽容的自主性”那一节。

② Isaiah Berlin, “Two Concepts of Liberty, ”in *Four Essays on Liberty* (Oxford: Oxford University Press, 1969), 118—172.

并依据这种认同生活并不必然会出错。[①]

回忆一下穆勒的这些话："关于人类事务的情况，已说到它把人类自身带到更近于他们所能做到的最好的事，难道还有比这个更多或更好的吗？说到对善的妨碍，难道还有比阻碍它更坏的事吗？"[②]他认为这是政治的一个目标，而不仅仅是政治的一个阻碍。很显然《论自由》的作者不是一个自由至上论者；他认为国家应该资助科学研究，管理童工，以及限制工厂工人每天工作的时间；要求儿童接受教育；向穷人提供救济，等等。[③]与此同时，穆勒无法容忍政府试图去巩固一种单一的生活方式。穆勒写道，"如果仅仅是人们具有多种品味，这一点就足够成为不要试图用一个模子来塑造他们的理由。而不同的人需要不同的

---

① 当然，伯林并没有说它一定会出错。我的"踱步（pace）"在此只是表明我知晓伯林担心它可能出错。

② Mill, *On Liberty, CWM* 18: 267. 在其1983年的著作*Defence*中（与他近期立场相反），Gary论证说"在此意义上穆勒关于好生活的观念是完善论的，它将那种在很大程度 286
上自我选择的生活置于传统的生活之上，但这是一种程序主义的完善论，而非一种有关好生活的完整理论。由于他将自主性和安全看作很重要的人类福祉，穆勒与罗尔斯一样定义了一种薄的善理论——通过重要兴趣或基本的善来表达的最低限度的人类福祉概念。" Gray, *Defence*, 88.

③ 在*Principles of Political Economy, CWM* 3: 803—804中，穆勒提出了一种权宜之计："在许多情况下，政府承担责任，行使职能，之所以受到普遍欢迎，并不是由于别的什么原因，即它这样做有助于增进普遍的便利。作为例子，我们可以举铸造货币的职能（这也是一种专利权）。政府铸造货币不是为了什么深奥的目的，而只是为了减少麻烦，省却人们称量和化验货币所花的时间和费用。就连最反对国家干预的人也没有把这称为越权行为。另一个例子是政府规定标准的度量衡单位。另一些例子是铺设道路，安装路灯，打扫街道，这类工作有时是由中央政府来做，但更多的时候而且一般说来也更为适当地是由市政当局来做。修建或扩建海港，建造灯塔，对土地和海洋进行勘测以绘制精确的地图和海图，筑造海堤和河堤，这些也都是恰当的例子。"稍后他又说："此类毫无疑问属于政府职能范围内的例子，是不胜枚举的。但上面所举的例子已充分表明，被普遍承认的政府职能具有很广的范围，远非任何死框框所能限定，而行使这些职能所依据的共同理由除了增进普遍的便利外，不可能再找到其他任何理由；也不可能用任何普遍适用的准则来限制政府的干预，能限制政府干预的只有这样一条简单而笼统的准则，即除非政府干预能带来很大便利，否则便决不允许政府进行干预。"

精神发展条件；不同的人不能健康地生存于同一道德的空气和气候之
27 中，正如各种各样的植物不能健康地生存于同一自然的空气和气候之中。同一些事物，对于这个人在培养其更高品性方面是助益，对于另一个人则成为障碍。”这就是人们之间的差异，“除非在其生活方式方面也相应地有如此多的差异，他们就既不能公平地获得一份愉快，也不能在精神方面、道德方面和审美方面成长到他们品性能够达到的最高水平。”[①]这里的观念是说，自由允许人们去做到最好。在这些段落中，看上去做到最好的自己意味着成为一个具有客观价值的人——一个拥有高水平的心理、道德或审美水准的人——不管你选择什么样的生活计划。[②]

事实上，穆勒这种“全面的”理想（我将在第五章，在“完善论”的标题下就这个主题多说一些）并没有妨碍他成为现代自由主义理论的标准旗手。你在穆勒那里发现的自我培养的理想已经造成了广泛的影响；马修·阿诺德（Matthew Arnold）在《文化与无政府状态》一书中对此有所阐述，他引用了埃皮克提图（Epictetus）的观点：“精神和品格的形成一定是我们真正关注的。”[③]最常见的是把它和亚里士多德联系起来，今天它仍然是政治哲学中一股有力的思潮。事实上，罗尔斯曾经提

① Mill, *On Liberty, CWM* 18: 270.

② 在《逻辑学体系》中，穆勒甚至认可了他所说的一种“生活艺术”，他说它包括“三个部分”：“道德，审慎或策略，还有审美。它们分别代表着人类行为和作品中正确的、权宜的，以及美的或高贵的。对这种艺术（不幸的是，这种艺术还有待被创造）来说，所有其他艺术都是从属性的，因为它的原则是决定任何特定艺术的目标是否有价值，是否可欲，在可欲事物的范围内这些特定艺术的目标处于何种位置的标准。因此每一种艺术都是由科学揭示的自然法，目的论的普遍原则，或者目的学说的共同结果。*Sytem of Logic CWM* 8:949. Charles Larrabee Street（在他的*Individualism*一书的第49页中）评论说：“但在其他一些时候穆勒看得很清楚，价值之间具有一定的不可比较性。他对快乐的性质的著名区分，尽管这种区分有损于他自身体系，表明了这一点”。这个诊断预示了伯林后来的诊断，尽管Street的书出版于1926年。

③ Matthew Arnold, *Culture and Anarchy*, ed. Samuel Lipman (New Haven: Yale
287 University Press, 1994), 36.

出的著名的“亚里士多德原则”就是这样一种观念，它认为“其他事物都是平等的，人类却从其实现了的能力的应用中获得快乐，能力实现得越多，或者能力的复杂性程度越高，快乐的强度就越大。”[①]与此同时，穆勒坚持自我发展需考虑多样性与阿马蒂亚·森考察平等的“能力”路径有相似之处。森写道，“对平等的考察，不管是理论上的还是实践上的，与先前的一致性（包括“所有人生而平等”的假设）一起推进，因此都遗漏了这个问题的一个重要方面。人类多样性不是处于第二位的要素（可以被忽略；或者可以“晚一点”再说）；它是我们关心平等的一个根本方面。”[②]而且，我们稍晚会提到，德沃金对人类生活“模式的挑战”与穆勒的这幅个性图景也有很深的关联。在这些视野中，每一个都有一个伦理观念的版本：存在着一些我们归因于我们自己的东西。

当然，我们对其他人的义务仍然是自由主义的核心问题之一。作为一个社会人去生活要求我们对其他人做出承诺。如果这些承诺是自愿做出的，那么即使它们违背了我（以后）的意愿，强行履行它们也是适 28
当的。但如果它们超出了我们自愿承担的范围，我们对这样的义务又负有多大的责任呢？穆勒的一个建议粗略说来就是，我们对他人的义务，以及我们对自身的义务，就是我们不应该伤害他们；这引发了对什么算作伤害的有趣讨论。[③]但对他这种观点来说，一个重要的事实是，我做了你不愿意我做的事并不构成对你的伤害：

> 一个人坚持其意见的情感和另一个人因他坚持那个意见而感到触怒的情感，这双方是毫无相似之处的，正如窃贼想偷取一个钱袋而

---

① Rawls, *A Theory of Justice*, 424.

② Amartya Sen, *Inequality Reexamined* (Cambridge: Harvard University Press, 1992), xi.

③ Joel Feinberg在他的*Harm to Others* (New York: Oxford University Press, 1984)一书中对这些议题有详细的讨论。

> 物主想保留那个钱袋这两种欲望毫无相似之处一样。一个人的品味同他的意见或钱袋一样，同样是非常个人化的关注。①

相应地，假定我履行了我对你的义务，也没有伤害你，我认为我应该可以去过任何我选择的生活，这个观点看上去给我留下了广阔的自由空间，如你所期望的那样。但为了证明国家行为的正当性，穆勒既要诉诸自我授权的理想，也要诉诸自我发展的理想。

例如，很多国家的政府都向没有形成固定认同或计划、希望和梦想的孩子提供公共教育。这显然超出了消极自由，也超出了政府不干预原则。你也许会说，家长可以做这些；原则上他们也的确做了。但假设他们没做或他们做不到呢？政府该不该以发展个性为名介入，坚持说这么做可以帮助他们做好准备像自由的成年人那样生活呢？并且，在我们的社会中，难道不需要要求他们有阅读的能力，掌握语言或他们社群的语言，能够评价论证，阐释传统吗？即使家长试图提供所有这些能力，难道社会不该通过国家给予他们积极的支持吗？②

或者以福利供应为例。如果个性要求你去发展一种与你的能力和社会（包括内置的社会认同）提供的物质条件相应的生活，那么自由主
29 义追求一种允许人们这么做的政治。但是，除了法律的限制，还有障碍可能阻止你实现你的个性。在一个没有前线可征服，没有空地可开垦的现代世界，如果没有基本的物质资源，人们真的可以建构出高贵的个人生活吗？如果人们生病了，并且无力承担“摆脱”疾病的治疗费用，他们还能自由地发展他们的个性吗？

---

① *On Liberty*, *CWM* 18: 283. 在此，穆勒说得很清楚，他的功利主义承认不可通约性。阿马蒂亚·森（Amartya Sen）在这些段落中读出了一种“功利的观点”，参见Sen, “Plural Utility,” *Proceedings of the Aristotelian Society* 81 (1982): 196—197。

② 穆勒认为国家应该要求并且资助教育，而不是提供教育，这可能因为在他那个时代，国家教育就意味着在教会的监护下接受宗派教育。参见John Kleinig, *Paternalism* (Totowa: Rowman&Allanheld, 1984), 34.

教育儿童，为穷人提供福利，给予有需要的残障者以物质支持，这些做法背后都是一个想法，即这些做法可以帮助人们发展出值得过的生活。伯林好奇的是谁可以决定什么样的生活是值得过的。如我们已经看到的，穆勒对这个问题有一个回答：“一个人只要保有一些差不多够的常识和经验，他自己规划其存在的方式总是最好的。”但集体的制度真的能够容纳每个人“自身的模式”吗？我们将在第五章回到这个问题。

我提到过穆勒著名的“伤害原则”（harm principle）——根据这条原则，唯一正当的强制行为是阻止某人伤害其他人的行为——尽管这条原则常常被给予一种自由主义的解释，但也许实际上它会招致大量的政府干预。要拥有自主性，我们必须首先拥有一些可接受的选项。当这些选项被剥夺时，我们就受到了伤害。在约瑟夫·拉兹（Joseph Raz）看来，相应地，“建立在自主性之上的自由原则最好被认为是为伤害原则提供了道德基础，”而这个原则让他走向了一个相当广泛的解释。拉兹说，“伤害一个人就是去减少他的期望，去减少他的可能性。认为伤害原则只涉及政府应该防止自主性的丧失这种义务是错误的。有时候不能改进另一个人的境况也是对他的伤害”，当我们拒绝给某人他应得的东西，比如，歧视一个潜在的员工。[①]拉兹这里的立场与穆勒是一致的：最显著的不正义……是错误的侵犯行为，或者是权力错误地运用于某人；接下来是错误地阻止某人获得他应得的东西；在两种情况下，不管是以直接痛苦的方式施予他伤害，还是以剥夺他有合理理由获得某些好处这种方式伤害他，不管是生理的伤害，还是社会的伤害，都应算作伤害。”[②]更一般说来，如果（正如拉兹表明的那样）我们通过破坏 30
他/她施展自主性（包括自主性得以在其中形成的社会形式）所必需的条件来伤害他/她，那么国家就有足够的、甚至额外的权力来干预。

尽管穆勒自己认为对个人卓越性的培养是国家的一个中心任务，但

① 参见Raz, *Morality of Freedom*, 400, 410, 414, 415—416。

② Mill, *Utilitarianism*, *CWM* 10: 256. 还可以参见Donner, *Liberal Self*, 164。

他从未激烈地要求国家权力来服务于这种善。他著名的观点是："每个人周围都有一个领域，政府应该止步其外。"[①]穆勒严肃地认为社会认可和指责所扮演的角色是约束行为的替代机制。在他的论文《桑顿论劳动力及其要求》中，他写道，在道德义务的领地之外，还有一类被"强制"执行的东西。"有数不清的人类行为方式要么是他的同胞善的缘由，要么是阻碍，但是总而言之，为了总体利益，必须给它们以自由；仅仅通过赞美和荣誉来鼓励这类有益行为的施展，就好像来自行为者自身的益处不足以激励它们一样。这个更大领地就是优点或美德。"[②]

尽管穆勒看似赞扬这种个人自主性的理想，他并不试图利用强制的国家权力来孕育它，也许这是因为他对依赖外在力量会滋生出依赖性这个悖论比较敏感。他认为摩门教徒一夫多妻制的生活是低下的，尤其是因为妇女在一夫多妻制下的从属地位，但是既然婚姻建立在同意的基础上，他认为他们仍是合法的。正如穆勒在《论自由》中写道的，"我没有意识到任何群体有权利去强迫另一个群体文明化。"[①]

① Mill, *Principle of Political Economy, CWM* 3:397. 也许有必要更充分地引用穆勒的立场："显而易见，一眼就可以看出，同其他形式的政府干预相比，权威主义的政府干预所具有的正当活动范围要小得多。在任何情况下，都得有大得多的必要性作为前提，权威式的干预才是正当的；与此同时，在人类生活的很大范围内，必须毫无保留地、无条件地排除命令式的干预。无论我们信奉什么样的社会联合理论，也无论我们生活在什么制度下，每个人都享有一定的活动范围，这一范围是政府不应加以侵犯的，无论是一个人的政府、少数人的政府，还是多数人的政府，都不应对其加以侵犯。每一个已经成年的人，都应有一部分生活不受任何其他人或公众全体的控制。只要有稍许尊重人类自由和尊严的人都不会怀疑，人类生活中确实应该有这样一种受到保护的、不受干预的神圣空间。需要加以确定的只是界限应该划在哪里，这种保留地应包括多大的生活范围。我认为，一切只与个人内部和外部生活有关、不影响他人利益或只是通过道德示范作用影响他人的那些部分，都应包括在内。我认为，在内心意识即思想和感情领域，以及在只涉及个人，也就是说不影响他人，或至少不会给他人带来痛苦或害处的外部行为领域，应允许所有人，特别是允许那些有思想、有教养的人，尽管发表关于善恶美丑的意见，只是不允许用非法的胁迫手段或法律手段强迫他人遵守。" *Principles of Political Economy, CWM* 3:937—938.

288 ② *CWM* 5: 634. 请参见Gray, *Defence*, 64, 以及Street, *Individualism*, 50。

① *On Liberty, CWM* 18: 291. 一方面，穆勒也写到存在"一种强有力的专制社会，

但国家行为当然不局限于禁止性的行为。在《政治经济学原理》中，穆勒区分了“政府的权威性干预”——包括犯罪和惩罚的领域——与另外一种形式的干预，在这种干预中，

> 政府不是发布命令和通过惩罚强制执行，它采取了一种迂回战术，通过提供建议和发布信息的方式，来完成此类重要的职责；它让每个人自由地运用他们的手段来追求公益的所有目标，政府不插手，但政府不相信仅仅交由个人看管这些目标，所以与个人的安排一道， 31
> 为了类似的目的，政府也建立起它自身的能动性。②

当他又一次放弃“人们互不关涉彼此在生活中的行为，除非涉及其自身利益，否则也不应该关心彼此的福祉”这种观念时，穆勒回到了他在《论自由》第四章中的论点。相反穆勒说，“以公正的运用来促进他人的好处，这种需求不是减少了，而是大大增加了……人类彼此之间应当相互帮助来辨别好与坏，应该相互鼓励来选取前者而避开后者。他们还应当永远相互砥砺，使其较高官能获得更多的运用。”③ 但这种义务并不局限于个体公民，在《论自由》的结尾处，穆勒承认，“一大类有关政治干预限度的问题，虽与本文的主旨密切相关，但严格说来却不在它的范围之内。有一类事情，不容政府干预的理由并不涉及自由的原

其政府形式是培养一种更高级的文明所需的人才的最佳形式”。Mill, *Considerations on Representative Government*, in *CWM* 19: 567. 在这个时候，我们听到的不是一个自由主义者的声音，而是来自东印度公司主考官的声音，东印度公司是一个与政府平行的机构，它主管了英国在印度的殖民地及其雇员四十年。想要了解穆勒与帝国主义的这种瓜葛，参见Uday Singh Mehta, *Liberalism and Empire* (Chicago: University of Chicago Press, 1999), 97—106。这里有一个有趣的悖论：与孔德一样，穆勒担心高度的个性与高度的文明不相容；因此具有政治自主性的社会正是那些在某种意义上牺牲了个人自主性的社会。

② Mill, *Principle of Political Economy*, *CWM*3:397.

③ *On Liberty*, *CWM* 18: 277. 比较有关穆勒对利己主义和利他主义的区分有深度的讨论，参见Kleinig, *Paternalism*, 32—37。

则；问题不在拘束个人行动，而在于帮助他们行动；这也就是要问，政府应否为了人们的好处而替他们办些事或者使他们做某些事，而不要把那些事一概留给他们自己去办，无论是每人各自去办或者是自愿联合起来去办。”[①]这种“干预”对近来的政治哲学来说也同样有问题，我们将在第五章探讨其原因。

共同的追求

穆勒写到他的父亲时说，“就像布鲁图斯（Brutus）被称为最后一个罗马人一样，他也是18世纪的最后一人。”[②]穆勒试图在他生活的年代中各种各样的思潮之间保持一种小心的平衡：这使得他既高度稳定，又高度反复无常。但这种平衡，这种平衡感，使《论自由》没有立即获得穆勒所期望的、他和哈里特的伟大计划应该受到的那种欢迎。穆勒在其
32 《自传》中回忆说，“我的著作中从未有哪部像这样精巧地构思，或像这样勤勉地修正过”，“在它像往常那样写过两次以上后，我们从头开始阅读、权衡、修改每一句话。最后一次修改成果是1858年至1859年冬天出来的，这是我退休后的第一年，我们本来打算在南欧度过的。这个愿望还有其他的愿望由于她的突然去世而破灭了。那是在我们通往蒙比里埃（Montpellier）的路上，在亚维侬（Avignon），她的肺部突然充血，痛苦地死去了。”[③]数周之后，穆勒将《论自由》的手稿寄给了他的出版商。

就像他的传记作者指出的，因为各种原因，它的出版不是时候。既有分散其影响力的原因存在，也有抵制它的原因存在。《物种起源》于同一年出版，它既被列为进步的，又被看作是反动的；牛津运动正全面展开；不管是由贸易工会主义者还是由基督教社会主义者发布的各种

---

① *On Liberty, CWM* 18: 305.

② Mill, *Autobiography, CWM* 1:213.

③ Ibid., 249.

各样的集体主义凝聚为一股力量。许多激进主义者认为穆勒的看法太懦弱，保守主义者又认为它不负责任和具有破坏性。詹姆斯·菲茨詹姆斯·斯蒂芬爵士（Sir James Fitzjames Stephen）苦苦捍卫了这种看法。他总结说："攻击社会框架据以建立的观点是且应该是一项危险的活动"，他做了他该做的那部分工作。这本书让托马斯·卡莱尔暴怒（尽管没什么事情不会让他发怒）。"就好像它是一种控制或强迫使用更佳方案的罪恶，无论如何人都会堕落；因为上帝在天上！"①

当然，对于最近丧失了亲人的作者来说，这本书既是悲痛的回忆，又是一个纪念物。他写信给一个朋友说，"对于知道和她在一起以及我属于她意味着什么的我们来说，要不是还有她希望完成的事情，她关心的公共目标和其他目标，在这些事情中还可以保持一定的兴趣，人类生活愚蠢的千变万化，没有了她，已经变得毫无意义、不可忍受。""我已经发表了她的一些观点，我希望用我的余生（如果我可以维持我的健康）继续整理它们和传播它们，尽管没有她督促和指导我，尽管我的力量已经可悲地锐减了。"② 在他的《自传》中，他描述了哈里特在他生活中的作用—— 33
他们共同的追求——在此方面，他认可的强劲个性是互惠的。

> 我的生活目标就是她的目标；她分享或同情我的追求和职业，这一切都与她密不可分。对我来说，她的记忆就是宗教，我用她认可的准则——总结起来就是所有有价值的东西——来规范我的生活。③

这是一种有关宗教虔诚、堕落、他治和自我克制的语言；但这并没有减少穆勒对个性的承诺，因为它证明了其深刻的社会性质。他关注的只是从他的父亲那种以行为者为中心的政治观中遗漏的集体意向的种

① Packe, *The Life*, 405.

② Letter to Arthur Hardy, May 14, 1859, quoted in Ibid., 409.

③ *Autobiography, CWM* 1:251.

种形式；从孩提时代起穆勒就缺乏陪伴，他不知疲倦地建立他的交际圈，并像一个青年人那样去评论政治与文化的友好联合。这个联合对他而言是重要的，但让他的努力变得有意义的却并不仅是友爱。按照他自己的说法，由于失去他的人生伴侣以及与他们共同的追求而受到减损的东西正是他的个性。

他的笔没有停下来。生命的结局本可以改写；对他来说，它们是不朽的。而穆勒自身——如此之多大胆实验的主体和客体，从边沁到卡莱尔到孔德所有这些有洞见的人想招为弟子却以失败告终的人——有一种敏锐的感觉，影响力总是有限的，亲密交往总是不完整的。如果没有人能够成为他自身完全的主人，那么也没有人能够完全指挥他人。如他所写，“事实上，我们不能直接意欲成为与我们所是不同的人。但那些被期待塑造我们性格的人也不能直接意欲使我们应该成为怎样的人。”没有人比穆勒更清楚如何提升一个人的生活计划使之融合进一个共同的追求。但与此同时也没有人比他更清楚让他人更卓越的尝试是多么容易变成一种压迫。如穆勒用一种特别和谐的语言写道的，“让每个男人回想一下当他从男孩——从慈爱亲切的长者给予的监护和控制——进入到男人的责任中时他的感觉是什么。它是不是像减掉体重的那种生理效果，或者像解除束缚，即使那束缚并不使人痛苦？是不是
34 感觉像重生，像重新为人？”[1]

穆勒以赞扬免于政府干预和免于公共意见的自由而闻名：但我们在此看到他是多么相信在塑造生活、塑造个性的过程中，不管你有多少共同追求，最终你甚至必须在爱你之人的良好意愿中找到自由。不管穆勒称赞个性具有多少社会性，总体说来，它仍然是个性：每一个生命的最终责任总是拥有这个生命之人的责任。

---

① John Stuart Mill and Harriet Taylor, *Essays on Sex Equality*, ed. Alice S. Rossi (Chicago: University of Chicago Press, 1970), 236; quoted in Mazlish, *James and John*, 342.

第二章

自主性及其批评者

自主性要求什么

安娜·卡列尼娜那风流的兄长对牡蛎、雪茄和未婚的女家庭教师毫无招架之力，但让最近一代伦理学家最为忧虑的是他完全缺乏一个独立的大脑。人们常常引用托尔斯泰对他的一段描述：

> 斯捷潘·阿尔卡季奇订阅一份自由主义派的报纸，不是极端自由主义派的而是代表大多数人意见的报纸。虽然他对于科学、艺术和政治并没有特别兴趣，但他对这一切问题却坚持抱着与大多数人和他的报纸一致的意见。只有在大多数人改变了意见的时候，他这才随着改变，或者，更严格地说，他并没有改变，而是意见本身不知不觉地在他心中改变了。①

你能看出为什么强调自主性的理论家会批评这种人。在杰拉尔

---

① 我引用的这段话来自Richard Pevear和Larissa Volokhonsky翻译的*Anna Karenina* (New York: Viking, 2000), 6—7。（他们认为，斯捷潘阅读的报纸可能是某个A. Kraevsky主编的*The Voice*。）

德·德沃金（Gerald Dworkin）看来，“因为这些信念是借来的，所以不是他的；而且它们被借来的时候甚至不知出处；这暗示着，他无法对其有效性给予任何证明—— 他甚至无法给出一个论证证明大多数人正确的可能性，或道德共识的必要性。”[①] 对乔尔·芬伯格（Joel Feinberg）来说，斯捷潘是代表非本真性的一幅人物肖像，因为他“的信念除了是他所回应的那些人（如果他知道他们是谁的话）的信念外，他无法为其信念提供理性的证据，没有理由认为他们的信念（就像一
36 些合理挑选过的权威一样）就是正确的。”[②]

当然，穆勒表达了相同的关注：我们知道他不喜欢这样的人，“他让世界……为他选择生活计划”，而不是自己为自己选择。但一个问题立刻出现了：自由选择需要什么条件呢？人们通常会提到强制的缺失和选择项的可用性，但穆勒（与当代自主性理论家相似）还担心意志的扭曲：担心传统遗留下来的非反思性的偏好，担心“群体偏好”。因此个人自主性的内容看来比仅仅交给个人去选择更多；它听上去像是一种我们需要去培养的能力，或者像人们在违犯时推崇的诸如勇气、正直这样的德性。一个人要多么自主才能说拥有真正的自主性呢？

我们应该认真考虑这个问题。劳伦斯·豪沃斯（Lawrence Haworth）以及一些老朽的意大利激进分子提出了我们所称的“自主论”（autonomism），这种观念对自由主义影响极大；它处于许多规范性政治理论的核心，包括我们特别感兴趣的，我将称之为“塑造灵魂”（soul making）的学说：它是与约瑟夫·拉兹以及其他人相关的、被称

① Gerald Dworkin, *The Theory and Practice of Autonomy* (Cambridge: Cambridge University Press, 1988), 38.

② Joel Feinberg, *Harm to Self* (New York: Oxford University Press, 1986), 32 and 380 n. 11. 也可参见David Riesman和Nathan Glazer, “The Meaning of Opinion,” *Public Opinion Quarterly* 12, no.4 (Winter 1948-49): 638—639, 斯捷潘在此被当作一个缺乏自主性的代表人物，他“对政治的小道消息，对装饰良好的葡萄酒窖这样的事情所知甚多，但他缺乏一种真正的能力把对当今世界真正有意义的意见从那些仅仅是意见的意见中区分出来”。

为自由主义的至善论（liberal perfectionism）理念。①不幸的是，为了证明自主性的价值（在某些情况下是一种主要价值；在某些情况下只是一个好东西），至善论的很多支持者经不住诱惑，想证明它不仅是必要的，而且是极好的——在这个浇筑混凝土的基础上，我们通向的是一座闪闪发光的玉石山。

因此个人自主性从一种价值被提升为一种理想，这种理想指引我们去做斯捷潘没有做的事，即过滤我们的灵魂。照罗伯特·杨（Robert Young）的观点看来，自主性是一种自我导向，它塑造据以指导人们生活的“思想和行动的原则”：“一个人自我导向的程度表现为他/她将其整个生活轨迹融合为一个统一的秩序。这意味着仅仅免于外部限制和有能力追求一种特殊生活方式的人可能不是自主的……因为他不能以统一的方式将这些原则组织起来。”②斯坦利·本宁（Stanley Benn）强调
反思个人准则和实践的重要性，他的标准设得很高：“自主的个人将其 37
自给自足的潜能提升到一个更高的程度，他不会满足于别人给他设定的计划，或者根据环境塞给他的标准来评价自己的表现。”③事实上，规定自主的行为者让自身远离社会的影响和习俗，根据经由其批判反思认可的原则来行动是很常见的。④将公民视作一个由彻头彻尾的价值论武装起来的个人伦理委员会，他如何还能为获取和付出这些更谦卑

---

① Haworth, *Autonomy*, 7. 289

② Robert Young, “Autonomy and ‘the Inner Self,’” *American Philosophical Quarterly* 17, no.1 (January 1980):36. 以赛亚·伯林也有此论点，即社会只是一个包容多元且无共同标准的价值的港口：“在单个个体的胸怀中，诸种价值可能容易发生冲突。”生活是一种“统一的秩序”，甚至是一种理想的观念是值得怀疑的。

③ Stanley Benn, “Freedom, Autonomy, and the Concept of the Person,” *Proceedings of the Aristotelian Society* 76 (1975-76): 129. 也可以参见在“liberal soulcraft”内容中对自主性、本真性和自给自足的广泛讨论，收录于Peter Digeser, *Our Politics, Our Selves* (Princeton: Princeton University Press, 1995), 166—195。

④ 例如，Gray, *Defence*, 74; 以及William E. Connelly, *The Terms of Political Discourse*, 2nd ed. (Princeton: Princeton University Press, 1983), 150—151。

的追求留出时间，谁也说不准。

有一个模式可循。（我称之为）强自主性的支持者正在回应那些指出我们的价值、信念和习惯的构成方式不是土生土长的人的观点。他们的解决方案是往上定义自主性：把自主性说成更高尚、更必要的东西。简言之，面对来自地面的抵抗时，他们已经沦为概念的任务蠕变。结果是把自主性这个概念变得非常紧急。其信徒希望它像杂草一样平常，但他们所谈论的又像是一种罕见的兰花，需要特别的土壤和气候。

结果这为自主性概念带来了一些意想不到的对手。例如，大卫·约翰斯顿（David Johnston）在《一种自由理论的观念》一书中担心，个人自主性是一种奢侈品。约翰斯顿从区分个人自主性（personal autonomy）与他所说的“行为者的自主性”（agent autonomy）或能动性（agency）开始。拥有能动性就是有能力去构想和追求方案、计划和价值。相对照，拥有个人自主性是积极地去选择你想要追求的价值和方案——去成为自我授权的主体。（如他所料想，如果这看上去是一个过于迫切的阐述，他建议以“反思性的自我导向”作为一个较温和的替代方案。）缺乏个人自主性的行为者的例子是怎样的呢？约翰斯顿向我们举了迈克的例子，迈克出生在一个乡下的小镇，他进入了公立学校和当地一所大学，毕业后为他父亲的连锁药店工作，并且娶了他的高中女友。由于迈克“从未认真考虑过与他实际追求的生活不同的其他生活模式”，约翰斯顿说，尽管迈克具有能动性，他却“不具有个人自主性”。[1]他总结说，一个好的社会应该创造条件让它的成员成为行为
38 者，并培养一种正义感（也即，道德自主性），但那种个人自主性与约瑟夫·拉兹所说的相反，它不是本质性的。考虑到约翰斯顿对个人自主性这种过分扩展的阐释，很难不同意他的说法。

但你可能会指出，这并不是拉兹的阐释。拉兹在《自由的道德》中

---

① David Johnston, *The Idea of a Liberal Theory: A Critique and Reconstruction* (Princeton: Princeton University Press, 1996),102.

说，“自主的个人是其生活的部分作者”，但他随即给出一系列令人泄气的警告。他说，这个观念“不等同于给予一个人的生活以整体性”，“一个经常改换其口味的人与一个从未丢掉他青春期偏好的人可以是同样自主的”。自主的人

> 必须意识到他的生活在时间里延展。他必须能够理解各种各样的选择对他的生活会产生巨大而长远的影响。他也许总是倾向于避免长期承诺，但他必须知道它们的有效性。这导致了一些对个人自主性过于纯理性化的概念。我知道理性生活是没有问题的，就像我知道有些人有意识地赋予其生活整体性也是没有问题的一样。但个人自主性的理想更宽广一些，它与其他生活方式相容，包括那些非常缺乏理智的生活。①

拉兹接着强调说，意识到一个人的机会和能力“并不意味着预先谋划一种深思熟虑的生活方式，它也不必然预设很高程度的自我意识或理性。它要求的仅仅是一个人意识到他的种种选择计划，并知晓其行动路线可以是其他样子的。”②

迈克轻松地通过了这个测试。对他来说，像他可以以其他哪种方式生活之类的大问题没有出现，约翰斯顿说道。但这有什么关系呢？他知道“他的行动路线可以有所不同”。事实上，如拉兹也提到的，形成计划和执行计划的能力是拥有实践理性的一个必要特征。③乔治·谢尔

---

① Raz, *Morality of Freedom*, 370, 371.

② Ibid., 381—382.

③ “这里所讨论的自我创造和价值的创造并不唯一与个人自主性的理想相关。它们是实践推理的一个必要特征……自主性的理想选择了这些特征并要求将它们扩大。它要求部分地通过在适当的选择范围中进行选择来推进自我创造；行为者必须意识到他的选择机会以及其选择的意义；他必须独立于压迫和他人的操纵。如果你愿意，你可以说自主性这种理想是一种出于需要的美德。”Ibid., 390.

（George Sher）阐释了一种类似的自主性观念，自主性即“对理性的响应”，这种观念又一次聚焦于实践理性形成的先决条件。[1]所以看来约翰斯顿所说的“行为者的自主性”——及其相关要求，即社会提供使人
39 们能够制定和推行其方案和价值观的条件——就足够了。

但是即使在这个温和的版本中，自主性仍然是一个战斗的词汇。在这一章中，我将捍卫我所采纳的自主性的核心观念，并抨击那些担心自主性太弱或太强的人——担心它太弱的人把它提升到难以达到的理想状态，而担心它太强的人又把它贬低为狭隘的价值。我的目标是保护它不受狂热分子以及诽谤者的伤害。但是，正如我们看到的，即使较为温和的自主性版本仍然很容易陷入含糊不清和二律背反中。而真正的辩论不会由于改进定义而消失。最后，我将尝试把关于自主性的辩论以及结构与能动性之间古老的对立联系起来——并建议说，这个对立也是一开始就被错误地界定了。

不宽容的自主性

有关如何形成自主性的争议——有关哪一组标准最好地抓住了我们的直觉，或最好地表达了我们的理想；或者有关这个理想的确切内容（这场争论既有概念性的维度又有规范性的维度）——立即转移到另一个问题上，即，抛开其具体化的细节，自主性是不是或应不应该成为西方自由民主制度之外的首要价值。可选的选择中，被赋予了最低程度的理性，免于强迫：如果这是个人自主性的核心，还有什么比它更令人安慰或更无懈可击呢？也许，被我们看到的那种过度自治者所刺激，许多政治理论家在写到自主性的时候都把它当作工业污水，它是由西方现

---

[1] George Sher, *Beyond Neutrality: Perfectionism and Politics* (Cambridge: Cambridge University Press, 1997), 50. 由于理性被定义为行动的指导，响应理性的行为就是基本人类理性的一个条件。

代性产生的，不管愿意不愿意，出口给不幸的非西方世界的居民。自主论者声称他们看到了超级市场的专制，它为那些根深蒂固的、单调乏味的、无法体现自主性价值的生活方式的出现铺平了道路。我们坚持说每一个人应该有能力选择他自己的善观念，那么，我们是不是自相矛盾地截断了这类概念的可选择范围呢？我们看到，对穆勒来说，自主性和多样性在他的个性理想中被编织在一起。然而，对很多批评者而言，自主性的语言却反映了一种与外界隔绝的傲慢；有关自我塑造、自我导向和自我授权的所有讨论都有助于创造一个表现艺术的共和国，我们要推 40
开沃尔顿奶奶（Grandma Walton）为克伦·芬蕾（Karen Finley）营造一个安全的世界。

自主性与多样性之间明显的不和通过多种多样的方式得以体现；威廉·盖尔斯敦（William Galston）分析出启蒙运动与后宗教改革计划之间的冲突——即自我导向的理性与宽容这两种相反理想之间的冲突。[①]如他所说，宽容与自主性之间的张力从自由主义发端起就是它的一部分。但自主论者对自主性的过分扩张使这种紧张达到一个新的高度，一些理论家强调它们之间不可调和的差异，主张将二者分家。

政治理论家约翰·加里（John Gray）将以赛亚·伯林对积极自由的批评以及他对自我导向理想的责难相当轻率地合并了起来。带着一种有趣的扭曲，他有力地陈述了这种批评：

---

① 传统宗教史可能会让这幅图画变得更复杂：一方面，强调个人良心的自主性成为新教的一种口吻；另一方面，随便烧死异教徒的路德和加尔文绝不是宽容的典范。在*Liberal Pluralism: The Implications of Value Pluralism for Political Theory and Practice* (Cambridge: Cambridge University Press, 2002)第25页，盖尔斯敦坚持说，"任何将自主性作为公共行为普遍规范的自由主义论证实际上在理性与信仰、反思与传统之间持续进行的争斗中都有所偏向"。但也许偏向哪边并不明显。自由思想中对这两个主题进一步的反思，请参见Jacob T. Levy极好的文章，"Liberalism's Divide after Socialism—and Before," *Social Philosophy and Policy* 20, no.1 (Winter 2003): 278—297。

> 从伯林的观点来看，这种以自主性为基础的自由主义，不加批判地和不恰当地提升了一种有争议的和有问题的生活理想。有很多自由社会能够提供的很好的生活方式并不特别具有自主性：一个修女的生活，一个职业战士的生活，或一个全身心投入的艺术家的生活，这些生活方式可能体现了极其稀有和宝贵的价值，但它们却远非自主。做选择的"基本自由"支持的观念不是自主性，而是自我创造，被创造出的自我也许根本不是一个自主的行为者。要求自我创造与理性自主性的理想相符是……一个不可接受的、必然带有限制性的要求。它排除了传统主义者的生活方式，这些传统主义者的选择强化了继承下来的自我认同观念，同样，对那些神秘主义者或贪玩的享乐主义者来说，一种固定的认同可能是无用的累赘，而包含于自主的能动性中的反思性考虑又令人劳神。[①]

将自主性和多样性对立起来，将自主论当作自由主义者顽固坚持的东西，加里只是众多批评者中的一个代表。苏珊·门德斯（Susan Mendus）写道，"以自主性为基础的自由主义最终将不包含对多样性价值的承诺。它只认可那些珍视自主性的众多生活方式，从而宽容成为一个摆设——一个权宜之计——而不是一个原则"。查尔斯·拉莫（Charles Larmore）也说，"像康德和穆勒这样的自由主义者，其政治
41 理论上又加上了应该成为我们个人理想的观念，事实上背叛了自由主义的精神。"在乔德兰·库卡塔斯（Chandran Kukathas）看来，在许多文化中，"个人选择其目的的自由并不是一种价值。个人及其兴趣常常从属于社群"。海库·帕瑞克（Bhikhu Parekh）将这种观点扩大为对道德哲学家和政治哲学家中的"一元论"的批评，而尽管带着多元主义的口吻，穆勒还是被列为靶子之一："由于穆勒的多样性理论植根于一种

① John Gray, *Isaiah Berlin* (Princeton: Princeton University Press, 1996), 32—33.

个人主义的生活想象，他只珍视个人意义上的多样性而非文化意义上的多样性，这种多样性是共享的个人主义文化内部的观点和生活方式的多样性，而不是包括非个人主义者的文化的多样性。”[①]在帕瑞克看来，这是穆勒与其同时代人共有的弱点。

在这些反对的声音中，有些东西可以被容易地辨识出来。人们普遍担心自主论者“真实的自我”的观念与伯林所说的积极自由的危险理想有关联。在此意义上，加里希望把伯林与他认为像拉兹这样的“自主论的自由主义者”区分开来：但结果既没有带来对伯林的有说服力的解读，也没有对拉兹的令人信服的解读。你也许注意到加里想要保护的传统主义者正是他选出来的那些拒绝了自我选择或自我创造的自愿主义者的模型，而建议说“自我创造”的理想不像自主性的理想那么沉重是奇怪的。因为至少从表面看来，自主性的伦理不应该责难修女、享乐者和艺术家自己选择的生活。[②]认为一个充满激情的、全心投入的艺术家

① Susan Mendus, *Toleration and the Limits of Liberalism* (Basingstoke: Macmillan, 1989),108; Charles E. Larmore, *Patterns of Moral Complexity* (Cambridge: Cambridge University Press, 1987), 129; Chandran Kukathas, “Are There Any Cultural Rights?” *Political Theory* 20, no.1 (February 1992): 120; Parekh, *Rethinking Multiculturalism*, 44. 290

② 劳伦斯·豪沃斯令人信服地论证说，实质的独立性不是自主性的前提：“一个选择献身于基督、遵循一定模式生活的修道院里的修女在实质上是依赖性的。如果加入修道院的生活是一个严肃的个人选择，如果它在时间中不断更新，那么她这种实质的依赖性不应被当作缺乏个人自主性的象征。在此自主性的问题指的是她过的生活是不是她自己的生活……也就是说让一个人成为自主的那种独立性是程序的，而非实质的。” Haworth, *Autonomy*, 20. 但当人们说宗教虔诚者的生活与自主论不相容时，不清楚的是这些生活中的哪一种因素是相关的：被自我否定的宗教信条管理的实际生活的纹理，或是对宗教自我否定的形而上学和伦理学承诺。显然，一种自主的存在不必是没有负担的存在。每个人都同意一个“完全自主的自由主义的个人”可以结婚，可以担负伴随着拥有一个家庭、作为公司管理者工作、成为城市歌剧会的主席而来的责任和义务。从一个视角来看，这个人的生活是一系列等待发生的“有害的依赖性”对自我独立性的侵权：在民事、刑事和社会的制裁方面，有无数他必须做和必须不做的事情。他有意识的生活的每一个小时几乎都被这种或那种义务控制，因为他的家庭、同事、同僚在种种公民联合中都以各种各样特殊的方式依赖于他。但没有人认为有这些约束的生活与自由主义的自主性不相容。

不是自主的人，等于暗示说自主的人一定只是蜻蜓点水地投入其事业；正像我们看到的那样，有一些自主性概念正持相反的立场——它们要求我们信奉我们自己的准则和偏好。

至于苏珊·门德斯担心自由主义“最终没有包含对多样性价值本身的承诺”，自主论者也许会为无罪申诉而辩。我们在早一点的穆勒以及后来像森那样的理论家那里看到，他们坚持认为多样性的事实应该被包含进我们对自由（对穆勒来说）和平等（对森来说）的理解中；这是个性学说的一部分，也是自主论的一部分。但是说多样性自身是一种价值，是一种首要的善，等于说一件完全不同也不那么明显的事，我将在
42 第四章探讨这个有争议的论断。门德斯对文化上的任人唯亲论提出的其他指控——指控自主论只能证明自主论者的生活方式的正当性——引起了许多混淆。以自主性为基础的自由主义，或任何有关社会秩序的学说，不用在任何强烈的意义上论证多样的生活方式的正当性；它只需要接纳它们，并将平等的尊重延伸到其成员即可。进一步说，这样的宽容或接纳，不是“暂时的权宜之计”，可以被合理地认为是行使自主性的先决条件。那些侵犯其成员自主性的团体为自由社会提出了难题，这是事实——我们稍后处理这个问题——但是，对一个试图保证其成员权利的自由社会而言，这些群体应该提出难题。自主论者可以一贯地拒绝南希·罗森布罗姆（Nancy L. Rosenblum）所批评的“一致性的逻辑”，根据这种逻辑，民主制度下的公民团体其内部也应该是民主的。[1]正如我曾经建议过的，至少，自主论必须排除缺乏自主性的生活方式中的自愿成员资格，这一点看起来并不明显。加里说，“一个人不可

---

① “Democratic Character and Community: The Logic of Congruence?” *Journal of Political Philosophy* 2, no.1 (1994): 67—97. 也可参见*Civil Society and Government*的导言，由Nancy L. Rosenblum和Robert C. Post主编(Princeton: Princeton University Press, 2001): “这个论断声称联合体内部的生活应该以平等、不歧视、正当程序等公共规范为典范……但是，这种道德教育的逻辑走得太远了……它让国家制度以进步论的公共理想去殖民社会生活。”

能同时既是一个完全自主的自由主义个体又是一个传统社群中遵从义务而服从的成员。”[①]这是不对的。尽管在一个以信仰为基础的社群中托马斯·默顿（Thomas Merton）所具有的选择性的成员资格（elective membership）看重服从和自我否定这样的价值，但说默顿缺乏自主性却是十分奇怪的，相反，他对自身价值具有的强烈的自我反思态度看上去展示了一种极其强劲的自主性形式。

加里对自主性还提出了另一个指控，这个指控与其对自主性是种族中心主义的指控有些不合：它认为自主性是不确定的。加里论证说，“有许多相互竞争的自主性。当拥有不同生活观念的人追求自主性时，推进自主性这项自由主义的事业就会出现不同的结果……当我们判断说在这一处境下比在另一处境下有更好的选择时，我们的判断是建立在对不同处境所包含的选择的评估之上的。不存在对相对自主性的价值无涉（value-free）的评价尺度。”[②] 加里坚持的这一观点，后来被用来证明一种退避性政治的合法性，这股失败的力量被他美化为权宜之计。

> 如果多样性与自由相冲突，并且多样性指的是表达了真正的人
> 类需要、体现了人类繁荣的本真样式的、有价值的生活方式，那么为 43
> 什么自由总该胜过多样性呢——尤其当你是一个价值多元论者时？声
> 称自由必须胜过多样性等于说如果不能忍受其成员施展自由选择的
> 力量，这种生活方式就是不值得继续存在的。但这正是伯林这样的
> 价值多元论者试图削弱的纯粹权利哲学。[③]

---

① John Gray, *Two Faces of Liberalism* (New York: The New Press, 2000), 56.

② Ibid., 99.

③ Gray, *Isaiah Berlin*, 152. 这是对伯林非常奇妙的曲解，伯林曾写道，“自由选择目的，而不声称目的的最终有效性，这种理想”与“价值多元论”相关。Isaiah Berlin, “Two Concepts of Liberty,” in *Four Essays*, 172.

所以加里坚持诉诸我们或许可以称之为来自其他文化的论证(the Argument from Other Cultures),但仍不清楚的是,从什么样的无涉价值的尺度来看,那些生活方式可以被视为人类繁荣的范例。[①]他的权宜之计学说要求我们欢迎那些权威主义群体,与此同时在它们之间保持某种优雅的不偏不倚。(值得一提的是,加里拒斥了自由主义的中立性——既拒斥了"政治自由主义(political liberalism)"又拒斥了"整全的自由主义(compherensive liberalism)"——因为在他看来,价值多元论的运作既适用于权利,也适用于善。)对加里来说,自由并不是一种终极价值,看来和谐才是。并且从他向外国海关提供和平援助的热情当中,我们得到的只是一种裹脚的自由主义,它甚至无法摇摇晃晃地走过房间去解决一起争端。

"关于什么最能推进自主性,我们并无共识,因为我们关于善的观念存在分歧,这正像价值多元论所说的那样",加里采用了一条重要的论证路线。"自主性不是变幻的价值世界中的一个不变支点。它是所有价值冲突的火力交叉点。"假定自由主义应该想要在政治领域消除这些争论,或者应该提早达到有关什么能够最好地服务于自主性这个目的的共识,是错误的。相反,棘手的正是政治辩论与政治协商的混乱不堪。没有人说过自由主义的政治应该是"冲突中的避难所"[②]。在此美德像邪恶一样被指派了错误的角色。

加里认为这是明显的,在大多数"晚近的现代社会中……有关权利和个人自主性的自由主义论说在想要获得权力和保有权力的不同社群的持续争论中展开,在体现了高度差异性价值的生活方式中展开。凡是它存在的地方,自由主义的话语霸权往往是浅薄的"。但是,从传统自由主义理论的视角来看,自由主义论说的这种浅薄性恰恰是它的可贵

---

① 参见 Brian Barry提出的批评, *Culture and Equality* (Cambridge: Harvard University Press, 2001), 133。

② Gray, *Two Faces*, 103.

之处。加里继续批评说，美国的基要主义（fundamentalism）“为了其自身的目的而挪用了（自由主义的价值）。”[1]但是，再重复一次，从政治的 44
角度来说，这正是价值讨论的目的所在——让政治演员为了他们“自身的目的”来挪用它。这既没有颠覆自由主义的语言，也不是对它的辩护。（我将在第六章“不完全理论化的共识”的语境下对这个问题再多说一些。）提供一个共享的词汇库让不同的人和群体可以用它来争取对权力的运用不是一件简单的事。所以当加里警告说即使美国也“不是霸权自由主义而是道德多元论者”时，这不会引起后罗尔斯式的自由主义者的烦恼，他会认为道德多元论是对其政治自由主义的贡献。我们同意，一种仅为整全的自由主义者服务的政治自由主义将是贫瘠的和萎缩的。在此美德像邪恶一样又一次被指派了错误的角色。

自主性的竞争者

在任何情况下，很明显采用来自其他文化的论证都有点像是转移话题。事实上，用我们与他们、西方与非西方这样的术语刻画的差异确实在自由主义者和社群主义者之间，在“原子论的”和“整体论的”社会观之间制造出许多令人熟悉的冲突，这些冲突对于西方来说是内在的。我们就像天文学家把望远镜一头的苍蝇错当成了一个遥远的行星一样。

毕竟，在任何社会个人选择他们的目的是否有意义这个问题是可以讨论的。迈克尔·沃尔泽写道，“我们可以想象完全没有非自愿约束、毫无约束、完全自由的个人吗？这个思想实验现在非常有用，当后现代理论家非常激动地写作‘自我塑造’时，我们被告知，一项计划不是在社会真空中完成的，而是在传统社会形式的废墟中完成的。我怀疑描

① Ibid., 13, 14.

述一个由自我塑造的个人组成的社会这种努力必然是自毁的。”查尔斯·泰勒也有类似的观点，他说一个“自我只存在于我所说的‘对话的网络’中，活在这类有严格限制的范围里是人类能动性的构成要素，而跨出这类限制等于跨出我们认为是完整的、未受损的人格。”同样，桑
45 德尔对据说罗尔斯所认同的，在我们和我们的目的之间的那种“自愿”关系也持有怀疑：“除非对一些其道德力量是我们据以生存、对理解我们作为特殊存在者（作为这个家庭、社群、民族或人民的成员，作为历史的承担者）而言不可缺少的忠诚和信念做出承诺，否则我们不能说自己是独立的。想象一个无法拥有构成性归属的人不是想象一个理想化的自由而理性的行为者，而是去想象一个完全缺乏个性的人。”或者如丹尼尔·贝尔所坚持的“一个人的社会世界所提供的比琐碎的规范性的政府实践要多得多——它还设定了权威的道德视界，在这个视界中我们得以确定”什么是值得追求的。[①]

在这些考虑中有一条维特根斯坦式的线索。当然，维特根斯坦敦促我们承认，“生活形式”在社会思想中可能是解释的基础。因此，在他的一个例子中，当儿童学会了如何在数列1000，1001，1002中继续下去时，没有理由说他们已经“掌握了加1的原则”：谈“原则”等于在光秃秃

① Michael Walzer, “On Involuntary Associations,” in *Freedom of Association*, ed. Amy Gutmann (Princeton: Princeton University Press, 1998), 70. Charles Taylor, *Sources of the Self: The Making of the Modern Identity* (Cambridge: Harvard University Press, 1989), 36, 27. Michael Sandel, *Liberalism and the Limits of Justice* (Cambridge: Cambridge
291 University Press, 1982), 179. Bell, *Communitarianism*, 37. 这些关注让其他一些人试图用不同的隐语来代替有关“自主性”的讨论。因此Loren Lomasky, 在他的*Persons, Rights, and the Moral Community* (New York: Oxford University Press, 1987)一书中，更喜欢用“计划追求者”这个概念。Lomasky写道，“一个人的承诺也许说不清楚，也许不是处于决定性时刻深思熟虑的产物。它们可能是他逐渐地，在时间中觉察不到而慢慢决定的”。事实上，我们的许多计划“是在喝着母亲的乳汁的时候咽下，在时间中以我们察觉不到的程度慢慢地随着一个人意志的形成而坚定起来，并且从来没有因为受到理性的审查而灭亡”（42，44）。但把这当作我们应该阐释自主性的向导是很自然的。

的真理上面戴上了一顶闪亮的帽子——他们只不过是掌握了一种“继续下去的方式”。从这里可以轻易地迈出一步，认为在数字实践之外我们没有办法来评价这种实践：去理解基础算术就等于加入这种实践；在这种实践之外我们无法获得对算术实践的评论，我们根本无法获得算术理解。维特根斯坦（至少在一个重要的构造中）希望我们停止一种简单的认识，即我们大多数人会数数只不过是我们这个物种的自然历史的一部分。这导致很多人强调说价值与理性的议题总是产生于一种生活形式之内，它只存在于一个特定社群的实践之内——在这些实践作为既定产物发生的背景之内——我们在此可以问“是这样吗？”以及“这是理性的吗？”他们也许甚至会怀疑“批判性地反思”我们的观点、价值和偏好是否合理。我们是自身的目的，社群主义者以一种协调一致的精神敦促说：我们无法想象独立于我们的忠诚或信念，因为桑德尔说，“依据它们来生活与理解作为特殊存在者的我们是不可分的。”[①] 46

你无需成为一名正式的社群主义者，才会承认这些考虑有其实质内涵。正如我们在之前的章节看到的，为了捍卫个性免于无社会性和武断的指责，给人们一个概念性的词汇等于影响他们；但剥夺他们这种词汇等于伤害他们，而不是赋予他们权力。在前一章我们还承认，自由主义对批判性反思在制定一个人生活计划中的作用或者一个人好生活观念的讨论有时候距离生活经验比较远。但这些考虑并不是与自主性相对立的；它们是我们理解自主性必须包容的。

因此很重要的一点是，你无需诉诸自主论来拥有自主性。现在，有许多行为必须在特定的描述下来完成；你只有在结婚这个描述下来完成结婚这个行为。去结婚也就是你承认这是你正在做的事情。相对照，自主性的实践——非强制的、不被操控的选择形成过程；“响应理性的”行为——不需要自主性的伦理。成为一个有自主性的人你根本

① Sandel, *Limits*, 179.

不需要自主性这个概念。你也许能够在“认识到真理”这个标签之下很好地运用你实践理性的能力。人们一般不会想象他们已经抵达了他们的好生活观念：如果他们将他们的好生活观念想象为完全是一件意志的事，是在具有平等资格的候选者中进行选择，那么这种观念会受到损害。考虑一下一个已经决定遵从那条真理道路的宗教信仰者：对他来说，关键是他已经被真理所引导，被宇宙的本性所引导。他无需再去“决定”走这条道路，就像他无需“决定”将天空看作蓝色的一样。对宗教狂热者来说真实的事情对懒鬼来说也是一样。他们都不认为自己在做计划。但我们可以合理地把自主性归之于他们。

这对年老而贫困的斯捷潘·阿尔卡季奇来说也是同样。他选择阅读自由主义报纸也不是武断的，托尔斯泰告诉我们，“在他的圈子中还有很多人持有”保守主义倾向。但斯捷潘的报纸与他日常的经验更合拍一些，它“更适合他的生活方式”。（在此意义上，正如杰拉尔德·德沃
47 金问的，他已经“达到了”对这些信念和偏好的“认同”。）

> 自由主义政党说俄罗斯的一切都是坏的，的确斯捷潘·阿尔卡季奇有很多债务，没什么钱。自由主义政党说婚姻是一种过时的制度，需要改革，的确家庭生活几乎没给斯捷潘·阿尔卡季奇带来什么快乐，它迫使他说谎和伪装，违背其本性。自由主义政党说，或暗示说，宗教只是控制人口中野蛮人的缰绳，的确即使一小段祈祷仪式也让斯捷潘·阿尔卡季奇脚痛得难以忍受，既然生活在这个世界如此美妙，他无法领会有关另一个世界的可怕而夸张的言辞。①

因此，推定他缺乏独立性，看来是我们称之为“智力外包”的一种有意策略。对他更有利的是把他看成穆勒的一个崇拜者，至少是间

① Tolstoy, *Anna Karenina*, 7.

接的崇拜者。（托尔斯泰描述道，他怀着特殊的愉悦阅读了一篇“提到边沁和米勒，并对财政部语涉讥诮”的文章，）[1] 由于斯捷潘的名声受到了诽谤，所以需要指出的是，这不是他仅有的吸引人的特性。我们被告知，在其他事物中，斯捷潘因为“他的好脾气和毫无疑问的诚实”被“所有认识他的人”所喜欢。“由于意识到他自身的缺点，所以对人极端宽容这样的品质”，以及“一种完美的自由主义精神，不是他读在报纸上的那种，而是在其血液中就有的，令他对待所有人，不管这些人的阶级或地位如何，都一律平等和相同”，斯捷潘赢得了他的同事和上下级的尊重。此外，托尔斯泰强调说他不会“自我欺骗”，这意味着他对二手观点的喜好建立在某种比坏的信念复杂得多的东西之上。[2] 现在，斯捷潘虽然在很多方面不那么招人喜欢：他是一个不忠的丈夫，此外在驱逐他妹妹这件事上，他代表了他那个阶级的性别伪善。但是对被围攻的安娜来说，他仍然是忠诚的，他的伪善或残忍没有影响到他对奢侈生活不加掩饰的享受。他身上并没有什么渺小之处。他享受着好的生活，全心全意地拥抱着享乐主义——这里面也有美德。

我不是在捍卫说，这个任性的穆勒主义者仅仅是行为不端；我想表达的更重要的观点是，在转而依赖（相投的）其他人的认知权威这个意义上，我们都是斯捷潘。对于希拉里·普特南（Hilary Putnam）所描 48
述的那些初级的榆树和专家式的方式（elms-and-experts way）来说这显然是正确的。[3] 我们在认知上的劳动分工与经济上的劳动分工一样有用且普遍。放弃我们不能完全解释的语句或者声称我们不能合理辩护

① Ibid.

② Ibid., 15.

③ 普特南在一篇受到广泛讨论的文章中论证说我们的意义理论必须考虑“语言劳动的分工”，他注意到他不能区分榆树与山毛榉树；当他用“榆树”这个词时，它的意义是由专业使用者的存在来提供的——一种“特殊的说话者子类”。Hilary Putnam, “The Meaning of ‘Meaning,’ in *Mind, Language, and Reality: Philosophical Papers*, vol.2 (Cambridge: Cambridge University Press, 1975).

的论断都是愚蠢的。但还有一种情况，正如对政治认同的性质的经验研究所建议的那样，我们中很少有人在获取政治信念这一点上比斯捷潘更谨慎。出于很多原因自主性（或者本真性，或者有时与之相关的其他性格理想）不可能要求一种很高程度的自我审查，最有说服力的是我们很难用自主来描述我们自己。心理学家约翰·巴格（John Barge）用“存在的自动性（automaticity of being）”来刻画我们大片的清醒存在的特征。[①]（事实上斯捷潘现象更有意思：它表明了一种对流行规范不赞成的态度如何反思性地表现为对其视而不见的。因为，正如我们看到的，他订阅的是一份自由主义的报纸，而自由主义的报纸总是对这个常规那个常规进行理性审查并发现其不足的。）总的说来，强自主性的支持者从我们作为感性生物有能力退后一步反思我们的信仰这个事实，太快地跳到了我们要积极地这么做这个命令。他们混淆了一种能力以及

---

① 有关人们如何获取他们的政治观点和认同，参见Donald Green, Bradley Palmquist, 以及Eric Schickler, *Partisan Hearts and Minds: Political Parties and Social Identities of Voters* (New Haven: Yale University Press, 2002); 以及Paul M. Sniderman, “Taking Sides: A Fixed Choice Theory of Political Reasoning,” 收录于*Elements of Reason: Cognition, Choice, and the Bounds of Rationality*, ed. Arthur Lupia, Mathew D. McCubbins以及Samuel L. Popkin (Cambridge: Cambridge University Press, 2002), 67—84。有关日常生活中典型的意识衰减，参见John Bargh和Tanya L. Chartrand撰写的，“The Unbearable Automaticity of Being,” *American Psychologist* 54 (July 1999):462—479。在巴格的叙述中，一个内向的斯蒂文森先生占据了我们大部分的行动。巴格说：“行为的意识导向很重要，但它只占据了一小部分时间”。巴格恰当地把它称为“清淡的思想”，他引用了Dan Gilbert的话，“它付出的努力不到正常思想的三分之一”，当然，除非它就是正常思想。因此政治哲学家Daniel A. Bell很正确地指出（Bell, *Communitarianism*, 32）“正常的存在方式是非反思性地、以一个人的社会世界所决定的实践模式来行为”。这种类型的社会实践“包括坐、站、穿衣、发音、走路、问候、运动以及更为一般的与物和人打交道的方式”。但当然，他是用一种批评自由主义的计划和实践理性有意识的运用的方式来列出这些考虑的：“当以社会实践赋予我们的方式来行为时，我们无需有计划和目标，更不用说罗尔斯会假设的那类长期的生活计划。”这仅仅对了一半；事实上跑一个马拉松包含着数不清的、很难被描
292 述为有意识的决策并不意味着我们不会用计划和目标来刻画我们想要赛跑并赢得马拉松的意愿。

对这种能力的运用。当然这应该让步于对自主性的其他一些批评，但正如我所说，这不是对正确理解的自主性的一个反对意见。

为了反对这种过度的自主性概念，我已经说过自主性不要给自己定价过高，但同时它也不应该廉价出售。尽管一个更温和的自主性概念会避开很多麻烦，但很多复杂问题是不可避免的，我已经触及其中一些。拉兹说，自主的行为者，除了具备最低程度的理性和合适的选择外，还应该“免于强制和他人的操纵，他必须是独立的。”[1]当然，这在很大程度上取决于如何界定后一个条件。因为有关自主性的哲学论著引起了无数的困惑：有时候我们比我们看上去要更自主，有时候则相反。

考虑一下一个货店老板糟糕的一天——也许是大卫·约翰斯顿所
描画的毫不起眼的乡下人。早晨，迈克不情愿地给他的助理经理涨了工 49
资；助理说不给她涨工资她就会辞掉药店的工作，而此时的他不能承受辞职。中午，一封敲诈信告诉迈克如果他不支付五百美元，写信的人就会告诉他的老婆他在外面的风流韵事。下午，他决定在市区再开一家药店——要开新店依据的错误信息来自他的记账员，记账员想把他的妹妹安排到新店工作。晚上，一个抢匪闯入他的商店要求他打开储藏现金的保险库。他权衡了各种选择（他应该假装保险库装有定时器，他打不开保险库呢，还是假装钥匙在别人那里，趁机启动无声警报并拖延时间呢？），最后决定打开保险库。

简言之，这一天被各种难题所填满。迈克有两次必须支付大笔钱以防止助理经理和写敲诈信的人做出伤害他的事情。但绝大多数人会认为第二次才涉及强迫。在抢劫案中，迈克考虑了所有可能性后才形成了打开保险库的意愿；尽管他是受到强迫才做出的决定，但他可以不这么做。他是自主形成其意愿的吗？理性的人们在这个问题上可能有分歧。[2]迈克在市区开新店的决定明显是受到信息操纵的结果。但是，

① Raz, *Morality of Freedom*, 373.

② Alfred R. Mele在他的*Autonomous Agents* (New York: Oxford University Press,

任何执行者从其顾问那里获得的信息和观点都不可避免地受其偏见的影响，所以如你假设的那样，很难区分操纵和劝说。当然，免于操纵的自由不等于免于社会压力的自由。正如我们看到的那样，那些赋予批判性反思沉重任务的人担心这种压力会损害我们头脑的独立性。但即使在原则上，对这些规范的传播，以及对做选择来说必要的“选择的视界”，两者也无法区别开来。

穆勒自己在此也很小心，我们不该认为他赞赏多样性和不服从，因此他就不会对传统和“自然情感”做出让步。那些将自主性等同于批判性反思的人常常将这种立场上溯到穆勒。①但是纠缠于意志的扭曲遗漏了穆勒式图景的另一半。他的确探究了“群体偏好”；他也赞成道德共
50 识的重要性。因此，例如穆勒在他的《功利主义》一书中担心对道德情感的分析所具有的潜在腐蚀作用——为了减轻这种担心，他建议关键的伦理规范永远不要成为这类分析的对象。穆勒说，随着“社会纽带的强化，以及所有健康的社会发展”，个体

> 开始意识到自己对他人的关注似乎成为了一种本能。从而对他来说，致力于别人的幸福是一件自然且必然的事，就像自己生活中的任何实际情况一样……结果，在同情心的潜移默化下，在教育的广泛影响下，这种情感得以落地生根并茁壮成长。同时，强大的外在约束力为它编织起一张全面的、可靠的关系网……随着人类文明的进步，人们对这样一种创立我们自己和人类生活的模式就会

1995）一书第十章介绍和分析了多种案例。还可以参见Raz在他的*Morality of Freedom*一书第15页中讨论的四个案例。

① 参见Andrew Mason的讨论，“Autonomy, Liberalism and State Neutrality,” *Philosophical Quarterly* 40 (October 1990): 436。正如Colin Bird指出的那样，对穆勒来说，政治自由“仅要求个人享有过他们想要的自主的、自我导向的生活的适当机会。穆勒从未说过没有抓住那种机会的人在政治上就是不自由的。” Colin Bird, *The Myth of Liberal Individualism* (Cambridge: Cambridge University Press, 1999), 133.

日益感到合理自然。[①]

请注意这里的有机论者的语言——穆勒言说会“出于本能地”、“自然地”、“必然地”到来的方式。假定这些情感具有的自然基础（社会应该去扩大这些情感）保证了它们不会受到“分析的瓦解性影响”，穆勒说，“智力文化”必然会指出这种道德联合在本性上是人工的。穆勒并不是笼统地蔑视从他人那里获得的智慧，以及社会遗留给个人的规范和常规；他只是认为在一般的事物上这种智慧更准确，而一旦涉及我们每一个人的情况，一个人就应该更偏向自己的视角。正如我们在前一章中看到的，穆勒的立场部分来自他自我发展的理想，但也部分来自他的这种信念，即个人更有可能成为其自身利益的最佳法官。与今天许多自主性理论家不同，他们要求我们所有人全面审视我们的规范和价值，穆勒从未混淆对一个公民工作的描述与对一个道德理论家工作的描述。

两种立场

那么，我们如何调和这两种立场之间假想的张力呢，一方面是贯穿洛克、康德、穆勒，也包括一些最近的自由主义思想家思想的反思性的 51
自我导向这个主题，另一方面是社群主义者强调的不仅限制个人，并且构成个人的社会母体。为了调和这两者，很自然地会得出“部分自主性”与“部分授权”这样的主张。用拉兹的话来说，“一共有三个条件，心智的能力、选择的合宜性以及允许程度差别的独立性。自主性在其首要和

① *Utilitarianism, CWM* 10: 231—232. 有时在这里穆勒像是桑德尔和斯金纳（B. F. Skinner）的奇怪混合：“假如我们设想将这种统一感作为一种宗教和作为教育、舆论和社会制度的力量源泉来进行传播，让它如同曾经的宗教一样在每个人从小到大的成长过程中无处不在（不论是在信仰上抑或在实践中），那么我想凡是能够领会这个概念的人，都不会对幸福原理的终极约束力是否足够充分还存有任何疑虑”。

次要的意义上都是一个程度问题。”[①]这部分的雄辩虽然听起来无懈可击，但它却掩盖了深层次的分歧。

当你长久地关注自主性的语言时，你好奇的不是它是好是坏，它是一个基本需要或是一个奢侈品，而是它是否连贯。部分自主性的概念预设了“完全”自主性在概念上的可能：如果讲清楚后者有些困难，我们会发现前者也同样模糊。事实上，自由主义和社群主义辩护的双方在讲清楚自主性这个概念上都有困难。在此我们可以追随萨缪尔·谢夫勒（Samuel Scheffler），他写了一篇讨论作为政治以及作为理论的当代自由主义的重要文章，在文章中他指出当代自由主义忽略了应得（desert）这个概念，分析如下：“政治哲学家普遍不愿意捍卫一个强劲的前制度性的应得概念，这部分来自一个有力的当代哲学观念的影响，即人类的思想和行为也许可以完全被包含在一个宽泛的自由主义的世界观里。这些哲学家的谨慎……部分证明了一个常常不被言明的信念的流行，即一种彻底的自然主义为个人能动性留下的空间不足以给予这个概念以实质性支撑。”[②]

如果这是对的，那么谈论“部分授权”，或“部分自主性”听起来就像一种回避。事实上，人们常常在认为自主性是突出的和自主性完全消失不见的两种观点间摇摆不定。马克思有句名言，人创造了历史，但人是在他无法选择的环境和条件下创造历史的。在这种限制之上能够

① Raz, *Morality of Freedom*, 373. 伯林用一个谨慎的比喻来描述衡量自由程度的困难：“一个人享有消极自由的程度过去是，现在也依赖于什么样的门、有多少扇门向他打开，打开这些门的前景是怎么样的，以及这些门开放的程度。当然不能生搬硬套这个公式，因为并不是所有的门具有同等的重要性，就像打开这些门通往的道路所提供的机会也是不同的。因此，在特定情况下如何增加自由总量的问题是如何去确保它，如何去分配它（尤其是在不同的情境下情况各有不同，打开一扇门会提高一些障碍而降低另一些障碍），总之，一句话，在具体情况下如何将机会最大化这些令人苦恼的问题，它们无法通过任何一成不变的原则来解决。”

② Samuel Scheffler, “Responsibility, Reactive Attitudes, and Liberalism in Philosophy and Politics,” *Philosophy and Public Affairs* 21, no.4 (Autumn 1992): 309.

添加的自然光泽是，我们的自主性永远只能是部分的。但是从我们是历史、社会和文化的产物这个视角来看，何况，从宏伟的科学视角来看，我们陷入从海星扩展到星星的因果链条中，自主性还剩下什么呢？假定你是一个自主的个人，你受制于你可选择的选项；这些选项代表着固定的 52
设置，代表着你自己不能创造的制度和实践的关系。如果你的价值代表了你意愿的欲望（在大卫·刘易斯[David K. Lewis]精巧的构造中），你意愿的欲望可能并不取决于你，在某种意义上说你的"意志"只是外部力量强加于你的产物。即使只关注社会领域，我们知道，例如，约·埃尔斯特（Jon Elster）告诉我们的"适应性的偏好形成"往往让人们将其欲望与其能力相适应——让他们的欲望服从于他们的选择。而你的选择进一步受限于你的能力。这些能力又来自你的自然天赋和你受过的训练，二者都不是你能选择的。

令人熟悉的决定论者的结论是，如果我们完全知晓你的条件和处境，包括内在的和外在的，那么我们可以推导出你的偏好、计划和行为。从这个高度细化的观点看来，自主性概念简直毫无用武之地。你不是作者，你是被写就的。

回想一下拉兹的警告："所有三个条件，心智的能力、选择的合宜性以及允许程度差别的独立性。自主性在其首要和次要的意义上都是一个程度问题。"这意味着（除此之外）存在着对选择项更优或更次的排序。正如杰拉尔德·德沃金观察到的，如果更多的选择并不一定就更好，那么我们怎么能说哪种类型的选择设置会增强我们的自主性呢？[①] 一个也具有小提琴技巧的钢琴家比缺乏第二种选择的钢琴家拥有更多的自主性吗？一个富有的、游手好闲的单身汉比一个有家室的、有全职工作的男人拥有更多的自主性吗？莱文（Levin）比斯捷潘·阿尔卡季奇拥有更多的自主性吗？这是谈论选择项所带来的无法估量的问题。而

① Dworkin, *Theory and Practice of Autonomy*, 62—81.

独立性的功能问题更令人苦恼。一个完全独立的头脑是什么样的呢？显然它意味着（如沃尔泽和其他人警示的那样）毫不“在意”：没有固定设置，没有做决策的视野，没有预先的目的、价值、兴趣或目标。这样一个生物看起来完全不像是人类。

但是如果没有这类限制，我们不是危险地将自主性归之于机器人了吗——归之于一些其欲望像是异物一样被植入的人？归之于那些并非想要他似乎想要的东西，而屈从于他人的意志，或者被世界的错误信
53 息误导的人？因此我们发现我们回到了两难困境。正如我们看到的，从特定的视角来看，自主性是绝大多数人都拥有的；而从其他视角来看，人们有理由怀疑这种拔高的状态能否实现，或甚至是否是明智的。

那么，如何来调和以主体为中心的论述和以社会为中心的论述呢？也许最有说服力的一种尝试是查尔斯·泰勒做出的，他阐述了一种社会实践的观念，这种实践给予我们的行为以范式和意义。他写道，“大量的人类行为只可能在行为者理解并将其自身作为‘我们’的一部分时才会发生。”[1]他借用了布迪厄（Bourdieu）的“惯习”（habitus）这个概念，惯习是一个“持久的和可以转换立场的系统”，它使个人本质性的社会属性得以充实具体化。泰勒希望赋予人类能动性充分的荣耀——他不想把我们降低为附带现象——但他坚持要我们将能动性看作是由实践和集体性的网络构成的，正是在这个网络中能动性得以产生并归属于它。他说，这种视角“与很多现代思想和文化，尤其是我们的科学文化及其附带的认识论相抵触”，在他看来这种自然主义扭曲了“我们当代的自我感”。在此，他敦促我们将行为者看作“参与实践的，在世界中行为并对世界行为的存在者”。他说，我们从布迪厄的惯习概念中可以获得的启发是，“实践曾经是、现在也是对规则到底意味着什么的阐

① Charles Taylor, “To Follow a Rule,” in *Philosophical Arguments* (Cambridge: Harvard University Press, 1995), 168, 173.

释和再阐释”，规则与实践之间的关系是丰富的互惠。[1]

但这个论题看来与维特根斯坦的意思相悖。在泰勒引用的那个段落中，维特根斯坦说，“当我遵守一条规则时，我不做选择”，“我只是盲目地遵守规则”。因此泰勒的视角受到了批评，不仅仅来自他的同事詹姆斯·塔利（James Tully），他们批评他不恰当地引用了维特根斯坦。泰勒对阐释的强调——认为“我们必须把人看作是自我阐释的生物，因为这种阐释不是额外可选择的，而是我们存在的重要部分”——所引发的那种批判性反思和评价正是维特根斯坦拼命质疑的么？去理解一个标记就不要去阐释它；去把握它“不是去弄清它的意思”，不是去阐释，而仅仅是一种“继续下去的方式”。维特根斯坦对遵循规则的评论的核心正是旨在消除中间环节——阐释——而这是泰勒所宣扬的。[2] 54

有很多试图调和能动性与结构、主体与社会、舞蹈者与舞蹈的其他尝试。这些尝试一般都强调它们相互之间的构成关系，或者——如安东尼·吉登斯所说的“结构的二元性”——它们相互作用的循环本性。我将不详述这些论述的细节，因为不能说泰勒在此失败了，而其他人成功了。但毫无疑问的是这个问题会给我们带来很多麻烦。

有一个很古老的都市传奇，它讲的是一对夫妇去印度旅行的途中收养了一只可爱的流浪小猫，后来他们带着小猫一起回到了在辛辛那提的家，小猫逐渐长大，他们恐惧地发现，它竟然变成了一只小老虎。至此，我们可以说出一些相当明显的事实了。政治理论中的自主性问题，

① Ibid., 168, 170, 178.

② James Tully, “Wittgenstein and Political Philosophy: Understanding Practices of Critical Reflection,” *Political Theory* 17, no.2 (May 1989): 193, 195. 泰勒也受到了“你也一样”这样的批评。因此Jeremy Waldron说：“泰勒论证说，个性和自主性的观念是一种社会产品，一种在特定社会及历史语境下思考和管理自我的方式。我肯定他的话是对的。但我们不应该假定，仅仅因为个性是一件社会产品，那么据称创造出个性的社会结构就必然是自然的。显然社群主义的、种族主义的和民族主义的观念不是自然的。” Jeremy Waldron, “Minority Cultures and the Cosmopolitan Alternative,” *University of Michigan Journal of Law Reform* 25 (1992): 780—781. 293

就像社会科学中的“能动性问题”一样，[1]与所有哲学中最棘手的问题即自由意志问题非常相似。

有关主体的文献（就像是天意颁布的）是浩瀚的，而且非常错综复杂。但我想列出对这些最熟悉的问题的一种最主要的回应是有帮助的。这就是与康德有关的“两种立场的”回答。出于一些原因，我们必须承认我们是自然存在者，我们与他人都是自然界的一部分，因此我们受制于自然因果的理论解释。从这种立场来看，我们属于所谓的感觉世界——现象界（Sinnenwelt）。但这不是我们作为理性行为者行为时应该采取的立场。他注意到，“所有人都认为他们有自由意志。”相应地，“为了行动，我们在行为中运用理性则可以踏上自由之途。”在此我们将自身置于知性世界（Verstandeswelt）之中。康德在《道德形而上学基础》中写道，“我们可以研究，当我们认为自己是通过自由而起作用的先天原因时的观点，和认为自己的行动是我们眼前所见结果的观点，是否并不相同……当我们把自己想成自由的时候，就是把自身置于知性世界中，作为一个成员，并且认识了意志的自律性，连同它的结论——道德。”[2]

康德的这两个世界事实上只是不同的立场，而非不同的现实层
55 面。对他来说，“知性世界的概念只是一种立场，理性为了把自己想成实践的，不得不在现象之外采取这样的立场”。[3]我们必须就像自由是可能的那样去行为，即使我们无法为它提供任何理论论证；在此意义上，他说，它无法被解释，只能被捍卫。现在让我抓住这个论证，合上《道德

---

① 参见我写的“Tolerable Falsehoods,” 收录于 Jonathan Arac与Barbara Johnson主编的 *Consequences of Theory* (Baltimore: Johns Hopkins University Press, 1991), 63—90。

② Immanuel Kant, *Groundwork of the Metaphysics of Morals* (New York: Harper & Row, 1964), trans. H.J. Paton, 118. 很多文章论述了康德这种科学解释方式受到的影响，尤其是牛顿物理学的影响；例如，参见Michael Friedman, *Kant and the Exact Sciences* (Cambridge: Harvard University Press, 1992).

③ Kant, *Groundwork*, 126.

形而上学基础》。康德的两种立场来自两种不同的目的或旨趣，我想借用这种方法。

请注意，围绕能动性和结构之间的整个辩论——在自主论者及其批评者之间——往往假设了二者之间敌对的立场，它们竞争的是相同的因果空间。在更简单的一些时候，结构的问题也许可以通过这个例子来阐明，在《土生子》中，人们相信黑人青年别格·托马斯（Bigger Thomas）由于其社会身份而必然会做出那样的行为。（所以比格的律师马克斯先生，相信这一点，并且在案子中做出了冗长的论辩。）能动性的问题在个体的例子中也以相同的简单性被理解：逃离社会的主人公是浪漫主义主题的一个明显缩影。（因此别格自己似乎也相信："直到我感觉有些东西很难下手的时候我才真正觉得自己活在这个世界。"）[①] 如我所说，要解决这种假想的紧张，可以提出各种辩证法，比如结构能容纳能动性而结构自身又是由社会实践构成的。[2] 相比之下，两种立场的学

① Richard Wright, *Native Son* (New York: HarperCollins, 1998). Louis Menand指出了对赖特作品相互冲突的阐释，"Richard Wright: The Hammer and the Nail," 收录于*American Studies* (New York: Farrar Straus & Giroux, 2002), 83—85。Menand注意到，"在怀特与共产党决裂的两年前，他已经从马克思转向尼采了。"

② 穆勒在《逻辑学体系》中提出了两个并列的理想，一个是自我选择的个人，另一个是从规律可以预知其性格的理想。穆勒写道，"如果我们仔细地审查，我们会发现，那种如果我们愿意就可以修改自身性格的感觉本身就是我们所意识到的道德自由的感觉。一个不被习惯和倾向所奴役、而是可以主导其习惯和倾向的人；一个屈服于习惯和倾向但知道他可以抵制住它们的人；如果可以的话，他希望把它们全部扔掉，他知道自己无需一个更强烈的欲望来填充此目的，这样的人是一个可以感觉到道德自由的人。" *System of Logic*, *CWM* 8: 841. 在呼唤一种科学的动物行为学一章中，穆勒写道，"人类所有类型的感觉和行为都有其产生的原因；在解释这些原因的命题中我们会发现对经验规律的解释，以及我们依赖这些经验规律的限制性原则。在相同的情景下人类的感觉和行为并不都是相同的；但有可能确定在一种既定的情况下一个人如此感觉和行为的原因，或者另一个人以另外的方式感觉和行为的原因；以及任何一种（与人性的普遍原则相协调的）感觉和行为的既定模式是如何（可能）形成的。换言之，人类也许不具有普遍的性格，但却存在形成性格的普遍法则……正是通过这些法则，以及结合每个特定例子中的事实，人类行为和感觉的全部现象才得以产生"。*System of Logic*, *CWM* 8: 864.

说建议我们放弃这种看法，即将结构和能动性看作为了相同的因果空间而竞争的关系。相反，结构的逻辑（给予行动以原因）和能动性的逻辑（给予行动以理由）属于两个不同的立场。好像（as if）怎样去行为，认为一个人好像怎样：这种好像的观念是康德论证方式的核心，也是其“批判”哲学的标志。与之相关的兴趣观念以及目的观念（选择了好像[*als ob*]在其中起作用的选择）也是如此。（康德说，“兴趣是一种理性可以在其中成为实践的美德——即成为决定意志的一个原因。”）①

我想，当哈贝马斯说狄尔泰试图通过论证每一种理论由一种不同的兴趣构成以区分自然科学和人文科学时，你听到了这种传统的回音。哈贝马斯说，自然科学植根于一种“对可能的技术控制的知识构成兴
56 趣”之中，而人文科学的知识构成兴趣是“实践的”。他的说法有很多地方可以挑毛病，但认为兴趣对探究领域的形成扮演了重要角色的基本观念看来是相当合理的。②很多哲学家（其中有唐纳德·戴维森和丹尼尔·丹尼特）认为，通过把人理解为意向系统——有信念、欲望、意向和常识心理学中的其他命题态度——我们将理性做了特定方向的投射。我们以一种方式将信念和欲望归之于人以“合理化”他们的行为，尽管我们知道人不是完全理性的。在这一点上，人们常常会提到“理想化”。正如杰瑞·福多（Jerry Fodor）常常坚持说的，我们不应该对心理学提出化学和物理学都无法满足的方法论要求：不管在实验科学中还是在科学理论中理想化都是普遍存在的。我们将一种理论看作绝对的假还是近似的真最后变成了一个判断的问题，这个判断可能取决于我

① Kant, *Groundwork*, 128.

② Jürgen Habermas, *Knowledge and Human Interests*, trans. Jeremy J. Shapiro (London: Heinemann, 1972), 135, 176. 在此我不赘述它的种种缺点，例如，我只提一下在相互理解的“实践”兴趣和控制的“技术”兴趣之间做区分相当不清楚；同样不清楚的是这些兴趣上的差异如何“构成”了一个探究领域（尽管稍后我将试图回答这个问题）；或者我
294 们应该尝试着在危险的抽象水平上去理解各个知识领域——被假定分化为自然的、社会的、批判的知识——之间的差别。

们的兴趣何在。一种实际关注工业染料发展的化学可能接受这个理想化的假设，即过滤过的河水是H_2O；一种关注细胞层面的能量调节的化学则不会。理想化是一种有用的谬误：而有用总是意味着“对一定的目的有用”。根据我们的实际目的，我们可能像无摩擦力的飞机和追求利润最大化的公司那样前进。我们可能假设说，从宇宙的观点来看，可被观察的每一件事物都可以被归为粒子物理学；但这种观点并不是我们的看法，我们的理论像我们所有的产品一样，都是不完美的产物。事实上，科学史记录的是一系列错误，这些错误源自于对约束某一层次的理论的不成熟的尝试，这些尝试是通过要求他们只假定以较低层次的理论就可以解释的现象而做出的。由于我们没有完美的理论，我们拿出了我们最好的理论：对一定目的而言最好的理论——对那些目的来说——可能比满足方法论的简化论要求的最好理论更好。我们不用因为无法从分子运动的角度来解释这些学科，就抛弃我们从经济学或气象学中获得的一切有益见解。

我说这些只是为了削弱目标。如果我们习惯这个事实——即便在自然主义解释的领域里也存在大量好像（由兴趣指引的“理想化”），我们也许不会那么担心我们一直遇到的更大的康德式的好像问题。我们的理论由我们的实用目标所指引，显然这个观念有康德式的根源。这两种立场的学说表明，对能动性的讨论由对结构的讨论的不同兴趣或意向所指引；当我们说这些不同的兴趣使不同的理想化变得合宜，使不同的好像变得有用时，我们只是稍微走远了一点。

能动性与理论的兴趣

康德告诉我们，“所有人都认为他们拥有自由意志”，这就等于说我们自己是行为者。把人视为目的本身——承认他们作为人的尊严——也是以这种方式尊敬他们。能动性的立场在最直接可能的方式上与我们在社群中与其他人一起过可以理解的生活这一关切点相连。这里的其他人首先是爱人、家人、朋友，其次是同事、官员、结账柜台的助理，车库的机械师、医生、国会代表、陌生人，等等。这种实践的兴趣要求我们能够说清楚我们的行为与别人的行为之间的关系，而我们通过将他人理解为有信念和意向的（简言之，理性的），同时也有激情和偏见的（简言之，总是潜在的非理性的）行为者来做到这一点。（用斯特劳斯的话来说）我们有“反应的态度”，我们用感激和愤怒、赞美与责难等态度来回应他人，我们希望把握住这些态度，理解这些态度。我们正是在此领域内构想我们的目标和宗旨，我们大大小小的决定，以及我们想要过的生活。

正如你注意到的，对能动性的问题采取第三者的立场，就像康德所说，“参考我们的行为来理解我们自身就像关注我们眼前的效应一样。”总结能动性的立场不是固化这种立场；自主论者的立场是一种第二阶的立场。这种立场和宗旨的模型有助于分析纯理论的分歧。例如，传统主义者与自由至上主义者的视角交锋之处就在于人们更多关心什
58 么，是更关注社会稳定性还是表达的自由；更关注社会的管理还是个人的自由。它们的分歧不在于世界是怎么样的，而是世界应该是怎么样的。但有时这种交锋更基本：它关注于我们想谈论什么。泰勒论断说旧的自由主义与社群主义的辩论是南辕北辙的，它们两者包含着不同的纲领（目的不同但并不冲突）。如果像罗尔斯那样，你想将分配正义的前景置于自主论的背景下，你也许会发现以某种方式关注个人是有用的。如果像桑德尔那样，你想突出社群价值的问题，那么你需要以另外的方式构想它们。在社会思想中，讨论“结构”也有一个特定的历史轨迹，这个轨迹从圣西门到马克思，由争取实现彻底的平等主义的激进政治兴趣所指引。坚持在结构中讨论能动性（或反之亦然）说起来只不过是变换了主题。

两种立场的路径为我们照亮了在前进道路上将遇到的困难和不确

定性。比如，回忆一下迈克在他的办公室里那糟糕的一天。当我们讨论在枪口下他打开金库的门有没有自主性的时候，这可能依赖于我们接受的是哪种自主性的观念。但与其要求我们的自主性观念给出一个答案，不如关注一下我们的兴趣何在。我们给出的答案，作为日常直觉，依赖于我们讲述的故事，其本质的兴趣是什么。总之，它依赖于我们想了解什么。如果我们的兴趣是一种"处境论"的心理学，那么我们给出的叙述是：迈克在这些条件下是怎样行为的。如果我们的兴趣是报复和指责，我们给出的叙述又有所不同：看看那个恶棍对可怜的迈克做了什么！我们应该节制自己不去过分细化论述，我们可以说迈克有部分自主性或者（再远一点）有部分自主性的潜能。某物什么时候是选择的条件，什么时候是选择的限制，不可避免地，我们怎样回答这些问题是对我们采取的立场之受兴趣指引的判断。就好像自由和必然性可以被分离，被分派给两个不同的解释系统，因此它们在政治理论中引起了 59
辩论。[①]

这是为什么讨论部分自主性是一种割裂两种立场差别的注定要失败的尝试：一种立场认为我有自主性，另一种立场认为我没有。这就像有关自由意志与融贯论的特定讨论一样，说我的行为是被部分决定的

---

① 在此我又一次把关注引向了查尔斯·泰勒在*Philosophical Argument*一书中所写的"Cross-Purposes: The Liberal-Communitarian Debate"一文中给出的论断。泰勒注意到，讨论"无拘的"自我和"处境中的"自我的区别，"可以这么来论证，由于一个完全无拘的自我是不可能存在的，有关社会的极端原子论式的模型就是一个妄想。或者我们可以论证说无拘的自我和处境中的自我都是可能的，原子论式的和整体论式的社会也是可能的，但这两个层次之间的可能组合却是有限的：一个高度集体化的社会很难与一种无拘的自我同一性相结合，或者一种高度个人主义的生活方式很难容纳那些有强烈认同的人"（182）。我已经关注了我认为更丰富和合理的阐释，它处理的是对相同的社会现实给出的不同解释。但同样明显的是，距离远一点来看结构的问题会清楚一些。这是批评自主论的人提出的一个理由，他们认为自主论构成了西方与非西方世界的一个区别。这个立场认为：我们有主体而他们有结构。但当然没有哪一个社会只锁定能动性和理性选择的形成，也没有哪个社会只锁定社会结构。

并不是一个出路，所以，说部分的自主性是在第一人称和第三人称之间错误地寻找一个中点，它忽略了这两种立场所服务的不同目的。相反，正如我所说，从分析的角度把这些概念断开来我们反而会有收获；放弃以行为者为基础的简化论来讨论结构问题才会有进展。事实上，有关我们不同理论实践之间的不融贯还有许多可述，因为存在一些理论，它们以“那又怎么样”来阐明它们的计划，毫不理会属于其他计划的理论与它们相冲突这个事实。博弈论理论家可以有效地做出与民族志学者不同的假设；经济学家也许与心理学家的理想化假定不同。更重要的是：基于理性（reason）的解释和基于原因（cause）的解释无须同步进行。一旦启动，这种不融贯可以被看作既是必要的也是可欲的；我们对一个理论的要求是它对其构成计划而言是合宜的，因此它赢得了它的好像。

我承认，这就是全部，可能说得有点快。各种各样的立场难以融合，但它们有时可以相互叠加。你作为一个理论家可以采用能动性的论述；而我作为一个行为者对我碰巧拥有的“结构的”或“自然主义的”社会理论要做出回应。有时候我们希望将自己看作属于现象界的。当我们坚持认为其他人自认为自由的行为是有原因引起的时候，我们的确没有让他们充分得到有尊严的对待。在产生分歧的过程中，你告诉别人“调整你的方法”，你会发现你的建议很难被当作好意。（这只是一个思想实验，别在家里试。）而人们退缩的一个原因，是发现了导致其行为有意隐蔽的原因。这仅仅意味着，在我们的实际生活中，我们不局限于任何一种立场，任何一种目的。[①]

---

① 我们有时对自己的行为给出（外在的）解释而不是给出理由——就像有人解释他的懒惰说他是躁狂抑郁病患者一样（或者，在其他文化中，说有人向他施过咒语）。其他人给出的解释是非常不同的。在这些阐释性情境的背后缺乏人格的特征，这一点Jonathan Franzen在*The Corrections*一书中刻画卡洛林那不开心的丈夫加里·朗伯特时捕捉到了。“早些时候，他感觉卡洛林要将他逼疯了，他担心一旦他被逼疯，他会放弃他的意见。他会放弃他的道德确定性；他说的每一个字都会成为一种疾病的征兆；他再也无法赢得一个

康德说自由无法被解释，只能被捍卫。如果我们应该捍卫个人自主
性的论述，这主要是因为这种词汇允许我们去看、去说。认真对待自主 60
性——即使在可怜的斯捷潘享有的那种弱意义上的自主性——并非没
有代价。它要求一种将人视为目的，视为拥有尊严和内在价值的政治。它
要求一种有助于促进某种版本的个性的社会秩序。

在下一章，我们将处理两种立场之间的紧张，一种将社会认同视
为自主性的前提条件，另一种将它视为自主性的威胁。对道路与痕迹、
城堡与房间的区分，当然包括我们探究过的受兴趣指引的判断，还包括
不仅关涉政治也部分构成政治（这正是因为，从我们在社会生活中的
兴趣出发，自主性是重要的）的判断。用托尔斯泰的话来说，这些判断
“在我们心中形成”，我们必须去做出判断。 61

论证。” Franzen, *The Corrections* (New York: Farrar, Straus and Giroux), 161.

第三章

认同的要求

学习如何咒骂

1953年的夏天，一组研究者招集了两队十一岁的男孩在毗邻桑博伊斯山（俄克拉荷马州罗伯斯洞穴公园的一部分）的地方驻扎了两个营地。这些男孩来自俄克拉荷马城，虽然他们之前不熟悉，但他们来自几乎同质的背景——他们都是新教徒、白人、中产阶级。所有这一切都经过精心设计。研究者试图研究圈内和圈外的形成——他们之间紧张关系发展的方式以及缓解的方式——而罗伯斯洞穴实验后来成为社会科学中的一个经典实验。

驻扎营地的地方有很多灌木丛，并且完全与世隔绝。最初，每一组都不知道另一组的存在。直到男孩们适应了几天后，研究组的成员才告诉他们附近还有另一队男孩的存在。两队男孩立即向对方挑战，开展一些像棒球和拔河的竞技体育比赛，以及一些不那么有吸引力的活动，如帐篷投球。很快两队男孩之间产生了怒火和暴力的仇恨（也许这是这个研究最有戏剧性的发现），他们把自己分别称作响尾蛇队和鹰队。他们夺得对方的队旗，并将之焚烧和粉碎。他们还在另一队的帐篷内对其
62 发起攻击；把他们的物品弄乱，奖杯偷走。当一队男孩准备拿岩石报复

攻击另一队男孩时，研究组成员不得不介入了。[①]

另外一个不那么具有戏剧性、但对我们的目的而言同样吸引人的发现也被记录下来。它始于两队男孩给他们自己贴的标签，“响尾蛇”和“鹰”。这两队男孩并不是带着名称而来的；他们也不需要一个名称，直到他们知道营地还有另一队男孩的存在。[②]当响尾蛇队中一个享有较高地位的男孩遭受了轻微的伤害而没有告诉其他人时，一种“强硬的伦理”产生了。基于同样偶然的原因，咒骂在这个队伍中变得普遍。当鹰队赢得了和响尾蛇队的棒球比赛后，在赛后的对话中，他们把成功归之于队伍中的一位祈祷者。经过进一步的考虑后，鹰队做出决定，他们认为是响尾蛇队的咒骂倾向致使其失败的。一位鹰队成员对其他人说，“伙计们，让我们别再咒骂了，我是认真的”，这个提议得到了普遍的赞同。[③]在随后的足球比赛中，响尾蛇队以微弱的优势赢得了比赛，他们吵吵闹闹地嘲笑对方和吹嘘自己。鹰队没有以相似的方式做出回应，他们觉得在响尾蛇队面前吵闹会带来坏运气：他们克制自己不去咒骂也不吹牛。这些差异在每一队描述自身的方式上反映出来。对响尾蛇队来说（在他们的内部讨论中），鹰队是“胆小鬼”，“懦夫”，“可怜的失败者”和“懒鬼”。[④]而鹰队认为自身是虔诚的、干干净净生活的，响尾蛇队是狂暴的、强硬的和好斗的。

而所有这一切是仅仅在四天中发生的。

---

① Muzafer Sherif, O. J. Harvey, B. Jack White, William R. Hood, 以及Carolyn W. Sherif所著, *The Robbers Cave Experiment: Intergroup Conflict and Cooperation* (Middletown: Wesleyan University Press, 1988; 最初由the Institute of Group Relations, the University of Oklahoma于1961年发表)。

② 尤其是当鹰队在棒球场上玩耍，第一次听到响尾蛇队的声音，这个他们前一两天才得知的队伍时，一个鹰队的男孩把响尾蛇队的队员叫做“那些黑奴营员”。Ibid., 95. 对他们来说这个显著的社会区别立即被用来区分圈内人和圈外人。（稍后，“共产党员”成为一个贬损的术语。） 295

③ Ibid., 111.

④ Ibid., 116.

对一个学习认同问题的学生来说，罗伯斯洞穴实验有点像那些生命起源实验，科学家们在瓶子里制造人工闪电模拟地球的原始海洋环境。从那些简单的氨基酸到诺亚方舟还有很长的路要走。也没有人想说响尾蛇队和鹰队之间分歧的新特点反映了人类千年进化产生的深刻
63 的社会和语言多样性的混乱。作为“人种进化”的快照，即使它缺乏复杂性，但它仍然清晰地表明了认同相对于文化的优先性。我们常常认为是文化差异产生了集体认同的差异；然而罗伯斯实验告诉我们，我们也许应该转变思路。

种族比较学者肯定提供了大量证实性的案例；他们的报告揭示了一种类似的敌对动力学，即使它分裂的时候也是合在一起的。马来人是在中国人到来之后，在与他们的敌对中才认识自己人的；印度教徒（Hindu）也是十九世纪早期英国殖民者到来之后专门吸纳那些非一神教的教徒，才变成印度教徒的，印度教徒的认同是在与南亚的穆斯林的敌对中变得清晰起来的。[①] 正如法国人类学家安姆塞(Jean-Loup Amselle) 所说，文化认同首先产生于一种“结构化的关系域”，也就是说，它们看上去首先是冲突的结果，而非冲突的原因。唐纳德·霍罗威茨（Donald Horowitz）说，“对于种族群体的形成来说，文化至关重要。但是，为群体认同提供事后内容（的解释）比为群体认同的形成提供一些不可或缺的先决条件更重要。”[②] 因此在这一章中我将从一个有争议的假设出发，这个假设是，认同的差异以各种各样的方式先于各种文化（我已经在其他地方论证了这个观点，并且我还会在第四章进一步为它辩护）。

---

① Donald Horowitz, *Ethnic Groups in Conflict* (Berkeley and Los Angeles: University of California Press, 1985), 179.

② Jean-Loup Amselle, *Mestizo Logics: Anthropology of Identity in Africa and Elsewhere*, trans. Claudia Royal (Stanford: Stanford University Press, 1998), 33. Horowitz, *Ethnic Groups*, 69.

从罗伯斯实验我们可以得出的结论是，认同忠诚可以被轻易地实现；（如果我们需要提醒的话）他者也不是那么具有他者性。我们还可以知道，作为一种社会形式的认同力量并没有减弱。尽管用经典自由主义的术语来说，我们可能存在于一个个体的社会中，但对这个术语的抽象化遗漏了对作为个体以及作为认同群体成员的我们而言大量重要的内容。自由主义的平等关照目标排除或者要求对认同承担者的承认吗？如果认同能得到承认，与一个政体的成员认同相对，作为持有一种集体认同的成员，我们能够有效地做出什么样的政治要求？这是这一章中我想要回答的问题。但在探究认同需要什么之前，我想说一说认同意味着什么。 64

社会认同的结构

“认同”这个词的当代用法指的是人类当中诸如人种、种族、国籍、性别、宗教或性等这样一些20世纪50年代后在社会心理学领域引起关注的特征，对这些特征的强调尤其反映于埃里克·艾瑞克森（Erik Erikson）和艾尔文·古德纳（Alvin Gouldner）的著作中。对这个术语的使用反映了一种信念，即相信每个人的认同——用老话说真正的他/她是谁——深受这样一些社会特征的影响。[1]在当代生活中这个信念正

① “认同”这个术语在此意义上一般可以追溯到埃里克·艾瑞克森，“Identity and the Life Cycle,” *Psychological Issues* 1 (1959); 但他通常在勾起某种私人的东西，一种“内在”的心理整体性这个意义上使用这个词。在1956年的文章中，艾瑞克森谈到了一个“人有关自我的概念与他的群体对他的概念”之间的关系。他以各种各样的方式讨论了他的前辈探索过的一些主题。1922年，马克斯·韦伯在《经济与社会》中描述了共通感、族群认同，认为它来自共同的过去感，但他又说，“另一方面主要是政治社群（不管其组织形式是如何的人工化）激起了对共同族群性的信仰。” *Economy and Society: An Outline of Interpretive Sociology*, ed. Claus Wittich and Guenther Roth (Berkeley and Los Angeles: University of California Press, 1979).艾瑞克森说他从20世纪30年代开始研究“认同”与“认同危机”的问题，“它们看上去很自然地植根于向外移民、对内移民以及美国化的经验中。” Erik H.

变得愈加明显。在今天的政治和道德思考中，假设一个人的计划将受到他/她的认同特征的影响是很普遍的，这即使不是道德所要求的，也至少是道德允许的。

可以肯定的是，并不是一个人集体认同的每一个方面在性别或性向、性或国籍、族群或宗教问题上都拥有一般权力。如我在第一章中所说，集体认同的共同之处是，它们是伊恩·哈金所说的人的类型：男人、同性恋者、美国人、天主教徒，以及男管家、理发师和哲学家。[①]

哈金依赖一种重要的关于"人的类型"的洞见，这种洞见认为人生下来就被带入了为他们贴的标签。因此他捍卫他所说的"动态的唯名论"，他论证说"无数种人以及人的行为与贴在他们身上的标签一起携手诞生"。[②]（响尾蛇队和鹰队与他们的名称一起亮相并非偶然。）

哈金从一种哲学的自明之理出发，伊丽莎白·安斯康姆（Elizabeth Anscombe）有关意向性的著作是关于这种自明之理最有影响力的构想：行为在"描述下"具有意向性；换言之，行为是被概念地构造的。[③]我在意向性下做的行为依赖于我认为我正在做什么。举一个简单的例子，我需要有以特定方式签名的广泛概念才知道什么算作"签署一个契

Erikson, " 'Identity Crisis' in Autobiographical Perspective," 收录于*Life History and the Historical Moment* (New York: Norton, 1975), 43；还可以参见Adam Kuper, *Culture: The Anthropologists' Account* (Cambridge: Harvard University Press, 1999), 237。在其他人可能会使用"自我"的地方，艾瑞克森喜欢用认同这个词。而"社会认同"这个概念最初大量见于艾尔文·古德纳在二十世纪五十年代所写的大量文章中。（我受惠于Jesse Sheidlower的博学词汇。）

① Hacking, "Making Up People." 他是第一个承认这种洞见的人，这即是社会学家所说的"贴标签理论"。参见Mary McIntosh, "The Homosexual Role," 收录于*Forms of Desire: Sexual Orientation and the Social Constructionist Controversy*, ed. Edward Stein (New York: Routledge, 1988), 25—42。

② Hacking, "Making Up People," 236.

③ 可以专门看一看Section 23, G.E.M. Anscombe, *Intention* (Oxford: Basil Blackwell, 1972), 37—41；以及她的"Under a Description," *Nous* 13 (1979): 219—233, 除此之外，她还坚持说对一个既定行为不同的描述并不意味着不同的行动。

约”。因此，我有意识地做什么依赖于什么样的概念对我而言是可以获得的；而且可能会塑造我的行动的概念是那些特定的人格类型概念以及与那种人格类型相应的行为概念。哈金自己举了一个例子，这个例子 65
说的是萨特在《存在与虚无》中以他那机敏和挂念的研究口吻讲述的他对巴黎咖啡馆里侍者的回忆。[①]我们的斯蒂文森先生也受到他是一个男管家、逗笑是男管家的技能之一这种思想的驱动，认为他应该去发展他作为男管家的技能。

男管家这种观念缺乏我们追踪很多社会认同——黑人和白人，同性恋和异性恋，男人和女人——需要的那种理论承诺。因此询问一个被雇佣的男管家他到底是谁是没有意义的。因为我们对男管家已形成了期待，这是一种可识别的认同。但是，这些期待是关于角色扮演的；它们依赖于我们对有意符合这些期望的假设。

但我们对其他一些认同——一些熟悉的范畴如人种、种族、性别等又回到我们的视野中——的期待并不仅仅建立在拥有这些认同的人在扮演一个角色的观点之上。不管对错，我们并不认为我们对男人或女人的期待仅仅是存在男人和女人应该如何行为的常规的结果。

一旦给人们贴上标签，对符合这种标签的人的看法将带来社会后果和心理后果。尤其是这些观念塑造了人们看待他们自己以及他们的计划的方式。因此标签开始影响我们所说的身份确认（identification）的过程，人们通过参考可获得的标签、可获得的认同来塑造他们的计划——包括他们的生活计划以及他们的好生活观念。在身份确认的过

---

① “他迅速向前移动，步伐有些过于精确，过于急速。他快速地向老顾客走过来。他微倾身体的动作过于急切，而他的眼神对顾客点餐表达出的兴趣过于殷勤。” Jean-Paul Sartre, *Being and Nothingness*, trans. Hazel E. Barnes. 哈金转引到他的文章中，“Making Up People,” 231。并且，哈金注意到，“尽管成为一个人有多种多样的可能性，成为一个咖啡馆里的侍者却只能在一个特定的时间，一个特定的地方，一个特定的社会处境下。把食物放到夫人桌上的农奴无法选择成为一个咖啡馆里的侍者，就像他无法选择成为庄园的 296
主人一样。但不可能性显然属于另外一种类型”（231）。

程中，我通过某些东西是合适的目标或者作为一个美国人、一个黑人、一个哲学家合适的行为方式的观念是什么来塑造我的生活。把它叫做身份确认是正确的，因为标签在塑造行为者决定如何生活的问题上发挥了作用，在一个人认同形成的过程中发挥了作用。

在描述身份确认和认同的关系上，我们可以再准确一些。尤其是每一种集体认同看来都具有以下所说的这种结构。[①]

首先，它要求在公共讨论中可以通过归属指认的办法让一些术语
66 找到其承担者，因而一些人被看作是这个群体的成员——女人、男人；黑人、白人；异性恋者、同性恋者。这些术语在公共讨论中的可获得性既要求社会中的绝大多数成员知道这些标签的存在，也要求就如何运用这些标签去识别相应的人群存在一定的共识。让我们给群体L贴上一个典型的标签。[②]这种共识常常围绕一组与L有关的刻板印象（它可能是对的可能是错的）、有关典型的L是什么样的、他们如何行为、如何发现他们的信念组织起来。这种刻板印象中的有些因素有其规范性的起源：有关L们会如何表现的看法，植根于符合有关规范的行为应该如何。有一个方便的办法，我们可以说首先存在关于L们的一个社会观念。刻板印象是个粗糙的东西，在社会中不同的个体或群体对L可能有不同的观念。一个社会观念要存在，至少需要人们对“L”这个术语刻画的阶层有一个大致的重叠，所以不需要一个精确同意的边界，不需要有确定的外延；所有使用这个术语的人也不需要保持与刻板印象或者归属标准的完全一致。我们不用担心由于男女之间精确的分界线，所以不能将由女人变成男人的人一直算作男人，或者只有在手术之后才能算

① 对这种形式的论述，最早是在我的论文中，参见Kwame Anthony Appiah和Amy Gutmann所著，*Color Conscious: The Political Morality of Race* (Princeton: Princeton University Press, 1998)。这里讨论的认同问题是从那里发展而来的。

② 群体一般不只有一个标签，因此我们理解一种认同的部分方式是把成员划到一个群体中，并为他们贴上标签。因此，一个人拥有与群体相关的一种个人观念，这是一个人自己的一套归属标准。

作男人，又或者，即使对他的感情生活和性行为习惯做了完整的描述，莎士比亚是不是我们今天所说的“异性恋者”，我们还是无法获得一致意见。因此，你无法总能说清一个社会观念的内涵：刻画一个社会观念需要一种构想L方式的人种学，它尤其会承认有关L的不同刻板印象往往是不同社会地位的人持有的。例如，非裔美国人可能与美国社会的其他人对黑人认同是什么拥有不同的社会观念；同性恋者所构想的同性恋认同与异性恋者也不一样。现在，很多人认为一种认同的规范性内容应该由它的承担者自行决定。即使这是对的，我也怀疑由于认同意义的一个合理来源是其他认同的人的承认，这仍然意味着有些人的认同内容部分由他人决定，即，那些具有相同认同的人。 67

一种社会认同的第二个因素是，这些标签至少被贴上标签的一些人内化为个体认同的一部分。我们再次假设有问题的标签是L，我们可以把*身份确认的过程看作是成为L*。如我所建议，确认成为L，意味着将你自己想象为L，这会带来一些变化：可能将你自己想象为L会塑造你的情感（当L胜利时作为L的一员你感到自豪）；可能它会影响你的行为，因此你有时会像L那样做一些事（向另一个L提供帮助，可能他只是一个陌生人；或者考虑到不当的行为会损害L们的名声，你会约束你的公共行为）。因此，成为一个L携带了一些伦理的和道德的重量：例如，犹太人应该帮助其他犹太人，并且应该避免做那些有损犹太社群声誉的事情。还常常有一些与认同相关的行为规范，用“伦理的”或“道德的”标签去指认它们是错误的：男人（有时我们说*真正的*男人）这样走路，那样握手，男人笑的时候不掩嘴。鹰队克制自己不去咒骂和夸耀。

如我们在第一章中指出的那样，身份确认一般具有一种很强的叙事维度。通过我的认同我让我的生活故事符合某种特定的模式——青春期确认你的宗教认同，三十几岁获得你的终生教职——我还将让那个故事符合更大的故事中，例如，符合一个民族、一个宗教传统或一个种族的故事中。这种叙事要素并不仅仅是西方现代性的特点。对全世界的人来说，可以将他们的生活故事与更大的叙事相连都是重要的。这可能包含通往男性和女性的成人礼；或者一种让个人生活符合一个更大故事的国家认同意识。[①]这类集体认同也会为个人成就赋予意义：借由集体认同，你将自己想象为历史上第一个获得哈佛博士学位的非洲后代，或者美国的第一位犹太总统。

社会认同的最后一个要素是存在针对L的行为模式，因此L有时能被当作L对待。把某人当作L对待指的是，因为她是L，所以对她做某些事（“因为她是L”构成了行为者对她做此行动的内在理由）。[②]在目前
68 的认同观念中，被当作什么加以对待（treatment-as）常常关注的是令人反感的歧视：性别主义、同性恋恐惧症、种族主义和种族仇恨的历史深刻地影响了性别、性以及人种和种族认同。但也要注意并不是所有被当作什么加以对待都是负面的或道德上成问题的：性观念要求我们把人们当作男人和女人，这意味着有很多对待男人和女人的行为模式，这些行为模式构成了性取向的标准范围。[③]很多友善的“被当作什么加以对

① 这类叙事，与种族认同一起，常常包含着文字的传承，但它并不需要这样。作为一种认同的承担者，一个女同性恋者可能会关注格特鲁德·斯泰因（她巧妙地评论说，“如果你不能把它随身带上，什么样的善是根源性的呢？”）

② 但请想象一个不被群体之外的人认可的认同群体：某种类似于超神秘的共济会会所的东西，或者生活在我们当中的男巫社群。在此被当作L对待有反事实的效果：如果我们知道哪些人是男巫，我们会以不同的方式对待他们。正如罗伯特洞穴实验所示，认同从对立关系中产生。一个生活在孤岛上、对外界一无所知的群体不会有共享的认同。（挪威人类学家Fredrik Barth在其经典著作*Ethnic Groups and Boundaries*[New York: Little, Brown and Co.,1969]中很好地阐释了这一观点。）

③ 划分族群的标准也并不总是成问题的。在医学领域，仁慈的诊断并不罕见：医生可能会建议一个德裔犹太人做泰氏—萨氏病测试，一个非裔美国人做镰状细胞性贫血的检查。在此高风险的人群通常与一种突出的社会认同大致重合。（虽然我们要记住，患镰状细胞性贫血的并不仅限于非裔美国人，而且一个有德裔犹太血统和非裔血统的美国人可能被算作是黑人而不是犹太人。）但是，尽管这些特征被加诸于认同之上，它们却并不构成认同。这种或那种紊乱倾向对相关认同群体来说并不具有道德上的显著性：如果通过一些治疗，这些紊乱可以从人类当中消失，认同却不会相应地发生改变。（与之相对照，存在可以通过病理学加以界定的认同群体，比如，癌症幸存者或酗酒者。）社会从属和族群

待”的模式意在对抗那些恶意的“被当作什么加以对待”的模式。(想象一下在二十世纪三十年代，一个人劝说她在德国的犹太人朋友离开第三帝国。)的确，以认同为基础做出的回应在道德上可以是正面的，这一点是勿庸置疑的：世界上很多额外的善意就包括把人们当作L加以对待，因此，慷慨常常表现为把什么当作什么加以对待这种模式。

将人归类为L是与L这种社会观念相联系的，一些人认同L，人们有时被当作L加以对待，我们由此获得了一种对伦理生活和政治生活来说有重要意义的社会认同的范式。对伦理生活来说它是重要的——在我已经阐述的那种意义上——来自这个事实：它构筑了认同，它影响了人们对其生活的塑造和评价；对政治生活来说它是重要的则来自这个事实：在如何被他人对待这一点上它是重要的，而他人如何对待一个人将决定一个人生活的成败。

在男管家的那个例子中，与角色相联系的行为常规明显处于中心位置：归类建立在这个简单观念上，那些在豪宅里做某类工作的人要符合特定的期望；这些期望建立在管理男管家角色的常规之上；由于这些常规，像一个男管家那样去行为意味着建构起一种特殊的表现；你怎样被对待依赖于你完成这个角色的好坏(尽管有一些管理技巧仅被你的同事赞赏。)但对其他一些认同而言，比如对男同性恋而言，还需要比行为常规更多的东西。

因为成为一个男同性恋者部分就意味着拥有某些特定的欲望，而这些欲望并不是男同性恋者自己选择的。你可以选择是否扮演某个常规角色，并且，如果一种认同就等于一系列常规行为，而你能够驾驭这些行为，那么你就可以选择是否要去接纳这种认同。但是一旦归类的标 69
准包含一些你无法控制的要素时，例如性别、族群和性取向，那么你是

的例子更复杂：作为弱势者的历史及其后遗症，肯定构成了非裔美国人认同的部分内容。由于这个原因，你无需求助萨特在《反犹分子》中有争议的分析，就可以承认，一种自我肯定的犹太人认同与其被迫害的历史无法轻易割裂开来。

否认同于哪种认同（例如，你认为自己是同性恋并且有时像一个同性恋那样去行为）就并不仅仅取决于你了。[①]正如我们在第一章中看到的，一个有同性恋认同的人比仅仅承认他有同性恋欲望这个事实要做得更多，一个拥有非裔美国认同的黑人比他承认他的非洲血统这个事实要做得更多，尽管他们回应的事实（欲望或者血统）独立于他们的选择，但这个事实来自自我的外部。即使萨特描述的咖啡馆侍者也采纳了一种对外在于他自身功能的认同：他从事的职业提供一种服务；他像斯蒂文森先生那样在寻找一种生活方式。（此外，他从事的职业所包含的复杂常规和制度不是来自他自身的设计。）

在很长一段时间——也许我们可以说，自启蒙运动以来——伟大的自由主义运动致力于让国家将其成员作为个体来对待，不偏向或歧视特殊的伦理认同、宗教认同或性别认同。很多人还论证说国家对此类认同的承认就其内在本性而言是反自由主义的：由于怎样塑造生活取决于我们自己，政府应该在我的认同之外去约束我的行为。否则国家会陷入支持或贬低某些特殊认同的事务中，从而侵犯个人塑造其生活的自由。像这种怀疑论部分诉诸于宽容的历史论证；以及认同的约束性质与自我导向的个人和自足的灵魂这种自由主义理想之间的冲突。

其他人，像许多被称为多元文化主义者的人，却提出相反的论证说，国家必须承认这些认同，因为没有这些认同，个人将缺乏创造其生活所需要的东西。由于社会认同在创造人的生活方面给予人们选择，这些理论家宣称，它们是这个过程中的积极要素。国家对认同的承认使人们可以基于这种目的而选择这些认同。

正如我们将要看到的，那些认为给予认同群体以政治承认很重
70 要的人提出了各种各样的论证来说明它如何重要。一些人关注国家提

① 在性别认同的例子中这看上去毫无疑问。但这也可能是偏好的性质——即使是收集邮票——你不把偏好当作是你可以控制的东西：你不是通过意愿对邮票感兴趣的。（除非你爱的某个人，比如你的孩子，已经是一个邮票收集者！）

供的物品和福利；一些人关心免除特定认同群体成员不必要的负担，即一些特殊规则和义务。一些人走得更远，尤其是当这些认同群体与“社会性文化”[①]相关联时，他们支持文化主权的原则。文化多元主义来自很多不同论调。在过去十年中，各种口号和团结的呼声激增：出现了像“异质的公民认同”（Iris M. Young）；“承认的政治”（Charles Taylor）；“权宜之计”（John Gray）等以不同路径进入这个论题的术语。

还有很多人占据着中间立场。他们认为我提到的这类社会认同的确对我们的生活具有伦理上的重要性，但与此同时，他们支持对认同的宽容而非承认。即，他们对这些社会认同采取的立场类似于美国建国者在宗教宽容中采取的立场：只要可能，一方面不树立任何认同；而另一方面允许自由运用（只受制于义务和伤害的约束）。[②]这种立场也带来了一些困惑。到底什么是允许认同的自由运用而又避免树立认同呢？我们将看到，答案远非明确。

在下一节中，我将讨论一种要求承认认同的相对强硬的立场，这个立场将国家看作认同群体的联邦，每一个群体都被允许有高度的自治权。作为一种理想，群体自治有许多种形式，我无法公允地对待每一个；我将注意力主要集中于那些产生于自由主义政治理论的形式（与例如斯大林主义的种族工程相对立）。我希望至少讲清楚，为什么支持者认为这种立场是有吸引力的，而我们中的其他人则对此感到忧心。

---

① 社会性文化（societal culture），这个术语是金里卡发明的，这类文化特点为领土集中、制度结构和内部的社会融合。 297

② 第一修正案只说了国会应该制定哪些法律；美国建国者们知道组成这个联邦的一些州已有确立起来的宗教。因此我借鉴了当前对宗教宽容的理解，它体现在最近对第一修正案的理解中，而非其原初的理解。

米列特式的文化多元主义

在推进这些问题之前，我想做两个区分是有帮助的：一个关于个人
71 主义，另一个关于群体权利。在权利领域区分个人主义是在我们所说的伦理个人主义(ethical individualism)与实质个人主义(substantial individualism)之间做出区分。有关权利的伦理个人主义的观念是我在前言中指出的一种自由主义的假设。这种观念认为我们应该就它们为个人所做的事情来捍卫权利——社会的个人肯定生活在家庭和社群中，但他们仍然是个体。有关权利的实质个人主义的观念则认为，权利必须总是与个人相联：置于我们的常规和法律中的人权应该总是个人的权利，而非群体的权利。

第二种有用的区分是在思考群体权利的两种方式之间做的区分。一种方式认为群体权利是集体地行使的：在实践中，存在让群体可以在法律上识别自身的机制，以及可以肯定群体利益的制度。如果一个美国的印第安部落有集体权利来经营一个游戏赌场，那么要确定的是，谁属于这个部落，以及如何来经营这个赌场。自决权是这样一种群体权利：它提出了这两个问题。谁是巴勒斯坦人、库尔德人和西藏人？他们决定如何来运用他们的权利？我们把这类群体权利叫做集体权利(collective rights)。第二种群体权利的观念是，不管是国家的法律还是国际法，在对待特定群体的每位成员时，都应该考虑到他们因其群体成员的认同而获得的权利。例如，每位英国世袭贵族的成员都可以通过上议院来实施其审判的权利。我们把这类群体权利叫做成员权利(membership rights)。

成员权利在某种意义上是个体权利：它们属于个人。但那些说他们怀疑群体权利的人常常有意挑战成员权利。他们反对的观念是，一个国家必须与一个人作为群体成员的认同相联系，而不是仅仅与公民认同相联系。这个反对意见指向作为白人的成员权利（以及作为黑人的

成员认同负担），它藏于反对种族隔离的呼声之中。在受到极大支持的成员权利中，民主国家公民的成员权利是其中之一：人们普遍认为法律区别对待公民与非公民是没有问题的；例如在决定谁在哪里做这份工 72
作的问题上。但集体权利往往有更多的朋友。大多数人认为犹他州、剑桥镇或天主教会通过投票箱或任何大家一致同意的内部协商机制来施展它们的权利是没有问题的。

要承认的一点是，伦理个人主义并不像它表面看起来的那样是一种很强的约束。如果我们置身于一种社会形式中（社群主义的老生常谈），那么几乎无法在不考虑这些社会形式的情况下来给予每个人平等的尊重。这个思想可以有各种各样不同的表述，其中一些比另一些更紧要。看来人类的繁荣——我们个人的福利——要求认同群体的繁荣，在此之中我们生活的意义得以形成。那么，也许，一个国家如果不努力去平等对待我们置身其中的、赋予我们的选择以背景和内容的社群，它就无法给予我们平等的尊重。[①]因此我们很快从个人的平等地位走向了认同群体的平等地位。事实上，认同群体和个人之间的相似关系是某些形式的文化多元主义的一个特征，这类文化多元主义也许可以被称为强硬的多元主义（hard pluralism）。（在此，我们对多元主义这个术语的运用类似于卡伦［Horace Kallen］的意思，它致力于促进多族群的共存。）正如我们将看到的，很难说清在这类论证中是否违背了伦理个人主义。

强硬的多元主义是一种趋势；我不用这个术语来划定单一的、一致的原则。很多强硬的多元主义者反对将个人自主性自动提升到群体自主

① 一个典型的论述是Bhikhu Parehk给出的："自由主义在理论上致力于平等地尊重每一个人。既然人类具有文化的嵌入性，尊重人就要求尊重他们的文化和生活方式。"参见Bhikhu Parekh, "Superior People: The Narrowness of Liberalism from Mill to Rawls," *Times Literary Supplement*, February 25, 1994, 13。我将论证这个句子中省略的论证来得太快了。还有Raz在他的*Ethics in the Public Domain*(Oxford: Oxford University Press, 1995)第174页中肯定了"稳定的和存活下来的文化社群""平等的地位"。

性之上；一些人甚至怀疑在二者之间做出划分的尝试。这些多元主义者很快就指出他们关注的这些认同群体的归属性质和非自愿性质。[①]其他强硬的多元主义者在自由主义的传统词汇中找到了他们的理由；他们尤其将结社自由看作王牌。在一些强硬的多元主义者看来，由于多种生活方式的存在，尤其是一些非自由主义的生活方式的存在，自由主义的名声受到了贬损：通过在其中凝视各种各样的社群，这些多元主义
73 者得出判断说，没有哪个胜出，因此也无需公开放弃自身的判断了。

当然，谈论自主性就是在谈论一个原来描述政治——像雅典那样的城邦——施于人的术语。但那种将政体看作人的康德式的进路会被推翻；很多强硬的文化多元主义者将人看作政体。他们可能会建议说，认同群体有权获得一个公民享有的所有权利和保护，因此它应该坚持自己的条款，不必过于担心它对其个体成员的影响。你可以从不同的路径到达这里。你可以像大卫·英格拉姆（David Ingram）那样用群体权利来为此做论证；也可以像乔德兰·库卡塔斯（Chandran Kukathas）那样调动结社自由来做论证；你还可以与约翰·格雷（John Gray）一道诉诸重要的权宜之计原则，从而将共存的策略提升为一种理想。[②]这三种

① “更重要的人类组合”，即“广泛的群体”，“必需建立在共享的历史，拥有共享价值的非自愿的（至少不完全是契约的）成员资格的标准上”，Avishai Margalit和Joseph Raz在文章“National Self-Determination”中论证说，*Journal of Philosophy* 87, no.9 (September 1990): 456。约翰·格雷也同样强调这些不同生活方式所具有的归属的、非自愿的性质。“今天，纵观人类历史，人类认同主要是归属性的，而不是选择性的。因为几乎每一个人属于一个社群，事关命运，而非选择……任何遗忘这些现实的政治理想只会带来有害的后果。”在他看来，我们忽视了差异提出的真正挑战：“在最近的自由主义文献中，多元主义这个事实指的是在自愿联合的领域内个人理想的多样性。这背后的观念是具有自主性的个人选择一种特殊的生活方式。这种多样性类似于一些城市中族群食物的多样性……但多元主义的事实不是指个人拥有不同的理想这个平庸琐碎的真理。它是不同生活方式的共存。传统的自由主义思想有意误解这个事实，因为它将自由主义价值想当然地当作共识。”Gray, *Two Faces*, 121, 13.

② 请注意库卡塔斯的文化主权论并不建立在文化权利之上（他公开反对这种观念），而建立在结社自由的重要性，以及一个严格受限的自由国家的版本之上。

方法都不会始终一致地尊重伦理的个人主义。理论家们通过采纳这些策略，有时将它们结合起来尊重群体的主权，弱化外界对其事务的干扰，这种方式有时会让我们想起奥斯曼帝国的米列特体系。[①]

因此对强硬的多元主义者来说，个人自主性是好的，就像在吐司上涂抹酵母调味品一样：如果你碰巧尝一尝那还好，但它不过是被帝国遗产放大的本地偏好而已。宽容——被认为是国家与其构成群体之间的一种关系——很重要。他们尤其关注的是，国家不去干涉那些不接受批判反思原则的群体，不去强迫少数群体变得更自由，这种关注，正如我们在前一章中看到的，被自主论的批判者们广泛分享。威廉·盖尔斯敦，敦促实行一种"最大可相容"（maximum feasible accommodation）政策，他反驳了威尔·金里卡的一个建议。金里卡建议说国家在帮助维持一些非自由社群的时候有义务让它们自由化。他写道，"金里卡所说的自由化在很多情况下等于强迫改换基本的群体认同；它最终将成为毁灭村庄是为了保存村庄这种越南原则（Vietnamera principle）的文化等价物。"[②]

强硬的多元主义者会通过允许群体对其成员做免于身体强迫的任何事情来避免这类恶行。[③]库卡塔斯论证说，对于子女的教育，只要文

① 对奥斯曼米列特体系的精彩讨论，参见Michael Walzer, *On Toleration* (New Haven: Yale University Press, 1999).

② Galston, Liberal Pluralism, 22. 即使拉兹也担心自由主义的自主论要求太高："简明扼要地说，如果多元文化的措施只针对那些对其自身措施和对他人持有一定宽容度和自由度的文化群体，那么没什么群体是合格的……但我们也不合格……我们是同性恋者和种族主义者，我们至少在一定程度上无视穷人和弱势群体，尽管与多元文化措施施用的那些文化群体忽视的方式并不必然相同。" Joseph Raz, "How Perfect Should One Be? And Whose Culture Is?"收录于Okin, *Is Multiculturalism Bad for Women*?, 96. 298

③ Kukathas, "Cultural Rights?" 105—139, 以及Chandran Kukathas, "Liberalism and Multiculturalism: The Politics of Indifference," *Political Theory* 26, no.5 (October 1998): 686-99. 自认为是自由主义的个人主义者的库卡塔斯，也认可禁止强迫和奴役的普遍原则。他建议一种"无视差异的政治"：少数群体在一个宽泛的界域内可以按照它们的偏好约束其成员的行为，而国家没有进一步的义务为它们提供支持或帮助。

化授权，父母可以做任何他们想做的事："吉普赛的风俗不看重学校，父母们相信通过其文化的非正规指导也能让孩子获得满意的教育，因
74 此只有少数孩子接受了正规的基础教育。我认为，他们拥有的结社自由和选择自己生活方式的自由，让这一切是可允许的。"[①]并且，如我们看到的那样，约翰·格雷为保护文化社群免受自主论的侵犯也做出了类似的论证。就像过去的米列特体系，他们的方法尊重文化群体的主权，虽然他们对外部的有序性施加了限制，但对这些群体如何对待其成员并无太多内部限制。

但这种细心的想象建立在一个非常薄弱的基础上。因为米列特体系的支持者有一个信仰的对象，即个人自主性是一种狭隘的（通常是西方的）地方主义，而群体自主性（常常是"非西方"世界的要求）才是神圣的。他们从未解释过后者为什么比前者博大。"文化授权"变得非常重要，它要求对陌生人的习俗进行严密审查。假设这样一个情景，作为特定宗教或种族共同体的成员，你不愿意给你受伤的儿子输血，或者你让自己的女儿接受女性生殖器切割手术。对库卡塔斯来说，最主要的问题是你的举动是否能得到你的群体的授权——它是否能受到结社自由的许可。

现在，国家可能会干预的一类群体实践是与不享有完全自主性的年轻人有关的。看来库卡塔斯并不介意国家强迫苏格兰—爱尔兰家庭接受义务教育；但吉普赛人（他们也许更愿意叫自己罗马人）可能会获得豁免。但只有当有人想反抗它的时候，义务教育才作为一个干预的议题而出现。对于学校教育不屑一顾的苏格兰—爱尔兰家庭，谁应该告诉他们教育是其文化的一部分呢，即，对他们而言是有价值的呢？你可能会想，这些家庭不愿意接受学校教育这个事实本身就足以构成反驳了。

---

① Kukathas, "Cultural Rights?" 126.

国家可能会干预群体事务的第二种情况是，群体中的一个成员感觉他的自主性受到了攻击。（如果它只是不鼓励国家去做那些出于对个人自主性的普通顾虑而不让国家做的事情，那么上述原则就是没用的。）假设一个在英国的孟加拉家庭想要强迫他们成年的女儿接受被安排的婚姻。如果她拒绝，那么依此理由，她至少在某种程度上拒绝了她父母的价值。国家不能基于她父母的文化自主性原则立即拒绝维护她的权利，要不她的文化自主性怎么办？或者，假如你怀疑（足够合理的话）一个人仅靠她自身就可以拥有一种独特的文化——她的同类人的文化吗？因为通过调查，你可能发现她的态度是这个社群中很多年轻女性共享的态度。然而，我们如何去确立值得尊重的群体的界限呢？你可以想象国家雇佣一个庞大的人类学家队伍，他们专门审查这个或那个社会群体的实践。 75

从实际的角度来说，即使你让一些群体的成员自行其是，保留他们原始的生活方式，你会发现这也太晚了：一个亚国家政体领导权结构的性质和形式——举个例子，美国的普埃布洛部落议会（Pueblo tribal council），我稍后会回到这个例子——深刻地受到国家政策的影响。当领导权在部落内遭到考验时，政府会认可对权威的竞争，而非其他。在此方面和其他方面，政府不能不偏袒任何一方。

如果你不觉得强硬的多元主义者勾画的社会图景有强烈的吸引力，那么，你可以被原谅不去考虑这样的问题。由小的主权实体组成的自由议会不像一个自由社会；它是一个以联合国安理会为模型的社会——它的投票机制既向专制派开放，也向民主派开放。要解释这种方法为什么在自由主义者中受欢迎，你不得不提到它提供的一个关键的逃生舱口：退出的权利。对那些试图调和群体自主性和个体自主性的人（那些试图弘扬结社自由的精神，又不打算完全忽略传统的自主论者的考虑的人）来说，退出的权利成为了真正的出口。只要一个群体允许它的成员离开，很多事情都可以得到允许：如果你不运用这种权利，那么，在某种意义上，你得赞同任何可能发生在你身上的事情。因而，退出意味着许诺消解任何困难。不再对一个文化群体内部有多么民主（如何用这种利益平衡那种利益，这种权利对抗那种权利）指手画脚，
76 为何不干脆要求退出的权利，用它来解决问题呢？因此我们说，对你的成员做你喜欢做的事，只要他们想离开时允许他们离开。这看起来可能和伦理的个人主义很合拍，因为它意味着没有个体的同意，对个体有坏影响的群体选择不能强加给他们。不幸的是，这种权利并非那么易事。

退出就足够了吗?

首先，一些强硬的多元主义者实际上拒绝退出的权利。它听起来像是一个最低限度的条件，但那些对自主论没有耐心的人仍然会觉得这种权利太苛刻。例如，格雷把退出看作另一种具有腐蚀性的自由主义强加的条件。他问道，你怎么可以去消除所有不允许其成员运用自由选择的生活方式，还把自己称之为一个多元主义者呢？如果少数人的退出破坏了大多数人对这个共同体的支持怎么办？对个人自主性的侵犯能因此得到证明吗，就像大呼失火的戏迷那个例子那样？所有这些都不是抽象的关注。需要承认的是，有一些社会形式无法适应这种选择退出条款；历史已经见证了一些有闲阶级需依赖仆人或奴隶阶级为生：一旦奴隶选择退出，南方庄园文化的贵族魅力就会受到威胁。我们当中喜欢奥古斯都时期罗马的人必须承认，它依赖于一个不自愿的帝国的资源。或者你再考虑一下雅典的民主：伯利克里的黄金时代也是由非自愿的奴隶阶层在维持着。[①]退出的权利与对群体极端的宽容肯定是不一致

① Avishai Margalit和Moshe Habertal在他们的论文"Liberalism and the Right to Culture," *Social Research* 64 (1994): 491—510中规定，一个文化社群不能消减退出的权利，"其理由是如果人们开始离开，那么文化就会毁灭。"但是，正如Jacob T. Levy指出的

的；你的感受如何依赖于你给这种形式的宽容以何种优先性。

但一个更普遍的关注点相反认为，退出的形式权利太弱以至于无法完成它被赋予的使命。确实，一旦你开始考虑逃离的机制，你就会好奇“结社自由”的模型能否把一些极其不同的现象聚到一块。一个国家真的可以被看作类似于一个私人俱乐部吗？你可以简简单单地退出一个认同群体吗？

考虑一下群体自主性和个人自主性强烈冲突的情形。普韦布洛部落议会不允许部落内部成员的宗教自由。它还控制社群的财产，对普韦布 77
洛人来说，几乎是全部财产。现在，举一个会引起诉讼的例子：一个因为改信新教的普韦布洛人被驱逐出部落，他完全地享有退出的特权吗，毕竟退出意味着他将丧失他所有的财产？你也许希望将普韦布洛部落比作任何老式的自愿社群；但它对其成员的权力，是荷兰人后裔俱乐部（Knickerbocker Club）或食品合作社（Park Slope Food Coop）所没有的。[①]

并不需要采取剥夺财产这种形式来加大退出的难度。哲学家和法

那样，这并不必然成其为理由：小社群可能确实会受到退出的威胁。所以必须牺牲这样或那样的考虑。就此而言，回忆一下Ursula LeGuin那个经典的小故事“The Ones Who Walk Away from Omelas”，故事描述了一个几近完美的社会，但这个社会建立在对一个不幸被锁在黑暗地窖里的男孩的压迫之上。参见Ursula LeGuin, *The Wind's Twelve Quarters* (New York: Harper & Row, 1975)。

① Amy Gutmann在她的*Identity in Democracy* (Princeton: Princeton University Press, 2003)一书中（遗憾的是我看到这本书的时间太晚以至于没能完全利用它）有益地区分了文化认同群体、自愿认同群体、归属性认同群体和宗教认同群体，并且她敏锐地分析了每一种群体中不同的“退出”方式。可以参考她对一个加拿大案例的分析，在这个例子中，教会成员如果宣称放弃信仰就会被驱逐出去，并被剥夺所有财产。古特曼说退出的权利必须是有效的，而非形式的：“只有有效的退出自愿群体的权利才与为了它们捍卫自由结社的权利相一致。” 普韦布洛的案例提出了性别歧视的问题，因为那些与部落外部成员联姻的男人的孩子，而不是他的女人，可以被授予部落成员资格。参见Kymlicka, *Multicultural Citizenship* (Oxford: Oxford University Press, 1995), 233; 以及Gutmann, *Identity*, 45—47。

学家莱斯理·格林（Leslie Green）指出，“让一个人从其宗教或文化中脱离出来是有风险的、痛苦的和迷失的；可以退出并不意味着那些没有选择退出的人就是自愿留在群体中的，群体至少不能在任何意义上强大到足以削弱他们本可以拥有的权利。”① 并且，如他看到的那样，我们最可能认真对待其“生活实验”的那类认同群体是归属性的、有机的认同群体，它们离自愿模型距离最远。雅各布·列维（Jacob T. Levy）敏锐地观察到，“文化中的每一件事物都是一个退出的障碍。要有一个退出毫不费力的文化……等于完全没有文化。”②

确实，你也许会问，说你可以退出一个认同群体有什么意义呢。一个前摩门教徒会说，成为一个前摩门教徒就是成为一个种族的成员；像这样的条件看上去对其他归属性群体来说也是成立的。需要进一步指出的是，如果不受妨碍的自我是一个神话，那么你如何让一个人退出赋予其意义的语境呢？毕竟，说“退出”你的语言是毫无意义的，尤其当这种语言是你惟一的语言时。

但是如果仅仅存在一个出口并不足以证明像米列特那样的自由放任政策的正当性，那么我们就无捷径可走，只能绕远路了。尤其是我们必须严肃对待自由主义的多元文化主义，或者说柔和的多元主义（soft

---

① Leslie Green, "Internal Minorities and Their Rights," in *The Rights of Minority Cultures*, ed. Will Kymlicka (Oxford: Oxford University Press, 1995), 266—267.

② 参见Levy敏锐的研究*The Multiculturalism of Fear* (New York: Oxford University Press, 2000), 112. 对这个论点进一步探究，参见Albert O. Hirschman在*Exit, Voice, and Loyalty* (Cambridge: Harvard University Press, 1970)第76页中所写，“从诸如家庭、部落、教会和国家这样的原始人类群体退出通常是不可想象的，虽然不是完全不可能，”在脚注处，他又写道：“在此没有有意地将不可退出与‘原始性’联系起来。埃德蒙·利奇（Edmund Leach）注意到许多被称为原始部落的群体远非封闭社会。在他的经典著作
299 *Political Systems of Highland Burma* (1954)中，他细致地追溯了一个社会系统中的成员如何定期转移到另一个系统又转移回来的方式。相比利奇研究的那些部落，在所谓先进的高级社会里，退出可以被更有效地排除。”他还注意到，“退出要么不可能，要么不可想象，这些组织一般规定了在特定情形下驱逐个体成员的条件。”

pluralism)。这里的目标是平衡外部权利和内部限制。如果强硬的自主论者容易怀疑亚国家群体限制自由，那么强硬的多元论者正相反，他们喜欢赞叹这些群体让国家权力得以止步，而柔和的多元主义者试图既 78
挽救群体自主性，也挽救个人自主性。这种挽救的尝试在多大的程度上取得了成功是我现在想要考虑的问题。

自主论、多元主义和中立性

在柔和的或者说自由主义的多元主义那里，个人既是出发点也是终点：它对认同群体的关注不仅受到个人福利的激励，而且最终服务于个人福利，以及传统自由主义给予个人的权利和保护。伦理个人主义必将当道。与我们考察过的米列特式的多元文化主义（它沉迷于亚国家的专制，认为国家权力退得越远越好，至少没有直接的强制）相比，柔和的多元主义试图在个人权利和中介群体的完整性之间找到平衡。对他们中的很多人来说，这种平衡的理想有一个名称：中立性。

分享这个目标的人在他们愿意以多大程度容忍认同群体的问题上可能分歧巨大。威尔·金里卡，作为柔和的多元主义的代表，在论证群体自主性是通向个体自由的手段这一问题上最为雄辩。对于退出的权利能否充分保护个体，他是怀疑者之一。相应地，他希望在两个必要条件之间取得平衡。一方面，他想确保外部权利（群体对抗国家的权利，对抗外部干扰的权利；还有群体从国家获得某些特殊利益的权利）。另一方面，他想限制一个群体施加于群体成员的内部约束。虽然为了平衡这两者，他否认他是在用个体利益交换集体利益。在他看来，个体的繁荣要求其社会形式的稳定和安全。

但内部约束与外部保护之间的对比很快就崩塌了。一个群体希望用少数群体语言教化其成员：这是免于语言霸权的外部保护吗？
或者这是一种内部约束，它限制了年轻一代的机会，阻碍了他们的退 79

出，因此侵犯了他们未来自我的自主性？金里卡认为威斯康星诉约德案（*Wisconsin v. Yoder*）——阿米什人（Amish）要求威斯康星州免除他们送十六岁之前的孩子去上学的义务——就是一个涉及内部约束的实例；但对阿米什人自身来说，这显然是对其农业生活方式的一种外部保护。在类似的案例中，一个土著群体对可以购买其成员土地的人做出了限制：这也是防止外部侵犯的安全措施，但它限制了群体成员的自主性。正如金里卡承认的那样，这个区别“并不总是容易做出的”。[①]

我提到过美国人的宗教宽容观念为国家应该如何回应认同群体提供了一个范本。确实，正如约德案提醒我们的，我们社群事务的两个必要条件——“……的自由”和“源于……的自由”，调和这两者的计划最显著地体现于第一修正案的法理传统中，美国最高法院想通过第一修正案为宗教自由的问题提供系统的解决办法。这个挑战开始于《权利法案》的第一句话：“国会不得制订设立宗教或者限制其自由行使的法律。”对这句话的宪法阐释围绕着“或者”一词产生了分歧。在现代法理学中，“自由行使条款”被认为要求国家对宗教主义者给予特别尊重；而“设立条款”被认为要求禁止这一点。现在，我们的道德现代性自然地将禁止“设立”看作对一个更大理想的表达，即，国家应该中立——在相互竞争的善观念之间保持中立，在相互竞争的认同群体之间保持中立。这个理想处于罗尔斯对“政治自由主义”和“整全自由主义”做出的著名的、也极为争论不休的区分之核心。

极为争论不休的问题：怀疑论者曾冗长地论证说，这类中立性要么不连贯，要么不可欲，或者两者皆有；这类中立性是不好的，因为它

---

① Kymlicka, *Multicultural Citizenship*, 41, 42. 金里卡这里探讨的特殊案例是（与拉什迪事件有关的）群体自由法和（与加拿大土著人有关的）土地信托。在《多元文化的公民资格》的第五章，他得出结论说我们应该拒绝那些也是内部约束的外部保护。但在此，很显然这个隐藏的议题对金里卡来说就是合法性，即对其民族成员来说，一个国家必须做什么才能成为一个合法的权威。

偏爱中立者多于其他人，因此它根本就不是中立的。在第一修正案的文本中，宗教支持者控诉中立者将一个有争议的概念提升到程序的水平；中立者非要将宗教排除到公共领域之外让他们感到了压迫。 80

在一个对这个论证广泛讨论的版本中，迈克·佩里（Michael Perry）攻击了由托马斯·内格尔（Thomas Nagel）、罗伯特·奥迪（Robert Audi）和布鲁斯·艾克曼（Bruce Ackerman）等理论家提出的一个建议，即理想的政治话语应该尽可能地诉诸共享的以及可公共获取的理性形式。就宗教明确地诉诸上帝“揭示的真理”而言，它们不是政治协商的理想成员，或者罗尔斯所说的“公共理性”的理想范本。迈克·佩里坚持认为，让一个人在市政厅门口审视他的宗教信念无异于叫一个人“消除其自我的本质部分”。旨在中立的对话限制绝非如此：他们将一个人的精神自我“边缘化或私人化”，致使宗教虔诚者无法像世俗爱国者那样同等地参与政治事务。因此，佩里试图建立一个公共领域的适当多元概念，它会为“宗教道德对话”留出空间。[1]

事实上，“政治自由主义”的拥护者并不像它的批评者所说的那么独断专横。中立者并未质疑宗教分子自由言论的权利；问题仅仅是理想的政治话语应该是怎样的。正如罗尔斯坚持的那样，公共理性不是要求公民将他们的宗教信念搁置起来或退出他们的宗教信念，事实上它假设公民有各种各样不同的整全观念，包括宗教观念，其“重叠共识”与自由民主制度是相一致的。[2] 的确，对公共理性理想给出的罗尔斯式的限制最好被阐释为辩论的技巧：它是关于在一个多元政体中如何最

---

① Michael J. Perry, *Love and Power: The Role of Religion and Morality in American Politics* (New York: Oxford University Press, 1991).

② John Rawls, “The Idea of Public Reason Revisited,” in *John Rawls: Collected Papers*, ed. Samuel Freeman (Cambridge: Harvard University Press, 1999), 574, 611. 罗尔斯丝毫没有表现出对宗教论证的反感，他公开地赞扬马丁·路德·金以及更早的废奴主义者（林肯在感恩节的宗教声明）的宗教演说，认为这些宗教词汇可以服务于公共理性的最终兴趣。Ibid., 593 n. 54.

好地赢得追随者和影响政策的修辞建议。这类建议全无强迫之意。宗教人士可以说他们喜欢说的话，但如果他们试图说服那些无宗教信仰的人，他们最好尽可能地诉诸这些被普遍接受的规范和前提。因此这类自由主义限制背后的精神更多的是卡内基（Dale Carnegie）的精神，而非奥海尔（Madalyn Murray O' Hair）的精神。

即便中立主义的伦理不像一些宗教分子说的那样惹人反感，它仍
81 然面临一些艰巨的问题。因此威尔·金里卡反对这个观念，即一个不偏不倚的国家应该"善意地忽视"社会形式的多样性。他指出，"在官方语言、政治界限以及权力部门这些领域，没有办法避免支持这种或那种社会文化，或者决定哪个群体应该在控制文化影响决策（涉及语言、教育和移民）的政治单位中形成大多数"。正如他在其他地方所阐述的："国家没有国教是完全可能的。但国家至少要部分支持一种文化，这种文化决定在公共教育或者国家提供的公共服务中运用哪种语言。国家可以（应该）在法庭用世俗的宣誓代替宗教的宣誓，但它不可能用哪种语言代替英语的使用。"①

当然，政府（至少与现存的自由民主制度相似的某种机构）在很多事情上不是中立的，也不可能是中立的。政府的科技机构只资助那些它认为有前途的研究；政府的语言不是世界语；政策的制定以及规则的阐释都有利于一些人的利益而不利于另外一些人：对相互竞争的权利和利益的平衡通常有利于一方不利于另一方。在这些例子中，事实和价值相融，因此你不能否认一个事实的发现也是一个价值的发现。

但或许这种类型的中立性不是中立主义真正关心的那种中立性。在一条有影响力的论证线路中，拉兹和金里卡建议说，"中立性"的理想不适用于结果而适用于论证过程。国家行为永远不可能取得某种结果的中立；但国家可以努力做到基本理由的中立。也就是说，自由主义

① Kymlicka, *Multicultural Citizenship*, 113, 111.

的中立主义者意识到，国家行为的方式可以产生非中立的结果，但此类行为的动机并非重塑我们的宗教认同。存在很多例子，在此中立性测试可以提供一些概念支点。正如最高法院发现佛罗里达州的海厄利亚市制定的某些法令那样，海厄利亚市禁止动物屠宰的法令明显是针对萨泰里阿教（Santeria）的从业者的，因此它无法通过。[①] 类似这样的例子看上去很简单，但正如我们将要看到的那样，很多案例远非那么简单。 82

第一修正案的法理传统提供给我们的智慧并不是要去显示从既尊重国家中立性又尊重群体自主性的努力中产生的复杂性。与此同时，宗教群体属于西方比较突出的认同支持之一；这并不仅仅是一个类比，而且是一个案例，事实上，对很多人来说，它是一个范本。

第一修正案的例子：调和论者的方案

补充一点背景可能是有帮助的。在过去的几十年里，一支有影响力的被称为持调和论立场的学者（他们当中有Michael McConnell, Frederick Gedicks, W. Cole Durham, Harold Berman, David Smolin, 以及Stephen L. Carter）试图强化自由行使条款；很多人试图纠正自沃伦法院（Warren Court）时代扎下根来的对设立条款的严重错误阐释。这是它获得显著成功（尽管只是部分成功）的原因。

正如调和论者喜欢指出的那样，在教会和政府之间做出严格区分是一个晚近的概念。尽管杰斐逊在1802年写给丹伯里（Danbury）浸信会的信函中，说到了"在教会和国家之间树起了一道分离之墙"，但第一修正案只提到国会能通过什么样的法律，而让每个州自行处理教会与州的关系。只有到了1947年，由于艾弗森诉地方教育委员会案（*Everson*

① *Church of Lukumi Babalu Aye v. City of Hialeah* (1993).

v. Board of Education）的出现，最高法院才宣布不管是州政府还是联邦政府都一律不得设立宗教。与艾弗森案一道出现的是现代“分离论”的法理学。在常被引用、毁誉参半的一段话中，大法官雨果·布莱克（Justice Hugo Black）的观点称，不仅第一修正案“在教会和国家之间树起了一道分离之墙”，而且这道墙“必须高且坚不可摧。我们不允许它有丝毫的裂缝”。法庭实际上长期以来一直坚持这位退休法官的分离论。1971年后，布莱克在教会和州之间树起的坚不可摧的高墙逐渐被伯格法院所说的“模糊的、不清晰的、依赖于特殊关系情境的可变障碍”取代了。那一年，从勒蒙诉柯兹曼（*Lemon v. Kurtzman*）案中出现了一
83 个新的学说，它提出受争议的立法要接受三方面的测试。首先，任何法律必须有其世俗目的。第二，它的主要效果必须不得促进或限制宗教。第三，该法律不得促成政府与宗教的过度纠缠。违反这三个条件中的任何一个，设立条款都将判决它为违法。

勒蒙测试（the Lemon test）看上去致力于取得正当的中立性，但是，各种奇怪的政治派别对其缺陷却达成了普遍共识，对此表示普遍哀悼。考虑一下“世俗目的”这个条件。就像随后的决策阐释的那样，这个“目的”指的是立法者的主观动机。但如果宗教的顾虑促使立法者将资金用于给无家可归者修建房屋或者给饥饿者提供食物，由此产生的章程会被宣布违宪吗？其次，考虑一下“不得促进或限制”条件。如果一个政府拒绝给宗教学校提供资助，但它却资助其他私立学校，这不是在限制宗教吗？但如果它资助宗教学校，这是不是在促进宗教呢？在此国家处于必败的局势。[①] 最后，考虑一下“不过度纠缠”条件。为了确

① 政府在给予宗教机构资金支持、促进宗教活动上的谨慎在后沃伦法院已大大放宽，可参见这些决议*Widmar v. Vincent* (1981), *Mueller v. Allen* (1983), *Marsh v. Chambers* (1983), *Lynch v. Donnelly* (1984), *Brown v. Kendrick* (1988), 以及在某种程度上, *County of Allegheny v. ACLU* (1989); 宗教事务法官运用国家权力的地位在诸如*McDaniel v. Paty* (1978) 和*Witters v. Department of Service* (1986)的案子中得到了强化。

保前两个条件中的宗教中立性和世俗的意图，国家在资助由教会运作的社会服务时可能会要求监测这些服务不让它们灌输宗教思想；但即使教会同意这种监测，它仍然可能由于“过度纠缠”而被禁止。在此教会处于必败的局势。因此毫不奇怪的是，勒蒙学说既不会让调和论者满意，也不会让分离论者满意。但是，除非大多数人能就某个替代方案达成一致，否则它仍然会如斯卡利亚法官（Justice Scalia）抱怨的那样，像“深夜恐怖电影中不死的幽灵”。

1963年谢伯特诉维尔纳案（*Sherbert v. Verner*）对“自由行使条款”产生的影响类似于艾弗森案对“设立条款”产生的影响。它提出一种学说，即只有当负载着重要宗教行使的法律的应用有利于促进国家利益时才是可允许的。这种让宗教豁免于普遍适用的法律的提案并不新奇：例如，很多“禁酒”的法律允许天主教徒和犹太教徒使用圣礼葡萄酒；选择性服务立法也为宗教反对者提供了类似的豁免。谢伯特案中新颖的地方在于宪法可能需要类似的宗教豁免这种观念。在这个案例中，一名基督复临安息日会（the Seventh-Day Adventist Church）的信 84
徒被指控拒绝在星期六工作（他的信仰规定的安息日），他起诉州政府不向他提供失业救济金，其指控基于自由行使条款而获得了胜利。但不幸的是，由于这条原则的活力，接下来几乎所有强制性豁免原则的应用都包含不满的守安息日者申请失业救济金的案例。

让事情变得更复杂的是，两个宗教条款常常对垒，且没有任何调解技术被双方接受。一方面，法院继续在自由行使条款的立场上宣布，不给那些拒绝在安息日工作的失业者以失业救济金是违宪的。另一方面，在1985年的松顿诉卡多案（*Thornton v. Caldor*）中，最高法院基于设立条款的立场否决了一个长老会成员的请愿，并且宣布康涅狄格州将这条明显与安息日者和解的原则写入法律是违宪的（康涅狄格州的法律规定雇员在其安息日不应被强迫工作，但最高法院认为这条法律促进了特定的宗教行使，因而是违宪的）。

引起调和论者恐慌的真正原因不是设立条款的法学，对此宗教分子自然有他们的办法。真正让他们恐慌的原因是对自由行使豁免权的废除——旧谢伯特测试的目的，要求在迫切的国家利益缺席的情况下，法律不得干涉宗教实践的核心方面。在此公民自由主义者与宗教调和论者都站到了反对的立场上。也许可以说保守主义的一连串批评降低了设立条款的威望，而自由行使条款是一个意外事故。

盖尔斯敦和其他人所说的自主论与差异论的宽容之间的差别在此是很明显的。许多调和论者反对的是那种将个人良心自由视为宗教自由学说的首要价值的传统——约翰·洛克的《论宗教宽容的书信》是它的试金石。相反，他们论证说，宗教自由应该推进教会这个集体实体的自由，而非个人的自由，教会的自由比其部分自由的总和要多得多。①宗教机构向国家索要权利，而非个体的宗教异议者向宗教机构索要权利，才应该被看作首要的。

这类宗教社群主义者常常得到麦迪逊理论坦率的支持。容纳宗教
85 的国家接受对其自身权力的重要审查。宗教并不仅仅是个人的集合，它应该被看作“用集体判断去对抗更大社会的判断”（用斯蒂芬·卡特的话来说）的社群；因为它们提供了潜在的可替代的权威来源，因此宗教可用于反抗国家专制。②在相关的意义上，这正是宗教的目的之所在：

---

① 批评者对在司法意见中诉诸个人自主性还提出了其他指控，即，他们将个人偏好与深层承诺混为一谈。参见Michael Sandel在他的*Democracy's Discontents* (Cambridge: Harvard University Press, 1996)一书第67—68页对松顿诉卡多案的讨论。

② Stephen L. Carter, *The Culture of Disbelief* (New York: Basic Books, 1993), 142. 麦迪逊的理论提出了两个主要值得考虑的问题。一个与后果论的辩护所具有的高度可废止性有关。因而，这种指定的理由产生的效果可能会限制它所支持的自由。一旦指派了一个目的，权利的范围就会缩小到去为这个目的服务，就像许多言论自由（第一修正案的第二大主题）的判例充分展示的那样。如果指派给表达自由的目的是促进真理，那么法院判定没
300 有合理内容的那些文字和言论可能就不值得保护。对宗教自由的工具性辩护可能引起类似的限制。在言论领域，工具性的理论带来了言论范畴的等级制，在这种等级制中，例如，政治言论被判定为最值得法律保护，而对商业言论的保护程度要低很多。如果认真对待像卡

也因此是自由行使条款的意义之所在。

这种社群主义的视角要求我们给予宗教自治最广泛的自由，把宗教当作自我管理的机构。（让我强调一下这并不是所有和解论者共享的观点：这只是其中一派的思想。）它要求我们将集体崇拜的要求置于个体宗教异议者的要求之上。它要求我们警惕将种族平等或性别平等的世俗判断强加给持不同信仰的社群。其结果是一种群体自主性的法学。[①] 毫不奇怪从坚定的个人主义者的考虑（沿着我们已经探究过的线路）出发，你也能到达相同的地方；对我而言自由行使可能需要一个对其成员有权威的集体。但肯定有一些例子，在这些例子中是否将宗教社群

特那样的工具性论述，那么就会导致类似的结果：在挑战世俗规范方面发挥了政治作用的集体崇拜的形式应该比那些没发挥此类作用的形式得到更多的尊敬。卡特写道，“如果，像我论证的那样，宗教最有用的时刻就是在它们充当民主中间人和宣扬抵抗的时候，那么现在正是这个时刻……当宗教传统与主流文化最格格不入时，是最需要保护它，也最值得保护它的时候。” *Disbelief*, 1993, 122. 保护肯定是需要的，但我们如何确定，在库兰德卡多案（*Kurland v. Caldor*）中，长老会的投诉人相比科学论者更值得保护呢？我们担心这类工具性理性的范围和强度由于卡特认为“没有宗教老是质疑国家强加的意义，很少有宗教这么做”而得到加强。（Carter, *Disbelief*, 273）美国教会在过去一两个世纪里到底扮演更多的是国家秩序的代理人还是政治权力真正的反抗者，我把这个问题留给历史学家去辩论。

① 这个理由开启了另外一条探索的渠道，我将稍后讨论它。宗教群体是不同的吗？如果并不是所有宗教组织都具有挑战国家权威的功能，那么具有这种功能的组织也并不都是宗教组织。为什么给予宗教群体相比其他有同样（或更大）服务功能的公民群体更大的权力和特权呢？在卡特看来，“追求意义的过程，群体对意义和价值的寻求，处于我所界定的宗教任务的核心……与其他相竞争的权威源泉相比，它更有可能转向其他意义，这正是因为宗教关心的是终极问题。”这可能是对的，但我们也许要用对这个例子的特殊判断来换取这个普遍结论。“颠覆性教会”的议题让我们想起斐迪南德·芒特（Ferdinand Mount）著名的“颠覆性家庭”的议题，这个议题认为，在历史上家庭通过对一种相竞争的自主性的肯定来破坏国家的霸权。但这仅仅只是展开了一个价值颠覆者的竞争者名单。很多人批评或是赞扬大学扮演的正是这个角色。当然像鲁道夫·史代纳的人智学、伦理人本主义、客观主义、伦理文化这样的非宗教信条，以及各种各样所谓的复原运动已经为千百万人提供了可替代的意义源泉。至少，宗教在与国家的道德权威相竞争这一方面并不具有垄断权。

的稳健坚定作为优先目标是很重要的。

许多和解论者也关心这种情况，就是法院常常不尊重宗教信仰——不尊重卡特所说的教会的“另一套认识论”。我们被告知，我们不理解的是，宗教要求“一种它自身的认识论”——这是“一种非常不同的认识世界的方式”——至少它不同于由理性统治的政治文化和法律文化。[1]但是，不仅想要从政治上而且想要从认识论上保护教会的企图往往会损害在公共领域中更多地包容宗教的呼声。

考虑一下就输血问题在耶和华见证会（Jehovah's Withess）与法院之间时而发生的冲突。耶和华见证会相信，这样的输血违反了禁止摄取血液的神圣禁令（即使是在不知情的情况下接受的），接受输血将导致灵魂的毁灭。[2]正如和解论者责备地注意到的那样，法院不会去考虑这
86 些信念。尽管法院尊重一个成年人表达出的拒绝接受输血来挽救生命的愿望，它们这么做的普遍理由是个人自主性，而不是这个要求的宗教

① 本着这一精神，卡特建议说“鉴于它的出发点和方法论，作为一种解释创世论与其他学说一样合理。”它之所以遇到麻烦只是因为它的出发点和方法论“反映的一个公理——字面无误——并不被广泛接受。在此意义上，创世论的错误成为了一个权力事件：是的，它是错误的，因为它被证明是错误的；但仅仅是在一个特殊的、认识论的宇宙中它被证明是错误的。”因此围绕创世科学展开的战争“最终是认识论的，而不是宗教的”；它也不是真理与错误之间的战争，而是“相竞争的真理体系之间的战争”。因为卡特最后说，强
301 权即是公理：“我们赢了因为你们输了。我们有权力而你们没有。这样的区分是现代的真理观念所预设的。”Carter, *Disbelief*, 175—176, 182. 当然，我们可能会怀疑支持创世科学的基要派分子是否会欣赏卡特稳重的合理性辩护，因为它具有的相对主义之嫌是他们觉得“世俗人文主义”中最讨嫌的地方。你不可能认真对待一个竞争者有关我们共享的这个世界的真理观念，如果他是持一种不同的认识论。因为它搁置了这是否是一个好的认识论，一个好的获取真理的方式的问题。我认为可以这么来看，卡特只是找到了另外一种方式，这种方式回避了宗教观念的实质问题。它只是碰巧得到了比他们想要的更多的东西。

② 耶和华见证会对这个问题的态度有所分化，但是，有一个支持血液改革的耶和华见证会组织论证（Associated Jehovah's Witnesses for Reform on Blood）说，目前的政策既不连贯，也是没有得到《圣经》保证的。参见http://www.ajwrb.org。耶和华见证会对这个问题的教导从《利未记》3：17开始。“在你们一切的住处，脂油和血都不可吃；这要成为你们世世代代永远的定例。”

性质。因此，法院倾向于不理会一个到达医院时已不省人事的宗派成员拒绝输血的要求，或者一个没有达到法定年龄的人拒绝输血的要求。

现在因此我们问，法律未能把宗教考虑在内，是否因此被指责为歧视宗教呢？显然不是。这是卡特的分析："通过强迫见证会成员活命和被诅咒，而不是让她去死和被拯救，国家不是把她的宗教要求看作无关的，而是把它看作错误的。"他强调，这是一个关键的区分。自由主义的认识论，是经验主义的俘虏，它不可能认真对待一个非常严肃的真理主张。自由主义所宣称的中立性又一次被证明是虚假的。迈克·麦康奈尔（Michael McConnell）写道，"自由主义的中立性是一种非常奇特的东西"，因为它把"关于宇宙之神学基础的不可知论当成了信仰者和无信仰者共有的立场"。[①]

我们因此被邀请从宗教分子的视角来看待事物，尊重他们对现实的认识，听从他们的"另类认识论"：医学人士暂时的权威因而被宗派的精神权威所战胜。但是，这种认识论的宽容的最终结果，不仅是使宗派分子免于不受欢迎的打扰，而且还消除了精神性考虑与暂时性考虑之间的法律区别。如果强迫法官和医学人士按照宗派分子的信仰是正确的这个结论来行为，那么我们还有什么理由剥夺信仰群体进行（或者，相反地，使他们免于）暂时裁决的能动性呢？

想要知道它将导向何处，可以看另外一个例子。正如卡特报道的那样，在八十年代早期，纽约州通过的"立法事实上要求一个寻求民事离婚的东正教犹太丈夫给他的妻子一纸离婚文书，这样他的妻子才能在犹太教的法律之下再婚。"[②] 和解论者向我们展示了这样的法规是如何得到维护的。在这个例子中要求有离婚文书可以被看作是一个人道

① Carter, *Disbelief*, 221; Michael McConnell, "God Is Dead and We Have Killed Him: Freedom of Religion in the Post-Modern Age," *Brigham Young University Law Review* 163 (Winter 1993): 181.

② Carter, *Disbelief*, 5.

的规定，一个国家认真对待宗教的例子，而非看作一个爱好，一个信仰问题，一个微弱的欲望。因此，耶和华见证会这个例子展示了指导我们
87 的一种相对主义法学。

麻烦在于这种相对主义的法学与群体自主性的法学发生了冲突。在前者的指导下，我们需要的正是勒蒙测试所说的“过度纠缠”。如果法院有权命令不情愿的宗教分子拿出文书，为什么要止步于此？为什么不去审查摩门教的驱逐令，或者耶和华见证会颁布的躲避叛教者的可怕命令？牧师不是该死地诅咒你的灵魂永下地狱吗？按照这个逻辑，国家至少应该为能为叛教者改变信仰提供强制性的补救措施。简言之，在所建议的宗教政治和宗教认识论之间有一种冲突。将宗教的真理要求看作自我证实的理想不能与保护制度自主性的理想相提并论。一个导向隔离；而另一个则禁止隔离。①

事实上，每一个州在教义的问题上都会采取立场，对此肯特·格林沃特（Kent Greenawalt）给出了出色的简洁评论：“一个法院命令州政府在学校解除种族隔离，国家因此走向了战争，男人和女人现在可以平等地获得教育资金。政府含蓄地拒绝了这样的宗教观念：(1)上帝希望严格的种族隔离；(2)战争中所有的杀戮都违背了上帝的命令；(3)所有的妇女都应该只从事家务劳动。大量法律和政策类似地影射特殊宗教观念的错误。”② 消除教会和国家之间分歧的最有力的努力看来对两

---

① 不管是出于哲学的承诺还是宗教的承诺，输血都是会引起麻烦的例子。（我没有考虑显而易见的潜在冲突：一个必须放弃治疗或让灵魂受难的忠诚的病人，遇到了另一个想尽一切办法挽救他的生命或让她自己的灵魂受难的忠诚的医生。）从义务论的视角来看，核心问题可能是个人自主性的问题。同意的议题因而得到放大；当法官考虑到在医学上不必要死亡的幼儿其父母是基督教的科学家时，自主性的要求就失去很多分量了。基于人道主义的立场，我们也许会犹豫让某些人（如果我们认为该病人的观点是稳定的和持久的）去过永下地狱的被隔离的生活。因此自由主义的世俗主义在最棘手的案例上也没有唯一的答案。

② Greenawalt, “Five Questions about Religion Judges Are Afraid to Ask,” in *Obligations of Citizenship and Demands of Faith*, ed. Nancy L. Rosenblum(Princeton:

者都造成了损害。

重新考虑中立性

我想，为了取得进展，我们需要进一步考虑有关自由主义“中立性”的讨论。从消极的意义来说，这个理想指的是政府行为（包括但不限于立法）不应该表现出对亚国家群体的偏袒；从积极的意义来说，国家应该在各种认同之间保持中立。我们已经看到，国家行为在其效果上不可能是中立的；许多国家行为必然对不同认同（包括宗教认同）的人产生不同的影响。然而，一旦我们转而考虑另一种可能性，即目标或理由的中立性，我们立即面临如何去确证一个国家的目标或理由的问 88
题。一个国家到底是为了什么原因而行为呢，或者它受到什么意图的影响呢？

在指导司法解释以及用宪法审查法规方面，美国法院通常诉诸立法者的意图，关于如何展开这项工作有一个传统。这样的立法者意图观念可能是有用的法律虚构。但一般来说假设立法者通过某一法律是出于某一种意图是说不通的。立法是一个政治过程，在此过程中有讨价还价，最后达成妥协。在关于法律章程的公共讨论和私人讨论中，为制定一项条款人们会以各种方式提出许多不一致的理由；人们对于法律的总体目标是什么也提出了很多建议，当然这些建议之间也有冲突。从复杂的混合动机中抽象出一个单一的、连贯的意图通常是不可能的。[1]

Princeton University Press, 2000), 199.

① 正如奥托·冯·俾斯麦(Otto Von Bismarck)所说：“如果人们知道法律是如何制定的，香肠是如何制成的，他们就会睡不着了。”即使一项立法或一个官方声明带有对其意图的正式声明，我们仍然没有理由认为它是决定性的：在洛文诉弗吉尼亚州案（*Loving v. Virginia*）中，弗吉尼亚州由于支持白人至上的体制而败诉，想象一下如果弗吉尼亚州再次提出反对种族通婚的法律，说这个新法的目标是为所有种族提供平等的保护，我们还是很 302
难被说服，认为这个法律是中立的。

你可能认为，当你仅仅去探究与建立中立性相关的那些意图时，这个问题会变得简单一些，因为它们会落到一个相对集中的领域。法律不应该对拥有某一认同的人（比整个政治社群狭窄的认同）有利使其失利：一个立法者是否以这种方式受到驱动也许是我们可以进行评估的事情。例如，我们可以说，在多数立法者那里存在此类动机，就会使得立法本身不是中立的了。

然而，这条原则在某些方面看起来太强，在某些方面看起来又太弱。说它太强是由于仅仅因为存在这样的动机还不足以否定一项官方行为。在讨论勒蒙测试“世俗目的”的条件时，我们看到了这种情况。如果一项立法行为（或者，任何国家官方行为）背后的理由是不偏不倚的，那么为什么我们要否认这项行为的中立性呢？如果存在一个好的、中立的理由是至关重要的，那么存在有偏见的理由这个事实看来贬低的是行为者，而不是行为本身。

我们既可以在立法行为中，也可以在司法和行政行为中看到这种情况。让我们把一项官方行为的一系列理由，即足以促动这项行为的一系列理由称之为*充分理由*。有可能在某些立法活动中，每一个立法成员
89 都对一个群体怀有私人恩怨，并且知道这项立法将对这个群体不利。但如果这些立法成员也同样受到一组中立的充分理由的驱使，这些中立的理由能够引导他们撇开偏见来投票，那么看来我们就没有理由抨击他们制订的法律了。我们可能会认为这样的法律是无可非议的，即使它们并不是由这类中立的充分理由促成的，只要*存在*这类的理由即可；也就是说，只要存在中立的理由足以促成法律，即使它们在事实上没有促成法律也不妨。同样的道理，加以必要的变通，也可以对照应用于其他官方行为。如果一个法官不喜欢天主教，她从审判天主教嫌疑犯的官司中获得了快乐，那么这显然是她不好。但假设这个审判有充足的理由（尤其是这些理由正是她为其审判给出的），这些理由与偏见无关，那么看来就不能说审判反映了国家的偏见；就像说如果没有这些带有

偏见的动机一项法律也能获得通过的话，那么这些主观偏见的存在就不会损害这项法律。[①]

另一方面，如我所说，仅仅因为那些行为部分受到偏见的促使，我们就把那些提案看作是非中立的，这个理由太弱。一种类型的国家非中立性是通过将对亚社群产生消极影响的法律，而通过这类法律的原因不是立法者有意为之，而是因为他们没有花功夫去研究这类法律将会对亚社群带来什么样的影响。换言之，有时候非中立性在疏忽中出现。这在宗教的例子中非常明显。假设国家想要保护丈夫和妻子免于从其配偶手中得到的遗产过少（把遗产留给秘密情人），它就要求人们必须以某种方式为其配偶提供一定的财产。假设立法者不知道这条法律在某种意义上与可兰经的特殊要求不一致。（我应该说得更明白一些，可兰经本身就关心丈夫为寡妇留有适当财产的问题。）一个美国的穆斯林基于这样的理由，即不用违反伊斯兰教教义就可以实现法律所声称的目标，反对这条法律违反了中立性的原则，我认为这是合理的。（相反，如果存在强制性的国家利益不承认这样的迁就，那么国家可以合法地忽略这样的异议。）像这样的观念存在于美国反歧视法的“不同影响”（disparate impact）概念背后。当一个有特定目标的政策会致使一个历史上弱势的少数种族群体处于不利地位，而可以取得相同目标但不会使他们处于弱势的可替代政策是可获得时，法院有时会以歧视为由废除这项政策，不管它是不是有意歧视。[②]

你可能会想，说到立法者的目标，我们应该诉诸某一法案的基本理

---

① 当然，法官与其他官员一样，也会定期运用裁量权。当由于一个人的认同而不对她行使本可行使的裁量权时，这种行为就违反中立了：因为，若是没有偏见存在，她本可得到更好的对待。这是由于行使自由裁量权的范围是有限的，而偏见是不可允许的理由。

② “不同影响”的观念在1971年格里格斯诉杜克能源公司案（*Griggs v. Duke Power Company*, 401 U.S. 424）中有介绍。大法官伯格为法庭写道，“好的意图或者没有歧视的意图不能为少数群体内置阻力的或与衡量工作能力无关的雇佣程序或者检测机制挽回声誉。”

论——它表面的目的是什么——而不是支持它的主观动机。但是，正如“不同影响”概念揭示的那样，即使它所声称的基本理论如此严格，该法律还是可能做不到中立。有时候声称中立的公共行为在意图上不是中立的，这并非疏忽。为了宣传一条法规，一个市议会也许宣称关注虐待动物的问题，但它真正的目的是控制一种不受欢迎的宗教崇拜仪式。因此一条法律可以是表面中立的——其基本理论和论证是中立的——但不仅在动机上也在效果上，是带有歧视性的。在目标和意图之间做区分，或者在论证和动机之间做区分，看来并不能将事情搞清楚。

面对这些反对意见，我认为还有一种方法可以挽救在诸种认同之间保持中立性的观念。这就是坚持国家行为应该对不同社会认同的人保持同等的尊重。当一种行为让认同L的人处于不利地位时，他们可以合理地质问为什么他们没有得到更好的对待，如果他们不是L他们是否会得到更好的对待。在我刚刚考虑过的例子中，如果对那个问题的回答是肯定的，我们倾向于把它视作非中立性的一个例子；如果答案是否定的，我们则不把它看作非中立性的例子。

（考虑到这本书的目的，在此值得注意的是，在这个自由主义的概念中，认同对国家和对个人的作用有何不同。对个人来说，如我们已看到的，某人是L可以成为区别对待他的一个绝对正当的理由。由于成为L这种认同构成了我们行为的理由，在诸种认同之间保持中立性远不是一个吸引人的道德理想，对作为个体的我们而言这几乎是不可理解
91 的。而国家需要这种中立性可能是出于对公共理性的一种特殊反省：国家要把我们当作平等的公民加以对待。我把这种中立性观念叫做“作为平等尊重的中立性”，这部分说明了其实质与自由主义实践中长期建立起来的平等理想有多么的接近。在法国大革命中它与自由和博爱一起飘扬，它也是美国建国者所追求的平等。在第六章中我将进一步阐明为什么我们的私人理由可以避开这种类型的中立性。）

我已经表达了对鉴别国家行为目的的怀疑：因此，你可能会认为，

正确的问题不是去问如果她不被认为是L她能否得到更好的对待，而应该问如果她不是L她是否会得到更好的对待。让我说明一下为什么在我们的测试当中某人不被认作L这个事实可以解释她的不利地位。想象一个特殊的例子，在此我们对待少数群体的方式使他们相较于多数群体处于不利地位。左撇子生活在一个许多事情——剪刀、门把手、衣橱门——设计得都适合右撇子使用的公共世界中。由于这个事实他们处于不利地位；而他们是左撇子这个事实解释了其原因。但他们被认作是左撇子却不能发挥同样的作用，至少在工业社会的大多数地方，很少存在对左撇子的歧视。他们处于不利地位的原因是有些事情要么要用左手来做，要么要用右手来做，而用右手来做的人属于大多数。[①]类似地，涉及守安息日者的问题时，我们的周末与基督教大多数教徒的要求重叠这个事实没有表明作为平等尊重的中立性的失败，只要解释这个事实的理由是它适合大多数人（出于协调的原因，人们不能在七天中任意选择两天），而不是使少数人因此而变得不利。如果大多数美国人成为了穆斯林，周五的清真寺成为大多数人的制度，我们调整时间规定政府部门周五和周六休假，这也不表示对基督徒的忽视。

这个陈述让我们看到了捍卫自由主义中立性当中很重要的东西，就是去关注制订一项国家政策是否存在中立的理由。托马斯·内格尔在一篇很有影响力的文章《道德冲突和政治合法性》中论证说，当国家 92
运用它的强制性权力压制一个公民的意志时，中立性的问题就产生了。他建议说在这些情况下，公民被赋予了一个理由（有一系列理由）去做被这个理由合法化的行为：他认为受到压制的公民应该接受这个理由作为其行为的基础。[②]（内格尔正确地坚持说我们不必被公民是否真

① 一般我们不会把左撇子看作构成了一个认同群体，但假设有一场激烈的左撇子认同运动。只要把门把手置于门的左边不是为了惩罚左撇子，迁就左撇子的成本就太高了，这项政策不会带来偏见的问题。

② Thomas Nagel, "Moral Conflict and Political Legitimacy," *Philosophy and Public*

的接受我们的理由这个事实所束缚，否则人们可以不合理地否决政策；他只要求存在一个受压制的公民应该接受的理由，或者说，如果她是理性的，她会接受的理由。）

这个提案立即带来了三个问题，但这三个问题都与作为平等尊重的中立性无关。第一个问题是公民和理性提供者（reason-giver）可能在什么是合理的这个问题上意见不一。在这些环境中——例如，尤其在宗教信仰的问题上——即使国家的观点事实上是合理的，考虑到我们对自由主义宗教宽容的一般理解，忽略公民的反对意见可能也没有合理地展示对所有宗教平等的尊重。在宗教领域，一个经常争论的问题是到底应该合理地去想什么和做什么。作为平等尊重的中立性可以避开这个指责。在作为平等尊重的中立性之下，我们可以保证我们不会对待一种宗教信仰的人比其他宗教信仰的人更差，即使我们相信他们的观点是不合理的——即使他们事实上是非理性的。如我提到的，许多耶和华见证会的人相信输血会给他们带来诅咒。即使知道这一点，我们可能还是会通过一条法律给处于昏迷状态需要输血的人输血，因为一项要求我们建立共识的政策可能会危及大多数人的生命。当然，如果我们认为输血真的会带来诅咒，我们就有决定性的理由不接受输血。但我们并不相信这一点，我们甚至不认为相信这一点是理性的。用合理接受来说明中立性，如果我们强制非理性的人，我们没有义务为他们提供令其满意的合法性证明。我们只需提供在他们是理性的前提下他们会接受的理由。在我看来，内格尔在此提出的中立性似乎要求得太少了。即使在作为平等尊重的中立性之下，耶和华见证会的人有时也会
93 被强制去做一些我们认为对他们最好的事情，因为他们的信仰是非理性的，他们认为我们在做对他们有极大伤害的事：在反思了我们能否采纳一项不阻碍他们目标的政策前提下，我们出于一些很好的理由反对了

Affairs 16 (Summer 1987): 215—240. 就存在一个理由而言，我将构想出接下来这个论点。即使我们可以给出支持一项政策的多种理由，它们也可以被合成为一个单一的理由。

他们的意志，因此他们是见证会成员这个事实不能构成解释我们反对他们目标的原因。[①]作为平等尊重的中立性并不要求我们假装对我们同胞的信仰持不可知论或者避免依赖有争议的论断：它只是要求我们尽量避免冒犯少数群体的信仰。

当我们意识到公民应该接受的一个（中立的）理由可以以两种不同的方式建构起来的时候，第二个问题变得清晰了。它可能意味着存在一个中立的、考虑了所有因素的理由：在考虑了所有反面意见的情况下，这个理由强大到足以证明这项政策的正当性。但是坚持这一点意味着我们可能永远无法从法律上禁止一个行为，只要有公民拒绝我们禁止它的理由。因为否则的话法律会强制（不管是通过惩罚的方式或者威胁惩罚的方式）一些不承认我们立法理由的人。考虑到多元主义这个事实，这会让很多领域的立法变得不可能。内格尔的论证从另外一个角度为一项政策建构起了一个中立的理由——它只是说对于国家和对于受压制的个人来说都有一些考虑支持那项政策；但这让中立性太容易获得了。例如，我们可以禁止人们缠头巾，理由是反锡克教的情感会导致一些暴力行为发生。这肯定构成了支持这项政策的一个理由，并且，由于锡克教徒显然有理由希望自己免受顽固分子的攻击，那么这是有理性的锡克教徒会接受的一个理由。但他会接着说缠头巾对他而言是太重要的一件事，因此不能以这个理由禁止它。他可能会问，为什么我们不该反过来强制那些顽固分子呢？

现在，锡克教徒提出可以缠头巾的理由不是我们剩下的大多数人

① 他们被强制去做他们认为是错的事情，在此意义上，的确他们变得更糟了，但这是因为他们有一个非理性的信仰。当然，如果非理性的信仰定义了其宗教的本质，我们就无法在他们是见证会成员这个事实和他们相信输血会带来诅咒这个事实之间做出区分。因此，如果一种认同由不合理的信仰所定义，这种信仰以这种方式与政策相关，我就无法在测试中对它保持中立（或者内格尔的测试也是如此）。参见我在第五章中对“可恶的认同”的讨论。当然，不要因为我们不能在所有可能的环境中取得中立性就抨击它作为在大多数可能的环境下成为能够实现的目标。

会认可的理由。这才是问题所在。即使我们有充分的非宗教的理由去支持一项会强迫宗教团体信徒的政策，而不考虑他们的宗教理由，即使他们认为这些非宗教的理由是有效的，他们可能仍然认为宗教考虑应该凌驾于这些理由之上。内格尔的提议认为我们是中立的，因为我们与锡克教徒一样都有支持这项政策的充分理由：但这只是因为我们并不都支持锡克教徒认为是决定性的理由。如果锡克教徒问，因为他属于一个其他人不同情的宗教群体，他（缠头巾）的宗教义务是否被忽略了，我认为公平的回答也许有时候是是。缠头巾对锡克教徒的生活来说是至关重要的，作为平等尊重的中立性也许会让我们接受这个事实是对他们进行例外处理的原因，就像我们也会对其他一些宗教实践进行例外处理一样。原则是，锡克教徒有权像其他人一样要求他们的宗教信仰得到同等的关注。我们不能仅仅因为我们认为他们只是“锡克教徒”就忽视他们的关切点。

第三个问题是国家行为应该对所有公民来说都是正当的，而不仅是对那些直接受其影响的公民来说是正当的。民主制的一个缺点是不能将你认为最好的政策变为法律。在很多论题上，对什么是最好的政策有很多相反的意见。不能既允许堕胎又禁止堕胎：但一些人认为，考虑到所有情况，应该禁止堕胎，而另一些人又认为考虑了所有情况之后应该允许堕胎。内格尔的观点是反对堕胎的政策不是中立的，因为在此情况下赞同流产的女性有时会被强制不许堕胎；而我们无法给出理由让她们接受我们的强制。（人工流产的政策将决定权交给了母亲：因此没有人受到强制，因此国家不需要为任何人提供理由。）其想法大概是，要证明反对堕胎的立法是合法的需要诉诸有争议的宗教理由，因此理性的赞同流产的女性可以否认向她们提供了中立的理由。但是许多反对堕胎的人正确地感到这里有一些可疑之处。支持流产的政策的确没有强迫人去流产；但只有我们不考虑那些反对堕胎的显而易见的有争议的理由时，人工流产的政策才可能如此。内格尔认为当人民受到强制的时候尤其需要证明国家行为的合法性。在我看来这是对的。但是，如我所说，法律要向所有公民证明其正当性，而不仅仅是向那些受到强制的人。反对堕胎的人很可能觉得，忽略她所诉诸的未出生胎儿的生命神圣性，并不是在她的宗教信仰和其他人的宗教信仰之间保持中立的一种方式，而是反对她们的一种方式。她可以合理地质疑，“要 95
是我的意见不是一个基督教福音派（或天主教）信徒的意见，它们就不会作为国家行为的基础被排除了吧？”除非答案是否，否则根据平等尊重的标准，这项政策就不能被算作是中立的，即使它满足内格尔的要求。（另外说一句，我认为答案是否；所以我并不认为我们目前的政策违反了作为平等尊重的中立性。）

但是我们最好不要忽略这里的复杂性。在作为平等尊重的中立性之下，询问一项国家行为是否中立，正确的提问方法是去问如果这个人不被当作是L他/她能否得到更好的对待？在一些例子中，这个问题的意思很容易搞明白。如果圣安东尼奥马刺队与芝加哥公牛队比赛，怀疑裁判对自己的球队有偏见，那么很自然马刺队的控球后卫会问自己，如果我为公牛队效力是不是裁判就不会吹我犯规了呢？法律学者大卫·A.斯特劳斯（David A. Strauss），思考着种族歧视和性别歧视的案例，建议进行“颠倒组别”测试。[1]但是在许多例子中，很难搞清楚要去颠倒什么——我们应该考虑什么是相反的事实，更不用说我们应该如何去评价它了。考虑一下托马斯诉印第安纳州就业安全处审查委员会案（*Thomas v. Review Board*），美国最高法院考虑了托马斯的案例。托马斯是一名见证会成员。他的老板把他在铸造场的工作换成了为军用坦克造炮塔的工作，他随后辞职了。（我感谢我的同事克里斯·埃斯格鲁伯提供给我这个例子。）在与良心斗争了一番之后，他决定，他的宗教要求他成为一个和平主义者，因为这份新工作冒犯了他最深层的宗教信

① David A. Strauss, “Discriminatory Intent and the Taming of Brown,” *University of Chicago Law Review* 56 (1989): 956—960.

条之一，所以他要辞职。他向印第安纳州申请领取失业救济金但被拒绝了。然而，最高法院援引了谢伯特（Sherbert）的案例，维持了他的赔偿要求。在为大多数人写的判决书中，大法官伯格写道："一个请愿者的宗教行使受到了政府计划的拖累这个事实并不意味着必须给予其行使豁免权。州政府也许可以通过表明这是获取政府强制利益限制性最小的方式来证明自由出入这种宗教的正当性。"伯格在此驳斥了印第安纳
96 州政府关于存在强制利益的论断，并进而论证说，假设给托马斯提供失业救济金不等于设立条款，那么他本应该获得救助。①

作为平等尊重的中立性在此为我们提供了指导吗？正如克里斯·艾斯格鲁伯（Chris Eisgruber）指出的那样，要是托马斯是一个世俗的和平主义者，他不一定能得到更好的对待，结局可能正好相反。另一方面，艾斯格鲁伯观察到，"如果托马斯是一个主流宗教的崇拜者，由于主流的基督教信仰（如不能在周日工作）而辞掉工作，或者如果他被调换到一个会引发严重过敏的（纺织品）部门他不得不辞掉工作，那么他也许能得到更好的对待。"

这里提出了两个重要的观点。一个是逻辑的观点。评价如果P发生会发生什么相反的事实，与评价如果P与Q都发生会发生什么相反的事实是不同的。如果昨天下雨了，我会待在家里。但如果我需要看望住院的母亲我就不会待在家里。我认为，托马斯案的问题应该是这样的，如果他出于良心的理由而不是耶和华见证会成员的认同而辞掉工作，他能否获得失业救济金。在相反事实的处境中我们唯一需要修改的环境条件是相关的国家行为体所构想的他的宗教认同。

但这引发了第二个实际的困难，在很多情况下都很难回答这个问

① *Thomas v. Review Board of the Indiana Employment Society Division* (1980), 450 U.S. 707, 101 S. Ct. 1425, 67 L. Ed. 2d 624. 要确定托马斯的自由实践受到了约束，伯格援引了艾弗森（Everson）的案例："三十多年前，法院认为一个人不应该被强迫在运用第一修正案的权利和参与其他可获得的公共计划之间做出选择。"

题。正如艾斯格鲁伯（以及斯特劳斯的测试）建议的那样，很自然地，我们会问如果他不是耶和华见证会的成员而是其他什么人，如他是一个无神论者、一个主流宗教的成员、一个在坦克部门对某种东西过敏的人，那么他会得到怎样的对待？答案有时会更好一些（对一个主流宗教的成员来说），有时更糟一些（对一个有良心的无神论者）。但这并不是说如果他不是耶和华见证会的成员，他能否得到更好的对待是不确定的。[①]但它意味着我们必须小心提出正确的问题；也意味着即使我们提出了正确的问题，我们也可能无法清楚地回答它。

从由最高法院的决议书中提供的、对托马斯案例事实必然带有讽刺性论述的外表判断，我认为很难判断印第安纳州就业安全处审查委员会的初步调查结果与作为平等尊重的中立性是否一致。这份记录看
上去没有任何证据表明因为它们被看作是一个耶和华见证会成员的顾 97
虑，所以托马斯的宗教顾虑得到了不同于尊重的其他对待。当印第安纳州上诉法院推翻他的诉求时，它们这么做的本质原因是它们把这个案子看作类似于守安息日者的案子：印第安纳州最高法院（以3票对2票）推翻了他的上诉，因为大多数人看来认为其他耶和华见证会成员可以接受制造武器的工作这个事实成为了将托马斯辞职看作“个人”理由而非宗教理由的原因。虽然这些不同的个体得出了不同的结论，但托马斯作为见证会成员的信仰看来并不是他在驳回其诉讼的两个法庭上失利的原因。

当然，从印第安纳州审查委员会的行为与作为平等尊重的中立性具有一致性这个事实出发，也不能得出我们应该捍卫这个结果的结论。他们的工作是不带偏见地去阐释一条法律。但我们可以问这条法律本

① 如果P，而不是如果P与Q（P代表“你不是耶和华见证会的成员”，Q代表“你是一个无神论者”；也许如果托马斯不是耶和华见证会的成员，他是一个浸理会成员，在印第安纳州浸理会成员是极受尊重的，他会得到更好的对待），你可能得到更好的对待，这可能是真的。

身是否得到了很好的构想，尤其是法律本身是否展示了作为平等尊重的中立性。如果当人们失业的时候或者人们出于一个严肃的理由（例如威胁了健康）放弃工作的时候，你要去给人发放失业救济金，那么，当那个严肃的理由如托马斯案例一样是一个良心的理由时，你应该怎么做呢？在不存在强制的国家利益时，对这个问题我倾向于给出肯定的回答。但这是作为平等尊重的中立性所要求的吗？在此我想说，唯一的要求是你给予每一种出于良心的理由平等的对待。更准确地说，如果你给予一个有充足的、凭良心的理由支持她辞职的宗派成员例外的对待，那么你就应该给予那些由其它认同驱动良心的人类似的允诺。当然，很难比较不同宗教背负的负担：一个坐牢的穆斯林或犹太人不得不吃猪肉，是他的负担更重呢，还是一个深信动物权利的世俗素食主义者负担更重呢？我想这里没有简单的答案。然而，如果一个州否定出于良心理由辞职可以赋予你领取失业救济金的资格，那么我并不认为它违反了平等尊重，或者违反了在不同认同之间保持中立性的原则。至于这个决定是否明智则是完全不同的一个问题。①

也许还存在一个很好的自由主义理由可以用来阐释法律以给予托马斯先生失业救助，那就是：这么做可以帮助他维持他的个性。放弃你
98 的工作常常是一种实质的损失，而寻找一份新工作要求你在找工作的这段时间内有能力吃饭。给那些出于良心理由辞职的人失业救济金是帮助他们在保持与最深层信仰一致性的道路上消除障碍（维持他们个性的障碍）的一种方式。当然，正如印第安纳州政府观察到的那样，允许人们以良心为由有一些道德危害。毫无疑问懒惰的人会发明各种各样的“出于良心的”反对意见。但印第安纳州的失业救助金支付率肯定不足以成为一个主要问题。但如果我们不允许出于良心的理由反对某项计划，那么这里我们面临的一个问题是：要么让他们背叛他们是谁的正

303 ① 如我所说，我相信它不是；就像大法官伯格那样，我相信显然它不等于设立条款。

当意识，要么让他们的家人流落街头，人们必须在两者之间做出选择。

显然，不了解受到指控的这个州和这个宗派具体的历史，你不应该假设你可以随时终止对美国第一修正案制度的讨论。一些自由主义者在其理论中仍然想把宗教归入个人自主性的考虑之下，避免给予从宗教信念中产生的议题特殊对待。（希望从头盔法中取得豁免权的锡克教教徒仅仅被当作一些想要保住自己头巾的人。）正是这种推进方式阻碍了我们到达今天这个位置。如果你对宗教实践采取特殊的论述，让它反映人们认同的基本方面，而不是描述像喜欢这一种而不是那一种蛋糕那样的东西，那么你会走得更近一些。像路德那样宣称“我不能不这么做”的托马斯先生与“宁愿不做”的巴特白先生之间，我们可以做出区分。即使我们是坚定的世俗主义者，我们也能分清什么是圣餐饼，什么是糖果饼。

承认的语言

以我们看到过的那些方式来讨论在诸种认同之间保持中立的问题，可以帮助我们搞清楚当我们试图简单地用第一修正案的范式来处理认同群体的问题时，会发生什么样的情况。一个“设立”某种特定认同的国家也许会被认为背叛了作为平等尊重的中立性的目标，也可能会不必要地增加特定认同群体的负担，因此违背了“自由行使”原则或者 99
它的同一性类似原则。[①] 当然国家总是在给这种或那种认同强加不同

① 这个论证可以像这样展开。鉴于我们都是平等的公民，国家应该给予我们平等的关心。国家控制了我们对资源——不管是经济资源还是象征性资源和其他资源——的使用，因此国家应保证我们可以平等地获得资源。也许一个认同异性恋的国家会向异性恋者提供物质资源（比如针对异性恋配偶的税收福利）或象征性资源（比如承认他们之间的配偶关系）或实际的好处（比如法律规定的离婚后的财产分割问题），却拒绝向同性恋者提供相同的东西，因此它没有做到对不同性别的人给予平等地对待。另一方面，在父母和没有小孩的夫妻中法律也做出了区分，这种区分假定在生养小孩中存在一种合适的公共利

的负担：奥尼公爵（the duke of Omnium）的继承人正确地看到房产税会限制他作为一名土地贵族后裔的自由。但我们也许会说（在平等尊重的中立性精神之下）政府不应该通过收税的方式来限制他的认同。正如这个例子揭示的，认同的容纳度很快就涉及到“认同”这个术语能包含的范围大小问题：认同是多重的、重叠的以及对语境敏感的，有些认同是相对比较细微的或转瞬易逝的。这就是为什么那些想要确保国家尊重非宗教认同的人费劲地区分哪种认同值得关注的原因，以及他们不得不面对的严格测试：所以，如我们将看到的，这与马格利特和拉兹的“全包的群体”（encompassing group）概念有关，也与金里卡所说的“社会性文化”有关。

碰巧的是，至少对一种和解论者运动的概括被细致地论证过。这个论证是在“承认”（recognition）的话语下展开的。[①]它是最近的政治理论中最有影响力的发展之一，因此它也许应该得到更多的关注。查尔斯·泰勒所说的“承认的政治”对中立性或自主性都没多大的兴趣：他重视的术语是“本真性”（authenticity）。但这个提议与其他一些努力一样在切断认同与国家的联系之间占有一席之地。

在最近的多元文化主义的讨论中，承认这个概念具有一个黑格尔式的起源，它来自《精神现象学》中我们非常熟悉的主奴讨论。这里的想法是我作为主人的认同部分由奴隶对我地位的承认构成（当然反过来也是如此）。除非我的奴隶向奴隶对待主人那样对待我，把我当作主人，否则我就不是一个主人，无法像主人那样行为或把自己想象成为一个主人。在有着正常人际关系的人中间，这一点都是毫无争议的，他

益，但我们不会对这种区分做出同样的指责，只要在所做的区分和它追求的结果之间有合理的联系；但的确，即使“父母”也是一种重要的社会认同，如我所定义的那样。

① 我们应该搞清楚的是，承认与容纳不同。一个授予（某项实践）自由行使豁免权的美国法院并不认为它自身在鼓励那个特殊的信条。容纳意味着给自由行使提供方便；承认则更接近于“设立”。但授予豁免权也是赋予认可。

人的回应在塑造一个人的自我认同感时发挥着关键的作用。正如查尔斯·泰勒指出的那样:“在亲密关系的层次,我们可以看到一个原初的认同是多么需要重要的他者给予的承认,以及多么脆弱地受制于这种承认……爱的关系之所以重要不仅是因为现代文化所强调的它们对日 100
常需要的满足,还因为它们对内在生成的认同而言至关重要。”①

但是掌握了所有这些还是没说清国家在管理这类黑格尔式的承认和不承认行为时应该扮演什么样的角色。一边是个体压迫者,他/她对鄙夷的表达部分地表明了他/她是谁,他/她自由表达的权利被认为部分奠基于个性与自我表达的联系之上。另一边是被压迫的个体,只有他/她的认同包含有自尊时他/她的生活状态才是最好的。如果是这样的话,国家应该怎样去干预呢?一些作者,查尔斯·泰勒是其中之一,似乎认为国家可以通过政府的承认来维持这些受到其他人的社会歧视从而面临自我鄙夷的危险的认同。

泰勒在反思魁北克的语言政策后写道,“致力于维持社群的政策试图为这个社群创造新的成员,例如,保证他们的后代仍然指认自身为说法语者。”他坚持说这种维持社群的欲望并不仅仅是应该让给予现存个体生命以意义的社会形式持续下去,而且要求一种通过“无限的未来世代”让该种生活方式持续存在。但是,尽管应该维持一种认同的欲望是不可忽视的,它还应受到其他考虑的限制,包括参与到一项更大政策中去的要求。简言之,对政治的承认必然会限制承认的政治。

如果我们不愿意接受魁北克语言政策的理由,即社群的生存具有压倒一切的价值,那么我们还有什么来讨论多语言社会中的语言政治议题呢?让我在这个语境中刻画出一种思考语言和教育的方式,把泰勒阐释的实践的好处先搁在一边。(在此以及在其他地方,我很乐意成

① Taylor, *Multiculturalism*, 36. 我的讨论更早一点的版本出现在对泰勒系列论文的众多回应之一的论文集中。参看Axel Honneth, *The Struggle for Recognition* (Cambridge: MIT Press, 1995)。

为那种众所周知的哲学家，声称："这在实践中是极好的，但它在理论上也行得通吗？"）我们同意，公民资格是在现代社会中生活的主要手段之一。公民资格的运用要求一种参与政体的公共讨论的能力，在此就
101 需要一种作为公民资格工具的语言。我们可以把它叫做政治语言。一些州可能选择不只一种政治语言，我稍后会回过头来讨论它带来的其他问题。但让我首先用单一政治语言来讨论这个议题。

公共教育应该致力于向所有公民提供政治语言——为了培养孩子们成为公民，也应该让掌握政治语言成为私立教育的要素之一。当然，这种掌握与让其他语言成为教学语言以及学习其他语言并不矛盾。在此我们真正关心的是学校里的孩子最后能掌握什么语言。

语言少数群体对让他们的孩子掌握政治语言抱有兴趣，但一般来说他们还关心让孩子掌握他们"自己"的语言，这种关注植根于语言与认同的联系之中。可以学习少数群体的语言，在很大程度上这是实践一种可能的认同选择的一个条件，即是群体成员过一种被它的语言塑造、阐释、调节的生活的条件。这意味着少数群体的孩子必须学会他们的语言（这个选项对他们而言仍然是开放的），这最好部分通过学校教育来实现：只要他们还可以学习政治语言，他们就能保留这个选项，同时不至于陷入少数群体的认同当中而无法逃离。因此在一个存在语言少数群体的国家中，如果可能的话，政府应该让追求少数群体语言的父母和小孩都能获得这类选项。我说"如果可能的话"是因为在这种供应中还存在资源的问题，在许多竞争性条件之间还存在取舍。如果这个群体非常小或者成本非常高，我们可能会把维持语言的任务交给这个群体自己去完成。关键是存在一种维持语言的受到合法认同驱动的兴趣，关心其公民的国家必须牢记这种兴趣。

在我看来，像魁北克这样的政府坚持所有的学校培养孩子掌握政治语言的能力没有什么错。事实上，这是应该去做的事。但是，这意味着只有这些学校也教政治语言即法语的时候，说英语的父母把他们的

孩子送到英语学校读书的权利才是合理的；同样地，在说法语的学校，102
说英语的孩子（就像其他说少数语言的孩子那样）也应该能够——在我之前提到的资源设定的限制范围之内——学习掌握他们自己的语言。

当然，问题复杂的地方就在于魁北克不是一个独立的主权，而是加拿大的一个省。加拿大有两种政治语言。作为加拿大（而不仅仅是魁北克）的公民，说法语的人有权掌握加拿大的政治语言。然而问题是在一个有多种官方语言的国家里，说一种语言的人是否需要熟练地掌握其他语言来取得平等的公民资格。作为一个经验的例子，瑞士的历史表明这是不必要的。在南非有十一种政治语言，这更是不可能的。答案将取决于许多历史偶然性（例如考虑到它们过去的关系，众多社群之间的信任程度有多高），以及政治结构的诸种问题（例如在加拿大、比利时和瑞士讲不同政治语言的区域政治有多么分散的问题）。

不管在魁北克目前对这些问题的政治解决方案带来的实际好处或者困难有多少，通过承认的政治将其概念化的方式是完全走错了路。泰勒带着赞成的口吻说“政府以集体目标的生存为名对魁北克人施加了限制。”[1]但在公立学校中决定主要的教学语言的正确议题不该是去维持一种说法语的种族认同，而是在说法语的国家内维持平等的公民认同。在魁北克的法律下，“法语是魁北克的官方语言”。一旦民主进程让法语成为政治语言，那么能够学习法语是所有公民的权利，政府必须让每个人有机会学习法语；对少数群体的孩子来说，有机会接触少数群体的语言因而成为一种足够重要的利益，他们也应该有机会学习少数群体的语言。（在此意义上，一个明智的、世界主义的社群也应该鼓励孩子们学习他们社群之外的语言。）

选择法语作为政治语言毫无疑问帮助了这种认同的生存；这也部

① Taylor, *Multiculturalism*, 53.

分解释了它为什么被民主地选为政治语言。这样一个目标在民主政治
103 中是完全可以接受的一个提案。但这类目标必须在平等公民资格和考虑了公民自主性的框架内来管理，而不该受制于强制性的认同概念。允许一个少数群体的存在但不向他们提供学习政治语言的机会违反了平等的原则；为他们学习其他语言设置障碍违反了自主性的原则。

如果英语是加拿大唯一的政治语言，那么很清楚，魁北克人也有权学习英语。但它不是；由于这个国家有两种政治语言，只要会一种语言就足以行使完全的公民资格，那么就没有明显的理由强迫那些不愿意孩子学习英语的家长强制他们的孩子学习英语。当然，如果他们学习英语，他们会有更多的机会；然而，如果他们学习汉语、印度语或西班牙语，他们也会有更多的机会。当学习英语对于适当的政治参与而言不再是必要的时候，说学习英语会带来更多的机会就不能成为强迫他们学习的理由了（学习汉语也会为他们带来更多的机会）。如果魁北克的官员让说法语的孩子完全脱离法语环境是错误的话，那么为了剥夺孩子获得英语认同的机会阻碍他们学习英语也是错误的。当人们可以通过学习一种语言获得一种认同而且他们也希望有这种机会的时候，国家不应该去阻止他们。

大致的观点是这样的：有两种方式为讲少数语言的社群带来完全的公民资格。一种是让他们的语言成为政治语言的一种，让他们有权获得用少数语言写成的官方文件。（在此你想确保这一过程会产生实际的、真正平等的政治参与。）另一种方式是教他们政治语言，同时允许他们选择维护自己的语言，这是印度和非洲的多语言国家选择的路径。加拿大的例子很明显地说明，当政治参与是有层次的，不同的层次有不同的政治语言的时候，这些原则可能会导致复杂的结果：由于分布各州的政治语言的模式存在巨大的差异，任何解决方案都将是复杂的。

在许多现代多语言国家中，语言政治都是管理中重要而棘手的议

题。这些国家的语言多样性来自自愿和非自愿的移民和征服的历史。[①]我希望我已经找到了合适的方法来描述这一问题。但即使政策的问题讨论了这么久，我还想再重复一下在序言中提到的一个论点：这本书旨在挑出和探讨我们思考认同伦理学的特定核心概念。这不是一本政治处方或政策建议（这不是本书的目的）。如果我所说的魁北克的事情是错的，我希望这个错误是源自我误解了政治历史或基本的事实。我承诺的不是以所有事实为前提下我所支持的政策，而是在制定一项政策时需要牢记的这个论断，即在何种意义上语言是构成认同的材料和行使公民资格的一种工具。在此，还有在其他一些地方，我的目标是从个体的兴趣开始，去展示认同如何赋予个人复杂的兴趣，而这是伦理学和令人满意的政治学需要牢记于心的。

美杜莎综合症

值得指出的是，伦理个人主义与“认同”不是简单的朋友或敌人关系；像查尔斯·泰勒和阿克塞尔·霍耐特（Axel Honneth）这些黑格尔的细心读者在这一点上肯定是对的，许多现代社会生活和政治生活转向了像认同这样的问题。当然，在我们的自由主义传统中，我们大多将认同看作是对个人及其认同的承认：我们有这样的观念，如泰勒所说，它来自本真性的伦理学，即，其他事物都是平等的，人们有权就其所是而得到公共地承认。这是因为有一些人本来就是犹太人或者同性恋者，但我们却要求他们否认这样的事实，如我们所说，因为他们不是某

① 有关政治语言和语言政策，有大量学术著作，但对这个题目感兴趣的人不能忽略政治学家David D. Laitin经验性的和分析性的研究，包括*Identity in Formation: The Russian-Speaking Populations in the Near Abroad* (Ithaca: Cornell University Press, 1998); *Language Repertoires and State Construction in Africa* (Cambridge University Press, 1992); 以及*Politics, Languages, and Thought: The Somali Experience* (Chicago: University of Chicago Press, 1977)。

种人而被“忽略”。然而，正如我们常常观察到的那样，探讨承认的方式与本真性言说的个人主义推动力显得格格不入。[①]尤其是诉诸本真性的对立面会把问题搞复杂，因为它会让我们特别关注本真性两个层面
105 之间的差异，承认的当代政治似乎将这两个层面混为一谈。

为了引出这个问题，让我首先从泰勒评论赫德尔的一个观点开始，泰勒说赫德尔“将他的原创性观念应用于两个层次，不仅应用于他人之中的个体，还应用于其他民族中承载了文化的民族。就像个人一样，一个民族也应该忠实于自身，即，忠实于它的文化。”[②]毕竟，现在很多地方，如我早先建议的那样，要求获得承认的本真性的个体认同很可能具有在赫德尔看来构成集体维度要素之一的一种民族认同。比如，在劳动保险事物中，你的存在，假设是非裔美国人塑造了你想要表达的本真自我。那么，部分地由于你想要表达你自身，你寻求对非裔美国人认同的承认。这就使得莱昂内尔·特里林（Lionel Trilling）的“反叛的自我”观念成问题了：作为一名非裔美国人要求承认，意味着对那种集体认同的社会承认，这不仅要求承认其存在还要求公开宣称对它的尊敬。如果你把自己理解为一名非裔美国人意味着你反抗白人规范，反抗主流的美国传统和“白人文化”的种族主义的话，为什么与此同时你

① 泰勒讨论的承认的认同问题主要是我们所说的“集体社会认同”：宗教、性别、种族、人种和性别。这个清单是异质性的：这类认同对其承担者和对其他人而言意义大不相同。例如，宗教认同不像其他认同，它包含对信条或实践承诺的忠诚。性别和性认同也与其他不同，它们都植根于性身体当中；两者在不同的时空中会有不同的体验：我还知道，性别认同建议了行为规范、穿衣规范和性格规范。当然，性别与性尽管存在这些抽象的相似性，但在很多方面都存在深刻的差异。例如，在我们的社会中，作为一名女性或者男性被忽略很困难，而作为异性恋者（或同性恋者）相对比较简单。还有其他一些寻求承认的集体认同（例如残障者），有时候将他们自身比作少数种族群体（他们都有被歧视和受到羞辱
304 的经验），或者（如耳聋者那样）少数族群。南非有种姓；每一个大陆都有氏族；阶级意识的巨大差别存在于所有工业化社会。但在北美要求承认的主要集体认同目前都是在宗教、性别、种族（或国籍）、人种和性的名义下进行的；它们对我们具有重要性的原因是，它们如此不同，以至于我们应该小心，不要把一种认同具有重要性的原因混淆于其他认同。

② Taylor, *Multiculturalism*, 31.

要寻求这些白人他者的承认呢？（在下一章我会对这种支持悖论进行更详细的说明。）

换言之，至少有一个反讽，因为一个本真性的理想——如果我将之称为波西米亚式理想，你就会认出它来——要求我们拒绝社会中多数传统的东西，反过来又构成了"承认的政治"的基础。[①]现在你也许会怀疑这种波西米亚式理想，或者将它仅仅看作是堕落或做作；但认同建立在对抗关系之上的观念——回忆一下响尾蛇队和鹰队——应该是一个不足为奇的观念。

我刚才用了非裔美国人的例子，也许似乎这个抱怨不能被用来控诉美国黑人的民族主义：因为据说非裔美国人的认同是由非裔美国社会、文化和宗教塑造的。这个论证可能是这么构造的："与这些黑人他者的对话塑造了黑人自身；正是从这些黑人的语境中产生了塑造非裔美国人认同的概念。反传统的非裔美国人的民族主义将其自身置于与 106
白人社会、白人文化相对抗的位置上，因此白人社会和白人文化不是美国社会中塑造黑人个体认同的集体维度的一部分。"

这个论断在我看来是完全错误的。说它错误是源于这个事实，正是这种形式的民族主义要求"白人社会"对黑人认同的承认。在此"承认"意味着泰勒所说的尊重，而不仅仅是承认其存在。非裔美国人的认同（像所有其他美国少数族群的认同那样）主要是由美国社会和制度

① 反讽不是波西米亚唯一的问题。正如我们在第一章中看到的，本真性这个观念已经被植入一系列哲学人类学的错误之中。它的错误首先是没有看到泰勒（或者说米德）清楚地看到的一个事实，即自我是通过对话构成的。本真性的修辞不仅假设我有一种独有的存在方式，而且认为为了发展这种方式，我要和家庭、有组织的宗教、社会、学校、国家所有的传统力量对抗。这是错的，不仅因为我的认同是通过与他人所理解的我是谁的对话发展而来的，而且因为我的认同是通过我的宗教、社会、学校、国家提供的以及在不同程度上由家庭调节的那些概念和实践建构起来的。随着我日渐长大，对话塑造我的认同的发展；而我的认同形成所需的材料正是部分由我的社会提供的，泰勒把它称之为"广义的"语言，包括艺术的语言、姿态的语言，等等。我在此将借用和扩展泰勒的术语"独白的"去描述那些错误的本真性观念。

塑造的：它不能仅仅被看作是由非裔美国人社群建构的，白人认同也不仅仅是由白人社群建构而成的。

在本真性理想的标准构架中还有一个错误，这就是似乎内在于本本真性问题通常被提出的方式中的哲学实在论（现在通常被叫做“本质主义”）。本真性谈论的是埋藏在那里的真实自我，需要去挖掘和表达的自我。只有到浪漫主义之后，这个观念才得以发展，即一个人的自我是一个人去创造、去塑造的某种东西，就像艺术品一样。出于我们在第一章讨论过的理由，不管是只有一个本真的自我的内核，这个内核就是独特的、等待被挖掘的自我，还是我可以把自我塑造成我所选择的任何模样，这两幅图景都不该诱惑到我们。如我们看到的那样，我们是从文化和社会向我们提供的一系列可选择的选项中塑造自我的。我们的确做选择，但我们并不个别地决定可供我们选择的选项。忽视这个事实等于忽视泰勒所说的“对话网络”，等于无法认识到对话对自我的构成，因此犯了泰勒所说的“独白式”的谬误。

如果你同意这个观点，你就会好奇在我们的政治道德中我们应该在何种程度上承认本真性：显然这将依赖于非独白式的本真性叙述能否得到发展。说在多元文化的环境中要求得到承认的认同一定是独白式的，显然是过于武断的结论了。但在我看来怀疑当代多元文化讨论的一个合理理由是，他们所假设的集体认同观念事实上在他们理解（个
107 体和集体）认同发展的过程中是相当粗糙的。我不确定泰勒是否会同意我，即由历史知识和哲学反思规训的集体认同与今天摆在我们面前要求承认的认同是大不一样的，因此会产生与泰勒处理的问题不同的问题。在一个非哲学的外壳里：我怀疑泰勒会比我更喜欢存在于我们星球上的这种集体认同：这可能是我比他更不愿意做出让步的一个原因。因为一种认同的伦理学必须面对两个不同但又不是截然分开的问题：应该如何处理已经存在的认同；应该存在什么类型的认同。

如我们看到的那样，要求承认的更大的集体认同与拥有这种认

同的人会如何行为的观念是一起出现的：这不是说同性恋者或者黑人只有一种应当的行为方式，而是说存在种种同性恋的或黑人的行为方式。这些观念提供了松散的规范或模式，就那些集体认同对个体认同具有重要意义的人而言，在塑造其认同方面它们发挥了作用。集体认同又一次提供了我所说的脚本：人们用这些叙事来塑造他们的追求，讲述他们的生活故事。正如我们看到的那样，这就是为什么认同的个人维度与集体维度不同的原因。

这个普遍的观念是如何应用于西方当前处境的呢？我们生活在一个某些个体不能享有平等尊严的社会中，因为他们是妇女、同性恋者、黑人或天主教徒。如泰勒观察到的那样，由于我们的认同是在对话中被塑造的，拥有这些特征的人会发现这些特征对其认同而言具有（常常是负面的）核心意义。现在我们有广泛的共识，那就是以这些集体认同为名侮辱他们的尊严和限制他们的自主性是严重错误的。受到耻辱的人做出回应的一种方式是把这些集体认同当作构成他们是谁的核心部分和有价值的部分来支持，而不是当作限制他们和羞辱他们的源泉。因为本真性伦理要求我们去表达我们到底是谁，因此他们接下来走向这样一种要求，即作为妇女、同性恋者、黑人或天主教徒在社会生活中得到承认。因为没有理由不好好对待这些人，而社会仍然在提供对他们不利的形象，他们要求我们采取行动抵制这些刻板印象，挑战这些耻 108
辱，放松对他们的限制。

这些旧的限制向这些认同承担者提供了生命的脚本，但它们就其实质而言是负面的。我不用再重复这一点了，一个人不是从头开始建构社会认同的，我们的选择受制于目前已经存在的实践和信仰，也因它们成为可能；但我们并不总是“按规定出牌”的。总有一些历史时刻我们看到群体用惊天动地的活力竞争和转变其认同的意义。显然它成为了二十世纪末伟大的认同运动的一个显著维度。为了过一种有尊严的生活，采取集体认同，建构积极的生活脚本被看作是很自然的事情。在黑人权力运动之后，一个非裔美国人用旧的自我憎恨的脚本——在这个脚本中他/她是一个黑鬼，与社群中的其他人一起建构了一系列积极的黑人生活脚本。在这些生活脚本中，做一个黑人被重新编码为成为黑人：对一些人而言这可能意味着拒绝被一些白人的言说规范和行为规范所同化。如果在一个种族主义的社会中一个人要成为黑人，那么这个人必须不断地处理其尊严受到攻击的问题。在这种语境下，坚持要求拥有权利过一种有尊严的生活是不够的。一个人尽管是黑人但要求享有平等的尊严也是不够的：因为这意味着成为一个黑人在某种程度上会降低一个人的尊严。因此最后你就不再会要求作为一个黑人被人尊重了。

让我用同性恋者的认同来改写这一段：在石墙暴动（Stonewall）和同性恋解放运动之后，一个美国的同性恋者用旧的自我憎恨的脚本——在这个脚本中他/她隐蔽了他/她的同性恋倾向，与社群中的其他人一起建构了一系列积极的同性恋的生活脚本。在这些脚本中，做一个同性恋者被重新编码为成为同性恋者：这要求同性恋者拒绝隐藏其认同。如果在一个剥夺同性恋者同等尊严和尊重的社会中一个人要公开其同性恋者的认同，那么这个人必须不断地处理其尊严受到攻击的问题。在这种语境下，坚持要求有权作为一个"公开的同性恋者"去生活是不够的。一个人尽管是同性恋者但要求享有平等的尊严也是不够的：因为这意味着成为一个同性恋者在某种程度上会降低一个人的尊严。
109 因此最后你就不再会要求作为一个同性恋者被人尊重了。

对刚刚我讲的那些发生于二十世纪六七十年代的、同性恋者和黑人认同的故事，我希望我表达出了同情。我看到了这些故事发展的方向。甚至可能这些故事的走向有其历史上的和策略上的必然性。但我想我们必须走到下一步，也就是追问以这种方式建构起来的认同是不是我们会长久喜欢的。要求作为黑人得到尊重或者作为同性恋者得到尊重，与如何做一个非裔美国人或一个有同性恋欲望之人的严格限制可以并行不悖。以一种特别忧虑且强有力的方式，将会出现一些作为黑人或同性恋者的合宜规范：有一些要求要提出；有一些期望要满足；还有一些战线要划定。正是在这一点上一些对自主性特别较真的人可能会担心我们是否用一种暴政取代了另一种暴政。我们知道，承认的行为，以及民间的这种承认，有时会僵化它们的对象，即这些认同。因为看一眼就会变成石头，我们把它叫做美杜莎综合症。如果用过分的热情去追求承认的政治，那么看来就会要求从政治上去承认一个人的皮肤颜色，一个人的性身体，从而很难让人仅仅把其皮肤颜色和性身体看作自我的个体维度。在此，个体并不意味着神秘或完全没有社会意味；它意味着某种没有受到太严格限制的东西，意味着不太抵触个体的变幻莫测。即便我的种族和我的性特征构成了我个性的要素，要求我根据这些东西组织生活的人不是我个性的盟友。因为认同部分由社会概念构成，由我们被当作什么加以对待构成，在认同的领域中承认与强迫接受并没有清晰的界限。

限制与参数

在一篇众所周知的论文《平等与好生活》中，罗纳德·德沃金采纳了亚里士多德的看法："一种好生活的内在价值是它熟练的表演"，并提出了他所谓的"挑战的模式"。这个模式"认为过一种生活自身就是 110
一种需要技巧的表演，这是我们面临的最全面也最重要的挑战，而我们批判性的兴趣由成就、事件和经历构成，这意味着我们很好地应对了挑战。"现在，我想从德沃金那里借来的观念是，在评价我们应对挑战表现如何时，对环境表现出的不同方式做出的一个有用区分。他说，我们的一些环境是作为参数起作用的（包括我们自身的生理属性、心理属性和社会属性），它们定义了对我们而言过一种成功的生活意味着什么。所以说，它们部分构成了我们必须面对的挑战。其他的是限制——

它们是我们过上（由参数帮助我们定义的）理想生活路途中遇到的障碍。

每一个人在考虑她自己生活的时候必须决定如何在这些范畴中去分配她的环境，就像一个艺术家必须去决定传统中她继承的哪些方面定义了她的艺术是什么，什么是其创造力的阻碍或者助力。德沃金写道，“对于艺术和伦理学中的选择我们没有固定的模板，没有任何哲学的模板可以向我们提供，因为我们每个人生活的环境是相当复杂的……任何严肃地思考在众多可能的生活方式中他应该怎么过才是正确的人，会有意识无意识地在不同生活方式中做出区别，将有一些看作限制，另一些看作参数。”[①]

在这些环境当中，德沃金把他是美国人看作是他自身的参数。他说，他的美国性对他而言是“过一种好生活的条件”。[②] 例如，即便他在英国接受了很长时间的法学教育，并且毫无疑问影响了英国的法律思考，但显然，对他来说最重要的是他对美国宪法做出的贡献。这种重要性来自这个事实，即美国（而不是英国）是他的国家。因此当我们描述我们生活的参数时，社会认同是一个显而易见的候选者。

回过头去讨论我提出的认同问题，你可能会认为被识别为L就是将一个以L身份存在的人当作一个参数。但就像在认同的领域中承认与强迫接受没有清晰的界限一样，参数与限制之间的关系也是流动的和飘忽不定的。再次考虑一下同性恋的问题。对一些人来说，同性恋是
111 一个参数：他们是公开的同性恋者，不管开心或不开心，富裕或贫穷，同性关系在他们追求的生活中处于中心地位。另一些人认为同性恋是一种限制：他们拼命想要摆脱同性恋的欲望，如果他们摆脱不了，至少他们希望能成功地不按这种欲望行事。与此同时，人们认为可能是障碍的环境也许能被转化为一种积极的存在方式。因而对很多耳聋的人来

① Dworkin, *Sovereign Virtue*, 260.

② Ibid., 261.

说，耳聋不是一种限制而是一个参数：他们并不试图去克服这种残障；他们只是试图作为一个很难听到声音的人那样去过成功的生活。一种条件变为了一种认同——耳聋的人变成了耳聋群体。

我认为限制—参数的区分帮助我们看到了为什么“认同”成为了政治直觉交战的场所。黑人、妇女、同性恋者、土著人——在政治上很突出的众多认同范畴正是作为限制、作为态度的结果、作为敌对行为或受到轻蔑的他者来起作用的。每一个这样的范畴都是屈从的工具，是对自主性的限制，也是不幸的代名词。我们可以表明，有一些认同是作为压迫分层系统的一部分被创造出来的。例如，在反歧视法的语境中，有一些认同被当作残障者对待，要么无视他们，要么治疗他们。这些术语具有的双面雨衣的特性可以通过这个事实来说明——专为屈从而设计的范畴也可以被用来调动人们，赋予人们以力量去成为一个自我肯定的积极认同的成员。（将限制转变为参数，这种令人不安的缓和让我们回想起在前一章中我们讨论过的结构与能动性之间的转换，也许它可以帮助我们解释通常由“认同政治”引起的矛盾心理。）作为一个参数，认同为选择提供了一个语境，为定义我们的生活方式提供了一个语境，但它们也同样为社群提供了一个基础，对积极形式的团结提供了一个基础。将你在一个认同群体中的成员认同既看作是参数也看作是限制，这是完全一致的：谴责白人优越性的黑人民族主义者敏锐地意识到了他的肤色是一个限制，即使他想把肤色作为一种抗争政治的基础。因此，限制与参数之间是可以互通的。

但说所有这些并不等于无视其他渴望和其他理想，在它们当中有彼得·辛格所说的我们的道德同情“展开的圆”。认同的路线是相当真实的：它不会不朽、不变或超越人们创造的其他事物。事实上，讨论分化和不和谐可以引导我们忽略那些有力的对抗力量：冲突也许有利于认同的产生，但冲突也可以成为团结认同群体的力量。这已经不是个新潮的想法了，两次世界大战对美国减缓社会分裂、建立美国认同而言有 112

巨大影响；尤其是第二次世界大战促使了民权运动时代的到来。

在罗伯斯洞穴公园中发生的事情几乎以漫画的方式证实了这个直觉：如此容易发生的群体间争斗最后在研究人员所说的"共享的更高目标"面前平息了。随着群体间的敌意渐长以及群体内部的团结感开始激增，聪明的研究人员设计了一系列公共危机。必要性是友好和睦之母。

首先，研究人员破坏了营地的供水系统。两队日益干渴的男孩一起合作，找出了问题并修好了供水系统。然后向他们提供食物的卡车坏了，或者说看上去坏了。必须用绳子把它拉起来，而且只有集合两队（名声不好的响尾蛇队和高尚的鹰队）之力才能胜任这个工作。渐渐地，旗帜放下来了，公认的分歧也被搁在一边了。男孩们肩并肩，一起拉着绳子（实验者很赞赏这种象征意义），把卡车拉上山来。

没有哪一个危机足以消除响尾蛇队和鹰队之间的敌意，但是，一系列的危机创造了真正的团结，消融了社会的界限。卡车又启动了，食物又回来了，男孩们一起协作准备了晚餐。研究人员负责任地观察到，"晚餐后男孩们在湖边玩起了善意的水战"，但他们又小心地加了一句，"水战中的种种行为并不是以队为界的"。[①]

① Sherif, *Robbers Cave*, 179.

第四章

文化的麻烦

制造差异

我们注意到，“文化”这个词近年来受到越来越多的挑战。从厌食症到柴迪科舞，都被作为某些群体文化的产品加以解释。[①]据说，当你听到“文化”这个词的时候，你就会伸手去拿字典。

在它曲折的发展过程中，文化碰到的主要对手是“多样性”，这个词现在是公司首席执行官、教育行政人员、政治家和权威人士的最爱。“文化多样性”将两股潮流融合到一起。首先它成了我们这个时代中最受尊崇的事物之一，美国是一个有着巨大的文化多样性的社会。美国的多样性很容易被当作是理所当然的事实，因此我们需要去回应这种多样性。但有一点不太清楚的是，为何是我们的文化多样性值得关注。

让我们从一个人的文化确实能够解释某些东西这种观点开始说起。当犹太人从什泰特勒（Shtetl）、意大利人从维拉（Villagio）到达

① 有关厌食症的论述，可以参见Mervat Nasser, *Culture and Weight Consciousness* (New York: Routledge, 1997). 有关柴迪科舞，可以参见Dick Shurman, “New Orleans, Louisiana, and Zydeco,” 收录于*The New Blackwell Guide to Recorded Blues*, John Cowley以及Paul Oliver主编(Cambridge, Mass.: Blackwell Publishers, 1996)。

埃利斯岛（Ellis Island）时，他们带来了我们称之为文化的丰富酿造。他们带来了语言，以及用这种语言讲述的故事、演唱的歌曲；他们用具体的仪式、信仰和传统，用农民衷心送上的美食，以及各种式样的裙子移植了一个宗教；他们还带着特有的家庭生活的观念而来。他们的新邻居会合理地询问，这些第一代移民在做什么，以及他们为什么要这么做；而对此合情合理的解释常常是，“这是意大利的东西”，“这是犹太人
114 的东西”，或者只是说，“这是他们的文化”。

在美国，令人吃惊的是这种差异消失了很多。在国外出生的美国人的比例比七十年前降低了很多；在过去几十年里，移民群体之间的异族通婚率飙升；越来越少的美国人生活在共享“民族”起源的聚居区了。随着其人口分布的下降，多样性的话语开始增多。社会学家玛丽·沃特斯（Mary Waters）有力地论证说，移民文化这碗浓汤的文化残余已是薄粥。[①] 还剩下逾越节家宴，参加婚礼的礼宾，还有鱼丸和意大利面。但这些天来有关出席教堂、意大利的知识、食物的味道或者其配偶的情况，一个意大利人告诉了你多少呢？即使在一个基督徒处于压倒性地位的社会中，作为少数群体的、想要保持其“差异”的犹太人社群，也发现越来越难将自身看作一个文化群体了。

这种通常的移民故事不适用于非洲奴隶的后代，他们从未享有过成为“白人”的特权。但是，白人的故事和黑人的故事之间惊人的差异会致使我们忽略他们共有的东西。事实上，有些形式的英语演讲是来自黑人的：即使在黑人的演讲中存在地域和阶级的差别，但在白人那里也同样如此。我们在此讨论的是所有形式的英语。的确，尽管在过去几十年里出现过大规模的移民潮，但97%的美国成年人，不管肤色如何，都能讲“地道的”英语；虽然偶尔要调整口音，但这97%的人都可以理解对方。更不用说最近的移民了，这个数字快接近100%了。

---

① Mary Waters, *Ethnic Options* (Berkeley and Los Angeles: University of California Press, 1990).

不仅黑人和白人，亚洲人和美国土著人也都说英语。即使按照语言来定义的一个美国少数族群拉美裔也不例外。现在人们大肆谈论美国的拉美化，的确，在商店里，在街角，你能听到三十年前你听不到的西班牙语。但是，正如语言学家杰弗瑞·那伯格（Geoffrey Nunberg）指出的那样，现在非英语居民的比例只是十九世纪九十年代上一次大规模移民潮中人数的四分之一了。他引用了佛罗里达州的调查，这份调查表明98%的拉美裔希望他们的孩子说一口流利的英语；兰德公司的一项调查表明，在加州大多数第一代拉美裔移民可以说地道流利的英语， 115
而他们的孩子中只有一半能说西班牙语。[1]如果成为一个美国人意味着理解英语的话，那么在美国出生的拉美裔绝大多数（而且越来越多）都能通过测试。亚洲移民的后裔英语也能达到同样的熟练程度。

语言只是大多数美国人共享的众多事物之一。例如，这个国家的大多数公民也知道一些棒球和篮球知识。而且美国人还熟知消费文化。他们的消费风格是美国式的，他们知道很多相同的消费商品：可口可乐、耐克、李维·斯特劳斯、福特、尼桑和通用汽车。他们大多数都知道好莱坞的电影和很多明星的名字；即便是那些很少看电影或电视的人也可能会告诉你一些明星的名字。

所谓持久的宗教分歧也比你想的要简单得多。事实上，人们经常提到的一些正统教派和原教旨主义宗派的增长似乎证明了公民信仰的扩散。大体上，正如通常观察到的那样，美国的犹太教非常美国化。这个国家的天主教不为罗马教会所喜欢的原因也是因为它非常新教化。例如，它们一般捍卫个人的良心自由，因此它们不轻易接受罗马教会关于避孕或离婚的教规。[2]尤其是大多数美国人声称宗教是一件私人

---

① Geoffrey Nunberg, "Lingo Jingo: English Only and the New Nativism," *American Prospect*, no. 33 (July-August 1997): 40—47.

② 参见Stephen Macedo, "Transformative Constitutionalism and the Case of Religion: Defending the Moderate Hegemony of Liberalism," *Political Theory* 26, no.1 (February

的事情，一件他们既不希望得到政府帮助也不希望得到政府阻挠的事情。即使是盼望能在学校祈祷的基督教联盟的父母也仅仅希望他们自己的小孩可以维持这个信仰；他们并不希望公立学校着手于改变其他小孩的信仰。在这些关键的方面——忏悔内个人良心的主权，宗教信仰的隐私权——美国宗教不管其指定的正式教派为何，在决定性的方面往往都是新教派的。在最近的移民潮中重要性逐渐增长的一些亚洲宗教传统也迅速美国化了：例如，许多美国穆斯林喜欢政教分离，而其他地方的穆斯林大多反对政教分离。

像我来自加纳，我发现美国与一个有较大民俗多样性的国家相比是令人震惊的。以语言为例，我小的时候，我生活在一个至少每天可以听到三种母语的家庭。加纳的人口与纽约州的接近，它有十几种正在使用的语言，而且大多数人在家里不可能只说一种语言。

所以，为什么在与多数社会相比看似没有那么多元的美国，我们却整天讨论它的多样性，而且尤其是它的文化多样性呢？到此为止，我可以毫不惊奇地说，我们成天讨论的那种多样性不是文化的多样性，而是认同的多样性。

正如我们已经看到的，要求承认的社会认同非常的多元化。一些群体用的是先前的民族名称：意大利人，犹太人，波兰人。一些群体相当于旧的种族（黑人、亚洲人、印度人）或宗教（浸理会、天主教、犹太人等）。一些群体基本是地域性的（南部的、西部的、波多黎各的）。但还有一些新的群体将特定地理起源的人融合到一起（拉美裔，亚裔美国人）或者是不属于所有这些的社会范畴（妇女、同性恋者、双性恋者、残障者、耳聋者）。当有人提到这类群体的"文化"时我们丝毫不感到奇怪。同性恋文化、耳聋者的文化、奇卡诺文化、犹太教文化：看看这些词组是如何滑过我们的舌头的。但如果你问同性恋者、耳聋者、犹太

1998): 56—89。

教徒与其他人有什么明显的不同，显然并不是因为每一种认同对应一种不同的文化。“拉美裔”听起来像一个共享说西班牙语这种特征的文化群体的名字；但如我已经指出的那样，在加州，第二代拉美裔移民有一半人不能流利地说西班牙语，再下一代能说西班牙语的人就更少了。当然，“拉美裔”是美国制造出来的一个范畴，就像黑人和白人一样，都是移民的产物，是美国人口调查的产物。不管危地马拉的农民和古巴的专业人员有什么共同的“文化”，西班牙语的衰落说明，作为一个范畴的拉美裔在文化上正变得日渐稀薄，就像白人的种族性变薄了一样。

你也许会奇怪，为什么认同文化内涵的稀薄化与他们日渐尖锐的承认要求之间没什么关系。那些有着丰富的、独特传统的欧洲移民要求其子女在语言上美国化，并确保其子女学会了美国的官方文化。有人 117
怀疑他们并不需要坚决要求公开承认他们的文化，因为他们仅把这当作理所当然的。他们的中产阶级后代的家庭生活都是由英语主导的，从他们看的MTV到中国菜外卖都是如此，如果把他们的认同与意大利祖母和犹太教祖父的认同相比，因此说他们的认同变得稀薄了，会让他们感到尴尬；所以他们要求我们所有人都承认他们的不同。

非裔美国人那里也发生了类似的事情。当黑人获得完全的公民资格还存在法律障碍，布朗案和洛文案的司法裁决还没出来的时候，以及在六十年代的民权立法之前，要求公开承认独一无二的黑人文化并不是黑人政治运动纲领上的主要议题。黑人希望国家和社会承认他们与白人共有一些东西：他们的人性，以及著名的“不可剥夺的权利”。作为这些司法变革的结果的一部分，与白人新教徒在语言和宗教上非常接近的中产阶级非裔美国人，现在在许多文化和经济层面上与白人更接近了。正在这个时刻，他们中的许多人被一种非洲中心主义所吸引，他们要求非裔美国人的文化独特性在公共生活中得到承认。

我不否认——谁能否认呢？——美国的黑人和白人的平均体验存在重大的区别。我们都知道在市中心聚居着大量穷困的黑人，他们上很糟糕的学校，也没有工作；在住房、雇佣以及法律体系内都存在对黑人持久的歧视；当一个社区中的黑人比例超过“引爆点”后白人就有逃离这个社区的倾向。许多穷困的都市黑人（就像许多穷困的乡村白人一样）在本应该搞好的经济中也搞得一塌糊涂。所有这些我都同意。但事实是黑人中产阶级也在壮大，并且比过去干得更好了；在这个文化差异逐渐消融的时刻，主要是他们而不是穷困的黑人在领导要求承认独特的非裔美国文化遗产的斗争。

所有这些并不是说我们不应该把以文化为名的论断当回事；但它的确提醒我们注意，就像我们要进入一个奇异的沼泽似的地域一样。当
118 然，文化这个概念在生活的每一寸中都被历史化和解剖了。今天在全球化的语境下，人们为西方文化的输出而烦恼；但最成功的西方文化的输出正是文化这个概念本身——这个概念曾经被调动起来对抗“文化帝国主义”。马歇尔·萨林斯(Marshall Sahlins) 曾指出，在世界各地，一些西方术语的变体已被他人挪用：这个亚马逊的居民和那个所罗门的岛民发现他们有一种“文化”。如他所总结的，“帝国主义的昔日受害者发展出这样一种文化的自我意识可以说是二十世纪晚期世界历史上最惊人的现象之一。”[①] 当我还是个孩子的时候，我的家在库马西，当地的“文化中心”是一个你可以去跳舞，去听鼓声，去看我们的肯特梭织布，以及冶炼黄金的地方。你可以参观一个传统的复合模型，可以去看我们的祖先是如何为酋长烹饪的。当时认为被庆祝和重现的是我们的文化；当我们出发去文化中心的时候，我们会用阿肯语说，yēkō kōkya，意思是“我们去看看文化”——在我们的语言中，kōkya就是“文化”的意思。多年以后当我和一个在阿肯王母宫殿工作的朋友一起去参加庆典活动时（对此他非常兴奋），我问他为什么这对他来说这么重要。他迷惑地望了我一会，回答道：“Ēyē yē kōkya”。这是我们的文化。

---

① Marshall Sahlins, “Goodbye to Tristes Tropes: Ethnography in the Context of Modern World History,” *Journal of Modern History* 65 (1993): 3—4.

我不想去重复在其他地方已有大量细心研究追溯的一个谱系，
但是说我们的语词从十八世纪和十九世纪的德国浪漫主义——一个
强大的反启蒙思潮——中获得了很多力量是没有问题的。至少自从诺
伯特·埃利亚斯（Norbert Elias）1939年在德国出版了《文明进程》后，
人们很习惯将德国的Kultur观念（这是一个民族的所有，它追求本真
性）和法国的civilisation观念（这是一种普适主义的观念，它追求的
是持续进步的理性）进行对比。[①]但尽管“文明”这个词在概念上名声
不好，“文化”这个词却获得了超乎寻常的智识吸引力。不久前，它成为
人种学家的一门学科，尤其值得注意的是1871年爱德华·伯奈特·泰勒
爵士（Sir Edward Burnett Tylor）对文化下的定义：“文化是一个复杂 119
的整体，它包括知识、信仰、艺术、道德、法律、习俗，以及作为一个社
会成员所需的其他能力和习惯。”到十九世纪，尤其在弗朗茨·博厄斯
（Franz Boas）之后，这个社会科学概念成为“文化人类学家”快速占
领的领地。二战后，把文化想象成语言那样的东西，想象成需要系统解
码的东西变得很平常。或者，（这是后现代主义的转向）也许阐释总是
另外一种文化实践：因而，文化更像语言表达，像诗，像被创造出来的东
西。[②]但是，几乎每一个可以构想的立场都已经被采纳，并且在一个世
纪的辩论中被批评。因此，问题在于，文化最终是不是应该像维特根斯
坦的梯子那样被抛弃。如我所说，这个观念现在已经无处不在了：但是
是以概念交易为代价。它就像圣经的困境一样。什么可以使一个词语获
益，如果它将得到全世界，却失去自己的灵魂？

① 赫德尔让这个词变得流行起来，有人认为他是借用了西赛罗将哲学看作自我修养的隐喻（精神文化是哲学）。

② Edward Burnett Tylor, *Primitive Culture* (London: John Murray, 1871), 1. Adam Kuper向我们提供了他的文化中一个生动有力的简短调查：*The Anthropologist's Account*。

文化是一种善吗?

在这一章中我特殊的兴趣是,在政治理论中文化被指派的角色是什么。当然,我们将看到,它偶尔引起的麻烦并不少。文化有很多种方式对政治产生影响——尤其是对社会正义——但将两者结合到一起最简单的方式是将文化范畴化为一种资源,或者一种善。你可以找到很多捍卫(而不是假定)这种范畴化的方式,以及不只一种对"善"的阐释。让我从两种主流的方法开始说起。

作为基本善的文化

当然,对罗尔斯来说,善(goods)代表着"理性欲望的满足",而基本善(primary good)"被假设为是一个理性的人不管想要获得别的什么东西,都依然想要的东西"。作为一个"宽泛的范畴",罗尔斯引用了"权利与自由,机会与权力,收入与财富,"还有"一个人的自我价
120 值感"。[①]这个有意的粗略勾画看来为其他候选者敞开了大门——威尔·金里卡说,至少可以与之并列的,还有文化。事实上,他认为罗尔斯不仅敞开了大门,还坐下来为其他候选者提供茶水。在《自由主义、社群与文化》一书中,他写道,"罗尔斯关于自由作为基本善的重要性的论证也是对文化成员资格作为基本善的重要性之论证。"因为自主性需要选择,而文化提供了"选择的语境":只有"通过一个丰富和安全的文化结构,人们才能以一种生动的方式意识到可供他们选择的选项,并且智慧地评估它们的价值"。所以要调整我们的文化关注使之"与自由主义对能力和自由的关注相一致(而不是相冲突)以判断我们生活计划

① "能得到更多这类善,一般说来人们在执行他的意向和推进他的目标方面会取得更大成功,不管这些目标是什么。"因此处于原初状态中的人们知道他们想要更多而不是更少的基本善。Rawls, *A Theory of Justice*, 92—93。

的价值。”①

金里卡还同情这个基本观念的一些变种。他追随罗纳德·德沃金（德沃金邀请我们将文化看成一种像公园和桥梁那样的公共善）的观念，即文化“向我们提供了一副眼镜，通过这副眼镜我们将经验看作有价值的”；② 马格利特和拉兹则认为（在他们的论文《民族自决》中）“对一种文化的熟悉程度决定了我们想象的边界”。③ 请再次注意，金里卡的方法是一种公然的个人主义，因为这里的善最终是一种个人的善，而不是民族的善。这一点很重要，需要铭记于心，因为在金里卡的论证中，如同在很多其他论述这个主题的作者那里，“文化”有时候指的是一种泰勒式的大包裹，有时候指的是“文化群体”中的成员资格（换言之，我所说的认同），两者交互使用，界限不是那么清晰。

从文化是一种基本善的观念可以得出什么样的政治意蕴呢？当然，群体权利常常被认为冒犯了自由主义的核心价值。以赛亚·伯林曾经提出过著名的警告，让我们防范把“自我”扩展到部落、种族和其他超个人实体的危险。④ 许多“自由主义的多元文化主义”做出的基本改变是把原来只属于个人领地的自由和保护也分派给群体了。但是出于我们看到的所有理由，金里卡相信个人主义与群体权利之间的冲突只是
一种幻影，这些权利如果合理得当的话可以服务于自由主义个人主义的 121
目标。在他看来，一个社会保护我的文化并不比保护我的财产显得更不自由。因此他同意艾瑞斯·杨所说的“差异的公民资格”（differentiated

① Kymlicka, Liberalism, *Community, and Culture* (Oxford: Oxford University Press, 1991), 167. 或者，参见一个稍晚的论述：“简单来说，自由包含着在众多选项中做选择，我们社会的文化不仅提供这些选项，而且让它们对我们而言有意义。” Kymlicka, *Multicultural Citizenship*, 83.

② Ronald Dworkin, *A Matter of Principle* (Cambridge: Harvard University Press, 1985), 232—233.

③ Margalit与Raz, “Self-Determination,” 449; 还可以参见Kymlicka, *Multicultural Citizenship*, 89。

④ Berlin, “Two Concepts of Liberty,” in *Four Essays*, 132.

citizenship），这个概念认为“只有当它们的成员拥有一些与群体相关的权利时，某些形式的群体差异才是可以被接纳的。”[①] 或者像威廉·布莱克会说，“将同一种法律施用于狮子和牛就是压迫。”

金里卡以令人称道的细节找出了一种对文化友好的方式，其目的是要保持与主流的自由主义思想（与罗尔斯、德沃金和内格尔）的一致。他的典型例子是加拿大的土著社群，他想把“文化权利”扩展给它们。（例如，这些社群可以自行决定居留要求，卖地的规范，等等。）[②] 看上去为了土著群体的自主性，好像土著人个人的自主性在某种程度上被牺牲掉了：但金里卡希望我们不要接受这个结论，我们应该看到，文化是一种基本善，土著个人的自主性依赖于他/她所属的“社会性文化”的维持。在移民的例子中，尤其是当移民的规模比较大的时候，金里卡会提供较弱的“多种族”的措施。这些措施可能包括防止歧视的积极步骤，比如为其“文化实践”提供公共资助，各种各样繁琐规范的豁免权，等等。他坚持声称，“如果移民为他们的种族认同而骄傲，那么很自然地我们会期望公共制度可以调整自身去容纳这种多样性。”[③] 但是在此

① Kymlicka, *Multicultural Citizenship*, 26; Iris Marion Young, *Inclusion and Democracy* (New York: Oxford University Press, 2000).

② 上一章中我们讨论了一种策略的局限性，国家给这些社群外部权利（反对外来者干涉的权利），而减少它们的内部限制——也即，国家限制这些群体约束其个体成员的自主性，尽管在文化存活和个人自由这两个愿望之间不可避免会有拉锯战。杰瑞米·沃顿注意到，一个类似的文化观念已经根深蒂固，并发布于诸如《公民权利和政治权利国际公约》第27条这样的措施中了：“在存在种族、宗教或语言少数群体的国家中，属于这些少数群体的人不应该被否定这种权利，即他们有权与群体中的其他成员一起享受这种文化，信仰和实践他们自己的宗教，或者使用他们自己的语言。”他进一步观察到，“最近联合国的报告驳斥了这种观念，即第27条不过是一条反歧视条款：它坚持认为少数文化的特殊措施……是必要的，在捍卫这个领域的基本人权方面这些措施的重要性不亚于反歧视法……它们也许还包含着对这个要求的承认，即少数文化有权通过限制外来者的干涉和内部成员有关职业、家庭、生活方式以及退出的选择来保护自身。” Waldron, “Cosmopolitan Alternative,” 758.

③ Kymlicka, *Finding Our Way: Rethinking Ethnocultural Relations in Canada* (New

主要的目标是让融合（integration）成为可能。移民群体的代表性越稀疏，要求此类多种族特权的呼声就越低。

值得强调的是他所表述的、为这类容纳提供理由的是自由主义的传统价值，平等和自主性。如果一个人需要接触他的文化以做出有意义的选择（以及享有自尊），那么这些类型的保护只不过是在为普通的自由主义的个人主义服务。确保公民享有基本水平的基本善是成为一个正义社会的前提。因此金里卡花了很大功夫来表明他的实践建议和原则要点是一致的。 122

事实上，从这个论述来看问题的话，我们也许会发现从政策建议的一个特殊之处出发也许是有帮助的。假如我是一个来自爱沙尼亚科科拉的村民，我决定搬到爱荷华州的特里尔去，那里除了我之外只有奶牛和麦田。如果“文化”指的是通常的人类学束丛——包括从语言到婚礼到烹饪实践在内的所有事物——我将很难去“实践”它。也许对你来说这不是困难：我能够实践你的文化。但这行不通：当金里卡说一个人为了做出有意义的选择，需要“接触社会性的文化”时，他强调在此所需的不是任何一种文化：它必须是“一个人自身的文化”。[1]然而如果我和我的“文化”都是科科拉的，我却无法自行实践我的文化，那么金里卡所谓的“多元文化的公民资格”又能向我提供什么呢？国家应该向我提供我的同乡人吗？没人会建议这么做，这不光是行政费用的问题。只有当存在一个重要的科科拉团体，有厨师，有牧师，还有其他文化工作者的时候，他才会建议实行这些“多种族的措施”——对我的伦理方式的外在保护。而且只有当存在一个大规模的、长期驻居的科科拉团体的时候，我才有资格享有这些强有力的措施，也即金里卡所说的“文化权利”。只要你将他的作为资源的文化概念当真，就会出现一个奇怪的结果：如果文化是一种资源，为什么当我最不需要帮助的时候得到的

York: Oxford University Press, 1998), 44.

① Kymlicka, *Multicultural Citizenship*, 84.

补救措施反而是最大的呢？这就像某种颠倒的罗宾汉逻辑。为什么当我受到最多剥夺的时候，我得到的支持最少？这个悖论表明在作为资源的文化图景中有些东西是错误的。[①]（让我说清楚，我的目标不是政策的具体内容，而是政策的合理性。可能存在各种各样的理由——有些对投票权持民主的、回应式的态度；有些对行政效率有谨慎的、回应式的态度——为相当大的少数族裔提供更多的准备：例如，在佛罗达州的选举中，为说西语者设计了双语投票，但却没有为说欧西坦语者准备这些。只有当你坚持认为文化是一种资源时，这种罗宾汉逻辑才会出现。）

当我们注意到在罗尔斯的传统中，包括基本善在内的资源是你可
123 多可少地获得的资源时，这个怀疑被证实了；分配这些资源的细节是一个正义的社会深切关注的。但是（除了极少数不正常的情况），我怀疑用文化的不平等分配来描述它是更准确的。比较你的家庭的净资产和我的家庭的净资产是相对容易的；但我看不出我们各自的"文化"会承认这种评估。回到前一章的讨论，用金里卡的话来说，文化听起来很像德沃金所说的"参数"；而参数在他的框架里并不是政府适合去平衡的东西之一。因为按规定，它们不是资源；相反，它们定义了要求其资源均等化的个人。总之，与它能解决的问题相比，文化的资源模型产生了更多的难题。

在此，金里卡试图用一个马格利特和拉兹用过的术语"腐朽的文化"（decayed culture）来取得进展。他说，一些人不幸地拥有腐朽的文化，我们应该尝试振兴它们。我承认我不知道如何说清楚这个概念。[②]

---

① 当拉兹在他的《公共领域中的伦理学》(174) 中肯定了"稳定的和能生存的社群"
306 的"平等地位"时，出现了类似的问题。当然，首先你想要质疑把个人的平等地位扩展到集体的平等地位的这种逻辑。但限制实行多元文化措施的领域帮助并不大。这种言说方式又一次遭遇到反罗宾汉的反证法。如果一个文化社群是稳定的、可存活的，你可能会奇怪，它为什么还需要国家的承认呢？而如果它不是，为什么它值得承认呢？

② 马格利特和拉兹说，"文化的繁荣对其成员的福祉来说是重要的"（"Self-

如果我们头脑里是文化转型的麻烦时期，那么显然这类条件降低了我们的自由或自主性——我们在广泛的选项中进行选择的能力。的确，如约翰·托马西（John Tomasi）所说，在一个不那么严格的“选择语境”下可以提供更大程度的个人自主性，在这种语境下，比在一个更稳定的文化社群中，对什么是可接受的生活计划限制更少。[①]文化变迁是很普遍的现象。难以想象的是一个被剥夺了文化的个人或民族。（有关作为资源的文化的讨论显然不是受到了古怪狼孩之出现的激励。）托马斯观察到，“将文化的成员资格看作一种基本善就像把空气看作一种基本善一样没太大意思：由于在实践中人们从这种善中的受益不会有差别，它不会产生特殊权利。”[②]事实上，声称文化必要性的论断的问题在于我们很难想象一种替代品。它像一种形式：你不能没有文化。

现在，我们可以将金里卡对文化作为一种“选择语境”的捍卫看作包含了这层意思：你不仅有一种文化，而且你有这种或那种特定的文化，在这种情况下这个原本微不足道的论断变得站不住脚了。因为如果它的意思是必须通过隔离的方式防止文化的性格——一些社会形式配置的规范、价值和标记——发生变化，那么很少有人会希望采取这种 124
立场（必须要说的是金里卡最不愿意这样）。自由主义者往往同情米利安（Milian）的实验概念和社会进步概念；但冻结现存的偏见、不公平和顽固的前景——这条法令是，凡是存在的就是对的——不容乐观。

如我们看到的，多元文化主义的自由主义者常常说文化就像一面

Determination," 449）。“如果文化在腐朽……对它的成员开放的选项和机会就会缩小，变得不那么具有吸引力，他们的追求就越难以成功。”我猜测，在这类文化腐朽的言论之下是某种与自主性和劳动分工的关系有关的东西。如果自主性要求在生活计划之间做选择，那么高度分工的社会会提供更多和更深层次的选择。（“文化”的差异看来又一次与富裕程度的差异共存。）因此，文化的衰败可能是物质剥夺的表现，是认知/文化劳动分工系统进化不足的表现。

① John Tomasi, "Kymlicka, Liberalism, and Respect for Cultural Minorities," *Ethics* 105, no.3 (April 1995): 590.

② Ibid, 589.

伦理认识论的棱镜——一种观看、行为和存在的方式；就像为概念和价值提供框架的某种东西，“决定想象边界的”某种东西。但是我想警告说，在普遍的“文化”概念和“文化的成员资格”概念之间常常有一种滑动。可能有人会批评我们太关注这个第一概念，而如果我们合理地关注成员资格（归属）的概念(belonging)，对文化作为一种善的论证就看似有道理了。

我怀疑有关归属的论断的合理性来自这个基本观念，即社会化是好的，有社会联系也是好的；如果没有像泰勒式的“文化”那样一个共享的社会语境，很难想象这种联合的快乐。在这个问题上拉兹似乎支持无例外论，在1994年论多元文化主义的一篇论文中，他声称“被完全融合进一个文化群体中是每个人的利益”。[①]但是，如果我们推崇的价值最终是一种社会性，是被融合进一个群体，那么你可能会问，这些“文化”术语到底做了什么工作呢。更重要的是，被“完全融合进”一个文化群体是什么意思？

对这个问题的回答在很大意义上依赖于你如何诠释这种要求。在法国诗人和探险家兰波（Rimbaud）穿越非洲之前，遭人诟病的他被完全融合进一个文化群体了吗？那么苏丹的伊斯兰学者马哈茂德·穆罕默德·塔哈（Mahmoud Mohamed Taha）呢，1985年他因为反对传统的伊斯兰教教法而被判处死刑。看来有些人积极抵抗被完全融合进一个文化群体，因此他们可能与其反射性假设之间保持了一定距离；对他们而言，“融合”听上去就像是管制，甚至限制——尤其对那些热爱自由多于热爱群体的自由主义者来说。这也不仅仅是自负的世界主义者的做作。你也许会发现对这个主题令人印象深刻的表达来自最不具有世
125 界主义气息的诗人，菲利普·拉金。在《别处的意义》一诗中，拉金描写了爱尔兰给他的陌生感，它同时发出禁止和邀请的信号（“风趣而冷漠

① Raz, *Ethics in the Public Domain*, 177.

的言语，如此与众不同，使我受到欢迎”），让他感到“孤立，但又行得通”，这位诗人总结说：

> 生活在英格兰不会有这样的借口：
> 这些是我的风俗和规矩
> 拒绝它们可严肃得多。
> 除了这里，再没有别处支撑我的存在。

但可能只要我们根据每个教会对其自身而言都是正统的原则来正确划定那个群体的范围，所有人都被融合进了他们的文化群体中。根据这种阐释，四世纪希腊的犬儒主义者可能试图游离于所有信条和习俗之外，但却被完全融合进了犬儒主义者自己的文化群体。那个看上去边缘化的人事实上被融合进了他自己的世代文化中，不管他的文化是什么，那就是他的文化。但“融合”的要求变得内容空洞。马格利特和拉兹坚持说，“大多数人生活在不同类型的群体中，因此不属于任何群体的人被那些部分由群体文化塑造的机会拒绝了。”[①]只不过，什么人不属于任何群体呢？我们很难找到他们，即使在肮脏的难民营里的人也有他们的群体。他俩接着说，“对那些在群体中成长起来的，学习了群体的文化，但因为不具有完全的成员资格无法获得这个群体文化的人来说情况相同。”但我们又一次发现很难找到这样的人。霍尔蒂海军上将的布达佩斯的犹太人——随意考虑一些显而易见的候选人——被描述得很差，因为首先他们面对的排斥不是文化上的（他们缺乏获得像工作和司法保护这些东西的机会，而不是获得民族文化的机会）；对以色列的阿拉伯人或土耳其的库尔德人来说情况也是如此。我们可能会想起澳大利亚政府官员制定的一个延续了六十年的计划，就是让“白人”家庭

① Margalit amd Raz, “Self-Determination,” 444.

收养的那些“半种姓”的土著小孩，或者让他们在孤儿院里长大。这个严重的罪行是真实的，但我怀疑它们最好被看成是“文化的”罪行。当
126 人们被决定性地排除在权力的运用之外时，当人们被剥夺了法律面前人人平等的地位时，他们受到了伤害。（不言自明的：当他们从爱他们的家庭被绑走之后他们受到了伤害。）但首要的问题是政治的排斥，而不是文化的排斥。存在把一种伤害形式错当作另一种伤害形式的隐患。如果你把这个当作优先目标，你可以通过各种各样的方式确保一无所有者享有一个稳定的和独特的文化社群；而也许最有效的方式是通过姓名隔离。

当然，这是文化成员资格的捍卫者头脑中所能想到的最有效的办法了。但是，如我所说，让它很容易同意文化成员资格理想的原因仅仅是因为替代性的选择是没有朋友的可怜状态。实际上，成员资格正是对成为隐士的抵抗。在我们这个世界中，宝贵的小小不幸就是要去处理那种不常见的情况。

作为社会善的文化

迄今为止我们探讨了进入文化主题的一种个人主义的方法，在这种方法下它认为文化是个人可以获得的一种资源（罗尔斯意义上的资源）。也许这种个人主义误导了我们。还有一种直接的方法可以进入这个主题，它落脚于这个观念，即文化是一种不可化约的社会善（social good）。“社会善”是一个与诸如桥梁或者大坝那样的公共善（public good）不同的概念，公共善是通过受益的个人得到证明的。而社会善的价值不能被化约为个人欲望集合的满足。查尔斯·泰勒是这种文化观念最有力的一位支持者，他是一名坚定的反还原论者。他强烈地反对此类善的分解概念，正如“一部分魁北克人“倾向于”保护法语，所以它是一种善，就好像它是巧克力冰淇淋和晶体管收音机一样。”这种思

维方式是将我们置身于文化之外，让我们疏离对我们重要的东西。他主张，“民族主义的代言人，或者共和主义的规则，都不会将自身的价值看作偶然的流行。他们认为不管我们承认与否，这些善都是我们应该去承认的善。”[①]另外一些人表达了类似的关注。马格利特和拉兹在他 127 们论民族自决的论文中写道，“群体利益不能被化约为个体利益”。“说一个群体繁荣或者衰落是讲得通的，我们可以不用诉诸个人利益来谈论服务于（或伤害）群体利益的行为和政策。如果它的文化繁荣，这个群体可能会繁荣，但也并不意味着群体的许多成员得到了提升。”[②]

对查尔斯·泰勒来说，这个论证很简单。泰勒观察到，“作为个体我们看重特定的事物；我们发现有一些成就是好的，有一些经验是令人满意的，有一些结果是积极的。但这些事情只有以某种特定的方式才是好的，或者说以特定的方式才会令人满意，因为理解它们的背景是在我们的文化中发展起来的。”随之而来的一个机智的结论是：“如果这些事物是好的，那么其他事物也同样如此的原因是文化让它们成为好的。如果我想最大化这些善，那么我必须保存和加强这种文化。但作为一种善的文化，或者说作为诸种善之聚集地的文化（也有可能很多是值得谴责的）并不是一种个体的善。”[③]

泰勒的提醒对我们很有帮助，因为文化作为一种善和作为诸种善之聚集地之间的差别不可忽视。比如，货币体系的存在是财富的聚集地；它不是财富的一种形式。即使货币体系不存在，你的财富仍然是一

① Taylor, “Irreducibly Social Goods,” 136. in *Philosophical Arguments*, 142. 社会善的观念与伦理个人主义不一致，看上去并不明显。因此我们对比一下拉兹一个类似的构想“集体善”（collective goods）。存在内在的公共善，区别于偶然的公共善。清洁的水是一种偶然的公共善，只要个人缺乏对其水供应的控制，那么它就是重要的。相对比，拉兹说，“社会是一个宽容的社会，是一个有教养的社会，是一个充满对人的尊重的社会，等等，这是一种内在的公共善。”拉兹论证说对这种内在善的信念与人本主义、与伦理个人主义，尤其是与对个人自主性的优先性承诺是相和谐的。

② Margalit和Raz, “Self-Determination,” 449—461.

③ Taylor, “Irreducibly Social Goods,” 136.

种个人的善。[①]即便我们认为文化——泰勒说文化是赋予我们的行为以意义的“实践、制度和理解的背景”——是诸善之聚集地，它的社会性质也不能赐予这些善以社会性。

事实上，不可化约的社会善是否存在仍然是有争议的。一些哲学家，著名的代表有詹姆斯·格里芬，论证说不存在任何真正的集体善，这种集体善不仅对社群中的个体有价值，而且对作为独特实体的社群本身有价值。按照这种论证，“价值议题”建立在一种借来的合理性之上。我们认为是社会善（或格里芬说的“集体善”）的那些东西是由人与人之间的关系来定义的——它们是通过一个群体来定义的。有一些
128 善不是个体可以单独享有的；它们依赖于社会的互动。我们错在从这些定义性的、因果性的命题走向了这个结论，这些价值没有办法通过诉诸它们在个人生活中扮演的角色而得到说明。[②]

泰勒写道，文化

> 不仅仅是个人善的一种工具。它无法与个人善区分开来，好像它仅仅是偶然的条件，在原则上可以不用存在的东西。这毫无道理。在本质上它与我们识别出的那些善有关。因此，很难看到我们如何否认它不仅在削弱的、工具的意义上（像大坝一样）具有善之名，而是内在的善。说一种自我付出的英雄主义是善，或者某种特定的美学体验是善，必须要去判断这种英雄主义和那种体验是不是文化中可以获得的作为好文化的选项。如果这类美德和体验是值得培养的，那么就该促进这些文化，不是把它们看作偶然的工具，而是看作自身是善的东

① 在“Cross-Purposes”中，泰勒写到有混淆这两种“善”的倾向：“在宽泛的意义上，它意味着我们追求的任何有价值的东西；在狭窄的意义上，它指的是我们看重的生活计划或生活方式”（194）。

② James Griffin, *Well-Being: Its Meaning, Measurement, and Moral Importance* (Oxford: Oxford University Press, 1986), 387—388.

西。[1]

但在这段话中谁是“我们”呢？首先假设我们谈论的是某个文化之外的人。例如，在阿图尔·施尼茨勒（Arthur Schnitzler）的维也纳，决斗体现的是一种军官荣誉伦理。假设你通过阅读《古斯特尔少尉》来理解这一点，你同情缺乏荣誉的下层军官以及他复仇的欲望。（这将是一个非常奇怪的反应：但我们在从事哲学的猜想。）这算不算把决斗者的英雄主义看作一种善呢？如果是这样，那么看来泰勒就是错的：你不用哀悼这种文化的消逝，就能够识别出镶嵌在特定文化中善的事物。如果假定，把它当作一种善就是把它自身当作一种善，那么你自己的判断就表明，文化对于维持这种价值而言并不是必要的。再假设“我们”是处在文化之内的人。你看重你珍视的价值这个事实并不能论证任何事情，更不用说去论证促进某种文化“繁荣”的必要性了。在此意义上任何一种生活方式都是自我证明的。属于一种道德文化就是认为这个或那个是一种善；这是一种自恋中的演习，更不用说预期理由了，即宣称因为它包含了你认为是善的东西所以你的文化是善的。 129

现在，一种价值就像一台传真机：如果只有你一个人有传真机，那它没什么用。因此如果你认为“一种自我付出的英雄主义”是一种价值，你最好像泰勒建议的那样，尝试着去促进这种自我付出的英雄主义。然而，也许支持它的文化还包含了很多你不赞同的东西。所以我们在此要小心前进。因为首先，不清楚的是我们是如何被捆绑在“文化”周围的；在泰勒整体论的文化概念中，我们被要求去维持所有东西，这显然不对。因此最后我们在大文化（包含了实践、习俗、概念、价值的文化海洋）和小文化（常常由定语来修饰：这样或那样的“文化”）之间游移。假设你是一个看重贞洁的美国人，你担心六十年代后你的同胞不再

① Taylor, “Irreducibly Social Goods,” 137.

看重这个价值。因此你也许希望促进一种贞洁的文化——传播禁欲运动，希望它可以赢得支持者。但你不会去促进十九世纪八十年代——或者任何你认为贞洁这种价值最终得到人们足够欣赏的时期——的文化（大文化），因为你不会关心随之而来的数不尽的其他东西（比如，导致决斗的特殊的荣誉文化）。一种善镶嵌于一种生活方式中，这也许提供了去记录这种生活方式的一个理由，但它并没有给我们理由去促进它。（你受到驱动去改变文化这个事实又一次要求一个个体去坚持一种不再流行的价值。）出于所有这些原因，作为一种社会善的文化被证明是一个会变化形状的目标。

保护主义者的伦理

让大多数支持者和行动家，其中有一大批是政治理论家，担忧的不是文化在概念上的这种游移，而是实际文化的易逝。在他们看来，我们不考虑文化的保存就是不把文化——不管是个人的文化还是作为社会善的文化——当真。事实上，人们用来描画文化毁灭——说得更中立一些是文化的变化——的那些文字和图像指向的是人类生活的毁灭。
130 同化被当作是灭绝。缅甸的克伦族担心他们“作为一个社群会逐渐消失”；印度的比哈尔人担忧他们会“像美国的印第安人那样灭绝”；巴基斯坦的信德人担心“被变成红色的印度人”。唐纳德·霍罗威茨(Donald L. Horowitz)在他权威的研究《冲突中的种族集团》中毫不困难地编撰了一长列这样的描述，每一个都等同于文化和物质的存活。[①]因此，当威廉·盖尔斯敦将米莱大屠杀比作对非自由社群的自由化时，我们不应感到惊奇。没有多少问题激起这样强烈的情绪，并且，抛出的问题越是

① Horowitz, *Ethnic Groups*, 176—177. 参见英语报纸*Dawn*, March 6, 1995：“由于有移民不断地从内地，从印度、孟加拉国、缅甸、伊朗、阿富汗这样的地方涌入这个省的市
307 区，信德人生活在被变成红色印度人的永恒恐惧中。”

抽象，情绪就越是强烈。然而，作为一种规则，保护主义者的伦理只是被提出来了，并没有得到捍卫。

在罗纳德·德沃金的提议中，我们也许可以找到将自身看作文化信托人的一个理由："我们继承了一个文化结构，除了基本正义以外，我们还有一些义务让这个结构至少如我们发现它时那样丰富。"[①]但这并不等于支持保护主义的伦理，也没有为保护主义的伦理提供辩护，保护主义的伦理要求我们关注特殊文化的存活。没有什么可以阻止一个人用他的投资组合中的联合碳化物公司的股票去交换美国钢铁公司的股票，在信托人模型中也没有什么可以阻止我们用自己的语言英语去交换西班牙语或世界语。当他们声称"全包的"文化群体在自我管理时做得更好时，马格利特和拉兹的这个论断更接近于一种捍卫。但是政治自主性和文化分化之间的风是朝各自的方向吹的；每一股风势必会影响另一股风。而且，当种族群体被融合进更大的实体时——当那波利人开始把他们自己想象成意大利人时，很有可能个人会做得更好。从伦理个人主义的观点来看，我们必须提出的问题是，随着权力攀升到一个更总体的水平，普洛旺斯人（或者萨瓦人、那不勒斯人）的认同失去了它的卓越性怎么办？占婆王国的人很久以前被吸纳进今天我们所认为的越南，在道德上这是成问题的吗？之前马迪和巴里不同的人口不是已经合并成乌干达东北部的拉各巴拉人了吗？如果胡图人和图西人都成为卢旺达人或布隆迪人不是可能更好吗？ 131

金里卡写道，"绝大多数土著人"所理解的"他们的文化认同的性质……是动态的，而不是静态的。"事实上，他曾经论证说社会性的文化不是"永恒的或不可变的"，否则"就不需要与群体相关的权利去保护它们了"。[②]但是，如果文化是非永恒的和可变的，如果它们的拥有者认为它们是动态的而非静态的，你可能会奇怪与群体相关的权利（不管是成

① Dworkin, *A Matter of Principle*, 233.

② Kymlicka, *Multicultural Citizenship*, 104, 100.

员资格权利还是集体权利）如何能够建立在保存文化这个目标之上。

通常解决这个问题是在内部力量和外部力量之间引入一个激进的区分。马格利特和哈伯塔（Moshe Habertal）在“自由主义与文化的权利”一文中论证到，人民有“压倒一切的兴趣”去支持一种文化的权利：尤其是一种存活下来的权利，不受外来者干涉的权利。金里卡也试图支持文化不受外部力量干扰的权利，而允许它们回应来自内部力量的挑战。他说，只有当面对外部导向的变化时，我们才能说“文化自身受到了威胁”。“向更大的世界学习是一回事；被它吞没是另外一回事，对小国来说，拥有自治权对控制变化的方向和速度来说可能是必要的。”①

如果你好奇在他的论述中什么算是“吞没”（swamping），以及它会带来怎样的伤害，你只能靠自己去寻找答案了。但是，尤其在移民的例子中，我们应该想起这个概念的两面性。我们可能记得，在她抱怨受到黑皮肤外国人涌入的威胁时，萨奇尔夫人喜欢用“吞没”这个词。这正契合了十年前《观察者》主编查尔斯·摩尔（Charles Moore）所做的那个著名的评论：

> 你可以做不说英语，或者不是基督徒，或者不是白皮肤的英国人，尽管如此，英国基本是一个说英语的、基督徒的和白皮肤人的英国，但如果人们开始认为它可能成为以乌尔都语为母语的、穆斯林的和棕色皮肤人的英国，人们就会害怕和愤怒。我隔壁住着一家来自印度次大陆的穆斯林大家庭。我们彼此是很好的朋友，他们给予了我们很多善意的小帮助。然而，在海湾战争期间，我感到有一点不舒服。如果这些人超过了我所住地区的白人，我会感到震惊。这样的感觉不仅是自然的，而且它们肯定也是对的。你应该有一种认同感，这种认同感
> 132 部分源于你的民族和你的种族。②

① Ibid., 104.

② Charles Moore, “Time for a More Liberal and ‘Racist’ Immigration Policy,” *Spectator*, October 19, 1991. 我不是唯一一个好奇在摩尔的题目中骇人的引用有什么用的

一旦你把保护不被吞没提升为一种原则，那么你必须去思考谁会认为他有资格接受这种保护。我并不是说担心被吞没是不合法的——我可以想象使其有意义的许多种方式，然而我们也确实厌恶那些仅仅为弱化一种生活方式的欲望所驱动的政策。[①]但反对它的论证应该被摆出来，而不仅仅是在那里假想。

但也许这都是错的。也许询问人们为什么想要保护文化就像询问他们为什么渴望吃面包一样：正是因为人们有这些强烈的欲望我们才能努力确保它们的实现。这个愿望是自我证明的。这就像泰勒在论述魁北克的民族主义的状况时所持的立场。泰勒写道，“旨在保护存活的政策应该积极地创造社群的成员，例如，确保将来的世代能够继续指认自身为说法语者。”[②] 在多元文化的国家里，这样的社会——泰勒指的是在变化之中保持了连续性，经历了世代，拥有独特制度、价值和实践的群体——可以合法地寻求保护自身存活的措施。他声称存活的欲望要求的不仅仅是让赋予现存个体的生命以意义的文化自身持存下去，还要求文化通过“无限的未来世代”延续下去。正如他在其他地方所说，一旦“我们考虑认同的问题”，没有什么比“一个人希望它永不消失的渴望更具有合法性了”。[③]

然而魁北克的例子提醒我们，用存活这种政治修辞常常太谦虚了，因为它要求的不仅仅是保护，还有创造。正如人类学家理查德·汉德勒（Richard Handler）在他的《魁北克的民族主义与文化的政治》（1988）一书中表明的那样，魁北克认同的内容与魁北克持续进行的民

人。

① 参见我的论文“Immigrants and Refugees: Individualism and the Moral Status of Strangers,” 收录于*Arguments of the Philosophers*有关Michael Dummett的专辑中，即将出版。

② Taylor, *Multiculturalism*, 58—59.

③ Ibid., 41,40.

族主义的论说不可分：

> 成为一个魁北克人你必须生活在魁北克并且像一个魁北克人那样去生活。像一个魁北克人那样去生活意味着要参与到魁北克的文化中去。谈到这种文化人们一般指的是传统、典型的行为方式和构想世界的特殊模式；但对这些特殊性的描述是历史学家、人种学家或民俗
> 133 学家的事情。这类的学术研究看来紧跟这个事实之后：即，由于魁北克文化处于意识形态的中心，它成为一个值得去学习的东西。但这种对文化存在的先天信仰势必来自另一个信念，即存在一个特殊的人类群体，魁北克民族。这个群体的存在反过来断定了一种特殊文化的存在……对文化特殊性的断定是宣称一种独一无二的集体性存在的另一种方式。[①]

这并不是说魁北克的认同是一个空洞的容器，在某种意义上只有它的内容才附带了国家的自我定义这个更大的任务，并且在转变而非保存中这个任务看起来才更自然。

对其他社会性文化来说也同样如此。在先前的章节中，我指出作为独特的、单一实体的种族性的存在是具有一致性的国家行为的产物。约翰尼斯·费边（Johannes Fabian）探究了刚果特定的种族性是如何通过承认的殖民政策产生的。大卫·莱汀（David Laitin）指出豪萨—富拉尼（Hausa-Fulani）主要是“北方人民代表大会（NPC）在他们针

① 在早些时候，作者解释到他“带着一种建构魁北克民族主义意识形态的文化论述的想法于1977年开始在魁北克开始田野调查”，寻找魁北克人表达其认同的象征符号和意义。后来他不得不放弃了这个任务：“我不再声称我可以为‘这种’文化提供一种论述或证明它的整体性，但我转而关注与话语渗透相关的文化的客体化——即，建构有边界的文化客体的企图——这个过程悖谬似的证明了这些客体的缺席。”Richard Handler, *Nationalism and the Politics of Culture in Quebec* (Madison: University of Wisconsin Press, 1988), 39, 27.

对南方的战斗中运用的一个政治口号”，仅仅在几十年前，“约鲁巴族”（Yoruba）还不是一个政治认同的通用述语。在加纳，阿肯人的政治认同是在与新形成的埃维人的认同相对立的过程中出现的。[①]殖民时期的“部落”管理——大卫·坎纳丁（David Cannadine）引人入胜的研究对此作了探究，装饰主义（Ornamentalism）——纳常常导致官方“种族”领导精英支持的官方主体的种族性的产生。

在美国，土著群体的政治存在与政府承认的机制之间有不可分的关系。当代（存在的或将要存在的）佩科特人的认同正是联邦和州政府的承认政策和豁免政策的产物，尤其是免税政策的产物。除了佩科特人拥有的福克斯伍德赌场（还有诸如佩科特制药网络公司），现在还有一个花了两百万美元建造的拥有顶级水准的佩科特博物馆和研究中心，政府派出几队考古学家进一步深化我们对这个一度消失的部落的知识，推进理查德·汉德勒所说的那类计划。我之前写到过美杜莎综合症，但有时候迈达斯（Midas）也会插手。美国的拉马坡山（Ramapough 134
Mountain）部落，是美国国土上自认为是印第安人的250个部落之一，他们向新泽西州申请被命名为新泽西的印第安人，尽管联邦政府驳回了这个群体有关其起源的断言。（1995年，印第安事务局宣称他们是自由奴隶的后裔，而非之前所说的猛西人[Munsee]的后裔。在2002年到2003年新泽西州立法期间，要求承认拉马坡的议案与其他议案一起被递交给了众议院和参议院。）政府如何决策很可能将决定这个部落能否存活。商业兴趣有助于这个一度解散了的种族认同的存活，犬儒主义者可能会把这个现象称作赌场的文化主义（即使经济动机只是强化了

① 参见我的*In My Father's House* (New York: Oxford University Press, 1992), 77, 178; David Laitin, *Hegemony and Culture: Politics and Religious Change among the Yoruba* (Chicago: University of Chicago Press, 1986), 7-8; Johannes Fabian, *Language and Colonial Power* (Cambridge: Cambridge University Press, 1986), 42—43。还可以参见Iver Peterson, "The Mire of Tribe Recognition," *New York Times*, December 28, 2002。

坚持“文化是重要的”这个主张）。但司法豁免的实现可以随时唤起衷心的认同忠诚。在文化认同的花园里，绢花可以迅速生根。

即便你允许文化民族主义的争论，然而文化群体的存活却并不总是可以和伦理个人主义保持一致。在魁北克的例子中，泰勒写道“数不清的未来世代”，他指的是现在这些人口的子孙。保存法语加拿大文化的欲望不是希望将来这里或者那里有一些人可以说魁北克语，进行魁北克人的实践。它是希望这种语言和实践可以一代一代的传承下去。因
135 此，通过让一些不相干的人在南太平洋的岛屿上传承法语加拿大文化来解决加拿大问题的提案无法满足这个需要。

为什么这是重要的呢？因为并不清楚我们在尊崇这类保护主义论断的同时能否尊重未来个人的自主性。有时候父母希望他们的孩子坚持一些孩子自己抵触的实践。我早先讨论过，对一些印度和巴基斯坦裔的英国妇女来说包办婚姻就是这样的。在这个例子中，自由主义思想中的平等尊严的伦理原则看来会妨碍父母自行其是，因为我们关心这些年轻女性的自主性。如果在个人的例子中是这样的，那么在我看来一个群体的一代人希望将他们的生活方式强加给下一代人也同样如此——更不必说他们想要把它强加给未来更远的世代了。

一旦我们想到后代的这些景象，可能让我们吃惊的是文化的讨论与它在自由主义的论说中可能取代的种族的讨论也相去不远了。如我提到过的，金里卡想要通过区分外源性的变化和内源性的变化来调和保护主义的伦理与他承认的文化流动的本性。他说，“出于成员选择的文化变化是自然的、可欲的。因此，我们必须在一种文化的存在与它在任何给定时刻的‘特征’之间做出区分。”[①]但是，不参考文化的特性而确立一种文化的认同——谈论它的存在而不诉诸它的特征——让我们走向了某种在概念上与种族相似的东西。剩下的没有了特征的东西只是

① Kymlicka, *Multicultural Citizenship*, 104.

后代这个事实：尽管不是非要从一般的生物学或特殊的基因来看待后代的重要性，但在我们这个崇尚科学的年代，让生物学的故事（通常是错误的故事）来接管一切是一种趋势。即便以后代为基础的论述能够抵制住种族主义的诱惑，让认同基于成千上万的对基因关系的赤裸断言上，在道德上看来仍然是武断的。只有在家庭范围内家族的修辞才具有最佳的道德（伦理）意味。

当马格利特和拉兹强调在一个“全包的文化”（encompassing culture）中成员认同是地位或归属而非成就的问题时，一个类似的难题产生了：“由于（成员）认同一种共同的文化，他们至少在部分上分享一个历史，因为通过这个共享的历史文化才得以发展和传承。”[①]然而，正如我在其他语境中偶尔发现的那样，我们不应该根据共享的历史来划分群体。正如认为不同时期的两件事都属于一个个体历史的一部分一样，对不同时期的个体我们有不同的认同标准，这个标准独立于他/她对这两件事的参与，因此，当我们意识到两个事件属于同一个群体时，对这两个时期的群体我们有不同的成员标准，这个标准独立于成员对这两个事件的参与。共同享有一个群体的历史不能成为同一群体成员资格的标准，因为为了识别出它的历史，我们需要一些东西来识别这个 136
群体；而这个东西不能成为这个群体的历史，否则则以循环论处。[②]

在此意义下，沃尔特·本·迈克尔（Walter Benn Michaels）建议说，没有一些种族化的群体概念，一个人的文化可以是任何他/她实际实践的东西，因此就不会消失，也无所谓恢复、保存或背叛。因此，当泰勒说没有什么比一个人希望认同永不消失的渴望更具有合法性的时候，我们要问，为什么我们讨论的是消失，而不是变化。迈克尔说，“没有办法解释为何人们过去做一些事而现在不再做这些事构成了他们真实的认

① Margalit and Raz, “Self-Determination,” 445.

② 这个观点是我所说的让种族成为一种历史产物的尝试，参照*In My Father's House*, 32。

同，而非他们现在做的事情构成了他们的认同，就很难说之前的说法语者、现在的说英语者失去了他们的认同，因此，我的观点不是失去的东西没有价值，而是认同从未消失过。”①

当然，抽象一点来说，对存活的关注与对自主性的尊重是一致的；否则每一个真正的自由社会都会在一代人中消失。如果我们创造一个后代愿意坚持下去的社会，那么我们个人和政治的价值就会在他们中间存活。但这里有一个困难的问题，即对自主性的尊重应当如何约束我们的教育伦理。（我将在第五章进一步探讨这个问题。）毕竟，我们在某种程度上有权力塑造我们的孩子，让他们成为愿意坚持我们的价值、信仰和习俗的人。正因为对认同的独白式看法是不正确的，每个孩子的内心并没有一个等待去表达的内核，只要家庭和社会允许它的自由发展。我们必须帮助孩子去成为他们自己：因为孩子自身并不是带着价值

---

① Walter Benn Michaels, *Our America: Nativism, Modernism, and Pluralism* (Durham: Duke University Press, 1996), 181—182. 在其他地方他写道，“20年代的文化认同预设了……对种族的文化期待：成为一个纳瓦伙人你必须会做纳瓦伙的事情，但除非你已经是一个纳瓦伙人，否则你做的事情不会真的被算作是纳瓦伙的事情。”因此：“对文化认同的论述需要一个种族的要素。因此，只要我们的文化仍然只是我们做的和相信的东西，这种描述就是无力的。换言之，一些东西属于我们的文化这个事实不能被算作我们行为的动机，因为如果它确实属于我们的文化，我们就会去做它，如果我们不去做它（如果我们停止做它或还没开始做它），它就不属于我们的文化。（例如，说因为莎士比亚不属于我们的文化，我们就不该教授莎士比亚，如果教授了莎士比亚，就会把他变为我们文化的一部分，这是毫无道理的，但同样地，说因为他是我们文化的一部分我们应该教授他，如果我
308 们不教授他，他将不复存在，这也是毫无道理的。）只有当我们认为我们的文化不是我们碰到拥有的信仰和实践，而是我们成为这类人所拥有的信仰和实践的时候，属于我们文化的某些东西才能算作是激励我们行为的动机。但这么想就是诉诸一些超越文化、不可能来自文化的东西，因为对哪一种文化是属于我们的文化的感知必须来自它。这过去是种族的作用……换言之，文化的现代概念不是对种族主义的批评；它就是一种种族主义……尽可能说得直接一点，‘文化多元主义’是一种矛盾修饰法：因此在原则上文化多元主义承诺了认同的本质主义，它反映了认同，说得更准确一些，它表达了认同。” Michaels, *Our America*, 125, 128—129. 我同意其中大部分的观点，除了将以后代为基础的认同与以种族为基础的认同等同起来的做法，以及将以种族为基础的想法与种族主义等同起来的做法。

而来的，我们必须根据我们的价值来做这件事。赞赏自主性就是去尊重他人的概念，在决定什么对他们来说是好的的事情上尊重他们的计划：但孩子不是从计划或概念开始的。因此在广义的教育理念下，即社会再生产的技术观念下，看来我们必须诉诸以及传承更具实质性的价值，而非尊重自由主义的程序。自由主义的程序主义会允许国家对不同的善观念保持冷漠：但哪种善观念将流行取决于我们在教育中传授什么。只教 137
孩子必须接受一种政治，在这种政治中其他人的善观念没有被压制，那么很快也许就不再有实质性的善观念可言。

在绝大多数现代社会，大多数人的教育是由政府掌管的机构管理的。因此，教育属于政治的领域。这绝非偶然：社会再生产包括集体目标的生产。此外，随着孩子发展出他们的认同，成为我们要尊重其自主性的个体，自由主义的国家有责任保护孩子的自主性不受家长、教会和社群的侵犯。我将捍卫这样一种观点：现代社会的国家必须在教育中包含这类议题：即便你不同意，你也必须承认目前它的确扮演了这样一个角色，出于我讨论过的原因，这意味着国家有它的宣传任务，至少，它应该宣传一种实质性的善观念。但所有这些并不意味着国家自身的目的是去关心（与它的成员相对的）特殊的种族群体的存活。

肯定的否定

早先我说过在“文化保存”的外壳之下常常隐藏着一种文化重建的计划；作为一种普遍规则，国家的承认并不会让它的对象保持原状。这些都是毫无疑问的。现在我想要关注的是普遍规则的一个特殊例子，这个例子将向我们提供一个说明性的悖论。当一个社会着手于支持一个通过它与社会的对立来定义自身的群体时，会发生什么呢？当对立是真正的友谊时（又一次向布莱克的《天堂和地狱的联姻》致歉），会发生什么呢？

约瑟夫·拉兹对自由主义的多元文化主义的论述为我们提供了一个很好的起点，这正是因为他意识到了和谐有其局限性。他写道，“一个人的文化构成了一个人的认同。因此轻视一个人的文化，迫害它，嘲笑
138 它，轻视它的价值，会影响该群体的成员”，他继续说，“如果它得到了国家的许可”就更是如此。与此同时，拉兹承认文化之间的一些敌意是不可避免的，而“冲突是内在于多元文化主义的”。[①]

这里漏掉的一点是，这种敌意可能构成了诸种文化。这不仅仅是罗伯斯洞穴实验对人种发生学的观察。毕竟，文化规范不仅由它们所肯定和尊敬的东西构成，也由它们所排除、拒斥、轻蔑、鄙视、嘲笑的东西构成。禁止后一组社会实践就是去改变相关社会形式的性质。也许一个不觉得约鲁巴人傲慢和过分自信的伊博人会丧失一些伊博人的特性；而显然一个觉得大众文化没问题的五旬节派教教徒很难获得他的同伴的认可。喜欢一个东西可能包含着对另一个东西的讨厌。看重谦逊的价值同时又欣赏铺张与高调并不特别冲突，但在实践中将两者调和起来是困难的。在马格利特和拉兹论民族主权的论文中，他们说“个体的尊严和自尊要求群体、群体的成员资格赋予个人一种认同感，让个人得到普遍尊重，而不会成为被讥笑、仇恨、歧视或迫害的对象，这已是常识。”[②]这是常识，但我怀疑它是否正确——在此语境下，我怀疑我们能否要求尊重，而不是简单的宽容。正如我在前言中所说，“尊重”的领域是自由主义的抽象显示其力量的地方，因为受到约束的自我——社

① Raz, *Ethics in the Public Domain*, 178—179. 这些国家“允许”什么还不清楚；有一些批判的种族理论家如Mari Matsuda走得太远以至于建议说国家应该支持它允许的东西。参见Matsuda, “Public Response to Racist Speech: Considering the Victim’s Story,” 收录于Mari Matsuda, Charles R. Lawrence, III, et al., *Words That Wound: Critical Race Theory, Assaultive Speech, and the First Amendment* (Boulder, CO: Westview Press, 1993), 17—51。

② 他们承认“群体及其文化可能是有害的，建立在对其他群体的诋毁和迫害之上”，但是，当然，在某种程度上这可能对所有群体来说都是正确的。Margalit and Raz, “Self-Determination,” 449.

群的倡导者将被抽象的自由主义的个人所取代——并不是我们按照规则必定去尊重的人。

如我们已看到的，黑格尔式的承认概念（recognitian）在多元文化主义的语境下被讨论得很多；但为了阐明文化支持的悖论，我们也许要引进另一个黑格尔式的概念，即内部否定（internal negation）。

> 但你失去了征服者的气势，
> 如果你所征服的我，被你的仇恨所毁灭。
> 那么，让我的存在不要减损你的存在，
> 如果你恨我，请小心你恨我。

这是约翰·邓恩（John Donne）在《禁令》一诗中所写的，乔恩·埃尔斯特(Jon Elster)引用它来阐明这种动力学。埃尔斯特说，“一个要求毁灭外部客体来保持独立性的人，在他的存在中依赖那个客体，因此 139
不可能不带矛盾地希望它的毁灭”，“一旦我们开始思考这一点，会发现这个现象是普遍存在的。它解释了为什么无信仰者具有战斗性的无神论难以存在，就像某种共产主义与私有财产权共生一样”，他接着说，它还解释了一些反共产主义者对冷战的怀念——不是对它所提供的稳定的渴望，而是对从它当中获得意义的渴望。[①]

那么，想象一个文化群体，悲观者，他们依靠被排挤而壮大。也许它的起源是十六世纪的某个异教，从那以后异教徒被排除出了他们以前从属的社群，他们试图保持超脱和孤立。因此，他们以可恶的方式对待他人，以确保自身将一直受到排斥，他们从外来者的敌意中获得力量，从而可以保证他们的生活方式不受外部影响。然而，现在他们发现他们生活在一个欢迎他们的体制中，政府对他们很慷慨；因此这个群体

① Jon Elster, *Political Psychology* (Cambridge: Cambridge University Press, 1993), 80.

中的年轻成员开始质疑群体信条的基本宗旨。当然，你也许会认为这是一件好事。你甚至可能将它看作对今日支持悲观者这一倡议的辩护。但这个政策不能作为保护悲观者文化的理由。你没有保护它，你毁坏了它。保护它的方式是鼓励那些不属于消化不良者群体的人继续以鄙视的方式对待他们。因为在这样的条件下悲观者的文化才能繁荣，在这样的条件下它能够最好地保存自身。

考虑到种族传统或部落传统常常生长于敌视的环境中，也许没有简单的方法来调和保护主义的伦理与尊重人性的自由主义理想。在一些罗马尼（Romani）群体中拉小提琴是很普遍的，因为这是这个流浪的移民群体为数不多的可以赚钱的一门手艺：如果给这个种族一些土地，那么小提琴就会变成锄头。当他宣称堕落的、衰落的文化可以恢复活力的时候，金里卡躲避了这个议题："只要给予了所需的前提条件，土著群体（可以）在其文化传统的基础上吸收现代世界的最好成果成为
140 有活力和多元的文化群体。"从这种特定的、分裂差异的方法中我们不能期望得到多少收获。让我们暂时把是否应该合法地渴求这种或那种文化具有"多元性"的问题放到一边（我们稍后将讨论，一种文化具有内在的多元性意味着什么）。很显然，文化维持与文化支持是不同的。我们常常必须做出选择。要求去除或者转化他们服务的认同的自由主义运动并不少——一些激进的同性恋政治运动，还有印度的贱民解放运动。[①]要理解这样的政治，我们必须首先将它看作提升了作为人的利益，而不是作为认同承担者的利益。解放穷人的运动不是去承认他们作为穷人的认同。在此目标不是保护，而是文化或社会经济的变革。布莱克说，"地球上永远存在着两个阶级，他们应该是敌人；任何想要调

① Kymlicka, *Multicultural Citizenship*, 100. 参见，例如，Jean Bethka Elshtain, "Homosexual Politics: The Paradox of Gay Liberation," *Salmagundi*, nos. 58—59 (Fall 1982-Winter 1983): 252—280。印度贱民的自由主义运动意味着从印度教叛逃，这常常包含着将种族宗教忠诚转向某种形式的佛教或基督教。

解他们的人都是在破坏存在。”当否定是一种肯定时，在布莱克的意义上，最后你必须决定这是不是值得尊重的文化或民族：这是一种不能分裂的差异。

多样性的原则

英国政治思想中有两块试金石：

> 但根据不同的规章、习俗和观念，人们的倾向是多种多样的；就像我们通过感官去把握那些事物一样，我们可以尝、摸和闻；但在那些涉及到生活的共同行动的事情上，这个人赞赏的（也即是善），那个人却看不起，认为是邪恶的；不仅如此，很多时候同一个人在这个时期赞赏这件事，在另一个时期又憎恶这件事。只要他们行为，就必然产生不和谐以及争斗：只要他们处于战争状态下，由于兴趣和欲望不同，人们就会用完全不同的手法分配善与恶。

> 只需提到人们具有多种多样的口味，就足以构成不要试图用一个模子来塑造他们的理由了。但是，不同的人还需要发展精神的不同条件；不同的人不能健康地生存于同样的道德之中，就像各种各样的植物不能健康地生存于同样特质的环境和气候之中。帮助某个人培养较 141
> 高禀性的一些事物，对于另一人却是障碍……除非在他们的生活方式上也有相应的差别，否则他们就既不能获得快乐的公平份额，也不能在精神、道德和审美方面成长到他们的本性所能达到的高度。

第一段话来自霍布斯的《论公民》，在此我们了解到，导致“不和谐以及争斗”的原因不是人们不去追求善，而是他们有相互冲突的善观念。第二段话出自穆勒的《论自由》，是我已经引用过的。[①] 对穆勒的前辈尤其是霍布斯来说，多样性是一个需要解决的问题，而不是值得促进的条件。直到穆勒，多样性才成为某种价值进入到盎格鲁撒克逊的政治思想中。受到浪漫主义迷恋差异（洪堡的“整体的个人主义”）的影响，穆勒认为多样性既是发展个性的条件也是个性发展的结果。[②] 但穆勒的多样性学说事实上有两面。在此，多样性是人类的一个前提事实，一个要促进人类福祉的社会必须接受这个事实。但多样性也包含在穆勒所呼吁的“生活实验”中；在这个意义上，多样性将产生多样性，因为暴露在多样性环境中的人会产生出更多的多样性。我们应该得到怎样的对待取决于我们是谁；但我们怎样被对待将影响我们会成为谁。相应地，穆勒害怕的不只是传统的流毒；他还关心很多现代性的问题。事实上，在令人相当吃惊的程度上，对全球化时代大众传媒和大众文化带来的平整化和同质化效应，他有很多抱怨：

> 环绕着不同的阶级和个人，并塑造其性格的各种情境，正在日益趋于同一……相比较而言，他们现在读相同的东西，听相同的东西，看相同的东西，去相同的地方，所持希望和恐惧也指向相同的对象，拥有相同的权利和自由，以及主张这些权利的相同的手段……而同化仍在进行之中。这个时代的一切政治变化都在促成同化，因为所有这些变化都趋向于把低的提高、把高的降低。教育的每次扩大都在促成同
> 142 化，因为它把人们置于共同的影响之下，并让人们获得通向事实和情

① Hobbes, *De Cive* (1651), chapter 3, paragraph 31; Mill, *On Liberty*, CWM 18: 270.

② 参见Taylor, “Cross-Purposes,” 185。肯定还有一些前辈。如Samuel Fleischacker观察到的，对多样性的赞赏可以回到启蒙，启蒙是对“基督教先行者的普遍主义的拒斥”，他还评论了莱布尼茨的“多样性的原则”，“根据这种原则上帝将创造一个尽可能多样化的、充满了不同事物的世界，因为没有充分的理由去创造一个不那么完整的世界，也没有充分的理由在完整的世界中创造两个完全相同的事物。” Samuel Fleischacker, *The Ethics of Culture* (Ithaca: Cornell University Press, 1994), 208, 210.

> 感之普遍贮存库的手段。交通工具的改善也在促成同化，其方式是让相距遥远的居住者密切接触，同时又引起从一地到另一地居住变化的迅速流动。商业和制造业的增长也在促成同化，其方式是更广泛地传播舒适环境的优点。[①]

他接着抨击公共意见在国家事物中扮演的越来越重要的角色，或者我们今天常常谴责的“受调查驱动的政治”。

穆勒种下的这棵树已经长得很巨大了（我也许应该尊重他喜欢用树来打比喻的习惯）。在当代政治理论中，多样性因其自身之故是一种重要价值的观念——我们可以把它叫做多样性的原则——代表了一股有力的派别。据说穆勒是从旧的自由主义——认为自由是重要的，因为它可以使人们发现有关道德和形而上学的真理——向新的自由主义——认为自由是重要的，因为不存在这样的真理——转型的人物。[②]不用说，新兴的怀疑主义成为了一个有力的学说，它的一些支持者注意到在《论自由》中穆勒对多样性给出了最完整形式的辩护，尽管他们并不赞同：他对多样性的热情是了不起的；但它不是没有边界的。他不喜欢神权政治家和专制者，因为这些生活方式将使个性窒息。他对多样性的承诺并不会取代他的人类福祉和自我发展相交织的理想。他写道，“进步的原则对立于传统的支配。”[③]那么，进步的原则是不是成功最终的标准呢？就当代的多元主义者而言，穆勒引领着政治理论家的队伍穿过了同质性的沙漠，他指出了家园的方向，但像摩西一样，他并没有到达应许之地。

---

① Chapter 3 of *On Liberty, CWM* 18: 274—275.

② Basil Mitchell, *Law, Morality, and Religion in a Secular Society* (Oxford: Oxford University Press, 1965, 1970), citing, inter alia, P.E. Strawson, “Social Morality and Individual Ideal,” reprinted in Strawson, *Freedom and Resentment* (London: Methuen, 1974).

③ Mill, *On Liberty, CWM* 18: 272. 309

一元论的威胁

很多理论家—— 他们当中有威廉·盖尔斯敦、约翰·格雷、海库·帕瑞克(Bhikhu Parekh)和乌代·辛格·梅达(Uday Singh Mehta)——认为多元论最大的敌人是一元论，尤其是与自由主义经典文本相关的哲学一元论(穆勒本人没有被排除在外)。在他的《重新思
143 考多元文化主义》一书中，帕瑞克费尽心思追溯的一元论的传统从柏拉图开始，现在仍然在纠缠我们；(用帕瑞克相当抽象的语言来说)它由一种对人性的普遍主义信念以及对相似性(而非差异)的本体论偏好和道德偏好所刻画。罗尔斯因其与形而上学的纠葛和不被承认的带有宗派色彩的自由主义承诺而受到指责；拉兹因其对自主性狂热的强调而备受指责；金里卡因其要求民族少数群体至少在某种意义上必须尊重个人自由的自由主义原则而遭到批评。一元论的狡计在他们身上都有影子。帕瑞克抱怨到，所有这些方法都没有将多样性完全看作价值；在它们应该承认差异的地方它们看到的是同一性。

带着他那应受批评的个人主义的多样性概念，穆勒自然是一个主要的冒犯者；事实上，帕瑞克和其他人坚持认为，当他不宽容地说约翰·诺克斯(John Knox)不能受到伯里克利那样的尊重时，穆勒出卖了自己。[①] 当然，该起诉书令人熟知的观点是，穆勒是一名自主论者，而自

① 自由主义理论家——在此问题上帕瑞克和纳斯鲍姆以及其他人立场一致——为约翰·诺克斯感到忿忿不平是一件奇怪的事情。首先，尽管穆勒没有运用任何类似于后罗尔斯式的中立性概念，但在一篇反对国家专制和限制不受欢迎的观点的论文中他做出了评论。穆勒犹豫是否应该给予诺克斯的尊重形式是(用达沃尔的术语来说)“评价式的尊重”。他的评价看上去是完全合理的。鉴于穆勒的苏格兰传统，他很可能十分熟悉诺克斯的遗产，其中之一是非常危险的不宽容。1559年春天在佩斯祈祷时，诺克斯唆使暴徒洗劫和掠夺天主教教堂和修道院。他常常宣称，每个新教徒有权屠杀天主教徒：“偶像崇拜者”必须“死于”上帝的子民之手。他“对英国的简短告诫”是驱逐“天主教会的渣滓”。当红衣主教比顿被刺死时，他兴高采烈。(在他的《苏格兰宗教改革历史》中他回忆说，

主论是一种种族中心主义的偏见，多元论应该排除它。

事实上，当穆勒将自主性的要求搁置起来的时候，他才是一个真正的种族中心主义者。在《论自由》的第一章，穆勒说，“对于文明群体中的任何一名成员，可以违反其意志而正当地行使权力的唯一目的，就是防止对他人的伤害。”至此，你可能认为他是一个自主论者，但随后他提出适用范围：“也许无须赘言，这一学说仅适用于能力已经成熟的人”，因此排除了孩童和那些“其种族本身还处于未成年时期的社会落后状况”。[①]在此，穆勒期望的让步正是一些像格雷这样的强烈的多元主义者所力促的。穆勒说，即使是阿克巴和查理曼帝国的专制对落后社会来说仍然是有益的。指控说出此话的穆勒将自主性的伦理强加于那些不把自主性当作价值的文化是不公平的。[②]那些穆勒的批评者在他们最强大的时候拒绝接受穆勒的论证，在他们最弱小的时候接受了穆勒的论证，这不得不说是一个巨大的讽刺。

因为穆勒的信念是所有人都应该得到自我发展的机会，所以据称

“我们愉快地记录这些事情”。）他制定了一部“信仰告解”书，批准对参加弥撒的人处以死刑。当玛丽·斯特沃特的秘书大卫·瑞奇被她前面的一伙男人刺死时，诺克斯宣称这个行为是最正义和值得赞扬的。更不用说他最著名的书《反对女权的荒唐统治》（1558）。（“擢升一个女子至优越的、统领的、掌权的地位，让她凌驾在城邦、帝国之上，是违背自然规律和令人嫌恶的；换一句话说，女人不应该统领任何国家，这种事既触犯了神的旨意，又破坏了公正的法则。”）没有哪一种自由主义可以允许我们在诺克斯和伯利克里之间保持中立。

① Mill, *On Liberty*, *CWM* 18: 224. 正如乌代·梅达和其他人指出的那样，虽然穆勒只要求“文明社会”的成员要有自主性，但他仍然带着向往的眼神看待野蛮社会，因为他认为他们仍然享受过去时代的英雄主义和个性。梅达注意到穆勒在这个问题上态度具有两面性。在《论代议制政府》中，穆勒说“进步”指的是“精神活动、进取心和勇气”的提升，这与“原创性和创新”有关。*CWM* 19: 386. Mehta, *Liberalism and Empire*, 101—102, 103.

② “专制体制是一种对付野蛮人的合法统治形式，只要目的是改善他们，所采用的手段也由于实际上实现了这个目的而得到证成。作为一条原则，自由在人们还未达到能够借助它进行平等的讨论而获得改善的阶段之前，在任何状态中都是无法适用的。不到这样的阶段，人们假如有幸能找到像阿克巴或查理曼这样的大帝的话，就只要无疑虑地服从。” Mill, *On Liberty*, *CWM* 18: 224.

144 他犯了“一元论”的错误。穆勒的一元论，如果我们这样说的话，表达了他对美国奴隶制的激烈批评，因为那是“人性的灾难”。由于穆勒坚持认为人类最终是相似的，人性最终是同一的，在这个主题上他的著作中充满着一元论的语言。他写道，“我还没有在世界上哪个地方听到人对其他人做出比奴隶制更可恨的事情。”他谴责的力量主要来自这个信念，即他坚持认为罪犯和受害者在本质上是同一的：经由人类，走向人类。在1850年弗雷泽杂志（Fraser's Magazine）发表的一篇驳斥卡莱尔的《对黑人问题的只言片语》的文章中，穆勒写道，如果卡莱尔不蔑视“对人类本性的分析探究”，他会

> 避免犯下将他发现的人类之间的每一种差异归结为本性的差异这种低俗的错误。也可能如人们所说，从同一根树干生长出的两棵树，不可能一棵比另一棵高，除非在萌芽状态时一棵比另一棵获取了更多的养分。没有土地、气候、环境的差异带来的影响吗——没有风暴掠过这棵树（而放过了另一棵树）吗，没有闪电伤害过它吗，没有野兽啃过它吗，没有昆虫在上面捕食吗，没有陌生人剥落它的树叶或树皮吗？①

穆勒的论辨将“人类”这个词淋漓尽致地运用了二十八次之多：这是从他的论证中提炼出的一个词。如他在别处所说，奴隶是“人，应该被赋予人权。”②这种普遍主义的修辞不可能表现得更清晰了，他对帕瑞克

① 穆勒接着说，“很奇怪的是，我们有最强烈的理由相信，最早为人所知的文明是
310 黑人文明。从他们的雕塑中可以推断，最早的埃及人是一个黑人种族：因此希腊人最早是从黑人那里学习了文明的第一课……但我又一次放弃从事实中获得的所有好处：白人比黑人天生智力优越吗，他们在天性上有能力指导黑人吗，所以因此断言白人有权通过武力或高明的技术让黑人屈从于自己，为他们设下圈套让他们生活困难，误以工作为名为自己保留愉快的兴奋是十分可怕的。”来自“The Negro Question,” *Fraser's Magazine* in January 1850 (*CWM* 21: 93); Carlyle在前一年发表了他的论文，1853年他又重印了这篇论文，题目略作修改，“Occasional Discourse on the Nigger Questions.”

② 1862年1月他在*Fraser's Magazine* (*CWM* 21: 138)上发表了一篇名为“The Contest

的规定的违反也再清楚不过了。

我们看到，帕瑞克谴责那些断言人性具有普遍性的人，但这种普遍主义的对手却并不总是最好的伴侣。几乎不用提起，自由主义的普遍主义，或有时被叫做“本质主义的人本主义”在启蒙运动中没有一席之地。在这种普遍主义的主要反对者中，有一些是早期的激进差异理论家，他们的观点被用来论证奴隶制和殖民主义的正当性，后来又被用来论证种族屠杀的正当性。所以，在思想史上，我们不该假设普遍主义给出了最多的回答，或者多样性的特质永远值得我们尊重。让我们再进一步。我们的道德现代性主要是包括将平等尊重的原则推广至那些原 145
本在同情范围之外的人；在此意义上，它包含了一种在我们的先辈只看到差异性的地方看到相似性的能力。这种智慧是来之不易的；不应该把它轻易抛开。

有些人可能会反对说，废奴主义者在“相似性的逻辑”下开展运动只不过是一个偶然的事实。也许他们会说黑人是非常不同的他者，只不过他们还是应该成为自由权利的主体；或者因为奴隶制是一种统治形式，它腐化了统治者，所以它是错的。事实上，许多废奴主义者确实认为黑人比“白种人”更低下，这两种人不可能在平等的环境中和平相处。也就是说，典型的废奴主义者看到黑人的时候并不会反射出自身的镜像。但他的论证毫无疑问地建立在某种相似性的基础之上：比如，像白人一样，黑人也是上帝的孩子；或者，像白人一样，黑人也能感受痛苦。他们看到了，也坚持一些根本上的相似性。如果他们不这么做，很难看出他们怎么能劝服别人。[①]废奴运动的逻辑（如凯瑟琳·加拉格尔和其他人

---

in America”的文章，这篇文章支持英国自由党鼓吹的联盟。在此他嘲笑这种观念，即南方决定要脱离联盟时，其政治意志应值得尊重：“首先，有必要问的是有没有询问过奴隶的意见？在评估集体意愿的时候奴隶的意见有没有被算作其中的一部分？……请记住，我们认为他们是人，应该被赋予人权。”（“人权”这个词与“自然权利”或“人的权利”相对，在第二次世界大战后流行起来。）

① 崇尚差异的后现代主义者有时候会号召，例如，埃德蒙·伯克就谴责英国在印度

指出的那样）会继续支持工业革命期间反对“工资奴隶制”的运动。这就是为什么我说我们的道德现代性的进步是通过帕瑞克责难的相似性逻辑的扩展而实现的。帕瑞克没有说服我们，对相似性的拒绝是值得推荐的。为什么人性的普遍性假设必然是坏的呢？它甚至是不真实的吗？如果穆勒、拉兹、金里卡和其他人没有认识到多样性是一种终极价值，如帕瑞克声称的那样，那么，对多样性而言就更糟糕了。穆勒对多样性的热心奉献无需累述：对拉兹和金里卡而言多样性并不占据中心地位。任何弱小的“一元论”版本都应该接受质疑，这显然是自由主义者很乐意捍卫的一种一元论版本。

算出来的多样性

说起多样性原则，可以参考两幅不同的地图。在一幅地图中，我们在文化迥异的社群之间（甚至在主权的政体之间）绘制了权宜之计；在另一幅地图中，我们所绘制的多样性是内在于一个社会或一种生活方式的。尽管这两者之间没有明显和稳定的区分，但我把第一种多样性叫

的实践。但伯克的论证也诉诸这个观念，即印度人在某些方面像英国人，不仅仅是这两个社会的高度等级性。事实上，他有关东印度的演讲充斥着欧洲的参数：“如果我将这里的财产全部加起来，我可以将它与德意志帝国的财富相比。我们直接的拥有可以与奥地利支配的相媲美，并且他们在这种比较中也不会受损失。奥德的富豪也许可以与普鲁士国王相比；奥科特的富豪的领土超过了萨克森州的选民主，收入与他们持平。贝拿勒斯的王公Cheyt Sing至少可以与海赛的王子并列；坦焦尔的王公，尽管领土面积不如巴伐利亚州的选民，但收入远超过他们。帕里加尔以及北部的地主，和其他的大首领，可以与帝国的其他王子、公爵、伯爵、侯爵、主教相媲美；我满怀尊敬地提到所有人，并肯定没有贬低那些最受尊敬的王子和达官显贵中的任何一个人。”参见埃德蒙·伯克，*The Speeches of the Right Honorable Edmund Burke, in the House of Commons and Westminster Hall* (London: Longman, Hurst, Rees, Orme, & Brown, 1816), 2:416。这选取自他的演讲“关于福克斯的东印度法案”（这篇演讲可以在E.J.Payne和Francis Canavan编辑的Edmund Burke, *Select Works of Edmund Burke, and Miscellaneous Writings* [Indianapolis, IN: Liberty Fund, 1999]一书的第四卷中找到）。

做“外部的”多样性，第二种多样性叫做“内部的”多样性。正如穆勒所希望的那样，这两个版本的多样性是相互补充的，但它们也同样可能相冲突。例如，当一个自由国家采取措施保护一个附属的神权社群的本真性时，允许这个社群净化自身、降低它的内部多样性时，这两种版本的自由就会起冲突。反过来，当这类社群被自由化，成为一个内部更具多样性，但更像其他社群的组织时，这两种版本的自由也会冲突。当民族之间（而非个人之间）的多样性出现时，我们能看到两种讨论多样性的方式之间的冲突。

内部多样性的例子通常会让我们想起威廉斯讨论的服务于福祉的多样性的例子。伯纳德·威廉斯用优雅简明的语言指出了这个问题：“如果有许多相互竞争的真正的价值，那么，一个社会在越大的程度上倾向于单一的价值，越多真正的价值就会被它忽略或者镇压。到这个程度，更多意味着更好。”[①] 请注意这个比较不是发生于一个只有一种文化的世界和一个有多种文化的世界之间的；它是发生于一种丰富的、多样的文化和一种狭窄的、病态的文化之间的。其暗示是为了实现他们的个性，人们需要真正的选择，恰当的选择。（这个立场与“生活实验”很可能是有价值的这一观念相吻合。）[②] 但是要有多么多元化你才有资格

① Bernard William, introduction to *Concepts and Categories: Philosophical Essays by Isaiah Berlin*, ed. Henry Hardy (New York: Viking, 1979), xvii. 威廉斯提醒我们“对于一个人在他的生活中可以真正去尊敬的价值范围，或者一个社会在其公民不同的生活方式 311
中可以去尊敬的价值范围，存在一些逻辑的、心理的和社会学的限制”。

② 以赛亚·伯林发现了穆勒的这种逻辑，尽管感觉他可能像复活节捡到彩蛋的贪婪的主人，或者可疑的警探，他不仅发现了它并且将它说了出来：“如果任何人论证说一种既定的、实际的或者可以达到的社会安排产生了足够的幸福——由于对人性及其环境施加的几乎难以通过的限制……最好去关注我们所有的东西中最好的，因为在所有经验的可能性中，变化都将带来普遍幸福的降低，因而我们应该避免变化，我们可以确信穆勒将立马拒斥这个论证。他的答案是我们永远说不出更大的真理或幸福在哪里。因此终结在原则上是不可能的：所有的解决方案都是试验性的和临时的。” Berlin, “John Stuart Mill and the Ends of Life,” in *Four Essays*, 182. 不用说，伯林在此不仅在注释一位前辈，而且也在表达一种他认同的观点。这个论证是具有吸引力的，但它并不强迫我们同意。David

说自己是多元的呢?

要正确回答这个问题，我们必须在不同种类的价值之间做出区分。在我看来，威廉斯是对的，如果他所说的“真正的价值”是那些其重要性独立于我们的计划和认同的普遍价值。这类价值有一个确定的（如果尚未绘制）清单，根据这个事实，一个让这些价值尽可能多实现的社会，比那些让这些价值较少实现的社会要好。但我已经说过，我们的认同是价值进一步的来源（对这个主题我在第六章的与计划相关的价值这一专栏下会说得更多）。一旦我们掌握了这一点，我们就会看到，有时候我们可以通过创造新的计划、建构新的认同来扩大社会中可获得的
147 价值的范围；而这是一个可以不受限制有效进行的过程。坚持说一个社会可以通过这种方式产生出更多的价值是一件好事等于做出了一个更具争议性的论断。①

在这本书的早些地方，我提到过盖瑞德·德沃金的观察，即更多的选择并不必然意味着更好：我们并不必然希望这个选择包括吸食海洛因；而我们会感谢有护栏。② “真正有内在价值的不是拥有选择，而是

Johnston就是一位，他反驳说，这种生活实验的实际价值并不像我们所想的那么高，它毁坏了人们和他们的孩子的生活。也许这个论断是这样的，实验的全部社会后果将是好的；但是如Johnston指出的，“它的力量仍然取决于你认为人类活动的长期倾向是导向进步还是退步。在一个见证了全面战争和极权专制的世纪，关于这个长期倾向的正确观点不那么清晰了。” David Johnston, *The Idea of a Liberal Theory: A Critique and Reconstruction* (Princeton: Princeton University Press, 1996), 92. 这个观点只是说我们无需用对实验的武断捍卫来使自己满意。

① 我受惠于Gabriela Carone帮助我更清楚地看清了这个观点。

② Steven Wall在全面的选择和外围的选择（comprehensive and peripheral options）之间做出了区分。在他的例子中，一个全面的选择可能会致使我们去过一种基督教的生活；一个外围的选择是选择这家教会还是那家教会。Wall认为如果一个人“可以获得大量不同的选择，但在所有这些选择中没有哪个是他想象到自己可以全身心投入的，那么他并没有获得足够广阔的自主性领域”，在一个脚注中，我们遇到了那种有过度要求的人，这个人相信他/她“必须拥有成为一个奴隶主、一个奥运会短跑选手或一个有魅力的电影明星的配偶的选择。”事实上，如果所有其他选项对他们都没有吸引力，那么是他们需要变得

成为那种有能力做出选择的人，”盖瑞德·德沃金说，“但是当然，最好成为一个有选择能力的人本质上并不意味着拥有更多的选择总是一种进步。”[①] 同样的道理也适用于更多的价值必然更好这一观念，它被理解为一个与计划相关的价值的论断。

但这里的麻烦可能是更基本的：可以用列举得出的特征来衡量多样性吗？说社会性文化有更多或更少的价值有意义吗？回想一下查尔斯·泰勒提到的“一种特定的自我付出的英雄主义”；它是一种价值，还是两种价值（自我付出的理想加上英雄主义的理想）的交汇呢？一般来说，这不是人们想要开始的谈话。如果多元主义敦促我们将价值看作不可比较的，那么常识会说价值是不可数的。我们不知道如何比较两个

自主，Wall总结道。但这是不对的。自主性包括了一个理性的前提，即我们是在“可以接受的选项”之中做选择——不是在道德上令人反感的可能性之中进行选择——但是否认这一点的话，那个受挫的梦想家享受的自主性就等于是一种强制幸福的理想。还有一个混淆是对计划的追求者来说“选择”在此意味着什么。有追求一种命运的选择（比如，和一个电影明星结婚）并不等于有能力选择那种命运。在任何可识别的社会中，都没有人被确保一种命运。（除去那些微小的、自己可以确保的命运。但大多数命运都包含着他人的参与。）还有一些是零和的、排他的：如果你想成为2000年的美国小姐，这就意味着你不希望其他人成为2000年的美国小姐。如果你想成为这家公司的最高行政长官，那么你的欲望的实现就会使其他人的欲望受挫，假设你并不是唯一拥有这个野心的人。所以围绕“选择”这个术语也有一些模糊的地方。Wall对这个问题的解决方式是弱化满足条件：“对选择的满足常常是有程度差别的。”Steven Wall, *Liberalism, Perfectionism, and Restraint* (Cambridge: Cambridge University Press, 1998), 140—143. 312

① 在此，盖瑞德·德沃金参考了Charles Ainslie的小鸡实验：你啄白键以防止不得不在你啄白键或避免啄红键之后你可以获得的更大的回报和更小的回报之间做选择。“如果一个人希望成为做选择和为其选择负责任的人，或者希望成为可以选择和发展人生计划的人，那么这些选择的价值就不仅在于它们创造的结果或者它们自身的价值，还在于它们构成了美好生活这个理想的一部分。让一个生活成为我们的生活的原因在于它是由我们的选择构成的，是从其他选项中挑选出来的，因此选择是这个更大的复杂体的一部分。但是，这最多可以支持这样一种观点，即在一定的选择范围内，有选项是可取的……在选择领域，以及在其他一些领域，我们必须说，适可而止。”Dworkin, *Theory and Practice of Autonomy*, 76, 80—81. 还可参见Barry Schwartz, *The Paradox of Choice* (New York: Ecco Press, 2004)。

社会，说其中一个“包含”（这里的关键词是“包含”，而不是“包容”）了更多的价值；不存在有确定数字、有可衡量总量的标准化的比较。[1]

盖尔斯敦支持威廉斯的论证，他用一种古典的模式来捍卫内部多样性。他假设说“人类的多样性”先于文化的自决而存在。因此“价值狭窄的社会”——他举的例子是传说中的斯巴达——“只允许很少一部分居民去过那种有助于自身繁荣和满足的生活”。[2]但斯巴达最初是如何变成斯巴达的呢？如果我们分享盖尔斯敦的关注点，我们需要阐明它是如何从一些拥有快乐的多样性的前政治安排转变为拥有诸多限制的城邦国家的。因为，也许斯巴达人性情相投，他们聚在一起形成了斯巴达，在此情形下说他们普遍痛苦的论断就站不住脚了。也许，这个政体拥有这样的特征是因为它合法地反映和表达了其民众的偏好。没有别的假
148 设的话，我们不能说斯巴达否定了其居民的多样性。即便我们假设斯巴达不受斯巴达人欢迎，只有很少的居民快乐地接受了斯巴达的生活方式，那么我们手里也不是一个多样性的案例，而是一个反对特定社会秩序的合法性的案例，因为显然它遭到了大多数公民的拒斥。此外，如果斯巴达不受斯巴达人的欢迎——相反如果它受雅典人欢迎——我们不能将它描述为一个“价值狭窄的社会”。很难想象一个符合他描述的合法的、世代交替的、稳定的斯巴达。

现在，想象一个特定地区——我们叫它偏执狂之地（Monomania）——其中人们组成脾气相投的群体：战士与战士在一起；慵懒的田园诗人与慵懒的田园诗人在一起；勤劳的太阳神崇拜者与他们的同伴在一起。我们因此拥有许多价值狭窄的社会，也许他们之间有贸易和服务的来往，每个群体都根据自由民主原则管理自身，而且每个群体都按照盖尔斯敦所说的那样允许它的居民“去过那种有助于自

① 除非在特定的环境下，例如，当A包含了B的所有价值以及B不具有的一些价值时。但没有人能够从实际的社会中推断出这一点。

② Galston, *Liberal Pluralism*, 60.

身繁荣和满足的生活”。以免它听起来像是遥远的幻想，让我冒昧地说一句，某种程度的此种价值隔离是自由政体一个令人熟知的特征：这里有主街，有卡斯特罗街；有格林威治，有格林威治村。分享价值和渴望的人们会将彼此找出，对这个事实的承认是我们认真对待迁徙自由和结社自由的一个原因。[①]

吸引人的多样性

至此我已经讨论了由内部多样性的讨论带来的挑战；而当我们关注外部多样性的时候，我们将遭遇一系列不同的挑战。首先，一旦我们将社会领域重新改变成有差异的联邦，每一个社群有其自己的习俗和信仰，那么我们要问对谁来说多样性是一种价值。现在，多样性的原则要求我们为了多样性自身的缘故而提升它。你不用提醒，说多样性自身是有价值的与说有多种社会形式是好的有很大的不同，因为人是多种多样的，或者应该尊重个体的偏好，或者应该给予他们充分的联合自由，或者不同形式的团结对于人类事务而言是重要的。显然，外部多 149
样性描述的也不是一个充满多样性的人的社会。那么，对谁来说多样性的原则是一种原则呢？一般说来，它隐含的支持者是自由主义者的部落。如果这个原则不是一个简单的、维持和平的权宜之计，那么，你必须得出结论说，多样性的前景——皇帝的动物园奇观——是为了我们的欣赏而存在的。[②]

① 偏执狂之地指的是一个拥有内部同质性的地方（一个仍然有助于人类繁荣的地方）；但你可以挑战这种描述。多样的同质性群体的存在使人们从一个群体转向另一个群体（或向另一个群体学习）成为可能。如果偏执狂之地也允许不同地区之间的移民，就像每个人要保持其特征必须这么做一样，那么外部多样性而非内部多样性这个事实不会减少选择的丰富性，以及每个地区个体的自主性和群体的相对同质性。但是你也可以论证说偏执狂之地说到底是一个拥有内部同质性的地方。

② John Tomlinson观察到：“不诉诸简单的直觉即文化多样性是件好事去反对全球

因此，许多证明“多样性”理想的论证的问题在于它们并不尊重罗纳德·德沃金所说的“支持约束”（endorsement constraint），意思是你无法通过强迫一个人支持她认为没有价值的东西而改善她的境况。在《论法的精神》中，有对跨文化评论的精彩汇编，孟德斯鸠警告说，一个人必须“小心不要去改变一个国家的普遍精神”，因为

> 如果它的品性普遍说来是善的，有一些瑕疵又有何妨呢？
>
> 你可以限制它的妇女，立法纠正她们的习惯、限制她们的奢侈生活，但谁知道你是否会因此丢失一种特定的品味呢，也许正是这种品味吸引着外国人，它是这个国家的财富和礼貌的源泉？①

但这种观赏性运动式的多样性看起来更具审美力量而非道德力量。我可能热切地希望这里有亚米希的推车手，门诺教派的挤奶工，或者摇晃着他们古怪家具的夏克尔人，但采取措施劝说这些奇特社群的成员离开他们的社群加入我们的社群将是一个道德错误。我们不是那些早上4点起床打扫马厩的人，他们也不是为了我们的快乐而做这些的。是否要坚持“传统”是他们要做的决定，不是我们要做的决定。

现在，很多理论家用生物多样性来塑造多样性原则，几乎是照搬了穆勒对植物及其环境的类比。因此在警告我们提防“大规模生产和大规模消费商品的全球单一文化”后，大卫·英格拉姆（David Ingram）

同质性很难。然而我们不得不问，对谁来说是好事？谁会来享受这些文化差异？不难看到，偏爱多样性的人可能是西方的全球文化游客或一些关切的人类学家。在广义上也许能提出支持文化一致性的更强的论证，而一致性意味着，例如，在所有文化中最大化医疗保健、营养技术、住房供应、教育等服务。显然这里还有一些与现代性文化进程相关的其
313 他主要价值问题。它们对‘文化帝国主义’的反对并不都建立在左派所说的对统治的批评上，‘同质性’是一个很好的例子。冒着累述的风险，我们要问，‘是谁在说？’” Tomlinson, *Cultural Imperialism* (Baltimore: John Hopkins University Press, 1991), 98.

① Montesquieu, *The Spirit of the Laws*, ed. Anne Cohler, Basia Miller and Harold Stone (Cambridge: Cambridge University Press, 1989), 310.

总结说，“文化多样性不仅仅是一个精神性的或存在性的议题，而且是一个实际生存的问题。”（为了阐明“从传统中解放出来”可能是“不健康的，会毁坏一种真正的人类存在方式”的观点，他举出因科林·特恩布尔[Colin Turnbull]的人种学叙述而出名的Ik人。对英格拉姆来说，Ik 150
人“代表了在我们这个以利润为导向的社会中越来越多的一种个人主义的一个极端范例”。）[1]在一个被大规模的不平等折磨的星球，一个富国只拿出可笑的资金用于对外援助的星球，你不得不对这种生物多样性的比喻感到好奇：当需要我们为了人道主义事业做出重大斗争时，它看上去要求我们撤退。但这个比喻面临的更大麻烦是它否认能动性。尽管门诺教派的农场男孩被选为东村的电台广播员，然而一般来说，黄色的燕草不会决定要变成雏菊；在巨型红杉的社会秩序中也没有任何异议。

值得一提的是，有一些村庄接受了政府资助来保护它们古朴的文化差异。这些村庄包括匈牙利西部的帕罗次(Paloc)村庄，以及越南的赫蒙（Hmong）社群，它们被获许参与一个创收的旅游计划，只要他们同意放弃会损害西方人享受该群体“本真性”的自来水、电力和其他类似附属物。这个促进多样性的计划为好奇的旅游者提供了一个未来世界的试验性原型社会。

一致的差异

我不是带着谴责来说这件事的；人们必须要生活。但正如这些例

① David Ingram, *Group Rights: Reconciling Equality and Difference* (Lawrence: University of Kansas Press, 2000), 257. 对个人主义的苛评代表着从穆勒的转向。但这个诊断是奇怪的：让Ik人苦恼的不是西方文化是不是个人主义的，而是沉重的剥夺，是政府强迫这些狩猎者离开他们的土地成为农民——一种他们从未体验过的行为所带来的后果。说到Ik人，他们许多人宁愿饿死，就像看了太多的好莱坞大片腐蚀了他们一样，这种行为显示了一种奇特的文化自恋。对生物多样性比喻的另一种批评，参见Blake, “Rights for People, Not for Cultures”。

子表明的，支持群体间的差异也许意味着在它们之间强加一致性。正如我之前提到过的，这是内部多样性和外部多样性可能处于紧张关系的一种方式。因为文化就像一棵斑岩树：差异和区别顺枝而下。在真实世界中，一致性是通过群体的授权和群体内精英和“代表”的任命，以这些代表的名义来调动国家资源，通过“文化自主性”的整个装置来树立的。你也许会想起马格利特和哈伯塔在“自由主义与文化权利”中论证的，人们有一种“压倒性的利益”去支持他们的文化不被外来者打扰
151 的权利。但问题是谁被算作是外来者。如洛克所说，因为每个教会对它自己来说都是正统的，当我们去容纳不同的教会时，（从教会的异议者的角度来看）我们可能会鼓励另一种正统。[①]

事实上，当如金里卡这样的多元文化主义者宣称在这个或那个国家有多种“文化”时，从这幅图景中显露出来的意思是，每一种“文化”不仅代表了差异性，而且排除了差异性：这个群体代表了一个相对同质的丛，并且旨在维护它的基本规范和习俗消除异议的管束机制会强化和延续这种同质性。从历史的角度来看，民族主义可以说与帝国主义毗连。如盖尔纳冷淡地注意到的那样，部落主义就像叛国罪一样从未兴盛过；否则没有人叫它部落主义。因此当一个大都市的免税区被强加给邻近地区时——这些地区原来的认同可能是萨瓦、加斯科、勃艮第和普罗旺斯，我们欢呼一个国家的诞生。盖尔斯敦注意到，“尽管自由主义的多元主义者为文化之间合法的多样性而欢呼，他们却怀疑多样性至多只存在于文化内部，而一种文化光滑而同质的表面反映了权力隐

① 拉兹说，“在一个紧密结合的政治和经济系统中，一旦一种文化成为众多文化中的一种，曾经塑造机会的实践可能反过来限制它们。它们可能与（社群成员生活的）更大的社会合法鼓励的渴望相冲突。认为多元文化的措施可以抵消这些事实是错误的。它们也不该尝试去做。它们不该旨在保护不同文化群体原始的纯洁性。它们应该让这些群体有能力调整自身，转变为一种在更大社群中的新的存在方式。” Raz, *Ethics in the Public Domain*, 99.

秘的运作。”[1]但吊诡的问题是什么样的多样性才是“合法的”。

消除社会群体之间的差异性并不必然是值得谴责的。相反，它提出了这样的问题，即是否存在有助于保护良性社会秩序的特定的规范或一致性——何种程度的同质性才是好东西。我是从两段有关多样性的话开始本节的，一段来自霍布斯，一段来自穆勒。如果我们认为只有后者有智慧，我们就犯下了错误。

霍布斯是一个墨守成规者：他认为我们可以普及一种真正的道德哲学，因为这个领域的真理是人类构造出来的某种东西。政体，有教育职能的国家，有义务用这类规范和价值来教导公民，他们会发现霍布斯所说的“和平之路”。霍布斯提供的菜单对我们而言没有多大吸引力；但如我所说，看来我们的确希望我们的公立学校传播这类价值和某种社会合理性。在下一章“塑造灵魂”中我会进一步讨论这个问题。 152

接受价值多样性意味着我们必须在其他社群珍视的其他价值之间设立多样性，包括强加伦理一致性的价值。约翰·汤林森（John Tomlinson）用他一贯的清晰语言指出，“我们也许会论证说富裕、多样性和差异就其自身而言是好的，但在其他的考虑中，重要的可能是秩序、一致性和普遍性。《圣经》和世界语都有他们热情的支持者。”[2]

显然，如果你关心自主性——或者社会合理性的普及，你不会把多样性当作终极的善。斯蒂芬·马西多写道，“对多样性和差异的讨论常常忽略了论述维持一个自由民主的、由公民友谊和合作的广泛纽带连接起来的宪政秩序所需的道德聚合的程度，并不是每一种文化和宗教的多样性都是值得欢呼的，并不是每一种‘边缘化’和‘排斥’都是值得懊悔或道歉的。我们不仅应该祷告，而且应该计划寻求深刻的一致性形式和聚合形式。”[3]马西多显然是对的，即便聚合所需的东西比你想

---

① Galston, *Liberal Pluralism*, 64.

② Tomlinson, *Cultural Imperialism*, 67.

③ Stephen Macedo, *Diversity and Distrust: Civic Education in a Multicultural*

象的要少。但是，回到这一章开始时的观察，美国的文化多样性从未减少，同样也没有那么多的文化多样性值得庆祝：这两者并非没有关系。那些希望每个人支持多样性的人给他们自己强加上一种实质的一元论。

当我们担忧同质性的时候——如果我可以大胆地诊断——这常常是因为我们把它当作先前针对自主性犯罪的一个证据，而不是由于最近的滥伐森林导致这片草木茂盛之地的景色不那么令人愉快。相反，我们很多人重视多样性并不是因为它是一种原初的善，而是因为我们认为它与自由相关，与不强制相关。但如果自主性才是我们关注的目的，那么多样性的原则——仅仅是多样性价值本身——不能要求我们的忠诚。

因此，穆勒式的多样性的限制——服务于个人福祉的多样性——
153 不会产生任何尴尬。穆勒的多样性概念并没有妨碍他做出有关文化实
践的判断，这正是它的长处，而非弱点——不管这些实践是否与他自身
的传统有关，比如约翰·诺克斯的暴怒行为，维多利亚时代英国妇女的
屈从，或者那些对他而言完全陌生的实践，比如中国缠足的习俗。事实
上，除了在其写作中批评不宽容的不宽容的时刻，已经没有什么更能为
穆勒式的多样性辩护的了。坚持认为自由主义者、准自由主义者必须放
154 弃这类判断等于将他们从真正的人类活动中驱逐出去。

Democracy (Cambridge: Harvard University Press, 2000), 2. 完善论者往往对多样性的欣赏力有限。因此Steven Wall写道，“鉴于以自主性为基础的政治道德，多样性的价值在于它有助于人类的繁荣。根据这个论述，仅仅因为它们的存在有助于维持一个更多元的社会而保护那些阻碍人类繁荣的生活方式是没道理的。”实际上，他建议说，一种“拒绝将多样性本身当作善的政治道德反映了它对人本主义——这种观念认为重要的是人类的繁荣——的承诺。” Wall, *Liberalism, Perfectionism, and Restraint*, 181, 182.

第五章

塑造灵魂

灵魂与国家

在穆勒看来，政府的卓越要靠其公民的卓越来衡量，要看政府能不能促进“人民自身的美德和智慧”。[1]这个议题在他的著作中显得既古老又有新意。柏拉图第一个教导说，政治应该是关怀灵魂的艺术。但认为国家应该关心其公民的品格，这却是个相当晚才出现的观念。它是所谓的共和主义复兴运动的支柱，这个运动的灵感来自古罗马的公民人本主义，代表人物有西赛罗、马基雅维利等人，还有美国的建国者，它认为社会必须通过创造好公民来完成再造。它也是自由主义完善论叙事的支柱，这种看法挑战了自由主义的中立性。[2]

① *Considerations on Representative Government, CWM* 19: 390，第一章第58页引用过。穆勒接着说，“任何政治制度的首要问题是在何种程度上它们有助于培养社会成员的各种令人满意的品质……道德的、智力的和积极的品质。”

② 对柏拉图的特征有不同的刻画。在Jowett翻译的《法律篇》第一卷中，雅典的陌生人总结说：“有关人的本性以及习俗的知识对管理它们的艺术来说将大有用处；而那门 314
艺术，如果我没弄错的话，就是政治。”关于共和主义的复兴，尤其可以参见昆汀·斯金纳和菲利普·佩迪特的著作。我想到的还有约瑟夫·拉兹、托马斯·胡卡、乔治·希尔、斯蒂芬·沃尔等人的著作。更有争议的一种完善论是玛莎·纳斯鲍姆和阿马蒂亚·森提出的“亚里士多德式的社会民主”：它考虑的不是如罗尔斯那样的对资源的公正分配，而是为

但是国家真的应该关心其公民的灵魂吗？当问题以这样的方式提出时，我们中的许多人一想到它的前景就退缩了；对此反应可以给出合理的解释。因为谈论灵魂的塑造太像波普尔害怕的那类扰民的政府干预了，所有那些为了追求乌托邦的美景而试图改变人性的致命尝试。霍布豪斯，以一种战斗的姿态，将思想自由称为“内心的城堡”，[①]我们不能对它掉以轻心。但是，一瞬间的反省提醒我们这不是全部的故事。从不存在一个对其公民的性格毫无影响的国家。这个内心的城堡感觉更
155 像一个咖啡馆，它注意到每一队吵吵闹闹通过的队伍。我们知道，自主性通常被描述为自我授权的理想。但这个隐喻应该提醒我们，我们用以写作的语言不是由我们自己创造的。如果我们是自己的作者，那么是国家和社会向我们提供了自我授权的工具和背景；我们可以塑造自己，但其他人也影响我们的自我塑造。因此，如果国家不能不影响我们的灵魂，我们就可以问它是如何影响的，以及它应该如何影响。

当然，国家对我们灵魂的塑造需要得到证明，这是对我们道德现代性的一个反思。对造成我们现在这种境况的原因给出一个谱系学的

所有公民提供能力（将能力提升到某一个水平）。对他否认的那种完善论，甚至可能存在达到它的罗尔斯式的路径：如我们看到的，《正义论》赞同地提到他所说的亚里士多德式的原则，这个观念说的是，“其他方面都是平等的，人们从实现他们的能力的活动中得到享受，而且这种能力实现得愈充分，它自身愈复杂，得到的享受也就愈大。”

① 波普尔写道，“斯宾诺莎的政治理论的关键论点之一是，不可能知道以及控制其他人在想什么。他将‘专制’定义为想要实现不可能之事的企图，以及在不该运用权力的地方运用权力。要记住斯宾诺莎是一个自由主义者；他不相信制度对权力的控制，但认为君主可以行使他的权力达到它们的实际限制。斯宾诺莎所说的与理性相冲突的‘专制’，在神圣的计划者看来只是一个无辜的‘科学’的问题，‘转变人的问题’。Karl R. Popper, *The Poverty of Historicism* (London: Routledge and Kegan Paul, 1974), 90, chapter 24. 在*Liberalism*(1911)中，霍布豪斯写道，“有一个被称为个人自由的领域，这个领域最难定义，但它是热情激烈的冲突和人类最深层情感的舞台。思想自由——一个人在脑中形成的观念免受审查的自由——在其底部，这是个人必须去统治的内心的城堡。” L. T. Hobhouse, *Liberalism and Other Writings*, ed. James Meadowcroft (Cambridge: Cambridge University Press, 1994), 13.

说明可能是有用的。当柏拉图说到灵魂的塑造时，他未曾想到政府需要咨询公民的意见以决定什么对他们的灵魂是最好的。很久以后，圣托马斯将法律定义为“不外乎是那些关怀社群的人为了共同的善制定的由理性颁布的条例”，[1]他想当然地认为关心共同的善包含关心个人主体；但他很少认为咨询他们的兴趣是必要的。建立在这些前现代的观点之上，政府有时需要知道公民需要什么，这样才能知道应该怎样对待他们。但是一个公民想要什么，仅仅这个事实并不足以构成给她这种待遇的理由。事实上，有时驯化公民的胃口、约束或修正他们的欲望是必要的。

但是，宗教改革带来了一种有影响力的新观念，这种观念认为对我们来说什么是好的至少部分依赖于我们对自身行为和属性的态度。而这是康德观念的一个来源，即认为我们每个人都有权进行自我管理，康德把它称之为“自主性”。从这里跳到我们自己决定什么对我们来说是好的（从康德式的道德到罗尔斯式的“政治自由主义”），有重要的一步；但是在某种意义上（罗尔斯当然意识到了这一点），它是出自康德理想的一个产物。如果自我管理指的是被自身的欲望和善观念所管理，那么就没有空间让其他人来影响我们的道德欲望了：它们是给定的，政治道德的任务就是去容纳它们。因此，改变一个人的欲望无异于向他提供错误修改其偏好的信息。 156

我提供这幅讽刺画式的谱系是想要指出一些在历史上相当真实的事情：我们文化中两个背景预设的存在。第一，试图改变人们想要什么，或认为什么是有价值的，这些尝试僭越了合法地属于他们自己的自我管理的领域。[2]第二，我们每个人都有同等的权利满足我们合法的

① “从那四条命令可以得出法律的定义，即法律不过是由照管社群利益的人颁布的、按照公共利益（公共的善）而来的理性秩序。” *Summa Theologiae* I^a-IIae q.90 a.4 ad 1.

② 持这种观点的人会认为侵犯自我管理的领域有时是合法的：例如，保护他人满足其欲望的平等权利。因此假设存在不去干涉他人欲望的首要义务，并不是对一个人持有欲

欲望。将个人的成功视作对其偶然拥有的欲望的满足（这是许多功利主义者的观点），那些人对人类之善有着有时被称为纯粹“欲望相关”（want-regarding）的理解。例如，大部分现代的福利经济学认为，衡量一个社会总体福利的方法就是每个公民个体福利的作用（在数学意义上），而衡量个体的福利就是看他们的偏好被满足的程度。这样一种人类善的观念与我刚刚提到的两个背景预设是一致的。而政府不应该仅仅关注人民的欲望来决定自己该做什么，任何这类善观念都将挑战以上两个预设。因为它允许以欲望之外的东西为名合法地打击一些欲望；它也允许你用善观念去修正你的欲望。

为了捍卫这种观念，最近几十年一批被称为“完善论”（一个令人不快的、具有误解性的术语）的哲学文献出现。这种观念认为，任何认为政府的运行是合法的观念，都要求政府（1）提升其公民的道德繁荣；同时（2）这种繁荣不能仅仅建立在欲望相关的基础上。[①]除了第一个条件，我们还需要第二个条件，因为没有哪种观点可以被称为完善论的观点，如果它仅仅认为政府应该尽可能满足我们已有的欲望。完善论者希望政府可以通过将我们变得更好来改善我们的生活：听从我们目前的

望的绝对的、不可反驳的声明。

① John Passmore在*The Perfectibility of Man* (New York: Scribner's, 1970) 第20页提供了一个的词源概要：“通常被翻译为perfect的希腊语teleios，在词源上与telos（目的）相关，telo将完善与实现目的二者的关系写了进去。但是英语词perfect是从中世纪英语来的，从拉丁词perficere来的，这个词的词根是facere，意思是去制作，其前缀的意思是‘彻底

315 地’。因此，英语词perfect就词源上而言意思是‘彻底地制作’，‘完成’。……完善因此与目的没有太大关联。”这是对其当代用法的一些注解。尽管完善论认为政治应该促进善，这一点与罗尔斯不同，但这种观点并不认为所有人应该过相同类型的生活：密尔的完善论出自他对自我发展的个性的关切，并且他认为政府的安排应该促进这种自我发展。此外，促进并不意味最大化。完善论者可以否认人类繁荣应该得到最大化这种看法；这种观点与价值多元论是相容的。关于完善论对你的要求有多少，一个清晰且精确的论述可以参见Wall, *Liberalism, Perfectionism and Restraint*, 7—25。既然，如我们将要看到的那样，对福祉任何合理的论述都将包含不止是主观的考虑，那么认为政府应该促进其公民福祉（为其自身之故）的观点应该被算作是完善论。

欲望只会让我们停留在原处。但第一个条件的内容也是重要的：完善论建构的政策其目标在于改善我们的生活，而不仅仅是向我们提供一个自我谋生的稳定环境。对完善论者来说，政府应该帮助我们每个人过上好生活，因而它必须考虑这个主要的伦理问题：什么才能带来一种 157
好生活？不管是否持完善论的立场，任何政府都应该提供一个环境，让我们在自己的生活中去追求这个问题的答案。因为法律保障的身体和财产的安全在任何此类概念中都是有用的。但关于好生活包含哪些方面的问题，一个完善论的政府应该有实质性的观点，政府不应该仅仅关心受到他人怎样的对待——如攻击、偷盗、谋杀——在道德上是不可允许的。这就是为什么谈论道德繁荣是合宜的。不管你觉得这种意见是否融洽，处于一些论证核心的完善论的确为我在本章将要讨论的问题带来了一些启发。

如果完善论者大获成功，他们是埋头做到这一点的；他们的主张受到的更多是批评而不是采纳。当然，罗尔斯坚持说政府应该在不同的合理的善观念之间保持中立，因为多元主义的事实——即存在多种多样的此类观念——是现代民主生活中不可避免的一个条件。尽管这种自由主义的中立论最近变得不那么流行了；除了我们在第三章中提到的困惑，这种裁判的信条以及“杀死裁判”的呼声，成为了后现代主义的战斗口号。但拒绝中立论的怀疑主义甚至更快捷地拒绝了完善论所暗示的（如罗尔斯所想）那种先验的确定性。完善论也与那些将消极自由（免于压制的自由）视为终极政治价值的自由主义形式格格不入；这包含了大量的政治观点，但鉴于我们当前的目的，我们可以把它们归之于“消极自由主义”的专栏之下。①

① 一种形式是守夜人国家的自由主义，或者其追随者喜欢称呼的“古典自由主义”。（这种刻画是有争议的；参见Emma Rothschild’s *Economic Sentiments: Adam Smith, Condorcet, and the Enlightenment* [Cambridge: Harvard University Press, 2001]。因为事实上相比“古典自由主义”，亚当·斯密与现代大写的自由主义更接近。）但并不是每种版本

对消极自由主义者来说，有一个让政府来保障生命和财产安全、创造订立契约框架的合理领域，因为这些事情关系到我们如何对待他人；因此在这个意义上它们是道德的事务。但消极自由主义者声称，政府不应该干涉我们生活的伦理维度，不应该被什么样的生活是一个人该过的好生活或坏生活的观念所引导，只要他/她满足了道德义务的强制性要求。而且，说得更具体一些，政府不应该试图为了我而把我变成
158 一个更好的人。在此，对完善论的忧虑是，它意味着对我们个人自主性的一种家长制的侵占；而且更糟的是，它的目的是改变我们的欲望。

碰巧，近年来最有影响的完善论形式关注的正是提升自主性的问题，不管是它的前提还是它的结果都被视为福祉的一个要素。在这些论述中，没有提到对哪一种生活方式或特殊价值（除了自主性的价值）的提升。当然，所有这些并没有让自主性的批评者喜爱完善论。但值得强调的是，自由主义的完善论者常常坚持说他们也是多元主义者；他们认为人类的繁荣必须采取多种形式。[①] 尽管这些形式让我们变得更完

的消极自由主义都特别涉及最小国家：有些消极自由主义者认为消极自由的前提条件（如合理的健康）论证了一个相当广泛的国家角色。我还应当说我感兴趣的消极自由的形式是一种原则的自由主义。它假定政府可以是值得信任的和透明的。毫无疑问，这是一个乌托邦式的假设，并且有一个自由主义的传统不是建立在我考虑的论证之上的，而是建立在对政府的不信任之上的。这就是麦迪逊的自由主义，他试图建立一个相互制衡的宪法，其中没有哪一种权力可以轻易地膨胀。麦迪逊构想了一个丰富的公民社会，在其中我们置身于利益的网络，没有哪一个网络会垄断我们的关注从而成为一个决定性的大多数的基础。麦迪逊帮助设计了一个政治制度，它旨在维持一种广泛的、薄的社会身份的多样性，不允许政府干预公民的灵魂塑造。我对这些论证抱有同情，但在此我不打算考虑它们。因为我感兴趣的是那些即使信任政府，也不允许政府履行这些功能的论证。

① 正如我在注释6提到的。在这个问题上，James Griffin写道，“要成为完善论者，一个人不必是一元论者。你可以接受价值的多元性，这不仅是因为不同的人有不可简化的多种不同价值，而且因为对不同的人来说有不可简化的多种理想生活方式。（艺术家的、研究者的、政治家的、照顾其花园的私人公民的）不同的生活方式，就它们都是善的而言，它们可能体现了不同的理想。” Griffin, *Well-Being*, 59. 还有Raz在*The Morality of Freedom*第399页论证说，他对自主性的承诺包含了对多元主义的承诺：“珍视自主性导向了对道德多元主义的支持”。当然，说人类繁荣可能假定了形式的多样性并不意味着任何形式都是可

善，但它们只不过是在寻求一种更有效的方式来促进我们自身的善观念。正是这一点让一些自由主义的完善论者否认他们自己是完善论者：因为他们声称，他们所支持的事实上是政府对个人繁荣的提升（因此符合我给出的第一个条件），它是以个人自身的善观念为名的（所以不那么符合第二个条件）。自由主义者可以说，“我的目的不是增强你的自主性，或改变你的欲望，而是帮助你把它们释放出来。”但是，在这种意义上尽管他人对我的自主性的追求可以将我的善观念视为给定的，它仍然应该被算作完善论，因为在宽泛的意义上它首先排除了其他好生活的概念（将之视为不理性的），其次它旨在克制（或完全弃绝）我们按照那些与自身善观念不一致的特定欲望来行事。

所以我们不应该假设完善论与对自主性（或消极自由）的关注不相协调。被广泛误解的托马斯·希尔·格林（Thomas Hill Green）——我们有关积极自由和消极自由的分类受惠于他——在肯定他关于完善论的个人主义的信条时写道，“人类社会本质上是一个由自决的个人组成的社会。没有组成社会的个人其个人能力的发展，且将此视为自身的目的，就不可能有社会的进步。”[①]但是，对如何协调完善论与个人自由给 159
出最好说明的是穆勒，穆勒既是一个完善论者，也是一个坚定的反家长制者。为了捍卫像自由民主这样的东西，穆勒成为了一个完善论者，即使他为“认可限制”（endorsement constraint）提供了一个有力的论证：

> 它有关当前福利的优越性建立在两个原则之上，这两个原则具有和关于人类事务所能规定的任何一般命题同样普遍的真理性和适

行的。正如我所说，完善论者就什么构成了人类繁荣确有其观点；他们并不认为仅仅如果 316
我认为我的生活是好的，就代表我的生活确实是受到良好引导的。但是任何其他人也不这样认为。

① Thomas Hill Green, *Prolegomena to Ethics*, ed. A. C. Bradley (1883; reprint, Bristol: Thoemmes Press, 1997), 295.

> 用性。第一个原则是，每个人或任何一个人的权利和利益，只有当相关者本人能够并习惯于捍卫它们时，才可免于被忽视。第二个原则是，从事于促进普遍繁荣的个人能力越大，越是富于多样性，普遍繁荣能够达到的程度就越高，就越能广泛普及。[①]

在此以及在其他一些地方，穆勒坚持说一个政府致力于提升其公民的美德、利益和卓越性，而只有当个人支持这些事情或积极地“捍卫它们”的时候，这么做才是安全的。他的批评者有时候指责穆勒思维混乱，这难道不是在倡导一种反家长制的家长制吗？但思维混乱的是他们。我们对家长制本身就持有不同的感觉。（家长制的理论家倾向于要么承认某些形式的家长制的合法性，要么通过一些定义设置宣布说好东西不能被算作家长制。）[②]绝大多数现代公民一点也不为那些针对自我伤害的法律所扰，只要这些法律不会影响我们塑造生活的能力。面对人类的非理性，我们有要求带头盔的法律和系安全带的法律，我们通常将它们看作强制我们理性行为的法律，而不是促进任何特殊善观念的法律。总的来说，一个人创造其生活的能力不会因为他骑摩托车的时候带头盔而受到损害；而在它有可能侵犯人们生活的地方——如锡克教

① 穆勒接着说，“将这两个命题融合为一个更适用于当下情形的原则：人们越具有自保的力量并进行自保，他们就越能免遭他人的祸害；只有他们越是自助，依靠他们自己个别的或共同的行动而不仰赖他人，才越能在同自然的斗争中取得高度的成功。” *Considerations on Representative Government*, *CWM* 19: 404.

② 比较著名地，穆勒曾说过涉己的行为会产生涉他的后果——即，如果某人“毁坏了自己肉体的或精神的官能，他就不仅给所有依赖他以取得某一部分快乐的人带来了灾祸，而且也使自己丧失了一般来说为同胞尽所应提供服务的资格”，等等。*On Liberty*, chapter 4, *CWM* 18: 280. 唯一允许干预的情况是“违反了独特的、被指派的义务”。充其量可以说穆勒看到了一个问题；但他并没有解决它。正如我们在第一章看到的，拉兹向我们证明，伤害原则可能被运用得过于宽泛了，尤其是说因为我们导致某人生活机会减少从而伤害了他这样的例子；我想再一次指出这种担心，即这个概念可能过于宽泛了。

徒偶尔抱怨的那样，普遍存在着豁免。[1]国家也可能采取安全运动，劝告我们采取自我保护的措施，因此需要修改我们的信仰和欲望。如我所说，绝大多数人接受这类打击非理性（如果它们确实是）的措施处于合法的国家干预范围之内。但这个范围应该止于何处呢？ 160

反完善论者与完善论者具有同样宽泛的范围概念。例如，反完善论者也可以（也常常）宣扬公民美德。反完善论者的理由可能是，我们的自由民主国家要求公民共享某些基本的价值和信念。此外，拥有这些美德对一个人完整地和有效地参与公共领域来说是必要的。例如，民主制应该宣扬投票的价值，因为如果人们不投票，政体就会衰退。在此，你可以类比道路的规则。我们教导人们如何成为好司机，从而国家的交通系统可以运转，如果个人选择开车的话，他们也能直接从驾驶中获益。当反完善论者教导公民美德的时候，他们是出于后果论的考虑。国家主要关注的不是我们生活的伦理的成功；而是政治秩序的稳定和存活。[2]这就是使得这些理由成为反完善论的原因：我变得有美德不是

---

① 平均主义者可能会好奇，为什么锡克教徒（这个例子我在第三章中曾提到过）在此符合豁免的条件，而那些对不带头盔有同样强烈偏好的世俗主义者却不在考虑之内。Brian Barry在*Culture and Equality*, 44—49中对此给出了有力而清晰的阐释。巴里写道，"我们必须坚持否认某些群体的平等机会（例如，一项禁止锡克教徒骑摩托车的法律）与一些人基于平等机会做出的决定（例如，决定不骑摩托车）之间的关键差别。""那些相信即使带头盔骑摩托车还是太过危险以至于这不是一个理性举动的人事先就被排除在外了。我们总是根据价值观中什么是对的、礼貌的、体面的、审慎的、合宜的，来给我们可以合法地获得的选项施加限制。只有宗教信仰可以对自我满足施加限制，这个观念足以让无神论者感到受到了冒犯。"（45）回到我先前对自由实践条款的讨论，对这条思路有两种习惯性的回应。传统的自由主义的自主论者会采纳这个事实，即偏好是一种宗教或准宗教习俗，这说明了偏好被强烈捍卫的原因。（锡克教徒的身份可以被看作一个代理信息，这个事实证明了偏好的强度。）而社群主义者则谴责将身份特征与消费者选择等同起来：如果包裹头巾是由你的身份决定的，那么这不是你可以"选择"的东西。 317

② 政治秩序的存在由它给个人带来的善而得到证明：道德个人主义显然与对社会善的讨论是一致的。当然，反完善论者致力于提升公民美德的努力被认为与自主性或个性不相符。并不仅仅是完善论者受到这类指责。

为了我自身的缘故（不是因为我可能繁荣），而是因为这对我服务于公益是必要的，对我应该如何对待他人也是必要的。

但是，这些自由主义者真的认为公民美德——当他们描述自由民主制度创造出的品格（或归之于自由民主制度的品格）时，他们滔滔不绝——之所以好仅仅是因为它们碰巧服务于其他的目的？他们可能会说，它们是好的大概就像国家公路系统是好的那样：这是现代国家运转所必需的东西。但是，尽管我们可以想象交通运输领域发生某场革命从而使公路变得多余（无论如何，向我们许诺的那些捆绑式火箭发生了什么事情呢？），却很难想象同样的场景会排除诸如“反思、自我批评的态度、宽容、向变化开放、自我控制、愿意与他人交谈、愿意修改计划以尊重他人的权利，或回应有关自身性格和理想的新洞见”的性格特征（我采纳的这个清单来自斯蒂芬·马西多的《自由的美德》）。[1]我认为将这些特征描述为具有内在善是合理的。但是，承认对其拥有者来说它们具有内在善，并且基于这个事实来促进这些善，就脱离了反完善论的
161 立场。

---

① Stephen Macedo, *Liberal Virtues* (Oxford: Clarendon Press, 1991), 129.（在他的叙述中，这些美德对一个自由政权来说既是必要的，也是由自由政权产生的；但他也承认，这些美德如果没有补充，可能会出现短缺。）一个彻底的反完善论者可能坚持说，这些只是公民的技能，它与知道如何操纵一个投票站没有什么不同：但出于充分的理由，这不是一个吸引人的描述。回忆一下拉兹对偶然而内在的公共善做出的讨论，参见*The Morality of Freedom*, 198—199。“这是一种公共善，也是内在的善，这是一个宽容的社会，是一个有教养的社会，它充满了对人类的尊敬，等等。生活在有这些特征的社会中显然对个人来说是有益的。”内在的公共善（拉兹所说的“集体的善”）对个人来说仍然是善，与道德个人主义相容；它们不是泰勒断言的那种“不可简化的社会善”。显然，一个反完善论者可以接受说这些特征具有内在的善，但她坚持她促进这些善是为了后果论的原因。完善论与它的基本理由而非它的描述区分开来。想象有这样一个政治理论家，对他来说唯一真正有价值的事情是最大化政府的保险箱。小心谨慎的经验考虑致使他支持自由民主制的每一个客观特征，即使他毫不重视自由、平等或甚至人类繁荣。民主派不仅仅是那些支持民主政治安排的人；他们这么做是出于民主的理由。事关紧要的是这些理由是否包含了政治权威可能会促进的一种善观念，一种人类繁荣的理想。

甚至那些对讨论公民美德抱有怀疑态度的自由主义者也常常将个人自主性看作具有内在价值的东西：正如我说过的，这类自主论（它的批评者，还有它的一些支持者坚持说）可能是完善论的。但是尤其在教育领域要区分为了公民自身的缘故促进公民美德与为了政体的缘故促进公民美德是相当困难的。考虑一下阿米·古特曼的提议："一个民主教育的国家试图教导……最好被称之为民主美德的东西：慎议的能力，因而可以参与自觉的社会再生产。"[①] 显然，这个提议结合了对政体福利的关注（广泛的培养这种美德对政体的稳定和存活来说是必要的）和对个人政治平等性的关注（否则个人缺乏反思性地塑造他的政治环境的能力）。但是你仍然感觉它遗漏了某些东西。大略地说，即使我的（内部的）考虑和由此产生的投票结果对世界不造成任何影响（除了拥有大量选民带来的总收益），但我以这种方式来投票仍然被认为对我而言是好的。公民资格的价值成为我的生活的伦理维度的一部分，成为我是谁的一部分。

我在这一章中想探讨这些议题：国家是否应该或者什么时候可以干预我伦理成功的前景。为了把握住到底什么是事关紧要的，让我回到对单个人类生活进行伦理评价的问题。[②] 过一种生活意味着一个人从生

① Amy Gutmann, *Democratic Education* (Princeton: Princeton University Press, 1987), 46.

② 当然，有些传统假定我们可能在某种意义上不只拥有一种人生。探索这类传统中是什么让人拥有一系列生活是个有趣的问题。因为在这类传统中，例如在印度教的传统中，对后世生活的塑造反映了前世生活的事实，很明显个人对后世生活中发生的事情负有责任；因此生活的序列与我所探究的单一生活有道德的关联。但这些序列的生活与单个的人类生活还是有本质区别的，如我们现在想象的那样，因为由于记忆不能贯穿各个序列的生活，就没有一个关于整体的叙事可以在每个序列中起作用；而过单一生活的个人感觉她可以将她生活的每一个阶段融合为一个单一的故事。（这就是丧失记忆让患有阿兹海默症的人如此沮丧的原因之一。）因此即使不同世的生活之间有道德关联，它们之间的关联与它们内部的关联也极其不同。有关我们是否在事实上拥有不止一个人生的争论在某种意义上例证了我在第六章末尾"竞争性的善、竞争性的上帝"小节中讨论的传统之间的形而上学的分歧。 318

（或者成年）到死的这段时间中充满了可以用伦理评价为总体或部分成功或失败的尝试和成就的模式。生活的伦理维度既包括一个人在多大程度上创造和体验了事物——例如情感关系、艺术作品和制度，也包括她在多大程度上达到了她为自己设定的计划目标（部分由她认同的方式所定义的计划）。一个人如果完成了她对其他人负有的大多数义务（因此在道德上是成功的），以及成功地创造了有意义的事物并实现了她的野心（因此在伦理上是成功的），那么她的生活就是顺利的。[1]
162 你的个人认同，你的个体性，定义了你的野心，决定了在你特殊的生活中什么样的成就具有重要性。你的个体性让特定的事物成为衡量你人生成败的重要部分，即使它们不是衡量每一种生活成败的要素。在我作为小说家的生活中（小说家的生活是我选择想要过的生活），我没能写出我努力想写出的机智的讽刺当代都市生活的作品，这个事实毫无疑问代表着重大的失败。我的生活被它贬低了。在你作为哲学家的生活中，你写出的机智的讽刺作品只不过是个偶然事件，它并没有为你的生活价值增添什么东西；而它带来的代价是你没能想通会让你对生活更满意的形而上学的实在论。

换言之，创造一种生活就是去阐释历史赋予你的材料。你的品格、你的环境、你的心理构成，包括你的内在禀赋与你的经验互动产生的信念和偏好：在塑造生活的时候所有这些都要被考虑进来。它们不是对塑造生活的限制，而是塑造生活的材料。随着我们走向成熟，我们的认同、我们的个性都是对我们自身能力和不足、我们自出生起进入的不断变化的社会、语义和物质环境的阐释性回应；我们在与我们的能力和环

① 德沃金定义了我所说的这种野心："一些人的野心包括他所有的品味、偏好、信念以及他整个的生活计划：他的野心赋予他理由或动机去做出一个决定而非其他的决定。" Dworkin, *Sovereign Virtues*, 322. 还有一些术语被发展出来用于指这类核心的兴趣，它们包括"整全的目标"（comprehensive goals）以及"全球性的欲望"（global desires），我稍后将用到它们。

境的辩证关系中发展出自我认同，因为我们的能力和环境也部分是我们的认同引导我们去行动所产生的产物。一个人对其生活的塑造出自她的信念和一系列价值、品味、感情倾向，而所有这些又受到各种形式的社会认同的影响：让我们把所有这些统称为一个人的伦理自我。

现在，我已经辨识出了穆勒的自由主义的一脉，这种观点认为，我应该被允许去过随便我选择的什么样的生活，只要我对你尽了我应尽的义务，并且没有伤害你。但是，当然，我们每个人要去过一种生活这个事实至少产生了他者应该帮助我们去完成计划这种可能性的问题。至少一些这样的可能性需要我们的伦理自我的某些参与。更复杂的事情是，如我们所见，这类参与不仅有潜力影响我们野心的实现，而且可能 163
影响我们野心的性质。所有这些暗示柏拉图的政治概念是一种关怀灵魂的艺术；这就是为什么我马上要谈“塑造灵魂”的原因。

我指的“塑造灵魂”是干预每个公民发展认同的阐释过程的计划——而这么做的目的是增加她过一个伦理上成功的生活的机会。在此我特别关注作为政治计划的灵魂塑造，这是由国家来完成的，因此很重要的是区分国家可能影响我的伦理生活的不同方式。当然，政府必须影响我们如何生活：因为政府必须执行契约保护我们（免受攻击和财产毁灭）的人身安全，这是我们追求任何理性生活的背景条件。而这些行为势必影响我在其中创造生活的环境，因此，我的举动也同样会影响到我的认同。约瑟夫·拉兹正确地将我们的关注导向由国家创造的形式在塑造我们生活和认同方面扮演的角色：我的野心可能要求我去为我的祖国服兵役，当然国家要使得这种选择成为可能。[1]但只有当它至

[1] 在拉兹看来，“一个人的福祉在很大程度上依赖于社会规定和决定的追求和行为能否取得成功。”我们“统合性的目标”尤其证明了或者说建立在“社会形式”之上。他写道：“许多选择项的存在部分由特定社会条件的存在构成。你不可能成为一个律师、一个外科医生或者一个精神分析师，如果这个社会根本不存在这样的职业……成为一个建筑师或结婚的选择同样如此。当然你不必生活在一个社会中才能常规性的设计房屋，或者与另一个人同居。但这与成为一名建筑师或者结婚不一样。建筑师是一个社会认可的职

少部分提升了那些选择服兵役的人的伦理前景，改变了他们的认同，改变了对指导他们生活的环境的阐释时，说军事服务的选择是对灵魂的塑造才能成立。

因此，显然，并不是每一件影响我们决策的事情都包含着对灵魂的塑造。如我所说，只给人们提供信息不是塑造灵魂，除非它旨在重塑他们的认同；而它常常不是，也不会。另一方面，一个行动可能会对人们的认同产生巨大影响，但如果这个影响不是设计意图之内的，在我看来它也不算是塑造灵魂。想象一个自治市在河流上造起堤坝修建水力发电站；后来发现这条河流对某些群体来说具有伦理意义，而河流的改变致使他们的认同发生了改变。也许他们从前将河流当作有力量的神来崇拜；而这个神公认的失败带来了信仰的危机。修建水力发电站不是塑造灵魂，因为改变人们的认同并不在计划之中——他们与国家有意图去做的事情并无关联。（正如我们将看到的那样，在许多例子中，设
164 计的问题并不是那么分明。）这也不是说旨在增加个人伦理成功机会的干预就没有其他目的。对绝大多数候选人来说，目的都是混合的，既包括个人审慎的善，也包括政体公共的善。一个国家的行为有一些不同于塑造我认同的目标并没有事先排除它有塑造灵魂这个目标。

在这一章余下的部分，我将探讨三个大的领域，在此塑造灵魂的观念看上去还有点前景。第一个是我们理性的缺陷：为了提升我们的福祉，我们可能希望国家帮助我们修正我们理性的无能，而这些干预，我

业。”稍后他又写道，“那些看上去没有从社会形式中获得个性的行为事实上已经得到了。观鸟看上去是任何有视觉的人在鸟附近都可以做的事。这是很容易做到的，除非他想成为一个鸟类观察家。只有在一个至少一些其他鸟类追踪行为被看作是休闲活动，进一步而言人们对自然生活共享特定态度的社会中，他才能成为一个鸟类观察家。”Raz, *Morality of Freedom*, 309, 205, 311. 请注意这是如何与他对伤害原则的阐释相联系的。如果伤害一个人就是减少他的自主性，而支撑他的自主性的是社会形式的话，那么伤害原则就成为一个很低的门槛——显然这个门槛太低了。值得强调的是所有类型的国家行为都可能产生各种各样预料之外的后果，其中一些在性质上是相同的。

们将看到，对我们的伦理自我和我们的社会认同将产生可预见的、有目的性的后果。第二个与反歧视法在维持或重塑社会认同方面的作用有关；因为这些法律只禁止一些形式上的区别对待，而在实际的司法裁决中，我们将看到，比如，性别的社会意义是如何被重塑的。第三个领域（最明显的进行灵魂塑造的领域）与社会再生产和教育青年有关。总而言之，我们应该关注这些塑造灵魂的举措是如何侵犯或加强穆勒所说的“作为福祉要素之一的个性”的。

最后一个先发制人的告诫。探究塑造灵魂的前景并不是说要去扩大它的管辖范围；我并不认为我的写作是为了支持或者反抗这些实践。只关心被统治者的不完美——这是汤姆·凯利（Tom Kelly）所说的“单向的理想化”——是错误的，它忽略了统治者的缺点。我们可能最后会反对塑造灵魂，这是因为我们认为事实上政府会把它搞得一团糟，而不是因为理论上我们不可能把它做好。显然，人类的统治既可能放大人类的失败，也可能修补人类的失败，其后果必须通过经验来判断。这就是为什么在自由主义的政治中这类实践总是零零碎碎的——也是为什么我总说干预而非转化的原因。正如麦迪逊所说：“去规划一个人统治人的政府，最困难的地方在于：你必须首先让政府有能力去控制被统 165
治者；其次要求他们去控制自身。”①

自我管理卡

在一个古老的玩笑中，孩子说：“我很高兴我恨豌豆。因为如果我爱豌豆，我会吃掉豌豆。”这是我们欲望中一种不一致的形式，它不是一种逻辑的不一致，它与这个事实有关，即我们有二阶偏好（second-

① Alexander Hamilton, John Jay, and James Madison, *The Federalist: A Commentary on the Constitution of the United States* (New York: Random House, Modern Library, 1941), 335 (No. 51).

order preference)，因此，举一个最明显的例子，我可能既想抽烟又不想拥有这个一阶欲望(first-order desire)。尤其是哈里·法兰克福(Harry Frankfurt)完成了这项工作，他建议说，在这些情况下，我们可能需要一些原则在纯粹的欲望和一个人真实的意志之间做出裁决。如果我不仅想要克制住不抽烟，而且希望不抽烟这个一阶欲望也能在行动中落实，那么，法兰克福说，我有一个"二阶意志"(secand-order volition)。它的内容是：我克制住不抽烟因为我的一阶欲望让我不要抽。我想要的是不抽烟，不抽烟是因为我想要这么做。

有很多种方法去发展这种基本思想。拉兹对"嵌入"目标——中期目标被纳入到更能定义我们性格的统合性目标中——的讨论反映了我们欲望中的另一种等级制。并不是所有成功的目标、目的、欲望或偏好对福祉有相同的贡献。相反，我们的福祉可能包含着我们许多欲望的挫败。在摩天大厦的高层向窗外望去，我也许有一种狂野的、突然的冲动想要跳出窗台；但一个有力的二阶欲望(second-order desire)告诉我不要这么做。强迫症患者乐意吃药以缓解他需要不停检查他是否关了烤箱的感觉。小说家埋头完成这一章的写作，即使窗外的海浪在召唤她；或者也许她从未抵抗过这种诱惑，而每次别人问她小说写得怎么样的时候她都只能可怜地耸耸肩。正是欲望中的这种等级制支持了我们在第一章中讨论的"生活计划"概念。

法兰克福把那些没有二阶欲望的人叫做"放肆者"：放肆者不在意他们为什么而行为。因此法兰克福说，"当一个人行为时，推动他的欲
166 望要么是他想要的意志，要么是他不想要的意志。当一个放肆者行动时，两者皆无。"[①]法兰克福进而建议说，一个人的二阶意志反映了这样的事实，即他关注特定的事物："一个关心某物的人，会一如既往地为

① Harry Frankfurt, "Freedom of the Will and the Concept of a Person," in *The Importance of What We Care About: Philosophical Essays* (New York: Cambridge University Press, 1988), 19.

某物投资。它将自身认同于他所关心的事物，一旦他关心的事物有所减弱或增强，对其所失或所得他都敏感而脆弱。”

对一个人关心的事物进一步的反思是，他的二阶意志来自他所关注的事物：“一个人意愿的形成最根本说来是他开始关心特定事物，开始关心这些事情中的一些比另一些更多。”[①]

在这些章节中我所说的那种内隐的人的图景，是一个有需要、有品味、有价值、有认同、有性格，以及有理性思考和行为能力的个人。正如康德所说，由于人们有理性的能力，我们才应该尊重他们自我管理的权利，我们把它们叫做自主性。由本能和欲望驱动的人没有能力做出计划，不受承诺的指引，对理性或者道德的要求不敏感：这样一个人没有资格享有自由主义伦理视野关注的那种自主性。在相关的意义上，这样一个人根本就不是在生活。我们不是第二类人，但我们也非坚定不移的第一类人。因此接下来我要问的是，我们无孔不入的非理性是否为塑造灵魂提供了基础，以此来帮助我们实现我们高一阶的欲望：把这个叫做“非理性原理”。但我想，为了对照的目的，通过勾画一种国家可以回应我们非理性的方式（没有诸如此类塑造灵魂的野心），它会帮助我们间接地接近事物。

所以让我们假想一个思想实验，一个对反完善论的自由主义的最小形式都很友善的机制：国家可以通过这个机制向我们提供处理我们自身非理性形式的工具，也即，某种类型的意志力薄弱，或者说，自制力薄弱。

我不准备描述意志的弱点是由什么构成的，或者非理性是什么。[②]

---

① Frankfurt, “The Importance of What We Care About,” in Frankfurt, *The Importance of What We Care About*, 83, 91.

② 参见Michael Stocker, *Plural and Conflicting Values* (Oxford: Clarendon Press), 211—237, 以及Thomas E. Hill, “Weakness of Will and Character,” 收录于*Autonomy and Self-Respect*, 118—137; David Pears, *Motivated Irrationality* (Oxford: Clarendon Press, 1983)。有关自制力的文献浩如烟海，有论述论证说如果自制力是一个连贯的概念，它只不

圣保罗向罗马人忏悔说："我想行的善我没做：而我不想行的恶，我却
167 做了。"[①] 只有当（1）有时候我们像圣保罗那样发现我们做的事情并不是对我们最好的事情，即便没有其他人的利益攸关，并且（2）这是违反我所说的"理性的要求"的时候，我才将它视作理所当然的。我们所有人都曾经节食失败，或决心省钱的时候买了无聊的东西，或拖拖拉拉到最后一分钟才完成任务（如果我们在长一点的时间里稳步推进，那我们本可以做得更好）。在这些例子以及许多相似的例子中，很自然地我们会说，我们没能做到理性要求我们做的事情。

如果我们有机制至少在一个领域内控制意志力薄弱，我们的生活就会好很多，承认并且理解了这一点，现代政府有可能会进一步提出一个有帮助的解决方案。我们每个人会被发放一个政府授权的自我管理卡。在当代科技的帮助下，这是比较容易做到的，从而我们每个人都可能以以下方式管理自己的欲望（不管它是卡路里、尼古丁、酒精还是海洛因）。我们可以在互联网上登陆相关的政府网站，列出那些我们不想买的东西。我们可以自由地在一段时间内以这种方式控制自己，因此只有经过恰当的慎思之后才允许心灵的变化。按照规则，所有的物品都要根据与以这个目的相关的范畴来进行分类，所有的购买行为都要向自我管理卡申报，在购物之前你需要刷卡和阅读卡内信息。一个想要购买网络禁止她购买的物品的人会被告知，商店不能把东西卖给她，除非她回到网站上去修改她的清单。在此，我们采取的是尤利西斯对海妖诱惑的回应。[②]

过是对多元和无共同标准的价值的一种回应。但我在这里对自制力概念的运用接近我们民族心理学的常识。

319 ① Rom. 7: 19 (King James Bible).

② Jon Elster对"自我约束"的结果的探讨做得比其他人都多，可以看他的*Ulysses Unbound* (Cambridge: Cambridge University Press, 2000) 以及*Strong Feelings* (Cambridge: MIT Press, 2000)。有关自由民主制如何对待那些有严重理性缺陷的人的问题，深入的思考可以参见Judith Lynn Failer, *Who Qualifies for Rights? Homelessness, Mental Illness, and*

请注意这些东西很难私自安排。如果任何哪个商店不按照管理卡来做事，那么这个设置对我就没用了。我节食的时候，不应该喝酒或者吃巧克力或者其他高卡路里的食物。我知道这些。当我节食的时候我把它们清理出了我家；我告诉我的朋友不要给我这些东西。但如果我到了超市，经历漫长的一天工作后很疲倦，我知道我会屈从，给自己买一块巧克力棒。因此，当我节食的时候，我只用把巧克力添加到我的自我管 168
理卡中作为节食期间禁止购买的食物，那么只有罪犯才会把巧克力卖给我。碰巧的是，我遵守法律，我的朋友也对我负责任，卖巧克力给我是犯法的，因此，一旦登陆网站，我就不会得到巧克力。

也许我们所有人只吸食一次海洛因不会染上毒瘾。在这个例子中，我可能感兴趣的是拥有这个体验。因此，我也许会为我自己登记一剂量的海洛因，然后去购买它，我知道如果我还想这么做，我必须回到网上再次登记，因此，即便我在商店里面临海洛因的第二次诱惑时，我还是可能抵制住这种欲望。我反复无常的欲望因而可以得到管理；如果可以自由获取海洛因，我的生活可能被毁掉，现在我可以成功地度过。

自我管理卡可以被用于帮助我们兑现宗教身份所要求的承诺。假设，作为一名守纪的犹太人，我想遵守犹太教的饮食教规，但火腿三明治是我的软肋；或者假设我是一名虔诚的天主教徒，在大斋节的时候不能吃火腿。这个系统帮助我克服了彷徨，当我的同龄人不在我身边瞪着眼睛的时候，它让我忠于我高一阶的节食欲望。

因此，这种由国家强制执行的机制给我们提供了一个工具来管理我们的生活；尽管如此，如何来使用它完全由我们自己决定。你自由拥有你的自我管理卡，你可以让它宣称所有物品都是可获得的。国家不管我们如何定义我们的生活挑战的问题——如果你选择了与海洛因毒瘾做斗争（甚至不理性地沉溺进去），这个系统也允许。它表达的只是一

Civil Commitment (Ithaca: Cornell University Press, 2002)。

种二阶的承诺，它帮助我们成功地去完成我们为自己设定的标准。

如我所说，自我管理卡清楚地表明了，国家可以不用诉诸灵魂塑造的办法来应对我们的非理性，提升我们的福祉。这一点很重要，因为有些人看来认为从反完善论的假设可以直接跳到这个结论，即虽然国家在平均资源或者在确保基本道德义务方面发挥着重要的作用，但国家
169 在保证我们的伦理成功方面却无计可施。事实上，国家可以与反完善论的苛求相一致的方式来促使我们的伦理成功，即，一种否定的自由主义。那就是说国家可以不用向我们强加善观念，强加它的意志就能让我们的生活变得更好。①

---

① 对自我管理卡也有一些批评。穆勒出于合理的理由对将我们与更早的自我决定绑在一起的契约持有怀疑。在*Principles of Political Economy* (1848)第五卷第二章的段落中，我在第一章注释14中曾引用，穆勒论证说，“个人是其自身利益的最好裁判者这个学说的一个例外是，当一个人现在试图一劳永逸地决定，他在将来以及遥远的未来最大的利益是什么。”我假定我高一阶的欲望是稳定的，但如果它变化怎么办？难倒过去的我的同意，或者将来的我的同意，就构成正当理由让我忽略我当前的欲望吗？“不要做你以后会后悔的事”听上去像是一个合理的命令，但这会造成对将来自我的专制。我可能知道，我将来一定会后悔做了某事，但我仍有理由去做它。我们都很熟悉这样一种人类倾向，就是不去计算将来的功利；但不计算过去的功利更苛刻。我昨天吃了一个樱桃派，今天的我可能对此无所谓，明天的我则有可能会后悔；但是当时阻止我可能是对我的偏好的巨大侵犯。假设一个医生告诉一位80岁的临危病人，如果他之前过节制的生活，那么他可以再多活十年。这个80岁的病人临死前躺在病床上，虔诚地希望他曾经做到过：他将这几十年来的烹饪乐趣看作毫无意义的，如果可能的话，他愿意让青年时的他喝几十年稀粥。但怎么做得到呢？将来的自我对现在的自我没有绝对的权威，即使能预测到我们偏好的不一致，这也不是非理性的标志。还有可能，像《肖申克的救赎》中的场景那样，我要在监狱里服刑四十年。由于我极端的幽闭恐惧症，我知道这些日子将会像在地狱，我在考虑自杀。一个朋友指出，如果我能度过这四十年，我会很开心我坚持下来了，很有可能我还能再愉快地度过三四年。我知道他是对的。但我对此能给予多大的权重呢？八十岁的老年自我不会面临四十年的牢狱之灾；只有现在的我面临着此。

理性的福祉

当国家向我提供自我管理卡的时候，它通过帮助我去做我真正想做的事情而提升了我的福祉。但也许一个对我真实的欲望感兴趣的国家能进一步提升我的福祉。例如，我的二阶欲望可能是不理性的，因为它们受到了错误信息或认知能力不足的影响。

我已经说过，对生活的伦理评价首先依赖于一个人是否实现了她的野心，其次依赖于一个人是否做出了或经历了重要的事件。我们可以把第一个维度称为成功的主观维度——这不是因为一个人是否实现了她的野心不是一个客观问题，而是因为她的野心是什么是由每一个主体决定的。在创造自我（塑造一个人的认同）的过程中，一个人决定她生活的参数，从而定义了她的野心是什么。让我们把伦理成功的第二个维度（创造或经历重要的事件）称为客观维度。如我们将看到的，对福祉的一个合理描述定然会保护这些维度。它们不像我们可能希望的那么简单。

我所说的伦理自我要求我们在塑造生活的时候积累经验，形成信念，确定行动方案，预测并评价它们的结果，然后行动。如它们通常被理解的那样，理性的理想既包含了计算也包含了信息——工具的维度和认知的维度。我们都达不到这些理想。因此我想问我们应当如何理解与伦理成功（以及更广阔的福祉概念）有关的理性要求的问题。

我说到了福祉，但没说福祉由什么构成，有必要简单介绍一下有关这个论题的许多深入的思考。首先，尽管福祉可能包含一个经验要素，但很清楚的是，它不能被简化为享乐的精神状态。在詹姆斯·格里芬 170
（James Griffin）讨论的一个例子中，弗洛伊德宁愿在苦痛中结束自己的生命，也不愿意体验痛觉消失的感受，而祝福者应该尊重他的意愿。[①]

① 当然，给弗洛伊德注射吗啡，违反他的意愿（他清楚地、稳定地、反思性地表达了他的意愿），会侵犯他的自主性：即使是彻底的享乐主义者也会担心随之而来的沮丧会超

福祉也不仅仅是我们的欲望得到了满足这一种主观感觉。在一个著名的思想实验中，诺齐克让我们想象一个体验机，我们可以将自己接通到体验机上；这个机器将给你一种实现了欲望的幻觉——诺齐克的一个例子是，你出版了一部成功的小说——尽管事实上你只不是徒劳无益地在一个贮水池内浮动。这些欲望可以被简化为一种现象学：如果你借用一台体验机满足你听巴托克四重奏的欲望，你的欲望也许真的能得到满足。但绝大多数欲望涉及外部的客体；我们拒绝机器的魅力，因为写一部小说的欲望并不仅仅是感觉你已经写作了一部小说的欲望。[②]我们欲望的满足不仅包含一种心灵状态，而且也包含一种世界状态——在

过吗啡注射减本身。如果你不是一个享乐主义者，你可能（1）将自主性看作一个人福祉的一部分；或者你可能（2）认为自主性与福祉是相冲突的，没有迫切的理由将后者置于前者之上。在任何一个事件中，都有足够的证据表明生理的痛苦并没有否定福祉的可能。更具挑战性的例子是弗洛伊德最后的日子：从接受放疗和骨髓移植的青少年癌症患者的例子
320 中，我听说了一个意料之外的结果。研究者用标准的问卷要求他们评估他们的福祉，包括他们的生活质量，他们的生理能力等等。让研究者感到困惑的是，虽然这些病人很虚弱，在接受最痛苦的治疗，但他们对自己福祉水平的评价比邻里那些健康的孩子还要高。这种痛苦的治疗为前者提供了一种可喜的目的感，这种目的感是那些没精打采的（虽然健康的）孩子所缺乏的。这些病人受苦是为了治愈疾病这个目的，这一点他们很清楚。但如果他们感受不到，或者实验治疗无效怎么办？如森在他的论文“多样化的功效”中指出的，我们对生活在愚人天堂中的人感到抱歉；但一旦他醒悟，我们会对他感到更抱歉。森说，“满足欲望的事实与意识到欲望都是相关的。”“Plural Utility,” 203.（通常，告诉一个人他已故的妻子曾经秘密地做过别人的情妇，这不是善良的行为。）但是，一旦研究人员发现实验性的治疗不起作用，他们有道德义务告诉这些病人，并且立即中止治疗。

② Nozick, *Anarchy, State, and Utopia* (New York: Basic Books, 1974), 42—43. 欲望不能简化为体验，这并不意味着不存在体验的需求。这种情况已经用一阶欲望和二阶欲望加以分析过了；也许一阶欲望是感觉好像写了一部小说，而二阶欲望认为，只有客观地完成了这个任务才是一阶欲望的真正满足。让我把它合理化。沃特·斯科特先生，根据他自己的论述，曾经写过一部小说，《拉马摩尔的新娘》。在一种混乱的状态中，他感觉他记不起其中的任何人物和情节。把这种情况推向极端，想象一个对写作小说没有清晰印象的小说家，根据小说家不知情的安排，小说以笔名出版了。出版很成功，这一切没有引起他的注意。（因此，他对这本书没有虚假信念，因为他对此根本没有信念。）这是体验机问题的反面：在此有人成功地出版了小说却对此没有确信。

这种情况下，它意味着真实地去创作一部真正的小说。这就是为什么我们不羡慕那些生活在愚人天堂中的人幻想他的妻子是爱他的和忠诚的原因，因为其实根本就不是这么回事。总的来说，只有当我们的欲望被满足的时候，我们才愿意相信它们被满足了。因为重要的是它们实际的满足，而不是我们相信它们得到了满足。

还有一种熟悉的想法是不要总把个体的偏好当真；我们的福祉并不总是由我们实际偏好的满足来提供的。[1]如我说过的，人类的非理性是普遍存在的，缺乏自制力只是其中的一种表现。行为经济学家可以一口气说出一个被整齐标注和交叉引用的清单——偏好反转、锚定效应、沉没成本、后悔，等等。[2]一些看上去像没有用的小故障；另一些（诸如后悔）是我们人类情感的一部分。但我们的欲望无法为我们的福祉服务最简单也最普遍的原因是我们的信息有限。我想去湖里游泳，但那只是因为我不知道湖水被水银污染了。我去拿一杯嘶嘶作响的溶剂，因为我以为它是泡腾剂式的消食片冲的。大量这类例子产生了詹姆斯·格里芬所说的对福祉的一种“知情欲望”（informed desire）（或者 171
如著名的经济学家约翰·哈桑依所说的“知情偏好”）的描述。你的知情欲望是当你大致拥有完全信息和完善理性时所拥有的欲望。

“知情欲望”的性质值得注意。因为我们也许会同意说，国家不该重塑我们的灵魂，或改变我们的欲望，而只应该向我们展示我们真实的欲望是什么。在这个场景中，国家只听从知情的、理性的欲望。是的，理

① Cass Sunstein在他的论文“Preferences and Politics,” *Philosophy and Public Affairs* 20, no. 3 (1991)中从这种思想出发开展了范围广阔的工作，我将更详细地谈到这一点。

② 一些有用的文献概括，可以参见Gerd Gigerenzer, *Calculated Risks* (New York: Simon & Schuster, 2002); *Heuristics and Biases*, ed. Thomas Gilovich, Dale Griffin, and Daniel Kahneman (Cambridge: Cambridge University Press, 2002); Massimo Piattelli-Palmarni, *Inevitable Illusion* (New York: John Wiley & Sons, 1994)。我们的一些认知失败与世界无关，与冲突的欲望无关，而与我们无法预知我们自己的情感状态有关。例如，在心理学的文献中，最近讨论得很多的是“情感预测”（affective forecasting），以及在预测什么令他们快乐方面人们屈从的偏见。

性欲望的支持者会说，我们事实上缺乏自主性；我们事实上是非理性决定的俘虏。但是好的社会需要做的只不过是帮助我们了解我们真实的、“知情的”偏好。

早先我解释过，如果国家通过提供信息的方式来改变我们的信念或偏好，并且不改变我们的伦理自我，那么就不会出现塑造灵魂的难题。政府在被污染的湖边树起牌子警告你，或者发起运动告诫人们在艾滋病流行的时代不采取保护措施是危险的，这些举措都不属于灵魂塑造。正如穆勒在《论自由》中所说的，“一切要帮助他判断的考虑……尽可由他人提供他，甚至塞给他”。理性的能力是我们有权管理自己生活的一个理由，当运用相关信息来做决策的时候，这种能力就能得到合适地施展。① 与此同时，很多文献研究了在回应我们变化的环境、国家行为时我们的偏好改变的方式。正是这样的考虑使得卡斯·桑斯坦（Cass Sunstein）在一篇有力的文章《偏好与政治》中，举出一个例子反对“主观福利论”。在他看来，对自主性的关注反对我们沉溺于实际偏好。在他举出的例子中，一个是没有意识到健康风险的人想购买香烟的决策，一个是受到同辈压力不愿骑摩托车带头盔的决策，还有一个妇女决定“接受传统的性别角色，因为如果她拒绝这么做的话会被贴上社会耻辱的标签”。② 就像这个清单建议的那样，“知情偏好”的概念有隐藏的牙齿，它们非常的锋利。

在穆勒自己的著作中，功利主义的传统在开始讨论知情偏好的方法时，就提出了它的复杂性问题。在杰瑞米·边沁将我们的福祉等同
172 于快乐的感觉之处，穆勒引入了能力的标准。他坚持说，“对于两种快乐，都具有经验的人，或者几乎都具有经验的人，都断然宁愿不顾任何道德义务感觉而择取其中之一，那么，那所择取的一个，就是更称心合

---

① Mill, *On Liberty*, *CWM* 18: 274. 另一方面，提供错误信息干扰了我们计划的实施；
321 而在它干扰计划成功实施的地方，它尤其因此原因而受到反对。

② Sunstein, “Preferences,” 12.

意的快乐。”对穆勒来说，能力标准随即引出了对理性和知识的思考：

> 现在这是一个毫无疑问的事实，那些对两种快乐同样熟悉、有同样的欣赏和享受能力的人，更偏爱可以施展他们高一级官能的存在方式。很少有人会因为允许完全满足他作为禽兽的快乐而愿意把自己变成任何一种低一级的动物；没有一个有智慧的人愿意当一个傻瓜，没有一个受过教育的人愿意成为无知的人，也没有一个有感情和良心的人是自私和卑鄙的，即使他们应被说服傻瓜、蠢货或坏蛋对其命运比他们对自己的命运更为满意。①

穆勒对高一级的功利与低一级的功利所做的质的区分饱受谴责，但它代表的这种关于福祉的论述几十年后被西奇维克进一步充分发展了。在西季维克1874年对福祉的详尽描述中，他写道（但不赞同），“一个人未来总体的善是他现在欲求和追求的总体，如果对他敞开的所有行动路线的结果都是可以合理预见的，并且在目前的想象中可以合理实现的。”②或者，如诗人卡尔·丹尼斯所写，“爱你的上帝”会发现这是痛苦的

> ……看到你在周五的晚上
> 从办公室驱车回家，对这一周满意之极
> 三套精美的房屋卖给了值得的家庭
> 他（上帝）清楚地知道这一切会如此发生
> 如果你去了你选择的第二个大学
> 结识了分配给你的室友
> 他对绘画和音乐热情的意见

① Mill, *Utilirarianism*, *CWM* 10: 211.

② Sidgwick, *The Method of Ethics* (Indianapolis: Hackett, 1981), 111.

将会点燃你一生的激情
用任何满意度来衡量
这种生活都比你现在的生活高出三十分
在爱你的上帝的眼中
173 每一分都是一根刺。[①]

因此，拥有完全的信息包括知道我的行为在将来引起的结果。这可能像是，如果我乘上一趟特殊的列车，我会遇到慷慨的陌生人，为我做许多预想不到的好事。或者我恰巧在下个周二下午的3：34分踏进一家便利店购买彩票，我将会赢得千万美元。回想起来，我非常高兴我做了这些事情——搭乘火车，买彩票——但如果说我真的想要这么做却是奇怪的。作为一个彩票热爱者，我想要的是买一张有中奖机会的彩票；而这张彩票肯定会中奖并不在我的选项设置里。因为在预期效用理论里，买彩票是一个非理性的典范实例，因此，如果我更理性一点，我应该干脆放弃任何购买彩票的欲望。在慷慨的陌生人那个场景中，在拥有完全信息的欲望和我实际的欲望之间没有任何有意义的关联；我对搭乘火车或者碰到陌生人没有特别的兴趣：如果我今天可以阅读明天的报纸，我可以考虑做很多有益的事情，但它们与我们真正有理由去做的事情之间没有联系。如果做了某事我会快乐这个事实并不一定表示这是我真正想要去做的事。

因此，我们可以规定，“完全信息”并不包含对未来偶然事件的全部知识；但也许有人对世界拥有完全的知识、完善的推理能力，他能够预测与决策相关的未来的所有后果。但问题是这样一个假想的人与我距离太远了，我很难从他的态度去推理：我不能确信他认为好的事态也是我认为好的事态。即使撇开诸如窥探未来的那些例子，拥有“知情欲

① Carl Dennis, *Practical Gods* (New York: Penguin, 2001), 72.

望”也与一些非常普通的努力不一致。将“知情欲望”测试运用到扑克游戏中：现在我希望我没有翻牌，如果我拥有完全信息的话，我不会这么做。但如果我拥有完全信息，不管我怎么做，这看上去都不像是在玩牌了。人类生活的“挑战模式”包含着我们在风险和不确定性中进行谈判所需的灵巧。 174

因此，你也许希望微微地调整这个模式。用最简单的话来说，知情欲望是如果我拥有完全的信息和未受损害的理性才会拥有的欲望，也即，如果我变成了另外的人——向邪恶博士（Dr. Evil）致歉，让我们叫他“超大我”（Maxi Me）。[①]但也许那些相关的欲望不是超大我所有的，而是超大我善意地为实际的我所有的。它们看上去常常是一样的：超大我不喜欢在受水银污染的湖里游泳，他知道一旦我知道湖水受到了水银的污染，也不会想在湖里游泳。但两者不同的地方在于，后者，即爱你的上帝的视角，看上去更合理。想象一下有人向我提供了选择，一边是一杯很好的2000年的普里尼—蒙哈谢，另一边是一杯劣质的葡萄酒。在此，很多人会说，拥有“完全信息”意味着有丰富的味觉可以品尝一杯蒙哈谢。[②]超大我可能强烈地喜欢蒙哈谢；但如果实际的我分不出两者的好坏，那么坚持说我真实的或“知情的”偏好追随着他的偏好就是古怪的；没有理由认为一个仁慈的超大我希望我追随他。事实上，

① 邪恶博士是美国电影《王牌大间谍》中的人物，“迷你我”（Mimi Me）是邪恶博士制造的克隆人。——译者注

② 显然，这个假设是可以被驳回的。事实上，一个第一人称、有知情偏好的理论家很容易回避那些有不同口味的反例。也许存在一个心理上可能的世界，在其中你喜欢管风琴，而在另一个世界中你喜欢室内乐，但你不会在一个世界中同时喜欢两者。现在我们说不清“超大我”会喜欢哪种音乐。这个例子想要说明的是通过完全信息并不能最好地理解口味的形成。流行音乐的市场分析师会区分人们听了一遍给出很高评价的歌和他们听了八九遍才喜欢的歌（但也许听了七十遍后会厌恶）。不管这些口味是如何形成的，它们似乎与认知没什么关系。重复接触某物会产生因果联系，这不（应该）归于“完全信息”。因此你也许会说，当涉及这类审美选择时，对知情欲望的叙述应该遵从我们的实际欲望。（对价值多元主义的热衷者来说，显然这类问题是普遍存在的。）

正如我们看到的，知情欲望的模型将我们从对福祉的第一人称阐释转向了第三人称阐释：这立足于一个比你对你的生活所知更多，并希望你生活顺利的人的视角——爱你的上帝的视角。[①]

但这也不是一项容易的工作。我们知道可以根据计划来安排生活——想一想卡苏朋先生（Casaubon）的《神话学大全》——但那注定会失败。我们的福祉会受到各种偶然因素的影响，包括运气。也许我有一个“理性的目标”，就是要去证明费马大定理；但是，我恰巧在最后时刻被安德鲁·怀尔斯（Andrew Wiles）打败。此外，我毕生的工作也没显示出对人类知识做出了特殊贡献，了解到这一点，一种荒废感长久地占据了我。也许我的伟大事业要求善心人士给予我帮助。爱我的上帝应该尊重我的自主性帮助我追求我的目标呢，还是为了防止我浪费职业生命尊重我（真实的但却在人的能力范围内不可预见的）兴趣呢？[②]

因此最大的问题是不确定性。有关“知情欲望”的论述暗示着从
175 实际欲望到知情欲望的一种特殊映射，有时候我们可以理解这一点。如我提到的，经济学家讨论偏好，因此他们可以从一系列排名过的选择中构造序数效用函数：一个人相较B更偏好A，相较C更偏好B，如此等

① 这种考虑与斯坎伦对是否第一人称比第三人称更能阐释福祉的问题持有的怀疑是一致的。总之，斯坎伦说，如果我想要某物，并且有理由想要某物（比如说，威尼斯），我们并不需要补充说什么来坚持这一想法，我们有这样的欲望也对它将如何影响我们的福祉有一些看法；我就是想要这个东西本身。Scanlon, *What We Own to Each Other*, 134—135. 相比，爱你的上帝希望你的竞选能成功，因为他关心你的福祉。

② 无所不知的恩人这类例子有一个问题：为什么他们不直接告诉你会发生什么呢？斯坎伦（ibid., 135）提供了一个类似的例子：“例如，假设我有很好的理由去追求作为艺术家或者劳工组织者的事业，即使这么做会使我的福祉的下降，因为追求这类生活包含着困难和不便。再假设若没有一些朋友或家庭成员的帮助，我不可能这么做。那么他们有理由帮助我吗，即使这些帮助不会增加我的福祉？在我看来他们可能还是会。”但是在这个例子中，我们的直觉不那么确定是有原因的：作为凡人，我们怎么确定你的福祉会被削弱呢？你是否考虑周全，有良好的理由去过一种会降低你福祉的生活呢——你的决定是否说明了某种认知的无能或对未来困难的低谷？最后，当然，到底福祉意味着什么呢，是否你放弃一个相当全面的目标就会增强你的福祉呢？

等，世界的每一种事态在排名中都占据了一个位置。对欲望的讨论不可能那么整齐清楚。我简单的欲望与知情的欲望之间的关联——后者能否被称为相同的旧欲望的“知情”版本——依赖于确定欲望的抽象程度。假设我已经打好了包裹要去博茨瓦纳，去帮助当地人消除营养不良和疾病。有人告诉我刚果的穷人比博茨瓦纳的穷人更需要我的服务。我改变了我的行程。现在另一些人追问我终极目标，我意识到我真正想做的是献身于解救地球上的痛苦。在这种情况下，我的对话者告诉我，我应该知道地球上苦难最深重的生物族群是工厂圈养的猪。我放弃了去刚果的行程，成为了一名动物解放主义者。是我的劝说者重塑了我的偏好呢，还是仅仅帮助了我的偏好实现呢？这个问题显然没有确定的答案；可以对欲望进行不同程度的抽象，抽象没有明确的终点。

显然，一个欲望不是可以被插入到数据库中的一个函数：数据库中的东西会影响我们的欲望。我想在被水银污染的湖里游泳的一个原因是我认为多做些运动是健康的；然而，也许这是错的，或者（基因分析显示）对我来说是错的。在决定去游泳的时候，我没有考虑如何度过这个下午的其他可能性。如果我这么做了（像一些“偏好自主性”的论述所说的那样），我也许会构想出一个完全不同的欲望。即使我们将自己限制于偏好之中，这些偏好也会被世界上的事实所影响，尤其会被可获得的选项所影响。这是艾斯特有关“适应性偏好形成”的又一个教训：我们的欲望受到我们关于什么是可能的感觉的影响——我们认为可以得到的东西会约束我们的欲望。因此当国家影响我能获得什么的时候，它常常也影响了我想要什么。

回想一下卡斯·桑斯坦有关假定的非自治性偏好的例子：买香烟的人没有意识到它所带来的健康风险，由于社会耻辱而决定接受一种传 176
统性别角色的女人也同样如此。我们需要停下来想一想我们现在距离一杯嘶嘶作响的溶剂有多远了。显然我们已经从后门抵达了塑造灵魂的议题。我刚刚谈过了描述欲望的不确定性。设想一些看上去完全确定的例子：那种让我们放弃仅仅以偏好作为福利基础的例子。我想喝这杯溶剂，因为我以为它是泡腾剂式的消食片冲的。我想游泳因为我以为湖水没有被污染。在每一个例子中，我可以通过对事实的叙述来重新描述我的偏好以使其内容清楚明白。如果我说，“我想喝放在那里的那杯消食水”，那么，自然的回应不是你没有这样的欲望或你不知道你想要什么，而是那杯不是消食水。我“错误的”显露出来的偏好可以被重新描述——我们可以给出一个更完整的描述——以使它成真。（“如果那是一杯解酸剂的话我想喝。”“只要在湖里游泳是安全的，我想去湖里游泳。”）唯一一点不那么确定的，人道主义者会说，“我想开始一个致力于减少纳米比亚温得和克的淋巴结核病的项目，因为我想对第三世界的公共健康造成实际的影响”，并且邀请知情的回答者，“那么你确定你不想开展一个致力于减少卡图图拉棚户区的艾滋病的项目吗？”在此，我们可以合理地坚持说，我们没有改变她的目标，我们只是帮助她执行她的目标。

遵守传统的性别角色这一决定并不适合这种重新描述。校正一些断然的事实错误也不会对它产生影响。“我想做一个好妻子和好母亲，如果……”如果什么？要让女人在此改变她的想法，你要么除掉社会耻辱（这还要求我们去除掉其他人对此价值观很可能持有的愚忠），要么你让她产生出一种不顾羞耻的勇气或者对那种耻辱不理不顾的态度。不管采取哪种方式，你做的都是塑造灵魂的工作，重塑伦理计划和伦理认同的工作。事实上，存在一种以（对其假定的受益者来说也许很难识别的）“自主性”为名忽视实际偏好的显而易见的危险。回到布莱恩·巴瑞那个著名的区分，我们要小心别让“与欲望相关的”关注被“与
177 理想相关的”关注冒充；正如我在第二章中已表达过对自主性概念作过席延伸的的疑虑。它的危害是斯坎伦所指出的，与“一个人有理由去

想做的事情和去做的事情”差得太远。[①]至少我们应该在实际的欲望和表面上获悉的欲望之间取得某种平衡。

我们是从这个想法出发的，即知情欲望理论可能使灵魂塑造变得没必要：要让你生活得好，我们只需对你知情的欲望负责就好。总之，现在看起来知情欲望理论过于有助于灵魂塑造了。但也许这不该让人惊奇：因为“知情”欲望的“信息”部分在事实与价值之间做出了一个尖锐的划分，而许多人不喜欢这样。即便我们认为这里存在一个原则性的区分（正如我在前言中所说，我希望尽量不去讨论那些悬而未决的形而上学的问题），你也可能会认为，在真实的世界中，它们是如此相互交织以至于难以分清。如我们看到的，是否应该坚守传统的性别角色的问题是很难通过无争议的事实性考虑来解决的。加里芬用知情欲望来论述福祉的时候清楚地表明了这一点：“有时候欲望是有缺陷的，因为我们没有足够的（或正确的）概念。我们需要建构那种能提供新概念或更好概念的理论，其中包括价值的概念。”[②]

现在，我们可以轻易想象那种我们认为没多大价值的生活，即使过这种生活的人毫无抱怨，在这些例子中，我们可以假设他们拥有新的价值概念。尤其是在那种某人的终极目标看来有缺陷的例子中，我们很自然地会用认同的术语来表达我们的不安：好奇为什么有人会想要变成这样或那样的人。

想象一种药效持久、无成本的药品，它可以诱发出一种幸福满足的状态。吃了这种药你会陷入一种温和的麻木状态；你的工作只需要维持

① “有可能，出于他/她有知情的欲望，他/她有理由去做那些事情，但这并不是确定的”（Scanlon, ibid.,115）。因此，即使并不是我们所有的偏好都应自动地获得尊重，我们也不该把简单的欲望满足等同于无物：公职人员犹豫地假定，他们比我们更清楚我们的欲望，或者他们可能招致伯林警告的对“积极自由”最严重的侵犯。参见伯林有关利用人民 322
“真实”欲望的警告，“Two Concepts of Liberty,” in *Four Essays*, 133—134. 在下一节中我将进一步探索过度理性主义的幽灵。

② Griffin, *Well-being*, 12—13.

一种最低的状态——这种存在感带给你巨大的快乐以至于你不想缩短它——但所有野心都将消失。（为了回避其他的麻烦，你可以假设它只对没有家属的年轻的成年人来说有效。或者，如果你愿意，你可以设
178 想一个完全被幸福例子充满的社会。）不像诺齐克的体验机骗我们的那样，吃了这种药（叫它幸福药）的人不会感觉他们有着没有实现的欲望；他们确定地感到对他们的生活深深的满足。他们的认知理性和工具理性能力都没有受到损害。为什么我们中的许多人会犹豫要不要加入这些快乐的露营者呢？我想我们会觉得他们已经采取了罗西·鲁伊斯（Rosie Ruiz）对生活的方法——他们已经到达了一个隐喻的波士顿马拉松的终点线，但他们走的是可耻的捷径。在自我发展或个性上，他们几乎没有什么可以展示。他们的高阶意志和低阶意志是一致的，但没有通过任何决定性的识别法。[①]但我想解释我们不安的自然方法是坚持认为，对福祉的一种纯粹与所欲相关的论述并不能耗尽我们认为这个概念所包含的内容：比起满足一个人偶然拥有的任何欲望，一种好生活要求的东西多得多。这类考虑将把我们带向对福祉（德里克·帕菲特所说）的 “客观清单” 的论述，或者（斯坎伦所说的）“实质善” 的论述。在《什么使一个人的生活最好》这篇文章中，帕菲特提到了像 “道德的善、理性行为、一个人能力的发展、有小孩和成为好的父母、知识、对真正美的意识” 这类东西，尽管他很清楚对于这样的论述而言清单上的这些东西是不充分的。（他提出，“对一个人来说有价值的或好的东西，是去从事这些活动，并且他强烈地想要这么做。”）[②]对福祉的很多讨

---

① Ronald Dworkin, 在*Sovereign Virtue*第272页中用他的 “挑战模型” 来反对通过 “从人们的观念和想象中清除坏的选择的教育限制和设置” 保护人们不去 “选择挥霍的或坏的生活” 。（也可参见Wall, *Liberalism, Perfectionism, and Restraint*, 224—225.）但做这个判断要求对实质善的某种欣赏；当然，幸福的例子的存在代表了对挑战模型的拒绝。

② Derek Parfit, “What Makes Someone’s Life Go Best,” in *Reasons and Persons* (Oxford: Oxford University Press, 1986), 499. （批评者有时反对 “客观清单” 的做法，因为它们太狭窄，过于用一种尺度来衡量所有事物了：但清单如果范围太广就会变得不太确定

论都在外在的视角和内在的视角之间徘徊——爱你的上帝可能会赞许你的生活的视角，以及你自己的视角。显然，不管它多么令人羡慕，如果你觉得它讨厌的话，你就没有过上一种好的生活。而且，如我在第一章中说过的，认为世界上有客观的价值存在并不意味着有客观的方式将它们排序或权衡它们：它们不决定任何特殊的生活。因此无论是对成功主观的评价还是对成功客观的评价都无法穷尽讨论福祉问题时我们头脑中的所想；我们需要的是它们之间的平衡。[①]

这两个维度常常会出现在我们的高阶欲望里。我说过对生活的伦理评价包括一个主观的维度和一个客观的维度。尤其是有些东西对我们有价值仅仅是因为我们需要它；有些东西我们需要是因为我们承认它们自身有价值。如果我们知道小说没有价值，我们可能不再想要写一 179
部小说：追求本身有没有价值不是就我们而言的，而是就这个世界而言的。主观的考虑常常会追随客观的考虑，尤其是当它涉及那些高阶的、生活计划水平的欲望时——拉兹叫它“全面的目标”，罗纳德·德沃金把它叫做我们的“野心”，格里芬叫它“全球的”欲望。带着这样的欲望或目标或野心，基本的问题是什么样的生活是我们想要的，或者说什么样的人是我们想要成为的。例如，盖瑞德·德沃金说当一个人“认同激

了。）Jame Griffin在*Well-Being*中尽管宣称他放弃了客观清单的论述，但他提供了一个生命目的的目录，他把它叫做“藏在完善论中的真理”，它具有一个客观清单的某些特征。

① 帕菲特看来同情这样一种混合了享乐主义和客观善的论述：当且仅当你参与一种客观上有价值的活动且你也愿意这么做的时候，你的生活才有价值。而斯坎伦认为福祉概念并不仅仅只在第三人称的语境下起作用；从第一人称的角度看，他建议说如果以我们的“理性目标”来谈论我们的成功我们就会得到我们想要的东西。但知情欲望的论述引入了理想的行为者概念，他们常常心照不宣地采纳第三人称的视角。当然，一个善意的观察者必须对我们的实际欲望是敏感的：“成为你能成为的”不是理性的命令。正如Richard Arneson合理建议的，“一个拥有全部信息理性的人在经过充分考虑后也许会偏爱一种成就较小、痛苦也较小的生活，而非成就更大、痛苦也更大的生活。”Arneson, “Perfectionism and Politics,” *Ethics* 111, no.1 (October 2000), 54.

励他的影响力，吸收它们，将自身看作想被特殊方式激励的那种人的时候，这些影响力就可以被看作是‘他的’。”[1]这是认同的语言，是社会类型或范畴的语言，是考虑这些类型或范畴的语言。

我拒绝福佑，虽然我不是真的致力于任何特殊的目标或计划，因为我不想成为一个福佑的例子：这不是我想要成为的人。我认为我自己是L这个事实意味着做X对我来说可能有特殊的价值。相反，我可能不做X因为做X意味着成为L，而我不想成为L。毫无疑问我们那讨厌豌豆的小孩，随着他们长大，会将他们自己从旋转木马的逻辑中拯救出来，解释他真正是谁：他不想加入令人讨厌的豌豆爱好者的部落。这是一个有关非常严肃的考虑的一个不那么严肃的例子。有时候人们在解释为什么在极端情况下他们克制自己不去杀人的时候说，尽管他们很想那么去做，但他们“不想成为一名杀人犯”。这听起来像是同语反复，但它不是。“杀人犯”不算是一种社会身份，但它是一种社会类型；当这些人说我不想成为那样的人时，他是不想自己成为与其他杀人犯同一范畴的人（即使准受害者该杀，我也乐于见到由其他人来杀人。）

对全球欲望的讨论让我们回到了我们的伦理自我这个问题——对我们自身生活的塑造、我们的身份、伦理成功的前景都源自它们。事实
180 上，卡斯·桑斯坦（他是公民共和主义的同情者）论证说，“公民们要决定的不是他们‘想要’什么，而是他们是谁，他们的价值是什么，以及这些价值要求什么”，这个过程中的政治概念是“一个政治自由的概念，它在美国的宪法传统中有深厚的根基。”[2]我想要探讨的正是这个基本概念——不是从我们想要什么而是从我们是谁的考虑中产生出来的政治概念。

---

① Gerald Dworkin, “The Concept of Autonomy,” in *The Inner Citadel*, ed. John Christman (New York: Oxford University Press, 1989), 60.

② Sunstein, “Preference,” 13; 尽管他讨论的是作为整体的社会，而不是社会中的派系。

正如我已经说过的，我们有理由去关心一个人认为他会成为什么样的人这样的问题：法兰克福所说的“与自身所关心的认同”可以由我说的一个人的认同来塑造。但这带来了一个新问题。我们把非理性——理性和信息的失败——当作我们“赤裸裸的”（无知的或缺乏意志力的）偏好和我们“知情的”偏好之间的脱节来讨论。也就是说，我们在讨论的时候一直把理性的缺陷当作伦理成功的障碍，而这种成功部分是由我们的伦理认同来定义的。那么如果我们的认同自身就包含着非理性又会怎么样呢？在非理性的认同的帮助下我们可以制定理性的目标吗？

非理性的认同

在此我们有理由小心翼翼。谈到认同的理性，你可能会假设说，它就像在谈论颜色的大小一样，是一个赖尔式（Rylean）的范畴错误。认同不是从像视为同一、忠诚、归属感这样的感觉中产生的吗——这些感觉不愿受制于理性的审查？当然，这不是故事的全部。既然认同既有规范性的维度，也有事实性的维度，那么两者都可能违背理性：一种认同的基本规范可能相互冲突；它的构成性的事实论断可能与真理相冲突。最近，人们常常援引事实和价值的区分来证明这种区分的崩溃。[①] 我自己的怀疑是，我们太着急宣布它的死亡了；如果它一点活力都没有，它不可能成为那么多搜索并摧毁任务的对象。但出于我的目的，在这场争论中你的立场为何并不重要。我会简单地规定说自主性和福祉依

① 在这些崩溃的事物中，也许能识别出两组不同的派别，它们的侧重点不同：一些主要想揭露公认的事实承载的价值属性，另一些主要坚持价值的事实属性。也许值得指出的是，你不能通过向我们表明科学既包含了事实也包含了价值来说明这种区分已经崩溃了。安斯康姆式的相对粗糙的概念在此是有帮助的。甚至许多道德实在论者在粗糙的事实和“道德的”事实之间做出区分也没有困难；相对于将他说成是一个勇敢的人而言，对一个人勇敢行为的描述是粗糙的。 323

181 赖于理性的理想(尽管我会忽略将理性简单定义为福祉最大化的这种有问题的论述,但我不会纠缠于理性有争议的性质),因此我想提出一个从我们熟知的一些假设出发的思想实验——在后韦伯的世界中,这些假设既为世俗的灵魂也为科学的灵魂所共享——但它很快就会触到自主论的自由主义的边界。

驶向笛卡儿王国

想象一次格列佛式的旅行,我们去参观以促进福祉为名推行一种我们可以称之为强硬的理性主义信条的政权。强硬的理性主义者的信条不是普遍共享的——他们没有时间来讨论理性是否是处境相关的或是文化相关的,但它足够普通。它是一种体现在新古典主义经济学和决策理论中的理想的工具理性。强硬的理性主义者同情洛克的观念即“一个人的自由和根据他自己的意志行动的自由植根于他拥有理性的事实中”;[①]它们也许与认为理性地追寻真理是件值得做的事情的古典政治哲学家有些亲缘关系。这些政治哲学家也将自己看作某种类型的自由主义者:他们关心个人自主性,而理性是他们试图培育的自主性的核心部分。在笛卡尔的王国,理性被看作是民主的基础。

由于强硬的理性主义者被选到各个部门任职,他们引入了许多无可争议的改革。例如,在笛卡尔王国中,没有哪个委任的学校会教2+3=7。在这里什么都不用担心。但他们把科学理性的原则推得更广了。

设想一个昔日的炼金术士,受到野心的推动,他正在发明一种可以借用法术和桌面化学把基本金属变成黄金的技术。信息的错误和认知的无能减损了这种生活的价值吗?对其自主性的关注驱使我们向他展

① John Locke, *Two Treatises of Government*, chapter 6, section 63.

示他生活的错误吗？出于对我们的自主性和福祉的关注，强硬的理性主义者决定，要打击对非理性信条的灌输。要劝阻相信上帝违抗科学法则 182
的基督徒不要去相信他们错误的信念：没有复活，也没有圣餐。强硬的理性主义者说，一个将其生活组织在不存在的实体周围的人不拥有理性的自主性：我们应该帮助他看到他的错误。不言而喻，宗教信仰者的行为受到事后奖惩的引导。笛卡尔王国的管理者说，这样的宗教就像一台巨大的体验机一样：它创造出幻相，让你感到这种意图或那种意图将产生出各种各样的事态，而这些事态并不真正存在。

现在，我们强硬的理性主义者快乐地容忍了价值、偏好和习俗的多样性。除了赞美个人自由和自主性，他们还看重结社的自由，并且，以一种自然主义的方式，他们承认偏私性是人类心理中根深蒂固的一个方面。所以他们没兴趣除掉那些统一的忠诚。甚至还有一些宗教与他们的需求是一致的。他们遇到过基督教唯一神教派（就如同笑话里所说，你在他们草坪上燃烧出一个问号，都是对他们的迫害），在他们看来这个教派很合理。摩迪凯·凯普兰（Mordecai Kaplan），《作为一种文明的犹太教》（1934）的作者，秉持自然主义信条的重建派的创始人，曾经将犹太教定义为犹太人的民间宗教；因为它们体现了一定的社会价值，所以这些仪式十分重要，但他对超自然也没有兴趣。（毫无疑问我把问题简化了。）理查德·布雷斯韦特（Richard Braithwaite）发展出一个与其经验偏好相一致的英国圣公会，在这种宗教中，宗教的要素为满足基督教生活方式的道德要求提供了心理支持。[1]因此，要我们强硬的理性主义者接受一种人类学化（去自然化）的信仰形式并不困难。

只是在那些将认同植根于神秘学说、根植于理性失败的地方，才需要干预。例如，当一个犹太教派的成员认为自己与出埃及记有确切联

① Richard Braithwaite, "An Empiricist's View of the Nature of Religious Belief," in *The Philosophy of Religion*, ed. Basil Mitchell (Oxford: Oxford University Press, 1971), 72—91.

系的时候，强硬的理性主义者会展露愁眉。他会指出一个学界的共识，即古犹太人从未去过埃及，出埃及记只是借用了神话的混合物。显然，
183 一种植根于错误叙事或部分由错误叙事构成的认同本身就是一种神秘的形式。也许它不像体验机那样诉诸超自然之物那般坏，但它仍然是一种欺骗。政府应该发起运动反对这些神秘形式，就像它发放宣传册和指导守则关心健康节食的实践和烟草的危害一样。

事实上，不诉诸超自然之物或神秘起源的社会认同仍然可能让我们强硬的理性主义者烦恼，如果这些认同是自我破坏的话。在许多例子中，一种身份都附带了一系列规范，在真实的世界中，试图服从于这些规范中的一些将损害一个人服从另一些规范的能力。其结果是它的成员的计划和野心相互破坏，因此，我们有理由宣称，如果他们能获得一种更加融贯的社会认同，他们的生活会比现在更好。为了让这些规范更加和谐而变革认同的计划因此看来符合这些人的利益。如果告知人们这个事实有助于变革的实现，那么政府也许应该选择这么做；但如果非理性致使公民对这个事实置之不理，那么笛卡儿尔王国的统治者会考虑其他变革的方式，只要是可行的话。

显然，现代社会中有许多民族认同和种族认同符合这种抽象的刻画。它们是自我破坏的；它们的缺乏理性常常被宣称没有明显的影响；政府可以启动可行的变革机制引导人们获得新的、更理性的认同。因此这些改革增加了认同群体成员获得伦理成功的机会。

黑人像谁？

如我所说，认同给予人们行为的动力，因此人们有时候说，“因为我是L，所以我应该做X。”正如我说的那样，这样一种诉求诉诸的是与
184 那种身份相关的规范。绝大多数社会身份，尤其是那些历史上处于屈从地位的群体，拥有团结的规范，L会说，“因为我是L，我应该对另一

个L做这件事。”因而，如果定义这种身份的社会概念将人们往不同方向拉扯，那么这种身份就是自我破坏的，因为它的标准使这种身份与事实不一致。美国的种族身份就带有这个特征。许多美国人相信，如果一个人的父母是非裔美国人和欧洲裔美国人，那么他就是非裔美国人，它依据的是所谓的一滴血规则（one-drop rule），这种规则盛行于美国奴隶制废除之前、种族隔离制度时期识别黑人身份的法律概念中。尽管大多数美国人明白这意味着一些非裔美国人“看起来很白”，然而他们大多会假设，这种现象对于非裔美国人整体而言是罕见的。但事实上，很多非洲奴隶后代的美国人“看起来很白”，就会被当作白人对待，也会认为自己是白人。[①]让我们尽可能将这个问题的矛盾之处呈现出来：根据一滴血规则很多非裔美国人被认为是、也认为自己是白人。大多数美国人拥有的非裔美国人身份的社会概念并不是这样的。因此他们的社会概念与事实不符。

其结果是带来了一种团结的规范，非裔美国人常常基于认同的原因对他们相信的人非常慷慨，但它却建立在他们的社会概念的另一部分之上，也即要成为白人。如果他们根据一滴血规则基础上的规范来行为，这种基于身份的慷慨就会常常导向他们认为是白人的那些人。

显然，这也是非裔美国人认同的社会概念中的一部分，即一些身份地位被提升为与白人平起平坐的非裔美国人的祖先，不知道他们的非洲祖先，那些长得像白人的人因此获得了与白种人相关的肤色特权；因此，他们不是真正的非洲裔美国人了。凡是稍微思考过这个问题的人都该知道这意味着不能绝对地采纳一滴血原则，因此，他们关于什么是

① 在2001年4月初的一次杜波依斯讲座上，Brent Staples的一番讲话吸引了我的注意，他讨论了在这些演讲基础上写成的一本书。他友好地向我推荐了Robert P. Stuckert的文章，“African Ancestry of the White American Population,” *Ohio Journal of Science* 58, no.3 (May 1958): 155。这篇文章讨论了它质疑的一个统计模型和数据种类，并得出结论说：“这个研究提供的数据表明，在没有非洲背景的白人当中，流行的信念是无效的。超过两千八百万的白人有非洲血统。”而这只是半个世纪以前。

一个非洲裔美国人的概念边界是模糊的。但是，由于他们并没有注意
185 到我刚刚描述的那种不一致性，他们认为一个轻微的不正常不会带来实际的差别。仅仅靠提供信息也不能解决这个问题。在过去几十年中我所提供的那类信息在受过教育的美国人，尤其是非洲裔美国人中大量流通。然而在这段时间，我发现黑人民族主义愈演愈烈，尤其在那些最有可能接受到这个信息的中产阶级黑人当中。

现在，对我勾画的图景有很多反驳。你不承认非洲裔美国人或准非洲裔美国人一般拥有相互冲突的构成性信念，相反，你可能得出结论说他们并不真正遵守一滴血规则。因此，你可能会争辩说，这个成问题的信念事实上非常重要：如果他们不把本质的后裔身份当真，也许他们的口头服务就无关紧要了。或者你也许会总结说不用分享它所包含的丰富而连贯的理论，人们就可以拥有一种认同。你还可以进一步反对说所有群体包括那些要求偏向性的群体边界都很模糊。

但假设我们相信这些人的话。一方面，他们拥有的认同的社会概念与事实不符。另一方面，他们被注入了某种种族团结情绪，一种偏向性的形式；对他们来说黑人应该做得好这很重要；致力于这个目标是他们定义其生活成功的目标之一。这种情感与爱国主义情感的相似性致使人们把这类性情叫做“民族主义的”。像其他民族主义者一样，这些人认为因为他们是他们的人，所以他们希望他们的人能做好。有可能一旦非洲裔美国人不再成为没有得到补偿的不正义的受害者，他们大多数人就不再会认为自己是非洲裔美国人了，这种形式的民族主义也将消失。但只要它存在，许多非洲裔美国人生活的成功就与种族提升的事业相关——如我所说，这项事业突出了一套信念体系（关于通过的普遍性）与另一套信念体系（关于如何归因于非裔美国人认同）之间的不一
186 致。那么这种认同能被理性化吗？

理性化出错的地方

这仅仅是他们在笛卡尔王国会问的问题；但当然，并不是有关笛卡尔王国的每件事都会引起我们的注意。我们强硬的理性主义者发起了禁烟运动，就像现代自由国家所做的那样；他们与我们一样，认为吸烟是非理性的，是对我们福祉的损害。问题是笛卡尔王国的统治者不会在禁烟运动或者头盔和安全带立法的问题上停下来。黑人、基督徒、犹太人、穆斯林：只要这些身份建立在错误的信息之上，笛卡尔王国就会设计计划来打击或修正它们。

显然，认为国家有兴趣促进人民的理性是荒谬的；认为理性是能动性（能动性是自由的基础）的一个先决条件也是荒谬的。我们同意，国家不应该自动听从信息错误或惊惶失措的公民的偏好。在广泛的事务中，它应该根据它最佳的真理概念来行为。显然，当我们的目标是理性的时候，我们的生活会更好；作为一条规则，当目标建立在错误的基础上时，它们不可能取得成功。事实上，我们强硬的理性主义者对格里芬讨论的好生活印象深刻："我们希望与我们自身之外的实在接触。我们不希望仅仅对拥有一个有价值的生活，对在我们的生活中取得了一些成就产生令人信服的印象。我们还希望对有关我们自身的实在拥有清楚的认识。"[①] 对有关我们自身的实在拥有清楚的感知：是的，理性主义者说，现在让我来帮助你实现这种感知。

那么，这个政权有什么错呢？

我们应该考虑一些直接和紧要的关注。让我们从这个考虑（我之前提到过）开始，即我们是否可以仰仗统治者比被统治者更理性。即便他们更理性，你仍然会怀疑任何这类实际的政权能否给予公民平等的

① Griffin, *Well-Being*, 136.

尊重，它是否会要求民主的支持与合法性。（存在不同类型的考虑——在分歧面前保存国家的合法性——这使得中立性对拉莫和内格尔来说具有吸引力。）笛卡尔王国的统治者在如此之多具有争议性的问题面前
187 采取了强硬的立场。这带来了另一些忧虑：想象一下国家和家庭之间的战争（假设国家不愿意承担养育孩子的责任）。这样一个政体会严重侵犯父母的自由。而这种冲突对孩子来说不可能是好事。（稍后对这个问题我会多说一些。）

因此有形而上学和认识论不安的理由。即使在那些专门研究这个问题的人中间，如何去刻画这些理性的假定失败仍是有争议的。早先我提到了模糊不清的事实与价值的区分。即使在这场争论中我们不偏向任何一方，即使我们认为最好（其他条件不变的话）不要教给小孩错误信息，我们也不得不承认我们的科学理论可以不用修改。穆勒自己也承认，大部分人类知识的领域缺乏算术那种确定性："数学真理证据的特殊性在于所有的论证都站在一边。没有反对意见，也没有对反对意见的回答。然而在可能存在不同意见的每一个主题上，真理都取决于在两组相冲突的理由之间取得的平衡。即使在自然哲学中，也总是存在对相同事实的不同解释……我们最有把握的信念没有保障，只有一个长期的邀请，邀请整个世界来证明它们毫无根据。"[①]取消这个长期邀请是鲁莽的；我们应该向可错论致敬。

分析性错误的问题带来了另一个问题。是的，有一些信念是分析性的错误：例如，2+3=7；有可能三位一体的学说也是这样的。然而，在这些例子中，不清楚的是你怎样将它们付诸实践——持有这些信念到底意味着什么，或者抛开你的那些抗议，你是否真的持有这些信念？戈尔·维达尔（Gore Vidal）喜欢谈论古代神秘的宗教派别，这些派别的仪式流传了很多世代，现在他们已无法理解祭祀念出的咒语了。虽然这

① Mill, *On Liberty, CWM* 18: 244.

个观察有点讽刺，但这里隐藏了一个很好的观点。在宗教仪式包含着对信条加以肯定的地方，最后要紧的不是这些句子的认知内容（“我信仰唯一神，万能的主……”），而是说出它们的实践。根据新教的习惯，我们倾向于把信徒叫做信仰者，而不是实践者；但强调的重点可能是错位的。 188

对笛卡儿尔国的批评还可以继续扩展；但总的说来，我们会指责强硬的理性主义者不够重视自主性这个维度，而过于看重它的理性维度。在笛卡尔王国，所有形式的非理性都会受到打击。它们有哪些呢？在此，自由主义者，尤其是反完善论的自由主义者可能会同意其中的一些原则。危害到民主政体的非理性形式（例如，直接干涉行使公民资格的能力）是政府干预的合理目标。这种干预受到关注结社自由，关注赋予个人生活意义以及塑造个人生活的社会形式的限制，因此我们应该谨慎地对待与认同群体，尤其是与宗教认同群体相关的非理性形式。寻找一种利益的平衡是有必要的。因此，对于如果你吃了太多的长豆角撒旦就会夺走你的灵魂这样的宗教信仰，虽然国家很犹豫要不要开展反对它的运动，但当你进入投票站时，你可以理直气壮地决定反对这种信仰。

然而，如果有的话，哪种促进理性的措施可以仅仅由对我们自身福祉的关注而获得证明呢？为了保护公民的福祉，我们允许国家做很多的事情：它在危险的十字路口设立红绿灯；它监督饮用水的质量，执行契约等等。而且，如我们看到的，大多数自由主义者认为可以为了服务公民的目的（包括政体的稳定和存活）而促进某些价值以及培育理性。问题在于能否为了非公民的目的，为了我们自身的善来促进理性。我们肯定希望我们能从强硬理性主义者的强权下降到一种更谦逊和审慎的理性主义的温和形式。

可恶的和自我破坏的认同

我们如何调和对人们是其所是的尊重与他们可能为谁的关心呢？如何调解自主论（消极自由的强硬价值）与建构论（如何塑造我们的欲
189 望和认同的意识）呢？在此我们可以从我们早先对知情偏好的讨论中学习，在那里我们曾得出结论说，一种自主论的政治秩序既不应该仅仅关注我们的偏好也不应该只关心"知情的"偏好，而是要寻找两者的平衡。

还有来自笛卡尔王国的教训。对那些他们认为有着华丽幻想的宗教信仰的认同，强硬的理性主义者十分厌恶。他们自信满满地认为，关心我们的国家应该着手开展包括改变我们形而上学信念的塑造灵魂的计划。而且他们自己也忙得不可开交：至少在他们看来，鉴于我们理性的缺陷，我们所有人都可能拥有"非理性的"认同。在他们的自信面前，我们有理由退缩。有一些是出于对自主性的尊重，还有一些带有认识论的谦逊。但是，如我提到过的，在很多地方当代的宗教传统并不真正分享基督教或伊斯兰教的一些现代派别对学说正确性的关心。许多形式的现代犹太教虽然遵从一些实践，但在神学上相当地不置可否；事实上，曾经是英国圣公会主教的伍利奇（Woolwich）承认，对上帝的忠诚可能会导致形而上学的无神论。[①]但在有些情况下进行干预的冲动是不那么容易排解的；我将讨论两种情况。第一种情况包含我所说的可恶的认同。第二种情况让我们回到了之前对自我破坏的认同的讨论——在此对我们获取伦理成功的威胁来自规范对我们往不同方向的拉扯。

有一些认同部分地由极为令人讨厌的承诺构成，像一个例子子本

① John Robinson, *Honest to God* (London: John Knox Press, 1963).

身暗示的那样，通过自我授予的标签表示认同，如基督教认同运动。它们与我们在第三章中讨论的神权政体下的社群不同，这些神权社群带有小小的专制风格；在此成问题的不是对其成员自我方向的直接侵犯。基督教认同运动——北美一个大概有五万信仰者的准宗教派别——的成员将评价性的承诺和事实性的承诺混在一起了，而这深与美国的道德现代性相冲突。他们认为盎格鲁撒克逊人和相关的群体是古以色列人的后裔；犹太人是该隐的后代，因此他们在本性上是邪恶的；那些"肮脏的种族"（非白人）是次等人，等等。除非自主性被认为 190
没有分量，否则这样对待认同运动的成员是不能容忍的。但我们也不必弯腰后退，将他们的信条与唯信仰论的负担隔开。没有理由担忧我们公立学校的普通课程，或者，我们的刑法典和民法典与这个运动的教义相冲突，旨在破坏它。相反，肯定有一个令人满意的结果。即使对塑造灵魂不满的人也会愉快地同意，尽管他们对所发生的事情会有不同的描述（例如，教授真理，打击不道德行为，或向人们提供公民资格）。就我的目的而言，让这个例子变得有一点过于简单了的是，讨论中的认同在道德上而非仅仅在伦理上是受损的：一种唤起种族战争的信条让我们陷入了不道德。我们将以道德为名而不是其成员的伦理繁荣为名发起反对它的运动。基督教的认同可能对它的成员而言是坏的。他们的生活会受到其信仰的损害。但我们并不因为这个原因采取特殊的行动去反对它；只有当他们威胁到其他人时我们才会这么做。[①]

一个更棘手的例子是我更早时候给出的：也就是自我破坏的认同。（让我再一次强调有关一个人认同的错误信念自身并不会导致自我破坏。）如果我们的认同提出相互冲突的主张（它的内部是相互冲突的）又如何呢？很多人接受国家可以促进理性的主张；很多人同意国家可以

① 有时候那些受到威胁的其他人就是他们自己的孩子，而他们受到威胁的方式就是被变成拥有受损认同的人。正如我们将要讨论的，孩子们在没有真正拥有认同之前不会去尊重他们的伦理认同。因此我们不去干预拥有伦理认同的人这不是一个特例。

尝试着提升我们的福祉；几乎所有人都同意强硬的理性主义超出了它的限度。那么国家在多大的程度上可以以个人生活的成功为名，合法地重塑相冲突的社会认同，从而变革那些部分受其定义的个人认同呢？（尽管我是从认同和社会形式的方面来谈论国家的，但很显然在这些方面国家并不是一个主要的演员，而是我们所说的“社会”的其他因素。）尤其是除了提供信息以外，国家如何回应种族的非理性呢？

这里有一个相对微不足道的例子。总的说来，目前美国的实践假设
191 存在一个关于她是否是非洲裔美国人的事实。你被要求填写表格来确定你的种族，其他人也被要求这么做。因此，这项实践鼓励许多认为自己显然是黑人或白人或其他种族的人相信，种族制度事实上是相对简单的。如果政府要修改这些实践，它将至少撤销支持这个观念的一个微小支柱，这个观念认为，社会的种族观念与实在是一致的：国家看上去能够建构承担这些社会概念的成功实践。可以通过很多方式来激励这样的修改。但很显然它也会受到这种思想的激励，即政府行为有助于以减轻它们自我冲突的个性的方式重塑种族认同或减少种族认同的显著性。

当然，你可以争辩这到底是一种国家干预呢还是停止国家干预。[①]此外，仅仅因为国家已经收集了种族的“数据”所以我这里说到的政策才是必要的，这种观察是正确的。为什么不能简单地说，国家应该

① 顺便说一下，这是很难（即便在原则上）区分论证的中立性与结果的中立性的一个好例子。分类实践的目标并不在于公布已发布的身份：因此它们并不仅仅因为在结果上是非中立的就符合资格。毕竟，它们将一个有争议的概念当成了公认的概念，因为这个原因它们的论证是非中立的。如我们早先看到的，社会以这种方式维持的每一种认同都被政府承认的事实改变了。美国的“拉美人”作为一种社会目的而存在包含了墨西哥裔的美国人，波多黎各裔的美国人，以及来自拉丁美洲和加勒比海说西班牙语的数十个国家的移民，而这部分是因为美国政府将这些人看作一个集体。由于创造这些社会认同的目的在于改造这些认同以及改变拉美人的伦理前景，所以出现了许多国家行为；例如，在这些国家行为当中，为成年人提供的双语教学允许他们在维持一种语言认同的同时被融合进美国社会。

从所有种族分类中退出呢？这有可能会带来好处；但结果可能是阻止政府去评估歧视的存在，去采取反歧视的措施。出于罗伯特·波斯特（Robert C. Post）阐述过的理由，尽管反歧视法常常被看作对平等对待这条自由主义基本信条的肯定，但它自身可能包含着塑造灵魂的形式。

灵魂塑造与刻板印象

我花了一些时间来考虑这些针对灵魂塑造的论证，它们旨在回应我们理性中的普遍缺陷。但非理性的理由很难成为进行自由的灵魂塑造的全部理由。如我们看到的，自由的灵魂塑造的目标在于以直接承认其伦理重要性的方式来修改社会认同。 192

在灵魂塑造的语境下来审视反歧视法可能违背了它的指导精神。因为反歧视法的普通概念关注的是平等，而平等最好是从消极的意义上来理解：作为一种政治理想的平等指的是不考虑无关的区分。也就是说，因为存在差别对待人们的理由，所以应该差别地对待人：平等主义者是那些对什么理由是可接受的，什么理由是不可接受的持有强烈观点的人。当对待不仅是有差别的，而且是不公平的时候，平等的问题就会产生。给女孩子粉红色的饼干，给男孩子蓝色的饼干是一回事；给男孩子昂贵的玩具，给女孩子便宜的小饰品又是另外一回事。国家、私人雇主和那些提供公共设施的人在黑人与白人、男人和女人之间做不公正的区分曾经被当作是理所当然的。最近四十年的章程制定和宪法立法包含了许多摆脱这种实践和假定的努力。

反歧视法尤其关注我们所分类为的公共行为。这个术语旨在涵盖国家官员在其职权范围内采取的那些行为——它们显然受制于非歧视的规范——也包含在雇佣员工、在大的商业行动中管理雇员、允许人们进入和使用公共场所的过程中采取的行为。这是一个有趣的问题，即为什么在一个自由社会中，在公共行为的领域，反歧视应该以法律规范的形式强制执行。我想答案是足够清楚的：在我们的世界中，允许每个人有公平的机会去发展她有尊严的、自主的存在，要求我们有机会获得工作机会、进入公共空间，以及拥有公民的权利和特权。如果尊严和自主性是核心的自由价值，一个自由主义者会希望国家坚持向所有人提供获得雇佣机会和进入公共空间的合理渠道。为什么仅仅限制公共行为呢？因为将行为的其他领域包括进反歧视法的范围内——在我的日常交往中要求我不区分男人和女人，黑人和白人——会不适当地侵犯我
193 建构自身生活的能力。言论自由和结社自由对这种自我建构来说具有核心意义，它要求我不以性别认同或种族认同为由来选择我邀请的客人。通过赋予我们公共权利来限制雇主、旅馆经营者等人事实上限制了他们的自由：但这对他们生活计划的影响没那么大，不像他们拒绝提供给我们的机会那么重要。（这就是为什么对公共行为的限制是合宜的，尽管对于什么属于公共行为的范畴还有合理空间可供辩论。）在对一个雇主的限制如此深刻地影响到他的个人计划或集体计划之处，我们就无法在这些基础上去证明限制的正当性。因此，由于我们必须去判定个人对这些组织的控诉，我们在此所讨论的是相冲突利益之间的平衡。允许一个对于我的个性而言具有核心意义的计划在任何情况下都超越你的利益会是一个错误，因此最后我们有义务来讨论这些计划的优点。

这种标准的自由主义论述似乎不牵涉到塑造灵魂的问题。但你已经预见到我们可以到达那里的一条捷径：也许刻板印象（stereotypes）在我们的伦理认同中发挥了一定作用，它是源自理性的一种可纠正的缺陷。你会在一些法律意见中找到对这种观点的支持；正如我们将看到的，在这种语境下法官有时会诉诸“非理性偏见”（irrational prejuclice）的概念。所以你也许认为当一个社会采取措施（例如通过反歧视法）打击这些刻板印象时，事实上它就是在重塑我们的伦理认

同。

但这个结论下得为时过早。事实上，我们应该停下来反思一下在法律判决以及围绕民权法的论证中充满的对刻板印象这个词的混乱应用。因为在美国反歧视法的语境中，“刻板印象”这个术语至少涵盖了三种不同的含义。

第一种含义是基于她所属的某个社会群体具有某种特征的信念而赋予个体成员一种特性，成为那个群体的成员与拥有这种特性之间确实有一种统计学的关联，但事实上这名成员并不具有那种特性。比如这个例子，一个强壮的妇女去应征消防员的工作，但她被告知因为“妇女 194
不够强壮，所以不能做消防员”。这里存在一个做雇佣决策时人们会考虑的有关妇女群体的普遍事实——假设做消防员这个职业需要力量，而妇女普遍不如男性强壮。但是，这个普遍的事实不能排除玛丽适合这项工作的可能性，如果玛丽的确比大多数妇女甚至比最弱小的男性消防员都强壮的话。让我们把这种偏见叫做统计的刻板印象（statistical stereotypes）。[①]

“刻板印象”这个术语带来的第二种含义仅仅只是对一个群体的错误信念——让我们把它叫做简单错误的刻板印象（simply false

① 当一个公司基于理性的理由（例如，利润最大化）而发生歧视时，“理性的”歧视——或者肯尼思·阿罗和埃德蒙·菲尔普斯分析的“统计的歧视”——出现了：例如，为了节约信息成本。一些保守主义者声称，自由市场将自动消除歧视，与这种看法相反，菲尔普斯与其他人认为，在很多情况下，国家的干预可能是必要的。针对个人的公共行为都是建立在一种统计的刻板印象上的，如果她事实上不具有群体的典型特征，那么我们没有理由将这种印象强加于她。如果你去考虑不符合特定职位需要的群体成员，那么经济的头脑会提出反对，因为将他们考虑进来比事先将他们排除出去需要付出更大的搜索成本。如果这 324
些成本过于高昂或者它们给一些雇佣者带来了更大的负担——因为它们大部分的竞争是与那些在无反歧视法环境下运作的公司展开的，那么有理由在此提供补贴。但看上去没有足够好的理由来证明为什么对商业成本的考虑应该压过对有资格但无代表性的群体成员的考虑。不管是普通的公共权利还是特殊的民权总是有成本的，它们并非总是由国家来承担的。如果造成这个群体符合资格的成员过少，原因是历史的非正义或者目前的歧视，那么不应该让商业成本自动地压过寻找潜在雇员的成本。

stereotypes）。在反歧视法的语境中，此类刻板印象的相关性在于公共演员可能会做一些让我们相信A拥有某些特征的事情，因为他们认为A所属的群体的所有成员都具有或可能具有这种特征。甚至当这种特征不普遍存在时，他们还是会这么认为。在此典型的例子是种族的刻板印象，这致使人们不去和一个群体的成员做生意，因为他们被说成是不诚实的，然而事实上他们却不是那样的，或者说他们并不比其他人更不诚实。同样，简单错误的刻板印象也毫无理由地让人们背上了负担。但要去识别这种负担可能要求我们去探究到底这种刻板印象是不是简单错误的。

“刻板印象”这个术语第三种有意义的含义是与性别相关的穿衣规范和行为规范。罗伯特·波斯特分析的两个例子是威尔逊诉西南航空公司案（*Wilson v. Southwest Airlines*）——这家航空公司因其只招收“有吸引力的空姐”的政策而被起诉——和考夫特诉地铁传媒公司案（Craft v. Metromedia, Inc.）——电视主播抱怨她的雇主坚持她穿更有“女人味”的衣服。① 在这些例子中，刻板印象指的并不是关于群体成员普遍如何行为的观点：它指的是他们如何行为要依据他们*应该*如何行为的社会共识，其目的在于服从与这个群体成员相关的规范。我将把这类刻板印象叫做*规范的刻板印象*（normative stereotype）。当雇主要求女性雇员穿裙子、男性雇员不这么做的时候，他们是在运用规范的性别的刻板印象。（当然，在统计的刻板印象与规范的刻板印象之间有
195 明显的联系。统计的刻板印象中包含的很多概括是真实的，因为它们是人们服从的规范的刻板印象。）

① 517 F. Supp 292 (N. D. Tex. 1981) 和766 F.2Á (8th Cir. 1985)；这两个案例在罗伯特·波斯特编辑的*Prejudicial Appearances: The Logic of American Antidiscrimination Law* (Durham: Duke University Press, 2001)一书中有所讨论，第30—31页。我在这里的讨论部分来自“Stereotypes and the Shaping of Identity,” 这是对他的论文做出的回应，文章也收录在这本文集中。

现在做出了这些区分之后，我们看到对不同类型的刻板印象我们应该做出不同的回应。前两种类型的刻板印象包含着错误：简单错误的刻板印象犯了知识的错误，因为它们包含了对事实的误解；统计的刻板印象则包含了对相关性的错误理解。但没有理由假设规范的刻板印象一定是错的，或者建立在规范的刻板印象之上的公共行为——即便它们包含了令人厌恶的区别对待——一定值得批评。（鉴于服装市场的运作方式，要求女性穿着适合其性别的职业装比起要求她们的男同事穿职业装而言，很有可能需要她们支付更多的钱。这就很令人讨厌了，因为她是在为她的性别付出代价。但是，它看起来并不像是需要提升到要求公共权利的一种伤害，或者需要支出公共资金来补救的措施。）在不同的例子中，法院已经干涉这类规范的刻板印象了。有一些干涉等同于零散的灵魂塑造。

不用说，法官和立法者不承认这是他们行事的依据。[①] 波斯特在一个有说服力的论证中，找出了他所谓的美国反歧视法的"主导观念"，根据这种观念，应该不论性别、种族等因素来对待个人；我们以某种方式对这些遭到禁止的属性视而不见，而只想到了它们固有的优点。相反，波斯特希望我们承认，"反歧视法自身是一种社会实践，它管理着其他的社会实践，因为出于这种或那种原因这些社会实践是有争议的。正是因为像种族、性别和美这样的范畴的意义是有争议的，所以我们以反映这种法律目的的方式用反歧视法来重新塑造它们。"[②] 请注意波斯特的论点不是关于反歧视案件法律裁决的后果的，而是关于它们的动机：他的论证是，在有关我们在做什么的"主导观念"与我们真正在做什么之间——实际的司法裁决的模式比法官容易行使的模式更符合他 196
的论述——有一个错位。正如实际操作的那样，在他看来，反歧视法

① 我们也不一定希望他们看到Thomas C. Grey, "Cover Blindness," 收录于Post et al., *Prejudicial*, 85—97。

② Post, et al., *Prejudicial*, 22.

包含了如柏拉图所说的对“人的灵魂习惯的管理”。

波斯特将我们的注意力引向了对第七法案的司法阐释，这部法案提到了一些刻板印象，但它的首要关注点不是规范的刻板印象。法院谈到在莱姆诉夏威夷大学案（*Lam v. University of Hawaii*）中“顽固但不合理的偏见”——这类偏见涉及认知问题，简单错误或统计的刻板印象都属于此列。在多纳休诉美国鞋业公司（*Donahue v. Shoe Corporation of America*）一案中，法院明确提到了“在肤色，宗教，国籍，以及其他表面特征基础上”形成意见的问题。类似地，在随后对国家反歧视法法规的讨论中，法院提到了有关“人们所属的某个阶级特征的刻板印象的讨论”，这也意味着这些特征要么被不正确地扣在了某个阶级的头上（简单错误的刻板印象），要么被不正确地扣在了某些个人的头上（统计的刻板印象）。①

但有迹象始终表明，规范的刻板印象也在酝酿中。当大法官布伦南在普华永道会计师事务所诉霍普金斯案（*Price Waterhouse v. Hopkins*）中阐释说，联邦法律坚持认为“在选择、评估和补偿雇员时，性别、种族、宗教和国籍是无关的要素”，他的意思是它们本身是不相关的，虽然它们在统计学的意义上是相关的。而坚持认为它们本身不相关看来是拒斥了那种宣称某些工作不适合非裔美国人或女性的规范的刻板印象。那些没有统计的刻板印象或者对女性或黑人的能力、性格没有错误观念的人仍然相信，根据规范的刻板印象，每个人都有一个不同于男人或白人位置的合适位子。

我们如何区分威尔逊（西南航空公司的空姐成功地上诉）的案子和考夫特（女性主播不成功地上诉）的案子呢？在此我们可以说，为了满足男性的嗜好而要求女性“行为性感”，提供这种空中服务的实践是对女性的贬低；而要求一个女主播“保持职业的、务实的外形”与社群

① Ibid., 16—17; 13, citing *Mueller v. C. A. Muer Corp.*, a Michigan case.

的标准是一致的，所以它没有贬低女性。事实上在考夫特案中KMBC电视台援引的标准预设说，尽管女性由不同的穿着规范所管理，但仍然 197 在穿着职业装时是合宜的。这并没有否认在“保守的”堪萨斯城市场上女性的衣着规则有可能限制商业女性的机会或者反映出对她们的缺乏尊重。但相比要求空姐穿着性感而言这种限制的程度较轻。[①]反歧视法包含的社会工程实际上非常微小。

规范的刻板印象——它十分接近我之前所说的生活脚本——对于理解道德生活和公民生活中的认同和个性而言十分重要。但并不是每一种规范的刻板印象都是如此。它们必须与一种有尊严的个性建构相一致。就目前通过公共行为强制执行的规范而言，它们建构的认同缺乏尊严，或者说它们让人感觉低人一等，所以在这一点上它们失败了。正如波斯特正确地坚持的那样，反歧视法考虑的可能是重塑性别规范；而不是废除性别规范。废除性别规范将是对性别的废除和对性的激进转化——可能超过人类认知。但对性别规范的改革可以从这里开始，即社会在性别建构的过程中让女性相对于男性的劣势不那么明显。同样地，当日常的社会实践将“低劣的和有辱人格的形象投射到他者身上”时（用查尔斯·泰勒的话来说），禁止这类实践是改变有关黑人种族认同的社会概念的一种方式，通过对其认同的改变，它也有助于提升黑人生活成功的机会。这是卓越的灵魂塑造；对于那些在历史上被错

---

① Post et al., *Prejudicial*, 30—33. 一旦我们接受波斯特对美国反歧视法的这种刻画，法官、立法者和公民就要着手处理这一问题，即需要补救哪种令人怨恨的公共行为。我们无法审慎地处理所有这些问题，例如，将旅馆中相较于白人顾客对黑人顾客更缺乏礼貌视为犯罪。我认为存在一种聚焦这些讨论的明显方式。这就是去询问一种公共行为的形式对于维持性和种族的不平等有多么重要。由于种族主义和性别主义是系统化的和模式化的，而非仅仅是个体偏见的偶然集合，因此这是一个合理的问题。我还以为，那些认为要求雇主允许男性雇员留长发不合理的法官将其理由正确地建立在这个事实之上，即相比那些贬低女性的形式，这些雇主的偏好（即不允许男性雇员留长发）微不足道。类似地，要求莫尔豪斯学院招收更多的白人学生并不会降低美国的种族不平等，而让那些在历史上排斥黑人的精英学校招收黑人学生则在这个方向上迈出了一大步。

误贬低的认同，这类灵魂塑造不管多么微小仍属于国家平等关怀所有公民的义务之一。

这个例子还表明了为什么认为灵魂塑造类似于洗脑是错误的——将灵魂塑造看作国家对你的大脑的控制。当然，有关我是谁的意义并不仅仅存在于我的头脑中；我的伦理计划来自于一个社会事实的宇宙。由
198 于我们的认同是社会的产物——社会概念的产物，他人如何对待我们的产物，因此规范的刻板印象的改变会改变我是谁。与此同时，我仍然可以改变我的认同：也许在我的人生中随着我的探索成为一个人意味着什么会发生改变。然后我可以抵制新的脚本和新的规范的刻板印象：也许公共行为可以不用消除不同意见和争论的可能性而改变社会认同的意义。显然，拥有自主性就等于拥有抵制的能力；作为自由主义者，我们也许不能违反别人的意志强加给他/她一种生活。但在人们形成意志之前我们可以这么做吗?

受过教育的灵魂

洛克写道，“我想我可以说在我所遇见的所有人中，他们是什么样的人，善或恶，有用与否，90%取决于他们所受的教育。”“教育在人类中造成了巨大的区别。我们年幼时所得的印象，哪怕极其微小，小到几乎觉察不出，都有极为重大长久的影响。正如江河的源泉一样，水性很柔，一点点人力便可以把它导入他途，使河流的方向根本改变。从根源上这么引导一下，河流就有不同的趋向，最后就流到十分遥远的地方去了。”[①]我们可能会放弃洛克对自行批准的理性充满希望的信念；我们也许认为易受影响的孩子不像他所说的那样易受影响。但没有哪个民

① John Locke, *Some Thoughts Concerning Education*, ed. James Axtell (Cambridge: Cambridge University Press, 1968), 112. 对洛克的个性思想的有价值的讨论可以参见Uday Singh Mehta, *The Anxiety of Freedom* (Ithaca: Cornell University Press, 1992), 119—167。

主社会不严肃对待教育，也没有哪个民主社会不去争取教育的灵魂塑造的前景。在许多发达国家中，普遍教育的计划实际上已经变得很普通了，这是个不争的事实。

自由民主的教育方法一般包含了我们在本章初提起的两个考虑。第一个考虑有关个体的善：让一个小孩做好准备过一种自主性的生活。第二个考虑与政体的善有关：一个自我持续的政治秩序不可能对颁布它的构成性宗旨无动于衷。（这是约翰·斯图尔特·穆勒自身教育的设计师、他的父亲詹姆斯提出的一个格言的版本：“教育的目标是尽 199
可能地让个人首先成为他自身幸福的工具，其次成为其他人幸福的工具。”）①

不过这仍然没有告诉我们政府应该在其中扮演什么角色。你不能总结说，因为国家注定要塑造我们的认同，因此它就应该有目的地这样做，应该将我们每个人的善铭记于心，自由地进行灵魂塑造。认为有些认同是个性的阻碍或者认为它们是自我创造的工具，这两种想法都没有划定任何真正的界限：假设孩子在没有社会认同的帮助下也可以长到成年是荒谬的（假设应该帮助他们长到成年也同样毫不诱人）；但他们将会有认同这个事实并不会约束我们在他们的童年时期去塑造他们的认同。与此同时，很清楚的是一些家长将公共教育看作对其生活的威胁和分裂力量。如果你的目标是培养可以开辟真理之道的孩子，那么讨论自我创造或者个性不会让你感到轻松。你会想到的不是性格的塑造而是性格的毁灭。

这里有对自由主义教育的两种叙述，第一段论述来自布鲁斯·阿克曼（Bruce Ackerman），第二段论述来自迈克·奥克肖特（Michael Oakeshott）：

① *James Mill on Education*, ed. W. H. Burston (Cambridge: Cambridge University Press, 1969), 41. 325

> 如果你愿意的话，可以说，整个教育制度就像一个巨大的星球。孩子们取决于他们的原初培养立足于这个星球不同的位置上；我们的任务是帮助他们看清在他们身边流逝的故事的更深含义，以此来探索这个星球。然而，在这场旅途的终点，现在成熟的公民有权利站立在他的出发之地——正如他也可能着手探索这个星球上未被占领的部分。[①]

> 我们每个人出生于地球的一个角落，历史的一个特殊时刻，被地方性所包裹。但学校和大学是一个所谓学习者从他的地方环境的限制中、从他偶然获得的欲望中解放出来的地方，在这里他受到了他从未想象过的暗示的激励……因而，它们是卓越灵魂的声音能够被聆听的
> 200 避风港，因为地方特殊性的喧嚣不过是遥远的轰隆声。[②]

尽管这两位作者的政治立场有距离，但这两种论述在深层意义上都与穆勒的见解不谋而合。它们有力地表达了教育应该为我们做什么的一些广泛共享的理想：如我们所说，它应该“拓展我们的视野”，它应该让我们置身于一个比我们目前所处的世界更大的世界。当然，这些论述强调的是孩子们得到的直接好处，他们可能获得对“他们身边流逝的故事”的更深理解，可能从“地方环境的……限制中解放出来”。

但是几乎任何一种教育制度都要与那些感觉受到教育方式或教育内容威胁的人相抗衡。以对自由教育的两种论述为例。两种论述听起来都是多元主义的、人本主义的和开放的：然而对一些公民来说，这恰恰是问题。如果你认为你居住在山上的城市，你可能不乐意看到它缩减

① Bruce Ackerman, *Social Justice in the Liberal State* (New Haven: Yale University Press, 1981), 159.

② Michael Oakeshott, *The Voice of Liberal Learning: Michael Oakeshott on Education*, ed. Timothy Fuller (New Haven: Yale University Press, 1989), 24.

成为一个“伟大星球”上的一点；将“地方特殊性”降低为“遥远的轰隆声”的承诺也不一定能让那些以特殊性为自我认同的人满意。

在此我们应该从这个假设开始，即父母在养育孩子的过程中所扮演的角色赋予他们权利去塑造孩子的认同，这是父母义务的必然结果。我们不相信社会的再生产应该像《美丽新世界》所描绘的那样去进行。我们相信孩子应该主要由家庭抚养，而这些家庭应该有能力引导孩子进入家庭的成年成员自身采纳的习俗、认同和传统。

当然，如果你唯一的目标是确保霍勒斯·卡伦（Horace Kallen）与种族多元论相等同的目标，即“个性的集粹，差异的源泉”，你可以想象出实现这个目标的其他途径。国家可以接手抚养孩子的任务，并或多或少有些武断地给这些孩子分派一系列“有趣的”认同。自我建构可以获得的资源将主要依赖于想象以及国家及其仆人的意志，以及在这样一个社会中成年人做出的自发创造。这个替代性选择是非常牵强的。家庭生活的亲密；孩子对父母的爱以及父母对孩子的爱；家庭认同、家庭传统的意义：所有这些都缺失了（此外，我还想加上家族仇恨的意义）。不 201
只如此，在塑造公民认同方面国家被赋予了相当大的权力；滥用这种权力的潜在可能是相当明显的。

一旦我们将抚养孩子的任务留给家庭，我们一定会承认父母的爱包含用自己关心的认同来塑造孩子，教给他们与认同相关的价值，尤其是孩子过好生活所需的其他伦理价值的欲望。对此麦金太尔是这么说的：“我们进入社会……带着一种或多种输入的品格（我们被起草的角色），我们必须知道它们是什么，从而能够理解他人如何对待我们以及我们如何对待他人。”[①]一个以孩子未来的自主性为名在这方面积极破坏家长决定的国家——回想一下，这也是笛卡尔王国的问题之一——是一个与家长争吵不断的国家：这对于孩子来说是没什么好处的。

---

① MacIntyre, *After Virtue*, 201.

这些考虑不会压过政治秩序的要求，但它们将不可避免地缓和这些要求，而且教育在创造公民的过程中扮演的角色一直是有争议的。在1909年一本被视为一种方法的试金石的书中，埃尔伍德·克伯雷（Ellwood Cubberley），这个卓越而进步的美国教育家警告说，在最近"南欧和东欧的"移民潮中：

> （这些移民）不识字，温顺，缺乏自力更生的能力和主动性，不懂盎格鲁—条顿的法律、秩序和政府概念，他们的到来稀释了我们的血统，并极大地败坏了我们的公民生活……我们的任务是打散这些群体或他们的聚居，将他们吸收和合并为美国种族的一部分，只要能做到的话，将盎格鲁撒克逊的公义、法律、秩序和大众政府的观念植入到他们的孩子脑中，唤起他们对我们民主制度的尊重，以及对那些在国民生活中我们作为一个民族认为具有持久价值的东西的尊重。[①]

这段话既令人震惊，又引人入胜。他最近的评论者对他这种种
202 族主义的假设，国家的刻板印象，以及种族差异的恐惧都没太大兴趣——因为如下观念：公民生存需要强加一种统一的盎格鲁—萨克孙身份。但另一方面，他们承认，识字的、有自力更生能力的、关心法律的规则和大众政府的公民理想是不可以打折的。一直存在的问题是我们能否拥有后者而不必拥有前者的某些版本。

斯蒂芬·马西多写道，"一个自由民主的政体并不建立在多样性之上，而是建立在可以压倒相互竞争的种种价值的共享的政治承诺之上。他强调说"自由主义正义的抽象理想强调社会中每个群体之间的相互尊重，而多元主义者倡导的特殊性的论断并不必然会导向宽容

① Ellwood P. Cubberley, *Changing Conceptions of Education* (Boston: Houghton Mifflin, 1909), 15—16. 参见Macedo对这个问题的讨论, *Diversity and Distrust*, 91, 以及Eamonn Callan, *Creating Citizens* (Oxford: Clarendon Press, 1997), 172。

或尊重的主张。”[①]他所说的转型中的自由主义建议说，一个自由主义国家的一个合法功能是减弱它遇到的那些强烈的认同承诺：去处理替代性权威粗暴的来源——不管它是天主教还是英国的本土宗教，让更广阔的自由主义的承诺来稀释它们：让我们把它叫做清淡的认同（Identity Lite）。从历史上来看，这正是美国共和主义做的事情，也是一些人担忧的事情。但是，在我们的人民（We the People）和我们的民族（We the Peoples）之间找到一种利益的平衡是不够的；除了承认我的种种身份之外，我们还应该考虑作为个人的我的利益。

没有哪种义务教育体制可以完全绕开这类压力。事实上，如果说在自由民主制度下将教育的核心任务看作为公民自治和公民资格做准备是一种平常的看法，那么反过来，将父母的自主性和孩子的利益（或孩子未来的自主性）之间的紧张关系看作冲突的一个主要来源也是平常的。事实上什么是孩子的利益可能是一个相当有争议的问题。但是即使你十分确定孩子的利益可以通过“民主”教育或“自由”教育的计划来实现，你仍然需要面对这个问题，即如何将父母的欲望考虑进来。正如埃蒙·凯伦（Eamonn Callan）指出的那样，父母可能做出各种各样我们意想不到的糟糕决定。他说，假设一个有音乐天赋的孩子的父母有能力给他买钢琴，或负担昂贵的度假，但他们无法同时负担两样；最后他们决定去度假。不管我们会如何谴责这个决定，他说，“几乎没有人会 203
认为父母在道义上没有那样选择的权利。”他说，我们可能得出结论说“只因为一个特殊的决定在教育上是坏的，并不能说明父母就没有权利做这个决定”。他这样来分析这个问题，“问题的关键在于如何区分父母权利范围内坏的教育选择和因为它本身是坏的所以要排除在外的

① Macedo, *Diversity and Distrust*, 134. “建立一种共同的政治文化是必须完成的任务，如果不是通过我们所知的公立学校，那又能通过什么呢。”在这个方向上你可以走得很远；他批评杜威就走得过远了。（他谨慎的结论是：“我们应该宽容不宽容者，只要他们不威胁到自由制度的存活，但我们无需卑躬屈膝让他们的生活变得便利。”）

选择，与此同时避免父母的专制以及以孩子为中心的反叛。”[①]

现在，你也许认为只有当父母的偏好严重减少了一个孩子的福祉时，国家才应该干涉这些偏好。（毕竟，我们不认为父母有道德权利选择让他们的孩子营养不良。）但我们关于何时进行干涉的直觉并不依据伤害的幅度——一些行为在多大程度上将减少儿童的福祉。假设这个孩子有巨大的音乐才能，这种才能给他和其他人带来了深深的满足。那么可能父母的决定将极大地减少他的福祉。我们的不赞成日益增长——但是我们大多数人不认为一个自由民主的国家应该强迫他们去做一个更好的决定。相反，我们可以想象出许多场景，在这些场景中尽管一个孩子的福祉只稍微受到了一点损害，但国家可以合法地干预家长的选择。如果国家判定一家学校在教育上不合格，不给这家学校授权，那么家长希望孩子在特殊学校受教育的愿望就会被粉碎；国家的做法没有超出它的职权范围，即便孩子的情况变糟了一点。社会服务将把那些受到虐待或忽视的孩子从他们父母身边带走：但也许偶尔的照顾不佳对孩子目前的幸福和未来的前景造成的伤害相比缺少一台钢琴而言要小得多。当我们将孩子的福祉作为首要的关注时，我们头脑中所想的概念是一个能满意解决的概念，而不是一个最大化的概念。[②]

对于我们可能或必须给孩子提供什么，它并没有告诉我们太多。此刻让我回到我们那个没有钢琴的神童那里，并增添相关的利害关系。假设，一方面，孩子的父母属于一个原教旨主义的教派，成为这个教派成员的核心承诺之一是放弃所有音乐。由于他们认为音乐是有罪的，他
204 们拒绝让自己的孩子接触音乐，并公开要求学校尊重他们的意愿。在此

① Callan, *Creating Citizens*, 145, 146.

② 也就是说，当最低限度或“足够好”的关怀无法提供时，国家可以合法地进行干预。如果你认为最大化的概念是不连贯的（可能因为价值无共同标准），你可以坚持一个令人满意的要求。在此还有其他一些复杂的考虑：教育与弹钢琴不同，它是强制性的；学校是一种超出直接家庭领域的制度；不能最大化其他人的福祉与伤害或降低他目前的福祉是不一样的。

要紧的不是公民能力的议题；弹钢琴不属于公民能力的一个方面。（而且，相信音乐是有罪的与相信选举是有罪的不同，它并不会直接危及民主制的公民目标。）只有在极不情愿的情况下你才能侵犯父母按照自己的宗教认同来抚养孩子的企图。那么能想到政府官员可以侵犯父母决定的情形吗？假设我们有理由相信这个孩子被剥夺了唯一能获得成功的真实机会：也许这个孩子在其他方面患有严重残障。当然这个职业要求人们在早年就获得技能只是一个事实；你不可能到了成年才开始练习并进而获得熟练的指法。所以有可能存在一些情况（作为最后的手段），国家可以合法地进行干预，甚至将孩子从其父母身边带走。这种行为来自这个决定，即若不这么做孩子将难以获得最低程度的福祉。

但国家可以提出超出基本福利标准的教育要求；家长的权利和孩子的"信托权利"（用范伯格的话来说）——或者家长与学校之间不那么紧张的冲突——可能很难理清，当这些冲突与认同相关时尤其如此。

首先是一个警告。在下一节中我将关注与认同相关的真理论断，鉴于"创世科学"的争论日益突出，这种关注显得非常自然。但是，正如我早先建议的那样，我们不应该将认同群体之间的冲突简单看作信仰体系之间的冲突。社会实践不仅仅是命题系统；一个誓词的意义（例如，背诵教义）可能主要在于它的表现，而不是其断言的力度。[①] 所以我们在教室里学到的很多东西不能被归结为正式的教学内容，而且以认

① 公立教育遭遇的"伦理"挑战并不总是由课程本身挑起的：在威斯康星州诉约德案中，阿米什人争辩说，不管教他们的孩子什么，八年级以上的义务教育破坏了他们的生活方式：强迫孩子们在教室里而不是农场度过是成问题的。在这个案子中，最高法院认为，"说为孩子在现代社会中过主流的生活做准备，八年级以上的义务教育是必要的是一回事，而如果教育的目标被视作是为孩子过一种分离农业社群的生活（这是阿米什信仰的基石）做准备又是另外一回事了。"从本质上讲，他们对待遵从旧秩序的阿米什人（以及保守的阿米什人门诺派教成员）的态度就像对待保留区的美国土著人一样——并不真正是美国公民，而是作为他者置于其中的良性容器而存在。

同为基础的冲突甚至会从教学风格当中产生。

让我从这类冲突的一个小例子谈起。假设一个导师的意图在于让她的学生符合自由民主制的要求，她建立了一条标准，那就是在每个人
205 发言完之前讨论不能结束。其思想是每个人都有同样的价值，因此每个人都有权表达他/她的观点并且获得其他人敬仰的关注。这位导师还可能要求学生养成习惯去解释其他孩子说的话，因为一个平等的对话不仅需要我们去表达还要求我们去聆听。这些实践想要提供平等尊重的沟通方式、对话的场所以及相互尊重的人们之间理性的关系。(“建构主义教学法”的信徒尤其偏爱这种方法。)根据这种理论，一个自发地学会了聆听其他孩子说话、一个期待所有人都在讨论中发言的孩子是在学习尊严和尊重。

这一切听起来不大会有争议(暂时将效果的问题放在一边)。但在我们这个伦理多元的社会中它已经产生一些问题了。在这个国家中并不是每一个社会群体都相信应该鼓励孩子说话：一些华裔美国家庭教导孩子说，当成年人在场时，合适的行为是保持安静——成年人才是老师。毕竟孩子什么都不懂；或者，至少可以说，重要的事情孩子都不懂。他们在课堂上学习。从这个角度来看，我刚刚描述的那种实践必然会产生出喋喋不休和希望被聆听的孩子；换言之，举止不良的孩子。[①]

我说过，尽管父母在养育子女方面承担了主要的责任，但国家可以正确地进行干预以保护孩子获得自主性；如果我所描述的那类实践对于这个目的而言是必要的话，那么这些实践可以由这个事实获得保证。但是父母并没有因为和国家的专家在什么对他们的孩子是最好的这个问题上的意见分歧而失去他们的角色。我们的教学专家必须去捍卫这

① 也许我应该添加上这个，据我所知，在宪法第一修正案审查的重大案件中，没有有关教学风格的案例(例如，一个宗教请愿者认为它是不必要的负担)。因而，有可能很难唤起对建构主义教学法的经验支持：显然，一定数量的“情境主义者”研究表明，课堂行为是只属于课堂的，它不会必然超出那个语境。

个事实，即她的教学技巧不仅仅是一种宗派的偏好：熟练的掌握语言以及语言在社会中的运用要求大量的实践；有可能那些经常进行交谈和推理的孩子通常在现代生活广泛运用的认知上表现得更好。华裔美国人教育他们的孩子，以便他们在学校用以衡量他们的成败进行的认知任务上表现良好，这些华裔美国人在此事上没遇到什么困难；但这不是一个不合理的假设，即细心关注的能力和做持续性智力工作的能力与在成年人面前安静坐着的能力相关。我们的导师站在她的立场可以向家长们解释为什么她看重听与说的实践：例如，它们与坚持孩子既可 206
以安静地合作也可以安静地独处的能力不矛盾。在所有这些案例中，以友好的方式解决问题似乎并不是遥不可及的；任何一方都不会把对方看作迫在眉睫的危险。

由这些实践产生的冲突中，另一个极端是去关注课程的内容，即使它们不正面涉及认同的问题，它们也可能相当激烈。例如，存在关于各种话题在课程设置中的重要性的争论。美国的孩子应该知道多少美国的历史？美国历史应该将关注点放在个人身上还是社会进程上；或者美国的成败？最近这些年，一些批评家反对我们的历史课程太过关注哈里特·塔布曼（Harriet Tubman）而忽略了托马斯·杰斐逊（Thomas Jefferson）；他们还批评我们对托马斯·杰斐逊的讨论太注重他对自由的背叛——他一直没能解放他的奴隶，而太少强调他作为《独立宣言》作者的地位。毫无疑问，关注过于片面就会流为简单的谎言：尽管这里真实的辩论不是有关确实发生了什么，而是有关我们将把它们植入什么样的叙事中；在我们将要讲述的众多真实的故事中它们身在何处的问题。

从民主政治的观点来看，这些问题并不是非常艰巨。我们需要为孩子提供真理，并让他们获得更多的真理。因为他们不可能在同一时刻获得所有复杂的真理，所以我们必须从简化的故事开始；甚至有时候从字面上不真实的故事开始。不真实的东西为真理开辟道路的显著例子是物理学：我们认为，让孩子做好准备学习爱因斯坦和薛定鄂最简单的方法是先教他们牛顿和麦克斯维。但牛顿和麦克斯维不知道相对论或者基本物理定律中的不确定性，所以他们那种假设了绝对空间和确定法则的物理学是不正确的。在教学的历史中有大量这样的例子，我们最开始听到的故事是初级的、简化的版本，随着我们年纪的增长我们可以钻研得更深。因为这条道路是通向真理的，或者因为它是最接近真理
207 的，所以到了一定的年纪，他们就可以理解，这些错误的信息（严格地说，错误的信息就是其本身）可被认为旨在帮助他们发展出一种植根于对这个世界最好的理解当中的自主性。当然，比较麻烦的问题是到底真理是什么。

有关认同论断的冲突

据我们所知，当人们感觉他们自己的孩子被教授了一些与表明其集体认同的论断不一致的东西时，民主制度中有关教育的最大争论就出现了。我把这种牵涉到某种特定集体认同的论断称之为一种认同论断（identity claim）。因此，有关学校应该教什么样的认同论断的辩论主要围绕国家应该承认什么样的认同（例如，基督教的认同）或不承认另外的一些认同（如同性恋者的认同）而展开。现在，为什么教给孩子自治的概念——其必然结果是，我们应该为他们配备他们所需的真理——不利于决定在这些特殊问题上我们应该教什么，这个问题立马变清楚了。因为对这些真理是什么存在实质性的分歧，所以它帮不上忙；而且，在那些有争议的论断是与认同相关的论断的地方，我们可以预测到，这类分歧不可能通过指定专家委员会来得以解决。穆勒在1868年给一个叫查尔斯的朋友的信中写道，“就宗教而言，不管是自己或者让其他人，用他不是打心底里相信或者以他最清晰的理性相信的

东西来教孩子，都是不正确的。”[①]这是他的对手最热衷拥护的一个信条。

你可能会认为答案应该是去强调自由民主制中的民主。让我们展开平等的公共辩论，然后投票决定应该教什么。但在这个公共辩论中一个选择是宣称国家应该退出某些议题，把它们交还给父母。即使在一个大多数人决定的制度中，教给孩子大多数人相信的东西也不是我们唯一的选择。 208

通过一个非哲学的折中，在此可以给出一个提议：当与认同有关的主张受到威胁时，允许父母坚持拒绝那些教给他们的孩子与其信仰相反的主张；反过来，国家可以以传授富有成效地共同生活在一起所需的、不同认同的人之间的相互知识为名，坚持给孩子传授那些其他公民相信的主张。

这样看来，教孩子他们所生活的社群内的宗教传统（但并不要求他们同意其中任何一个宗教）就是合理的，因此，至少首先他们只会同意他们在家里学到的宗教。随着孩子发展出自主性，它为孩子提供了知识去进行认同的选择；但它赋予父母一种特殊的、主要的地位去塑造那些选择。只有当父母的选择看上去损害了孩子成长为自主成年人的可能性时（就像在拒绝一例中，在宗教基础上，允许一个人的孩子学习阅读），自由国家才必须介入。这个提议本质上是含糊的——一个孩子在自主性上的前景何时才算实质上折中了?，有公德心的自由主义者会怎么来看待这个含糊的提议部分依赖于他们如何平衡相互争辩的论断，依赖于我认为“足够好”的自主性对他们来说是否足够好。这个提议也不一定会满足所有那些寻求豁免的人，正是我所假设的东西让它成为一种妥协。

---

① 穆勒接着说，“在我看来这些行为是对孩子的犯罪，是对一般意义上的同胞的犯罪，是对在一个人看来最恐怖的抽象真理形式的犯罪。” *The Later Letters, 1849—1873, CWM* 16: 468. 326

考虑一下莫泽特诉霍金斯县教育委员会案（*Mozert v. Hawkins County Board of Education*），在这个案子中，一群原教旨主义者反对他们当地的小学采用的霍尔特、莱因哈特和温斯顿的“基本阅读系列”。（这个诉讼最早于1983年提交法庭，后来它被广泛分析，有关这个案例的历史斯蒂芬·贝茨在一本书中有记述。）[①] 例如，有些家长在所包含的故事中看到了撒旦主义，看到了隐形术和读心术；另一些人反对那些赞扬妇女在家庭之外取得成就的篇章。美国上诉法院否决了原告的上诉，对他们表现出的不宽容感到震惊：他们已经表现得很明显了，那就是仅仅让他们的孩子接触到这些冒犯性的议题——例如魔术、女性主义、心灵感应——都是不能容忍的，不管这些议题展示出的东西是不
209 是真的。事实上，提供最详尽证词的原告维基·弗洛斯特（Vicki Frost）说，只有当其他宗教或哲学信仰被认定为是错误的时候，学校让她的孩子接触它们才是可接受的。因此我的提议不能满足这些家长的要求。事实上，如果你听他们的话，那么你会绝望于与这么不宽容的一个群体达成任何持久的折中方案。

但是，一旦随着局势的发展你陷入混乱的细节——关注所有错过的和解的机会以及双方强硬的立场，那么你会震惊这场战役本可轻易避免。原告的教学理论是极端的。而他们特殊的要求并不过分：他们允许他们的孩子就读这所学校，但希望可以选择退出阅读班。（可以用一些测试来确保他们的孩子的阅读能力与要求的标准同步；而且家长要接受提供其他阅读指导的额外负担。）只要这些反自由主义者继续待在学校，民主教育的目标就可以得到推进；霍金斯县教育委员会要么进入要么退出的立场没能服务于这个目标。[②]

---

① Stephen Bates, *Battlegroup: One Mother's Crusade, the Religious Right, and the Struggle for Control of Our Classrooms* (New York: Simon and Schuster, 1993).

② 参见Macedo, “Transformative Constitutionalism,” 73: “由于一种自由主义的公共道德总是（或多或少的）处于即将到来的状态，当这么做可以将他们纳入公共道德秩序

我引入这些审慎考虑的目的不是将公德心降低为一个反思性的避免冲突的事业：也许被叫做“令人厌恶的自由主义”的某种东西。在这些情境中政治官员必须小心谨慎的原因只是因为教育是强制性的。从表面上看，普及教育的制度中确实有些强制性的东西。在一定程度上这令我们担心。一个盲人经历着违背他意愿的视力复明手术；但这并不意味着他视力复明以后所做的决定都是被强制的。[①]我们友善地提供的信息中可能有强制性的因素，这没有问题，但是无须贯彻这种强制性的因素。

正如你期望的那样，公立学校对更加突出的认同论断已经保持小心的沉默了。在美国，公立学校的学生会受到算术、科学和历史方面的指导，但他们的老师不会宣传上帝存在或基督的恩惠的观点；由于我们的“公民宗教”的稀薄性，这种教育让大多数人觉得很舒服。很多提出更厚重论断的认同群体放弃了与官方课程设置的冲突。我们所讨论的 210
提议有这样一个后果，如果对其他认同的不宽容被植入了一种认同，或者如果将学习他人的观点看作可耻的错误是他们的规范之一，那么在公共教育中我们应该试图去重塑这些认同以排除这个特征。这又一次是自由主义的灵魂塑造。实际上现存的自由主义不仅仅是一种程序性的价值：它对创造一个我们在其中有机会过上自己生活的社会世界赋予了实质的分量。

我再重申一下我在本章的目标，我想要将灵魂塑造的论述融合进自由民主政治中；它没有扩大或缩小它的范围。因为我们是人，我们的自主性应该得到尊重；因为我们是受到牵制、植入社会的自我，所以我

（当它有助于将一个权宜之计转化为一组更深的共享原则承诺）时，我们应该接受这些异见者。拒绝容纳有关公立学校的宗教抱怨会不会把他们赶出公立学校，驱赶进基督教学校呢？如果是这样的话，那么我们就找到了一个为容忍做辩护的有力的实用主义论证。”

① 正如Mele, *Autonomous Agents*, 第185页注意到的那样。对从“随后的决定”或“预料中的决定”中产生出的家长制论证的有用分析，参见Kleinig, *Paternalism*, 55—67。

们要运用我们的自主性去保护和保存各种各样超过个人的承诺。最后，因为我们是人，我们是脆弱的，我们是形成的；我们的天性就是要去塑造我们的天性。早些时候我提到一个似是而非的悖论，穆勒对不干涉的自由的无上关注是对管理的关注，因为管理对其公民的性格会产生积极的影响：他理解的"自我发展"中的"自我"在他成为主体之前应该是这个过程的对象——个性的塑造是最具有社会性的事件。穆勒在1854年的论文中问道，"缺乏来自普遍的人类情感的帮助，什么样的自我文化将有可能呢？"答案是"自然"。灵魂塑造是政治的一部分，如果不是柏拉图意义上的政治的目的的话，那么至少在此意义上政治决策应该考虑他们对公民性格产生的影响。所以赞扬或者贬低灵魂塑造本身，将它刻画成个性的盟友或者对手是毫无意义的：凶手手中的刀可以夺人性命，而外科医生手中的刀则可以救人。在同一篇文章中穆勒写道，"人的义务是尊重他自己的本性，同时也尊重其他事物的本性，不是听从，而是修正。"[①] "修正"这个词——而不是转化、清除或利用——
211 是一个比较温和的词，它确实如此。这章中各种各样的讨论——在我们简单的偏好和"知情的"或"理性的"偏好之间，在关心人们是谁和人们可能是谁之间，在我们拥有的认同和那些我们可能获得的认同之间——都以某种必要的平衡姿态结尾是有原因的。在每个例子中，忽视前者是专制；放弃后者是失败主义或者自鸣得意。我们还有别的选择。

① Mill, "Nature," in *Three Essays on Religion, CWM* 10: 396.

第六章
有根基的世界主义

一个世界网络

我父亲去世的时候，我妹妹和我找到了他想要留给我们的临终遗言手稿。这份手稿一开始提醒我们要牢记我们两家的历史，他的家在加纳，而我母亲的家在英格兰，他认为这是对我们是谁的全部说明。但随后他写道，“记住你们是世界的公民”。他告诉我们不管我们选择在哪里生活——作为世界的公民，我们显然可以选择生活在任何一个地方——我们应该努力让那个地方“比我们发现它时变得更好”。他继续写道，“在我内心深处，有对人类深切的爱，以及看到全人类在上帝的福佑下实现其最高使命的欲望。”

让那个地方比我们发现它时变得更好是我父亲所理解的公民身份的很大一部分。它不仅仅是属于一个社群的问题；它是与这个社群一起承担实现其使命的责任的问题。他长期投身联合国的实践以及主办其他国际组织的经验让他感受到这种与全人类的负责的团结。但他同时也积极地参与许多更狭小的、重叠的社群。 他把对其生活的描述命名为《一个非洲爱国者的自传》，这个题目的意思不仅仅是说他是一个非洲人和一个加纳爱国者，而且还意味着他是非洲的爱国者。他对

213 非洲大陆及非洲人民的感情就好比他对加纳及加纳人民的感情：他们是同胞，他们有共享的命运。以一种更亲密的方式，他对加纳的阿善堤（Ashanti）也有同样的感情，这里是我们长大的地方，在它被英国征服之前，阿善堤帝国的残余统治着我们的地区。

跟随父亲以及我的英国母亲长大——他们都与我们在英国的家庭有深切的联系并且完全植根于加纳（我母亲已经在加纳生活了半个世纪了），我从未发现拥有多重忠诚有什么困难。我们的社群是阿善堤，是加纳，是非洲，也是英国，是基督教卫理公会，是第三世界：在他最后有关爱与指导的话中，我的父亲坚持它也是全人类的。

这种感情中有理智吗？我们能成为世界的公民（世界主义者，如这个词的根本意义所示）吗？或者我们应该成为世界的公民吗？我们应该渴望成为世界的公民吗？如果我们"进入未来"，我们真的会期望"人类的议会，世界的联邦"吗？[①] 人们从各个角度给出了怀疑的理由。不管多么喜欢《洛克斯利大厅》的口吻，一些人还是否认世界公民这个概念可以与我们的地方认同以及地位归属相调和。在他们看来，"世界主义"（cosmopolitanism）无法给予我们一个地方性的居所以及一个名称：它是空中楼阁。另一些人并不认为它高不可攀，但认为它是令人反感的；对他们而言，它是一种独特的去种族化的现代模式。据说世界主义的价值事实上是帝国主义的价值——是一种以普适主义为借口的沙文主义；是一种到处游猎的自由主义。正如我们会看到的那样，即使对

---

①

> 我进入未来，肉眼看不到的遥远未来，
> 看到世界的样子，以及所有的奇迹；
> 看见天空布满魔法般航行的商贸船队，
> 驾紫色微光的飞行员带着昂贵的货物降落；……
> 直到战鼓平息，战旗卷起
> 在人类的议会，世界的联邦。

Alfred, Lord Tennyson, "Locksley Hall" (1842).

那些同情的灵魂来说，世界主义也提出了一系列的悖论。

我认为有一些值得捍卫的世界主义形式，这些形式经得起理论和实践的审查。但在转向这些理论和实践的考虑之前，我想列出几个历史人物。

在此，个人历史是进入公共历史的一个入口。我妹妹和我居住在四个不同的城市——我在美国，她们在纳米比亚、尼日尼亚和加纳——但不管我们住在哪里，我们总是与加纳和英国相连，与我们家庭的根相连，与其他拥有爱、友谊和经历的地方相连。让我对这些发展轨迹感到 214
震惊的——除了它们今天在许多家庭重演的事实以外——并不是搬迁的困难，而是获得这些经历的轻而易举。事实上，这并不是现代才有的，我们的小家实验实际上属于最古老的物种模式之一。

在世界上的每一个地区，有史以来，男人和女人都迁徙过长途的距离——为了追求贸易、帝国、知识、交换和奴隶——他们用远方的物品和观念改变了其他地区人民的头脑和物质生活。亚历山大帝国不仅塑造了政治而且影响了埃及和印度北部的雕塑；莫卧儿人和蒙古人不仅影响了亚洲的经济，还影响亚洲大部分的建筑形式；班图的迁徙人口占据了非洲大陆的一半土地，他们不仅带来了语言和宗教，还带来了炼铁技术和新形式的农业。这种影响在宗教上体现得尤为明显：伊斯兰国家从摩洛哥扩展到印度尼西亚；基督教随着帝国的扩展和传教士的传播在每片大陆上都势力强劲，而犹太教的传播则几乎不靠福音主义；佛教很久以前从印度传播到东南亚，现在也可以在欧洲、非洲以及美洲找到它的踪迹了。但不仅仅是宗教在旅行：古吉拉特人和锡克人，还有那些祖先来自亚洲和非洲不同地区的人，散居在全球各个地方。丝绸之路的商人改变了意大利精英阶层的穿着风格。斯瓦希里坟墓里的明代瓷器源自海军大将郑和的航行，郑和作为明朝廷的使者与东非很多统治者建立了联系。这种旅行的例子说也说不完：萨赫勒地区的曼德商人；西方探险时代的英国、荷兰、意大利和伊比利亚水手；第一个抵达太平洋的波利尼西亚航海家。我们的心灵深处有一种游牧的呼唤。非洲之外的人类祖先可能离开这个大陆不超过十万年。但很快我们就覆盖了这个星球。我们一直都是一种旅行的物种。

因此社会和生活方式之间的渗透是一种非常古老的现象，对我们而言是一种自然的现象（毫无疑问，这产生了许多的流血事件、暴力和猜忌，也带来了很多有成果的和友好的交换）。在过去几十年，定居和迁徙的比例已经改变了。跟以前相比，"外面的"观念、物品和人现在到
215 处都是。我们常常把这个过程叫做"全球化"，这种叫法很好，但它没有指出它的新奇性和重要性。如我建议的，你可以把人类的历史描述成一个全球化的过程：如果你喜欢的话，把它叫做长时段（longue durée）的全球化——事实上，它是对人类而言可能的最长时间的全球化，在此时期内我们成为完全的人。

显然，由于我们的历史近视，我们更多讨论最近发生的事件。我们用全球化的语言来反思CNN和BBC在这个星球上拥有观众的方式，以及从雀巢奶粉到梅塞德斯—奔驰汽车，从可口可乐到微软，从披头士到夏奇拉（Shakira）等全球产品的创造。全球化——通过贸易领域内的WTO；人权领域；通过那些追随联合国人权宣言的条约——出现于法律规范国际化的讨论中，出现于商业中的跨国会计标准或跨国商业体系的发展中。全球化意味着英语作为一种商业语言主导性的增加、或自由民主制的扩展、或网络的增长。这种论调既出现于那些欢呼资本流动性的人口中，也出现于那些痛惜资本流动性的人口中，而这种流动的物质前提在于使互联网变为可能的信息技术。飞机、轮船、火车、卫星、铜电缆、光纤、人、物、观念的流动毫无疑问将我们带入一个单一网络。这个网络是物理的、生物的、电子的、艺术的、文学的、音乐的、语言的、法律的、宗教的、经济的和家族的。

当然，我们日益增长的相关性以及我们对这种相关性增长的意识让我们成为了一个单一社群，即众所周知的"地球村"的常客。每个

人都知道你不可能与六十亿人建立面对面的关系。但你同样不可能与一千万人、一百万人或十万人（比如与你的斯威士人或斯瓦希里人或瑞典人同胞）建立面对面的关系；我们人类长期以来一直在实践与国家、城市、城镇这类规模的群体之间的认同关系。毕竟，罗马在基督诞生之 216
际已经有将近一百万人口了；如圣保罗所称，成为那个城市和那个帝国的公民是一件重大的事情。成为一个罗马公民意味着和其他罗马人团结在一起，这种团结不仅通过相互的知识和承认，还通过语言、法律和文学来实现。自十八世纪以来，这个星球上越来越多的人花上数周或数月徒步旅行，经过成千上万的村庄、城镇、城市和人群，以及几十种语言或几乎无法相互理解的方言。

这些国家吸收了古希腊城邦的一些核心功能：对于居民来说，它们是法律的源泉，当居民远离家乡旅行的时候，它们定义了居民的身份。我认为，将这些国家的公共事物叫做“政治”是很自然的。尽管如我坚持认为的那样，城邦与国家在规模上是不可同日而语的——国家没有足够的空间将它的自由公民全部聚集到单一集会上——公民之间的关系一定是陌生人之间的关系。那么，我们在这些陌生人和不是我们城邦的（沃尔泽所说的）“政治陌生人”之间划出的厚厚的黑线到底依据何在呢?

因此我们回到了最近散播的世界主义。一个世界主义者应该是一个认为世界是我们共享的家乡，会产生出某种像“地球村”这样的自我意识的人。我担心我对这个观念或者这个词的历史总结过于拙劣。世界主义作为一种西方的理想被看作是斯多亚主义的遗产，通常认为季蒂昂的芝诺（334—262 B.C.E.）是这个运动的创始者。但芝诺看上去是从犬儒主义者提出的框架出发的，犬儒主义者才是第一个带有悖论地表达“宇宙的公民”的人。这个悖论对古希腊世界里的每一个人来说都是显而易见的。一个公民属于一个特殊的城邦：他/她忠于这个城邦；对犬儒主义者和对斯多亚主义者而言城邦就是世界，不是地球意义上的世界，而是宇宙意义上的世界。但是，对他们大多数的同代人来说，成为一个城邦的公民就意味着不能成为其他城邦的公民。在宇宙的意义上来讨论公民身份反映了对地方性忠诚要求的拒斥——事实上，反映出犬儒主义者对习俗和传统的普遍敌意，因此它不仅仅是诉诸一种普遍的人类团结。它就像一些人问你你的家在哪里，你说“任何地方”或“到处都是”。在这种情况下，自然的方式是回答说你根本没有家。

世界主义可能意味着提议我们创造一个世界国家或管理一个世界社群；但这不是我们今天所说的世界主义，尤其不是斯多亚学派脑中的世界主义。马可·奥勒留，晚期斯多亚学派的一个重要人物，在他的《沉思录》的第十二章中总结道，“人啊，这个伟大的世界国家里的公民身份一直是属于你的。五年还是一百年对你来说有什么不同？这个城邦颁布的法律对你和对所有人都是一样的。”[①] 如果曾经有人试图去建立一个世界政府，那么这个人本应该是马可·奥勒留。毕竟，他是古典西方伟大帝国中最后一批伟大君主之一。但他所讨论的世界城邦反映了一种精神的团结而不是政治的团结，因为正如他一名翻译者所说，“就像对雅典人来说雅典是‘亲爱的雅典城’一样，对哲学家来说宇宙是亲爱的上帝之城。”[2] 他想当然地认为，所有国家——即使是罗马——它们的主权亦有边界。

在这一点上，他与大多数规范的政治理论家一样。这些理论家不仅很少去讨论我们亏欠局外人什么，而且他们想完全避开局外人的问题。你注意过他们对岛屿的爱好吗？在托马斯·摩尔之前和之后，许多伟大的乌托邦作家将他们想象中的社会放到了岛屿上（从弗朗西丝·培根的本色列岛的勤劳科学主义到亨利·内维尔的松树岛上感性的过度

① Marcus Aurelius, *Meditations* (New York: Penguin, 1964), 188, Maxwell Staniforth 翻译并为此书写了序言。

② Staniforth, introduction to the *Meditations*, 18. 有反对者说Staniforth对玛克斯·奥勒留采取了一种基督教化的解读；但是西方的基督教本来就是一种相当斯多亚化的宗教。

沉溺）；我们的地理偏好也喜欢跟风。罗纳德·德沃金在一篇有关我们应该如何思考平等的著名论文中，提出了在遇难船只幸存者之间的一个假想的拍卖。他把这些幸存者叫做“移民”，他提出为了让这些移 218
民在这个荒岛上维生要“配备给他们大量等量的蛤壳”。罗尔斯在《正义论》中并没有提到岛屿，但他确实规定说一个秩序良好的社会是一个有边界的“自足的国家社群”，而罗伯特·诺齐克给了我们一整个群岛——十个不同的岛屿上有十个鲁滨逊。[①]如果在规范的政治理论中岛内是自由放任的环境，那么这不是因为规范性的政治理论家是性格孤僻的研究员；这是因为幻想可以帮助我们去构想一个秩序良好的社会可能是什么样子的。当然，遗漏的正是对政治陌生人的讨论。世界主义者认为这是一个严重的遗漏。如果世界历史正像我所说的那样，那么，不管你在哪里生活，外来者的问题都不是一个社会政治的异常——像清洁阁楼那样琐碎混乱的杂事，我们花一两个小时就可以处理。你会说，没有哪座岛是一座孤岛。

政治哲学大都忽略了这一点，即自从启蒙运动以来在西方政治史中国家的成员身份问题就很古怪。第一批现代西方制度不仅仅是在公民权利而且是在人权的伟大思想发酵中产生的：《人权宣言》的标题首先提到的是人；美国的《独立宣言》阐述的有关政治的基本真理来自有关“所有人”的基本真理。（值得提醒的事情还有，在早期共和国的地方选举中外来者的普选权是很普遍的。）

正如我坚持认为的那样，现代政治理论的道德基础是与伦理的个人主义相一致的，当我们想到这一点时，这个忽略就显得更古怪了。如

---

① Dworkin, “What is Equality? Part 2: Equality of Resources,” *Philosophy and Public Affairs* 10, No.4 (Autumn 1981): 283—345; 在*Sovereign Virtue*的第二章中稍有修改后重印; Rawls, *A Theory of Justice*, 457; Nozick, *Anarchy, State and Utopia*, 185。诺齐克的克鲁索只有当出现不同程度的繁荣后才意识到对方的存在；岛屿孵化者的自信是探索社 327
会合作和罗尔斯的分配正义问题之间关联的一种手段。

果有理由认为国家社群自身是关注的最终单位（我们在第三章中寻找了一些这样的方法，尽管我们并不喜欢它们），那么我们在成员和非成员之间所做的区分也许可以轻易得到证明：因为根据这种观点，毫无疑问
219 成员与非成员对国家福祉的贡献是不一样的。然而，所有的道德都是从个人而不是从民族开始的，根据这个假设，在一种类型的人与另一种类型的人之间做出区分总能得到证明：道德根据它对个人而不是对国家或社群来说意味着什么得到证明。[①]不过，如果世界主义因其普遍主义的方面对特殊性——我们都有的“群体感情”——提出了挑战，你同样可以说，群体感情的存在对世界主义提出了挑战。因此在我们询问世界主义将把我们带向何方时，我们首先应该去想象一种友善的世界主义。如果你自己都不愿意做一个世界主义者，那么没有人会喜欢你的世界主义计划。

① 尽管存在这种理论上的个人主义，如查尔斯·贝兹观察到的那样，“常识性的道德思想”假设，一方面“为了国内政治生活的稳定和凝聚力，政府可以合法地限制移民”，另一方面“政府可以在收入再分配上花更大力气去帮助改善国内穷人的生活，而不是其他地方的穷人的生活，即使相比那些穷人，国内穷人的生活已经得到了改善。”做这些假设与个人主义是一致的，我们应该通过它们为个人服务的方式来表明这些原则的正当性。贝兹不是唯一认为论证负担难以满足的人。Charles R. Beitz, “Cosmopolitan Ideals and National Sentiment,” *Journal of Philosophy* 80, no.10 (October 1983): 592. 正如贝兹的写作证明的那样，政治理论家开始挑战这些议题的历史边缘。一些这样的工作接下来会讨论到。但国家对外国穷人的义务问题自从Henry Shue的著作*Basic Rights: Subsistence, Affluence, and American Foreign Policy* (Princeton: Princeton University Press, 1980)之后开始引起关注，只举一个突出的例子，迈克尔·沃尔泽在《正义诸领域》中提供了有关成员身份政治道德的生动文献。查尔斯·贝兹和托马斯·博格多年来为思考顺应个人主义、普遍主义和平等的全球正义而雄辩呼喊。或者用博格的话来说，普遍性（意味着每个人是受到关注的平等单位）和一般性（意味着对每个人而言他们是平等的关注单位）。Thomas W. Pogge. “Cosmopolitanism and Sovereignty”, *Ethics* 103(October 1992): 48—49.

无情的世界主义

尽管我想要捍卫一种世界主义，但我能够想象这个标题的一些候选内容是令人彻底反感的。一种意识形态可以是彻底地超国家的和彻底地不自由的：道德普遍主义可以携带一个不变的议程。尤其是在它们无情的乌托邦变种那里，事实上普遍主义是非常有害的。那么，你可能会谈论一些与激进的社会运动或者反动的社会运动有关的有毒的世界主义：想想迈克·伊格纳蒂夫所说的9/11恐怖主义者的“世界末日般的虚无主义”。人们普遍认为原教旨主义代表着对现代性的一种反对（至少在某种意义上是现代性的产物）；但这些原教旨主义者却独独不是地方主义者。他们云游四方，并且受到了相对好的教育；更重要的是，他们致力于对伊斯兰世界的一种普遍愿景——全球穆斯林社群。他们献身于这种纯粹和强有力的理想。他们的思维方式是行星般的（实际是宇宙般的），多种族的，并且带有一个明显的例外，就是他们从不关心世俗生活中人类的特殊性。[①]这也是与自由主义者可能希望在世界主义中找到的东西（例如，一定程度的宽容，认识上的谦逊，开放的胸襟）完全对立的一幅图景。但是，难道它对这个标题就一无所示吗？显然，陷入一个词语的拔河是浪费力气的——通过定义去制造出可恶的竞争者。这里有许多这类东西。它们包括较少启示性的、我们更熟悉的均变论的一些流派，例如维多利亚式的基督教布道或者殖民主义的教化文 220
明使命，它们常常通过武力的方式将他们自己认为更高级的方式强加于他人以显示对他人之爱。你有时会听到对世界主义的一种进化论的论述，此处它被认为是无私的理性对混乱的偏私性的一种柯尔伯格般的胜利。有毒的世界主义现象至少应该帮助我们去抵制这种诱惑。

① 你可能想要取消这种在信徒和异教徒（或者这里的基督徒和异教徒）之间划分世界的信条；但人们可以皈依伊斯兰教或者基督教，所以你的立场在那边取决于你可以对某个特征做什么。

即使我们将注意力仅仅放到那些可以被称为自由主义的世界主义形式上，我们也不该同样接受所有这些形式。玛克斯·奥勒留，特别是银幕上由理查德·哈里斯扮演的那位，贴着小胡子，代表了这种信条更吸引人的一幅面容。但是未经修改的世界主义——严厉地拒绝偏私性，抛弃所有的地方性的忠诚——是很难推销出去的。这种立场抓不住我们的心。但一些知识分子可能会喜欢它。如果人人有同等的价值，如自由主义者声称的那样，那么优待你群体中的成员胜于其他群体的成员如何才能是正当合理呢？

极端的世界主义包含了苏珊·沃尔夫所说的“极端的公平主义”，它避开了比我们对我们的人类同胞的道德义务较少的忠诚。威廉·戈德温（William Godwin）在他的《政治正义探究》一书中为我们提供了这种立场的集中表达，当他写下“这里神奇的是代词‘我’，它可以让我们去推翻不偏不倚的真理的决定吗”的时候，他在冷静地思考从火中挽救值得尊敬的大主教芬乃伦（Fenelon）并将他的仆人（他的生命没那么有价值）留在火中的情景。他接着说，“假设这个仆人是我的兄弟，我的父亲或者我的恩人”，“这将会改变这个命题的真理”。[1]有一些人看上去在道德苦行中找到了英雄主义和伴随此类世界主义的万丈豪言；但我们大多数人发现烧死朋友和亲戚的味道特别令人不快。我们很熟悉以这种形式进行道德抽象的嘲弄和讥笑，埃德蒙·伯克说卢梭是“同类的情人和亲族的仇人”。狄更斯在《荒凉山庄》中对杰利比夫人的个性的讽刺令人印象深刻，说她那是“远视的慈善业”。与她自己家的苦难和混乱相比，她却关注伟大的海外改善工程（非洲的殖民事业），她被描述为一个“四五十岁的俊俏女人，身材矮小丰满，有双漂亮的眼睛，
221 这双眼睛有眺望远方的奇怪习惯，就像它们看不到比非洲更近的地方

① 参见Susan Wolf, “Morality and Impartiality”, *Philosophical Perspective* 6 (1992): 243—259; 以及William Godwin, *Enquiry: Concerning Political Justice and Its Influence on Morals and Happiness* (Toronto: University of Toronto Press, 1946), 1: 128。

一样。”[1]

为了公平起见，我们还可以介绍这种立场更富同情心的代表，如维吉尼亚·伍尔夫在《三个基尼金币》中提到的“从虚幻的忠诚中解放出来获得的自由”：“从虚幻的忠诚中解放出来获得的自由意味着你必须首先除去自己民族的骄傲；还有宗教的骄傲，大学的骄傲，中学的骄傲，家庭的骄傲，性别的骄傲和那些从中产生的不真实的忠诚。”[2]有远见的灵魂将这类忠诚看作世俗纷争的来源——托尔斯泰特别激烈地讨论过的一个例子。他用“愚蠢的和不道德的”来形容爱国主义。在1896年的一篇文章中，他写道“要消灭战争，就要消灭爱国主义”，几十年后，他的国家被一场以国际政治为名的革命扫荡。[3]

但我要捍卫的软弱无力的世界主义版本不试图摧毁爱国主义，或

---

① Charles Dickens, *Bleak House* (Oxford: Oxford University Press, 1996), 47.

② 她接着说，“诱惑者直接带着他们的诱饵将你圈养，撕掉了羊皮纸；拒绝填满表格”。她说，这种自由是“有教养的人的女儿”的独特领地。Virginia Woolf, *Three Guineas* (New York: Harcourt, 1938), 80, 78. 我们注意到在她二十世纪三十年代晚期的作品中，伍尔夫看上去坚信国外若隐若现的邪恶势力和根植国内的邪恶势力在道德上是等价的——她平等地探究了“独裁的不平等，不管它是在牛津还是剑桥，白厅或唐宁宫，反对犹太人或妇女，在英国或在德国，在意大利或在西班牙”（103）。她坚持认为在英国一个妇女在 328
政治上是个外来者。她会说，“我们的国家在历史上的大多数时期都把我当作一个奴隶……因此如果你坚持说在战斗中保护我或我们的国家，让我们清醒而理智地来理解它吧，你的战斗满足的是我不能分享的一种性本能；是我没有分享也可能不会共享的好处；它没有满足我的本性，或者保护我自己或我的国家。因为一个外来者会说，‘事实上，作为一个女人，我没有国家。作为一个女人，我不想要国家。作为一个女人，我的国家是全世界’”（109）。在此一种集体认同以另一种集体认同（她的性别，与她的性别共存的被剥夺了继承权的政治阶级）的名义被否定了。

③ “Patriotism or Peace?” in Tolstoy的*Writings on Civil Disobedience and Nonviolence* (New York: New American Library, 1968), 75, 107. 马克思—列宁主义对待世界主义的态度暧昧不明。布尔什维克革命党人研究的本文大多敌视民族主义：“工人阶级没有祖国”，马克思和恩格斯写道，当然，他们开展的运动不仅仅是国际歌的问题；然而，与此同时，马克思避开了世界主义，就像避开资本主义的污水一样。斯大林臭名昭著的反犹运动在“反犹太医生之密谋”中达至顶峰，他常常批评“无根的世界主义”滋生了“反爱国的观点”。

者将“真实的”忠诚与“不真实的”忠诚区分开来。更重要的是，它不会被道德普遍主义的呼吁所耗尽。我想要抵制有时在“道德的”世界主义与“文化的”世界主义之间做出的尖锐区分，前者由道德普遍主义和公平论的原则构成，后者由世界旅行者的价值构成，这些旅行者从他们与国外陌生人的谈话中获得快乐。只有当它被告知这两个理想时，世界主义的话语才会增加我们的理解：如果我们关心的是不属于我们政治秩序中的他者——可能拥有与我们不同承诺和信仰的他者，我们一定有办法和他们交谈。

一种值得追求的世界主义形式不用反思性地赞美人类的差异；但它不能对它从事的挑战无动于衷。因此，一方面，我们应该将这项事业与公园管理者的多元主义区分开来，他把公园里的每一个物种标上记号，并进一步计算它们每一个对他的资产有什么贡献。另一方面，如果你是一个想要改变世界但并不试图理解世界的人本主义者（把马克思的口号颠倒过来），你不会是一个世界主义者——或者说，你不会分享世界主义中格外有价值的东西。一种站得住脚的世界主义，首先应该严肃认真对待在赋予这些生活重要性的社群内人类生活的价值，特殊的人类生命的价值，人民为自己创造的生活的价值。这个对策抓住了挑战所在。一种有前途的世界主义必须将一种合法的普遍主义与某些形式的偏私性调和起来。

伦理的偏私性

你可能会说，说起来比做起来简单。事实上，做起来比说起来简单。想象一下我们知道心胸狭窄的沙文主义者的风格——面红耳赤，愤怒咆哮。我们也可以想象我们知道极端公平主义者的冷漠无情；杰利比夫人的眼睛告诉我们她“看不到比非洲更近的地方”。幸运的是，这些不是我们的选择。在磨砺其精神、定义其最大野心的爱国主义与他的世界主义信条之间，我父亲从未看到激烈的冲突。他那个年代的独立领袖活在希望和失望的周期之间，崇高的理想痛苦地屈服于腐败、无能和专制；但是，当然，希望仍然存在。他曾经在库马西当地的报纸上发表过一个专栏，标题叫做“值得为加纳而死吗？”——他指的是作为一个政治异见者，一个本土专制的反对者而死——我知道他内心的答案是肯定的。从他成为加纳议会直言不讳的反对派成员那天起，他太熟悉尼萨旺监狱的内部构造以及处决他的威胁了（他的一些狱友很快就被处决了）。说这些只是为了表明“值得为加纳而死吗”这个问题对他而言并不是抽象的。[1]

尽管世界主义者的爱国主义在实践中可能不会引起麻烦，自由主义在理论上却一直受到它的困扰。爱国主义或者任何形式的偏私性不是对道德普遍主义的背叛吗？一些哲学家声称，偏私主义者是好人，他仅仅是被误解的普遍主义者，他们想用这种方式来保护偏私主义者不受普遍主义者的批评。尤其是这些哲学家声称所谓特殊的义务——由 223
于一些共享的关系或属性我们对特定人群的义务——可以被化解为对一般秩序的道德考量。看情况，他们也许可以根据互惠原则或公平原则，与我们获得的好处相应的义务来解释特殊义务的外观。也许特殊义务产生于一些隐性的契约安排，我们可以用隐性承诺和合理期望来

---

[1] 这个问题第一次是1962年由恩克鲁玛统治的加纳的主要反对党领袖J.B. Danquah向他提出的，后来他作为政治犯因医疗上的忽视而死于狱中。参见Joseph Appiah, *Joe Appiah: An Autobiography of an African Patriot* (New York: Praeger, 1990), 266。我父亲分别被三个政权囚禁过；尽管从来没有任何指控或审判，但表面的理由是：监禁他是反对煽动暴乱而采取的一些措施。例如，在六十年代早期的加纳议会中，他与恩克鲁玛日渐专制的政策做斗争。十几年后，他发现自己被关在监狱的十二号房间里；他的一个狱友是一个多年前离任的领袖Akwasi Afrifa，他与另外几个人一道很快就被处决了；我父亲虽然受到很多威胁但幸免于难，但他自己说很可能他的命运会是另外一回事。他本可以要么通过避免政治上危险的言论，或听取安全机构成员的提醒提早离开加纳来躲过逮捕。但他都拒绝了：对加纳的忠诚和爱让他拒绝了逃离。这个政治单位是1956年由黄金海岸殖民地联盟和英国在多哥兰的殖民地构成的，他关心的是在这里建立后殖民的自由民主制的计划。

分析它。也许(与“全球性的思考,地方性的行动”的口号相一致)能用对行善的效率的考虑来证明这些特殊义务。也许这些义务仅仅来自加入或继续留在某种社团联盟的选择。事实上,这些还原论的尝试与它们试图还原的东西相比对我们并没有控制力。[①]如果有人给你一张二十美元的钞票换你的五美元:这种慷慨是感人的,但你会好奇他是怎么算的。

因此特殊义务——或者说又被称为社群义务或特殊责任的东西——为道德理论带来了困难。它们不仅被认为是(对那些必须履行这些义务的人)不正义的负担,而且它们看似赋予了(那些获益的人)不正义的好处。[②]萨缪尔·谢夫勒(Samuel Scheffler)在一些精彩而

① 沿着这些线路的一些有代表性的论证集中关注在分配公共资源上爱国主义的偏私性问题,参见Christopher Heath Wellman, “Relational Facts in Liberal Political Theory: Is There Magic in the Pronoun ‘My’?” *Ethics* 110 (April 2000): 537—562 (此外,
329 一组参照的论证是:国家应该优先资助它的公民,因为同一社会中人与人的不平等比“从不知道对方”的人们之间的不平等更令人反感); Andrew Mason, “Special Obligations to Compatriot,” *Ethics* 107 (April: 1997): 427—447 (此外,他论证说此类义务来自公民资格的普遍价值); Richard W. Miller, “Cosmopolitan Respect and Patriotic Concern,” *Philosophy and Public Affairs* 27, no.3 (Summer 1998): 202—224 (论证说一个国家必须优先资助它自己的公民以确保它自身的合法性,尤其是那些有需要的公民)。对大量还原论论述充满活力和有力的批评,参见A. John Simmons, “Associative Political Obligations,” *Ethics* 106, no.2 (January 1996): 247—273。在此我应该明确我的立场:还原论的论述可以根据自己提出的条件而取胜,但它们没有抓住等待被捕捉的现象,我把它叫做偏私性的评价效应。这些还原论的论述就像巧克力的健康声明一样:它们也许可以为吃巧克力做辩护,但它们没法解释为什么人们吃巧克力。

② 我将忽略一些政治理论家在责任(duty)和义务(obligation)之间所做的区分。除了上面提到的这些论文, Stephen Nathanson探讨了国家忠诚和道德忠诚之间假定的冲突, “In Defense of ‘Moderate Patriotism”, *Ethics* 99 (April 1989): 535—552; David Miller, *On Nationalism* (Oxford: Oxford University Press, 1995); Martha Nussbaum, “Patriotism and Cosmopolitanism”, 收录于*For Love of Country: Debating the Limits of Patriotism*, Joshua Cohen主编(Boston: Beacon Press, 1996), 这本文集中还有对她的论文的一些简短回应; Samuel Scheffler, *Boundaries and Allegiances: Problems of Justice and Responsibility in Liberal Thought* (New York: Oxford University Press, 2001); 还有一些论文收录于*The*

富有洞察力的文章中刻画了这场辩论，说它是"分配的异议"；他建议说，偏私性为自由主义带来的麻烦不是一种反常而是一种有更深原因的症状。他的结论是自由主义包含了三种价值之间的张力，它们是自主性（即对自由的某些核心关注）、忠诚（即最丰富的社群生活以及对它的责任）和道德平等（即拥有平等价值或平等尊严的人的观念）。谢夫勒说，"联合的义务不仅仅允许一个人优先考虑其同伴的利益；它们也要求这样。"而且他提出一个挑战："如果所有人具有平等的价值和重要性，那么我与我同伴的关系如何使得优先考虑他们（相对于其他人）的利益不仅成为可允许的，而且成为我的义务呢？"在他看来，"这个问题能否获得令人满意的解答仍然有待观察。"[①]

当然，有一个简单的伯林式的还击。首先优雅地向不可通约性挥手；宣称没什么可以调和这些伟大的善；然后赞扬自由主义的多样性可 224
以与这些矛盾共处。我们熟悉并期待这种还击，这个事实并不让它成为错误的。当然我们还可以做得更好。我相信，正确的答案是，这是一个错误的问题。

配偶与衬衫

解决这个问题的一个办法——我反对这种办法，但它值得考虑——是避开还原论，但坚持说一种义务可以既是特殊的又是普遍的。我们都同意友谊是一种普遍的善。相比医生照顾病人的特殊责任，友谊依赖于相关者之间的特殊关系这个事实并不特别违背道德平等或客观道德的原则。[②]就此而言，在狭窄的偏私性前面放上普遍的量词可

Morality of Nationalism, Robert Mckim和Jeff McMahon主编(New York: Oxford University Press, 1997)。

① Scheffler, "Liberalism, Nationalism and Egalitarianism," in *Boundaries*, 79.

② 这种办法的支持者可能也会援用阿马蒂亚·森关于"位置客观性"的讨论（这里

能只是一件小事：对所有人来说，应该首先关注亲密的朋友。一个被指责违反了道德平等原则的溺爱孩子的父亲，可以回答说，他会喜爱任何成为他儿子的人；一个忠于基瓦尼俱乐部①的人会喜欢任何成为基瓦尼俱乐部成员的人。（请注意，特殊关系产生义务的性质被认为是基本的，而非伴生的：这就是为什么它不是我们之前嗤之以鼻的那种还原论的原因。）安德鲁·梅森（Andrew Mason）在捍卫某种类似方法时说，一个行为的性质取决于做这个行为的人；这显然是对的。②这是通奸关系与夫妇关系之间的差别。这是为什么一个CEO会犹豫该不该派他的助手去和他的儿子玩传球的原因。对你的朋友好是普遍的，对你的朋友玛丽好不是普遍的：但前者支持了后者。基于我们考虑的观点，在此意义上偏私性的每一种行为都是对一条普遍原则或一种普遍的道德善的具体化。

回想一下谢夫勒提出的挑战：“如果所有人具有平等的价值和重要性，那么我与我同伴的关系如何使得优先考虑他们（相对于其他人）的利益不仅成为可允许的，而且成为我的义务呢？”这里的回答是，你不
225 是在相同的位置上将他们的利益置于其他人的利益之上。最终你回应的是管理着你与特殊关系之人的义务的普遍法令。这与在一个四向停

的出发点是这种观察，即许多论断——例如，“太阳和月亮看上去大小差不多——既是依赖于位置的又是客观的。）在森提到的许多位置参数中有人们对特殊概念的知识；也许一个人的特殊关系应该参照这些位置参数来考虑。Amartya Sen, “Positional Objectivity,” *Philosophy and Public Affairs* 22, no. 2 (Spring 1993): 126—145.

① 基瓦尼俱乐部是美国工商业人士的一个俱乐部。——译者注

② Mason, “Special Obligations to Compatriots,” 446. 梅森叫我们考虑的可能性是，一个行为的可欲性有时与做这个行为的人有关：“例如，当有人需要帮助，而一个朋友提供了帮助时，不仅仅是这个人的需要得到了满足，而且友谊的好处也得到了实现。”对比一下公民资格的例子：“当一个公民因为同胞关系而帮助了另一个公民时，不仅仅是一个有需要的人得到了照顾，而且公民资格的善也得到了实现。”梅森的普遍论述与约瑟夫·拉兹在“Liberating Duties,” *Law and Philosophy* 8 (1989)第3—21页中的论述是一致的，即两个
330 朋友之间的特殊义务可以通过内在价值、友谊的道德善而得到证明。

车标志前你给先到达的摩托车让路相比，并不会为道德平等的信条带来更多的麻烦。你为他所做的是你会为任何处在他的处置上的人会做的。因此这个论证是说得通的。

不管你是否觉得这种办法可行，解释它失败的原因将是有帮助的。想象一下，一个忠于他的学校的人相信（可能他曾经受到过安东尼·鲍威尔或布赖恩·威尔森的教导）一个人应该忠于他的学校这个规则。这是我们所考虑的客观的偏私性；但显然这里并没有真正的学校精神。相对比，想象一下，作为一名骄傲的校友，一个忠于蒙哥马利贝尔学院的人认为这所学校值得他的忠诚：这不是某种需要他反思的东西；这是某种他感受到的东西，是在他看来任何有权进入蒙哥马利贝尔学院的人应该感受到的东西。

我们的第一个校友有什么问题呢——即，将我们的偏私性，我们的特殊责任感置于对普遍原则的理解之上？只推崇抽象的忠诚，转手就把它变成特殊事物的人不是忠诚的人，就像伯纳德爵士（Lord Berners）出于对柔和色调的喜爱把法灵顿宫的鸽子染色了一样。你重视你的妻子并不因为你重视普遍意义上的妻子，而是这个人*碰巧*是你的妻子。斯坎伦细心地观察到，“如果一个人好好照顾他的孩子，是因为他认识到他要对他们的存在负责，他不这样做没有人可以替代他，那么这不足以构成做一个好父亲的动机。”“冷漠表现为这个事实，即我所说的这个人没有看到为人父母的善——没有看到拥有孩子和照顾孩子是一种可欲的生活方式。缺乏这种评价性的要素，仅有感情是毫无意义的。”[①] 相对比，考虑一下在四向停车标志前摩托车手为一辆先到达

---

① Scanlon, *What We Owe to Each Other*, 174. 类似地，斯坎伦说，你说因为你的孩子是有价值的所以你看重你的孩子显得很古怪。Allen Wood追溯了类似于黑格尔批评康德式道德的某种论证路线。Bernard Williams捍卫了一种相关的立场。在他经常被引用到的讨论中，有一群人在海难后溺水了，有一个男人，他只能救一个人，他选择了他的妻子。如果我们说这位丈夫首先要决定的是他的行为在道德上是可允许的，那么用威廉斯的话来说，我们所设想的“这个人想得太多了”。因为“有人（例如，他的妻子）可能会期望

十字路口的白色别克让路。在此，摩托车手遵循的是普遍的道路规则，而这辆车碰巧先到达了这个特殊的十字路口。实际存在的偏私性不承
226 认巧合。那么，一般说来，对偏私性的普遍化论述的问题仅仅在于它们看似远离了有特殊责任之人的态度和情绪。

显然，在普遍化的努力之下隐藏了一个真理。我们可以承认和赞赏他人特殊的情感；缺乏这种情感我们会感到震惊。我们会佩服我们没有的忠诚；不是盗贼的人也能理解“盗贼的荣誉”观念。我们的确认为人们与其配偶之间的关系是有价值的，并赞扬佩内洛普对尤利西斯的忠诚。但说到最后，所有这些都不是你看重你与你的配偶的关系的原因。它指出了善的特殊性。朋友和财富是两种我们认为具有内在善的东西；但它们是两种类型完全不同的善。你也许不介意你是否拥有这一百万美元或那一百万美元；但你看重你的朋友不是因为他是这种类型的朋友而是因为你与他这个特殊的人有高度特殊的关系。[①]一个激进的平等主义者也许会把他的钱给穷人，但他不会把朋友让给没有朋友的人。特殊主义的善，即使它们代表着一种客观的或普遍的善，也具有这种特殊的存在特征，因此，它们是不可转移的。并且，我们将会表明，通常而言，偏私性考虑的就是这类特殊主义的善。

现在，一个怀疑主义者会声称，这一切都是毫无意义的——毕竟，关于服装我们也可以说同样的话。说一个人想要一件衬衫不是指一件普通的衬衫对她来说就会有用；只有适合她的衬衫对她才是有用的。

促使他这么做的想法是，这是他的妻子（他必须要救）；而不是这是他的妻子，在那种情况下救自己的妻子在道德上是可允许的”。Williams, “Persons, Character, and Morality,” in *Moral Luck*, 13. 相似的论证可见于Lawrence Blum, *Friendship, Altruism and Morality* (London: Routledge, 1982), 以及Slote, *Goods and Virtues*。对这个论证精彩绝伦的总结，以及反对这种阐释对康德的捍卫，参见Henry Allison, *Kant's Theory of Freedom* (New York: Cambridge University Press, 1990), 180—198。

① 的确，一个人可能在寻找一个配偶，或一个朋友；在此我们正确地使用了不定冠词。但它并没有抓住所有应该抓住的东西：例如，谁有资格做一个适宜的配偶。同样地，我们抽象地渴望机会；但我们真正看重的机会是高度特殊的，由我们特殊的野心来塑造。

我们应该傲慢地谈论衬衫的特殊价值吗？这种反对意见是保险估价师提出的反对意见，让这种特殊主义论断变得特别的是任何一定规格的衬衫都是可以的。然而，一旦涉及你的配偶，你不会接受替代品。[①]一旦我们关注特殊主义的善——或者我将会提到的依赖于计划的善——谢大勒的“分配的异议”就将失效；有一些事物因为其本性是不可分配的。

盘旋于道德平等的谈话看上去主要讨论的是资源的平等，以及在限量供应的情况下如何分配物品的问题：平等尊重体现为给每个人同等数量的蛤壳。把人类的善良比作现金，[②]我们可能会说，一旦你上缴 227
了要求的道德税收，剩下的钱你想怎么花都可以，不管是你对社群的承诺或者个人的计划激励你去做什么。但这个比喻会产生混淆。如果我们关心的是特殊主义的善，我们不会用蛤壳来表示它们。我们也许会发现我们无需使用“平等”这个词来谈论人与人之间互相亏欠的东西——用罗马语来说是，各得其所应得。[③]

---

① 然而，即使是一件衣服，你也可以想象在流行的“情感主义价值”面前，真正特殊主义的价值会如何出现。在某个地方，有一个婴儿潮期间出生的人看到他的一件衣服被偷走后非常伤心：“这是那件我曾经穿到伍德斯托克去的衣服——自从詹尼斯·乔普林在上面呕吐后从来没有洗过。”情感主义价值是保险估价师的分析中漏掉的东西。

② 也许值得注意的是“善良”这个词（不管是它的形容词形式还是名词形式）在词源学上与古英语中的家庭有关，它意味着一种“家庭的感情”。

③ 对传统自由主义论证的平等为什么重要发起的一些有力挑战，参见Harry Frankfurt, “Equality as a Moral Ideal,” in *The Importance of What We Care About*, 134—158, 对于财富的分配他提议一种令人满意的方法，而不是平等主义的分配方法；Elizabeth Anderson, “What Is the Point of Equality?” *Ethics* 109, no.2 (January 1999): 287—337, 她提出关系的平等而非财富或资源的平等，对自由主义者来说是重要的；还有John Kanc挑衅的干预，“Justice, Impartiality, and Equality: Why the Concept of Justice Does Not Presume Equality,” *Political Theory* 24, no.3 (August 1996): 375—393, 他为“给每个人他应得的”论证，而我们应得的不取决于平等原则，而取决于等价原则——“即，亚里士多德主义的比例原则”。

道德平等的领域

在此，对社群的义务和（在公平对待的意义上）道德平等之间的对立就消解了。因为认为人应该首先受到道德平等的约束是一个范畴错误。自由主义的论述关注得最多的确实是道德平等的问题：国家应该平等地尊重它的公民。我们犯错的地方是假设个人应该受制于相同的约束。社会正义也许要求不偏不倚——或者说平等对待，公平或“中立性”。但社会正义不是一种个人属性。比起一个人管理自己的货币制度的义务而言，很难要求一个个人在对待他的同胞时不偏不倚。我们在这里发现了“一致性逻辑”最怪诞的形式。在这个语境下，如果道德平等原则的运用包含着从政治到个人的一种不正当的转移，那么，既在个人领域也在政治领域就出现了一种相关的错误——把“平等”当成了“同一”。正如我在先前的章节中提到的，只有当区别对待不仅建立在与道德无关的特征之上而且是令人反感的时候，区别对待才是有问题的。的确，作为个人，我们有义务向我们的同胞提供我们亏欠他们的东西；但这些道德命令并没有确定我们关心的事物的领域。

规范理论与实际的、经验性的人类规范之间的关系是很复杂的，我不想探讨这个问题了。不用说，我们常常拒绝一种道德理论因为它提
228 出的建议与实际存在的人类规范不符。（在黛比·布恩的哲学中事情是这样构造的：“当感觉对的时候，它不可能是错的”。）[①] 人类关于什么是恶的确存在大量的共识：所有社会都有针对谋杀、盗窃等行为的制裁。麻烦是这种层次的共识不能保证太多东西；认可我们描述为谋杀或盗窃这类特殊行为的社会在那种描述下并不总会那样做。[②] 此外，我

① “You Light Up My Life,” Joe Brooks做词做曲 (New York: Big Hill Music Corp., 1979)。

② Judith Jarvis Thomson说折磨一个婴儿之所以是错误的，不是因为任何合理的道
331 德体系说它是错误的；道德规则的体系必须从这个事实开始，即我们都发现折磨婴儿是错

们知道“道德的常识”可能有严重的缺陷。的确，我们的道德现代性的两大主流是从女权运动和反种族主义运动那里而来的；在普通的自由主义道德与大多数人从我们的种族历史中获取的规范之间存在一条裂缝。显然，目前使得极端的公平主义富有魅力的部分原因是公民权利的歧视范例突出性。罗尔斯的“反思的平衡”概念——通过调整我们的理论以适合于直觉，调整直觉适合于理论来达到——试图弥补这条裂缝。但是，过度学习从政治平等中获得的来之不易的教训是一个典型的错误。我们对团结感到担忧，因为我们认为团结会带来排斥；但我们应该这么想吗？因为你喜欢他们所以你对他们比你应该对他们更好，与因为你讨厌他们所以你对他们比你应该对他们更坏，这两者之间的差别只有经济学家看不到。例如，一般说来种族主义意味着给人们比他们应得的要少，不承认他们作为我们的同胞应得的份额；屈服于种族主义意味着我们没有履行我们“认真对待以及合理权衡他们是有慎思能力的人这个事实”（如达沃尔所说的“承认的尊重”）的义务。[①]我可以给你你应得的，但我对我的朋友更好一些。

公民权利的范例——我是以诊断的方法来这么说的——引导我们从错误偏见缺席的角度来思考公平主义。[②]我们的公职往往要求我们

误的。Thomson, The Realm of Rights (Cambridge: Harvard University Press, 1990), 30 n.19; Scanlon在*What We Owe to Each Other*中第391页引用了它。她的例子是没有争议的。每个人都同意折磨一个婴儿——在那种描述下——是错误的。但那种描述并不是一个平凡的限定。也许你相信部落长老的说法，你的孩子被邪恶的幽灵附身了，你“折磨”你的孩子是为了将这些邪恶的幽灵赶走，挽救他的生命，而不是像西方的医生那样在救治我们的过程中定期给我们制造痛苦。你可能会反驳说，在这种情况下，使用“折磨”这个词是不恰当的——但这种定义转向通常会导致复杂的局面。这里有一个很难回避的问题：考虑一下这个例子，一个审问者拷打一个犯人，想让他为自己的异端邪说忏悔，但他衷心地希望他的忏悔能挽救他永恒的灵魂。我们显然会同意他是在有意地折磨犯人，即使他最终的目的是为了这个犯人变得更好。

① Stephen, L. Darwall, “Two Kinds of Respect,” *Ethics* 88, no.1 (October 1977): 38.

② 在一些美国黑人中流行的格言很尖锐地提出了这个问题：“‘当白人说‘正义’的时候，他们说的是‘仅仅是我们（的正义）’”。在极端的情况下，彻底的世界主义者反对局

不偏不倚；正如我在第五章中使用的术语“公共行为”，它可能会受到公平对待考虑的约束。但要进行区分，而我们都习惯做这些区分。在一个让他的儿子来管理店铺的五金店主人和一个利用职位让家人发财的政府官员（或一个公有企业的老板）之间，我们很容易做出区分。让我将
229 这个问题的矛盾性质表述出来：公平主义是一种严格与职位相关的义务。裁判的美德与职业拳击手妻子的美德不同。

让我来总结一下我对“道德平等”的忧虑。首先，我强烈认为分配正义的模型非常难以调适特殊主义的善。我的朋友玛丽不仅仅是代表友谊的普遍善的一个具体化；她不像是一流的邮票集里的一张一流的邮票。其次，我坚持认为平等不是对作为个体的我们的道德要求；它代表的是一种政治行为的控制理想，而非个人行为的控制理想。当我们将个人的理想和政治的理想合并到一起时我们就会出错；尤其是当我们因为两者之间有关联就假定它们是一样的时候。

这把我们带到了下一个挑战：特殊义务事实上就是义务。说允许你保留偏私性，道德平等的政治理想不会自动将它排除是一回事；说你必须这样做又是另一回事。这个特殊的“必须”的性质是什么呢？

两种义务概念

这里引起混淆的主要来源是那些有关做了正确事情的词语：“职责”（duties）、“责任”（responsibilities）和“义务”（obligations）。它们为同一种行为提供了两种理由。在这本书的很多地方（如序言中所说的）我追随了罗纳德·德沃金在道德和伦理之间做出的区分，道德处理的是我们亏欠别人什么，而伦理处理的是什么样的生活对我们而言是值得过的好生活。伦理的考虑回应的是威廉斯所说的我们的“根本计

限于某个特殊社会的社会正义概念：在他们看来，“仅仅是我们（的正义）”从来不是一个在道德上可允许的划界。

划”（ground projects），关于我们想要成为什么样的人的个人概念。这是一个很宽泛的定义，它可以容纳马格利特（建立在沃尔泽等人的基础上的）提供的一种不同的伦理定义，这个定义关注的范围更狭窄，在此特别有用。这里的伦理与道德的区分对应的是一种“厚的”关系——它包含一个建立在共享的过去或“集体记忆”之上的社群——和“薄的”关系——我们与陌生人之间的关系，它由我们共享的人性所规定。马格利特最近建议，伦理语境中的“应当”被当作类似于“医学上的应 230
当”在使用：他注意到，“你应当吃你的药”这句断言与“你想要健康这个假设相关”。[1]（道德应当则没有这样的附带条件，因为道德是人与人之间相互亏欠的东西。）马格利特的伦理概念有用地放大了德沃金的区分中的一个关键方面：我们的计划（以及我们的好生活观念）是从赋予我们的物质和环境中去创造一种生活；这包含发展一种认同，卷入到更大的集体叙事中而又不被它们耗尽。它涉及如拉兹所说的使特定行为和计划得以可能的社会形式，例如，律师、鸟类观察者。同样，它也包含一种归属感，一种置身于更大叙事之中的感觉。考虑到所有，我想看看当我们在道德应当（moral ought）与伦理应当（ethical ought）之间做区分的时候会发生什么。

在第二章中，我们看到受某些目的、某些利益集合引导的理想化。我们可以讲述某个人的一个完全由因果关系和约束构成的故事，或者另一个完全由自由和选择构成的故事；讲述哪个故事才是合理的取决于我们对什么感兴趣——我们试图解释什么，我们想搞清楚什么，达成什么。（举一个粗糙的例子：惩罚的正义关注的是行为者的能动性；分配的正义关注的是结构。前者关心的是我们的选择；后者关心的是我们的选项集合。前者谈论的是决策；后者谈论的是环境。）当然，自由主义理论一个重要的理想化是对“道德人”的理想化，它意味着成为一个

---

① Margalit, *The Ethics of Memory* (Cambridge: Harvard University Press, 2002), 7, 8. 当然，从赖尔到格尔茨到沃尔泽一直在厚与薄之间做相关的命名区分。

人对其他人负有种种义务。道德人头脑中思考的是社会正义——即，秩序良好的社会，正义的国家，自由治理的理想。相对照，伦理的领域包含了作为一个与他人有紧密联系的嵌入的自我你必须做什么的要求。伦理自我考虑的利益是那些从属于特定社群的、有负载的人类具有的特殊的利益。我已经说过，去创造一种生活是在历史赋予你的物质环境中去创造生活。一种认同总是通过宗教、社会、学校、国家提供给你，再由家庭、同辈和朋友加以调节的概念（和实践）来阐释的。还要记住，马格利
231 特关注的那种伦理认同不会耗尽创造好生活所需要的相关要素。你的个人认同设置或者我所说的你的个性的一些方面是人所周知的集体认同，有一些则不是：男性、卫理公会派教徒、拼字游戏爱好者、阿拉姆学者、这个男人和这个女人的儿子——所有这些几乎不可数的坐标定义了你。伦理的关注和约束来自我的个性（individuality）；而道德的关注和约束来自我的人格（personhood）。伦理管理的是对那些与我有紧密联系的人我会如何行为，而且这种关系越是紧密，它对我的要求就越多。

如我所说，你讲述的人生故事是一个约束的故事还是一个自由的故事取决于你讲故事的目的。你可能会认为调和忠诚与不偏不倚之间、我的纽带和关系对我的要求与普遍主义的主张之间假定的紧张关系是一件傻瓜的差事。显然，当计划是对我而言什么样的生活是好生活时，政治理论的一个理想化不需要考虑所有关系区分。你不需要融合两种论述，你可能认为我们最好尊重这种区分——基于一些目的，我是一个**人**，对其他人来说，我是一个被关系性的事实包裹的特殊的认同束。[1] 尤其是你可能认为区分出与这两个计划相联系的两组词汇是有用的：创造一个良序社会的政治任务与过一种好生活的个人任务。

当然，我们只有在一定程度上可以这么做。“灵魂塑造”这个领域

① “关系性事实”这种运用来自Miller, *On Nationalism*，比较Wellman, “Relational Facts”。

让人如此困扰又让人如此着迷的原因是它代表着这两种计划，从而也是两种规范性要求的交集。有根基的世界主义也同样如此：它是一个综合项目，是不同任务之间的谈判。一般说来，对社群的义务可以被归为伦理的义务而非道德的义务。[①]它们包括你对你自身的义务（德沃金的话），它反映的是你对过某种生活的信念；包括你对一个伦理共同体的义务（马格利特的话），它反映的是你对这种共同体的参与，你喜欢通过你的认同与特定的人保持紧密的联系这个事实。正如黑格尔对伦理与道德经典的且含糊一致的区分所表明的，要迎接调和忠诚与非个 232
人化的道德的挑战需要一种混合的价值理论：一种既可以容纳计划相关（project-dependent）原则又可以容纳客观原则的理论；既可以包容道德的、普遍的义务又可以包容伦理的、与我们紧密的关系、我们的计划、我们的认同相关的义务。[②]

---

① 如果你承认你在社群中的成员资格但并不认为这是一种善的话又会怎样呢？（这个问题并不总会出现：在很多情况下，你应该首先定义这个社群，这样你才不会成为一个不把成员资格当作一种善的成员。但情况并不总是如此。）当然，有可能难以选择退出。（用一句意第绪语尖刻的民间谚语来说："如果你忘记了你是一个犹太人，一个异教徒会提醒你。"）然而，如果你不愿成为那个社群中的一个好成员，你可以在里面勉强过活，遵守规则但不做更多的事。我们对你的评价很差——认为你是一个很懒的成员，冷漠，缺乏公民美德，但并不认为你是不道德的。

② 我们应该既承认我们对一般的人的义务，又承认对与我们有特殊关系的人的义务吗？麦金太尔在他一篇广泛讨论的文章"Is Patriotism a Virtue?"中提出了这个问题，即世界主义——用他的话说是"自由主义非人格化的道德"——如何安置自身的问题；他倾向于认为这是一种装腔作势的本位主义，甚至比这个更糟。麦金太尔为一种道德地方主义辩护——不说一般的道德，而谈论特殊社会秩序下特殊的道德；放弃抽象的理性行为者的制高点，转而谈论这个或那个农民或四分卫——而且否认从阿基米德式的立场出发。然而他的论文考察的不是我对我的国家的态度，而是"我们"对"爱国主义"这种跨国现象的态度。世界主义不会遭遇这种不一致的特殊形式。参见Alasdair MacIntyre, "Is Patriotism a Virtue?" The Lindley Lecture, Lawrence, Kansas, 1984, 9, 18。Thomas Hurka论证说"嵌入的自我"与国家偏私性的论辩是无关的，他有力地论辩到："特殊主义者说，任何此类普遍主义的断言，更不用说那些无偏私性的道德，都来自一种不可能获得的立场——即，它原本是从特殊的社会认同中抽象出来的，但它却诉诸所有人类以及所有文化的成

当然，说伦理的义务不能被归类为道德的义务，并不是说这两者是毫不相关的。日常的额外行为，一旦其他人有理由将它视作理所当然的并且进而依赖于它，就会产生道德责任。[①]在此意义上，一种“伦理的应当”可能包含了“道德的应当”；道德义务可以追赶上伦理义务。在我们义务的森林中，很难把树枝和藤条分开。

让我试图阻止这个讨论会引起的两个误解。一个误解是想象出了一个整齐的等级制，在这个等级制中我们必须先满足道德义务，之后我们才能诉诸伦理的恳求。（“温和的爱国主义”的支持者有这类主张：特殊义务是可以的，只要道德的要求得到了满足。）[②]第二个诱惑是将道德与伦理之间的对比等同于强制与自愿选择之间的区别。

道德义务必须约束伦理义务。但这并不意味着普遍的道德义务必须总是优先于（对他人或对我们自身的）伦理义务。倘若，重要的道德考虑简单排除了一些伦理义务；但这样的原则对于指导我们考虑一些细致的例子过于粗糙和简单了。假设你有机会实现一些对你来说特别重要的计划，但要抓住这个机会需要你违背一个承诺。比如你听说了一个建筑师大赛，你知道你花了很多年做的一个设计肯定能赢，因此你赶在截至日期前将你的巴沙尔木模型给了竞赛的官员——为了把模型

员。” Hurka, “The Justification of National Partiality,” in Mckim and McMahon, *Morality of Nationalism*, 143. 也可以参见Scheffler, “Conceptions of Cosmopolitanism,” in *Boundaries*, 119, 他指出麦金太尔同样支持平等原则与“与生俱来的特殊责任”之间的脱节，这将导致极端公平主义的世界主义。

① 斯坎伦，在*What We Owe to Each Other*第174页中写道：“友谊的价值和父母的价值并不独立于‘我们相互亏欠’的狭义的道德……它们由这种道德所塑造也反过来塑造这种道德。说它们被道德所塑造是指在我们与他人的关系中，我们必须承认他人是独立于这种关系的有道德地位的人；它们塑造了道德是指它们代表了重要的人类善的形式，如果你无法合理地反对其中的原则你就必须为它留有空间。但成为一个好的朋友或父母包含着对超越这种核心道德形式的价值的理解和回应。

② 例如，参见Nathanson, “In Defense of ‘Moderate Patriotism’”, 538。“我们可以认为爱国主义是一种美德，只要它激励的行为自身不是不道德的。只要对国家的奉献和忠诚不会导致不道德的行为，那么爱国主义就是相当值得称赞的。”

送过去，你违背了一个承诺（比如，一个午餐约会）以及限速的规定。只有最不受欢迎的道德主义才会因为你的决定谴责你。[①]所以在这些不同的规范性领域之间，在我们作为抽象行为者和我们作为特殊的人有理由去做的事情之间——即，我们出于道德的理由去做的事情与我 233
们考虑到所有因素包括伦理的因素去做的事情之间——存在复杂的权衡。这种混乱让一个纯粹主义者觉得道德与伦理之间的区分变得不那么明晰清楚了；但很少有规范理论能够为指导行为提供像算术那样的东西（像边沁那样的功利主义常常带来荒谬的后果）。在此，像大多数规范理论所做的那样，最好是记住亚里士多德在这个主题开端提出的警告：在伦理学中我们"谈论的事物只有大部分是真的"。

你可以看到第二个诱惑——将伦理同化为自愿——是如何产生的。你不能选择脱离人类，而对社群的义务通常包含你是谁这个在形而上学上偶然的特征。[②]然而，形而上学上的偶然不等于自愿可选。它试图通过强调你对伦理关系的参与是自愿的来区分这些例子。马格利特就建议这么做。他说，"在我看来，我们没有义务参与到伦理关系中。不参与伦理生活，不对伦理关系做出承诺，而过一种孤独的生活仍然是一种选择。"这幅选择图景是带有误导性的。正如他自己承认的那样，许

① 你可能会反对说，根据"预知的同意"（anticipated consent）和"事后的同意"（subsequent consent）逻辑，如果另一位承诺人知道了那种情况，那么她也会同意你违背这个承诺，你不必为违反承诺而感到负罪。但你不能做这种假设。也许你许下承诺的人非常不同意你选择建筑师作为职业；或者你爽约的是一名与你相竞争的建筑师，他宁愿你没有参加这个比赛。（也许，她正因为你忘记了截至日期才选择了那一天。）

② 稍后我将回到这个问题；我只想说，我们在这里要小心行事。成为你父母的子女不是形而上学上偶然的事实，它通常与特殊义务相伴随。类似地，成为男性或女性是你的形而上学身份的一个必然特征，特殊义务可能与你的性别相关。一个更荒诞的例子：想象一个团体由一些在特殊日子出生的人组成，也许那天是社会上一个受人敬爱的领袖的诞辰，它要求其成员在伦理上的卓越。在一个特定时间出生通常被认为是你个人的、形而上学身份的一个必要特征。关注哪个特征是偶然的，哪个特征不是偶然的是错误的。因为一方面在这些情况下，社会认同伴随着这些形而上学身份的必然特征而产生，但并不必然被 333
其耗尽；这些特征本身不足以建立特殊义务。

多伦理活动“就像家庭关系那样对我们具有强制性。”[①]选择退出并不总是可行的，或甚至可能的：许多关系性的认同远非自愿。乔治·艾略特的威尔·拉狄斯洛当被要求解释他对爱人的“偏好”时，大叫说，“我对她的偏好不会超过我对呼吸的偏好。”[②]事实上，我们不是选择陷入恋爱的，我们也无法选择我们出生的环境。你不是选择成为一个儿子或者女儿；一个塞尔维亚人或一个波斯尼亚人；一个韩国人或一个姆巴提人。（伟大的俄罗斯大提琴家格雷戈尔·皮雅蒂戈尔斯基认为他的职业也同样如此，他曾说：“没有人可以真正选择音乐作为职业，是音乐选择你。”这就是为什么我们说“天职”的原因：它们召唤我们；而不是我们召唤它们。）正如我们看到的，我们的认同既不是完全被规定好的，也不是完全由我们自己决定的。

234 同样，你并非选择成为你母亲的儿子这个事实并不意味着你对她没有特殊责任。与道德的限制不同，这类特殊责任的实现是有程度差别的。不可杀人这个道德测试，你要么通过，要么通不过。而尊敬你的父母允许程度上的差别。当我们谈论一个好的美国人，或一个好的天主教徒时，“好”修饰的是认同计划：它是一个伦理的而非道德的谓语。只要符合道德的要求，你可以是一个好的美国人，一个平庸的天主教徒，一个普普通通的儿子。

我希望，这一点变得越来越清楚了，就是我们将“义务”这个词无差别地运用于道德应当和伦理应当时，我们遗漏了一些信息。道德判断为行为提供理由。伦理判断也提供理由，但它提供的是不同秩序的理由，因为这些理由是与行为者的认同有关的，是与我们的个性有关的。它们反映了我们是何种人，或我们希望成为什么样的人。所有这一切说明存在一个伦理义务的“应当”的领域，这个领域介于完全的强制义务

① Margalit, *The Ethics of Memory*, 106.

② George Eliot, *Middlemarch* (New York: Oxford University Press, 1985), 835.

与完全的额外义务之间。[①]康德在《判断力批判》中说，做审美判断时，“一个人在向其他人征求同意”。[②]你也许会假设说我们在此还可以做一个类似的区分：在道德要求遵循的地方，伦理请求遵循。

让我来建议另一种区分道德义务与伦理义务的方法。虽然道德失范的现象在一些社会很普遍，但道德的要求不会因此降低。社会不应该参与种族灭绝，但却再三地做这样的事情。什么在道德上是正确的，什么在道德上是错误的，并不依赖于我们变幻莫测的动机。（这个论点不能与有关道德内在主义辩论的一个核心问题相混淆，即一旦你接受了道德判断它们是否具有行为导向的问题。）相对照，伦理的领域对动机是敏感的。例如，在一些母系社会，对于女方这边舅舅的孩子你感到你负有强烈的义务。在加纳的阿肯地区相关的关系词nua不在你的兄妹和母亲那边的表兄妹之间做区分；因此，当你说这个人是你的妹妹或者你的哥哥时，你必须去进一步说清楚是“同父同母的”。[③]如果由于家族结构习俗的变化，这些关系不再如此，那么相应的伦理义务也不再如此了。（家族结构在社会上似乎是根深蒂固的，在非洲的“母系社会”已 235
经发生了一些重构，就像在许多美国家庭父系的势力在减弱一样。）正是以这种方式（要求特殊义务的）紧密关系的领域才具有动机上的敏感性：它取决于决定各种各样关系性事实的伦理重要性的特殊规范。[④]

① 毫无疑问做一个好母亲比做一个曼联的好球迷更有价值。

② Immanuel Kant, *The Critique of the Power of Judgment*, trans. Paul Guyer and Eric Matthews (Cambridge: Cambridge University Press, 2000), 121.

③ 我希望我们清楚这一点，取决于社群的规范并不意味着伦理的相对主义：一个阿肯的男性拥有这些义务并不是“对”他们而言是真的，而是就他们而言是真的。显然，在这个例子中对抚养孩子有一些普遍的关注：这种类型的家族体系所做的一件事情是去解决协调性的问题。如同你开车走左边还是右边的惯例一样，重要的是社群里的所有人都遵从相同的规则。

④ 忠心耿耿的还原论者——参考威尔曼的“关系性事实”——会说我对我妹妹的义务还取决于其他一些因素（我们如何对待对方，我们是不是被共同抚养长大的，等等），因此“姐妹”这个关系性事实不是基础的事实。但这并不足以令人信服：非还原论的偏私

出于伦理考虑——通过我们在一个伦理社群中的成员关系，也即，通过我们集体认同的某些方面——做出的行为构成了那些伦理关系、伦理社群以及认同的部分内容。伦理义务是内在于这种认同的。你关心什么部分构成了你是谁；不再关心这些事物你也就不再是那个人了。由于一个伦理社群部分地由其成员获得的特殊责任构成，如果没有人感受到这类特殊责任，就没有这样的社群，没有这样的要求了。[①]在伦理的领域，从“是”你只能得到“应当”。

至此我简单地描绘了一个看似可以安置偏私性的领域；我还没有说为什么偏私性可能是有价值的。事实上，对偏私性最有力的捍卫是最简单的：对人类而言，关系是一种重要的善——我会说它们在客观上是有价值的。许多关系，如谢夫勒正确地指出的那样，需要偏私性。这些关系部分地由相关者之间特殊的关怀所构成，“除非它们被看作为区别对待提供了理由”，否则它们不可能存在。[②]代词“我”是神奇的，我们往往会认为一个完全不受这个代词魔力影响的人是一个魔鬼，或者可能是一个功利主义者。早一些时候，我抱怨将平等待人——坚持平等尊重的理想——看作以相同的方式对待人的这种观念。我接着说国家应该平等关注它的公民这种政治学说被错误地当成了一个人们应

主义者不必认为抽象描述的关系性事实提出的要求是不可撤销的；他们可以认为这种或那种历史上特殊的关系提出的要求是可以撤销的。与此同时，非还原论的偏私主义者可以用普遍的术语对特殊关系进行归类：你亏欠你的妹妹一些额外的东西，除非你有很好的理由说明你不亏欠她——也许包含了像特殊环境或她的错误行为这样的理由。

① 对比一下查尔斯·泰勒对黑格尔的伦理概念的分析：“伦理概念的关键特征是它命令我们使那些已经存在的东西发生。这是吊诡的说法，不过，作为我的伦理义务基础的共同生命其实早已存在。就因为它是仍在运行的事态，所以我有这些义务；我实现这些义务，从而维持这个共同生命的继续存在。因此，在伦理中，应然和实然之间没有鸿沟。” Charles Taylor, *Hegel and Modern Society* (Cambridge: Cambridge University Press, 1979), 83.

② Scheffler, “Conceptions of Cosmopolitanism,” in *Boundaries*, 121. 还可以参考他的论文，“Relationships and Responsibilities,” 收录于*Boundaries*, 97—110。

该平等地关注对方的道德命令。因为我们与他人的关系当然不仅仅是"人"与"人"的关系；我们还通过兄弟姐妹、表兄弟姐妹、朋友、队友、同事、同济会成员这些关系与人们相联系。用我引入的术语来说，"薄的"道德关系的要求——我们亏欠别人什么——不会排除"厚的"伦理关系的存在。我们的计划具有的社会性质，我们通过认同群体获得的自我理解，支撑着我们与特定的他者所有的紧密的伦理关系，并解释了 236
为什么我们在道德的要求之上会不同地对待不同的人。因为我们是社会的动物，所以这类关系具有客观上的善。（在这些例子中，我们可以说这一类的关系对你来说是好的，并且在客观上包含着一种善。）

假设到此为止你都同意我的观点。我们都同意，有社会关系是好的；重要的社会关系为偏私性和区别对待提供了理由。我们的身份，我们的认同让一些东西对我们而言具有重要性，并且产生了伦理社群。但对偏私性的辩护——对特殊责任、社群义务的辩护——只是为民族认同辩护的一个必要条件；它远不是一个充分条件。毕竟，用本尼迪克特·安德森话来说，民族这个"想象的共同体"看似非常大，其实非常武断。特殊责任仍然只有在紧密关系（与爱人、家人和朋友的关系）中才说得通，而在与我们的同胞之间存在的那种假想的博爱中说不通。即便你接受一些伦理关系、一些伦理社群，为偏私性提供理由，但你仍然好奇国家是否属于它们。

世界主义的爱国主义

在最近的一个讽刺寓言中，作家乔治·桑德斯（George Saunders）分析了流动的国家（fluid-nations）这个主题，在这个国家中，公民资格不取决于地理的毗连而取决于跨越地理国家边界的"价值、忠诚或惯常的行为模式"。在这种流动的国家中，说自己恨电视的人承认他们偶尔会为了放松也看看电视；听到别人的死讯后年长的人先是松了一口气，因为他们自己还活着，随后为自己最初的想法而感到内疚；人们做出极好的乳酪点心。他虚构的社会科学家在爱国主义研究的领域发现了一些值得注意的结果。例如，对第二次世界大战的统计研究表明，在
237 美国士兵和德国士兵的冲突中，流动国家的公民在厮杀时毫不犹豫。另一方面，我们被告知，不愿为了一个抽象原则去杀人的个人确实显示出在地理国家的爱国主义方面的缺陷：

> 研究结果表明，与对照组的成员相比，效忠于国家的个体公民在不愿为了抽象原则去杀人这一条上得分低了39分……向他们展示对立的地理国家的成员的照片，并询问他们“你认为这个人是什么类型的人”时，不愿为了抽象原则去杀人的个体公民有64%更愿意选择回答“不知道，我们要先碰到他们才知道”。如果一个地理国家的公民有机会去反对他的地理国家，我们发现不愿为了抽象原则去杀人的个体公民与对照组的成员相比低了71%。①

桑德斯的话有道理地指出了人类将自己归类的武断性，以及绝对的沙文主义的荒谬。当然，一个明显的抽象是国家本身。让这个讽刺寓言有力的是，实际存在的名副其实的国家与这些概念范畴确实让人感觉不同。但它们应该这样吗？它们有权对我们做出影响性的评价吗？

我说过，源自友谊或家庭的模式对偏私性进行的捍卫，在没做修改的情况下，不能产生对国家偏私性的捍卫。为与我们有面对面的社会关系的人的偏私性辩护是一回事：毫无疑问爱的关系和友谊的关系是深刻而普遍的人类善。但民族主义假定的是陌生人之间的关系。民族主义常常被拿来与个人主义作对比，事实上，从其历史渊源上来看，民族主义似乎是从个人主义中产生的。正如社会学家克雷格·卡尔霍恩

---

① George Sanders, “A Survey of the Literature,” *The New Yorker*, September 22, 2003, 118.

（Craig Calhoun）所说，将民族认同和其他与之相竞争的认同区分开来的一点是由非人格的调节机制维持的同一个民族的人是“等同的一类人”的概念。[①]民族主义者的偏私性可能比水要浓，但比血要淡。 238

重要的是记住民族是多么抽象的一个东西。当然，民族偏私性是世界主义通常会反对的概念，但这两者之间的关联要比这个复杂得多。民族主义与它假想的敌人世界主义之间有很多共同点：因为民族主义也鼓励一种抽象层面的效忠——一个超出我们自身和我们家庭的巨大且覆盖面广的计划。（对我父亲那一辈加纳人来说，民族情感是一种来之不易的成就，是通过政治原则和冷静来获得的：虽然它没有取代我们对民族、母系家族和家庭的特殊义务，但它的确在某种意义上降低了它们对我们的约束。）这是使得世界主义与民族主义的对比让人困惑的原因。民族，如果对世界主义者来说不够普遍，那么它对地方主义者来说也不够具有地方性。用前面讨论中用到的术语来说，如果特殊责任因为代表着对道德普遍性的放弃而令人担忧，那么世界主义则因为代表着对特殊责任的放弃而令人担忧。但让世界主义困扰的原因——有时候它把对一种绝对认同（在这里是一种共享的人性）的抽象要求置于我们根深蒂固的认同之上——正是让民族主义困扰的原因。如果对民族的忠诚是行动的原因，它们有时候会受到更地方的、更“紧密的”忠诚提出的原因的干扰。（回想一下萨特在《作为人道主义的存在主义》中提到的著名故事，在第二次世界大战期间，一个学生陷入一个痛苦的两难境地中：他的兄弟被纳粹杀死了，他是他母亲唯一的依靠。他是否应该为自由的法国而战呢，即便他的母亲会因为失去他而伤心欲绝？应该把谁放在前面，母亲还是祖国？）

的确，民族主义者对世界主义者的抱怨常常以更大的力度回击到

① Craig Calhoun, “Nationalism and Ethnicity,” *Annual Review of Sociology* 19 (1993): 230; and Calhoun, *Nationalism* (Minneapolis: University of Minnesota Press, 197), 42—44. 正如他注意到的那样，宗教认同很久以来就具有这种形式。

自身：民族主义者因为颁布了破坏当地传统和习俗的规范，也被控诉抹去了地方的偏私性，危害了地方的团结——成为了同质性的一股力量。我在第四章中说过，坚持群体之间的差异性通常要求我们抹去群体内部的差异性。（如果世界主义者从不是完全的世界主义者，那么地方
239 主义者也不是完全的地方主义者。）如弗里德里希·迈内克（Friedrich Meinecke）一个世纪前观察到的那样，“世界主义与民族主义肩并肩紧密地站立在一起已经很久了。”[①]显然，支持这两种立场的自由主义者一直都是爱国主义者。

在最近对世界主义的有力辩护中，玛莎·纳斯鲍姆写道：

> 我们应该承认普遍的人性，并对它的基本成分——理性和道德能力，首先致以我们的忠诚和尊重……
>
> 世界公民的想法在此意义上是康德的“目的王国”观念的始祖和来源，它在激发和规范道德行为和政治行为方面也发挥着类似的作用。你应该始终这样行为，平等地尊重每个人身上的理性和道德选择的尊严。

与此同时，纳斯鲍姆对世界主义者说，“给予地方性的要求格外的关注也是正确的。”在她看来，“世界主义者应该这么做的原因不是地方性的要求本身更好，而是因为这是唯一明智地做好事的方式。”[②]自由主义的世界主义者如是说。

对比一下意大利民族主义的伟大先驱朱塞佩·马志尼（Giuseppe

---

① Friedrich Meinecke, *Cosmopolitanism and the National State*, trans. Robert B. Kimber (Princeton: Princeton University Press, 1970), 94. 最初发表于1908年*Weltbürgertum*
334 *und Nationalstaat: Studien zur Genesis des deutschen Nationalstaats*。迈内克在这里讨论的是费希特；但他在讨论洪堡、诺瓦利斯、施莱格尔时也以不同的方式表达了相同的论断。

② Nussbaum, “Patriotism and Cosmopolitanism,” 7—8, 135—136.

Mazzini）向意大利工人传播的民族主义信条：

> 我曾对你们说过，你们的首要责任——至少就重要性来说是首要的——是对人类的责任。你们在成为公民或父亲之前就已经是人。如果你们不用爱心拥抱整个人类大家庭，如果你们不表明自己相信因上帝的统一性而产生的人类的统一性……如果不论在什么地方你们有个同胞在呻吟，不论在什么地方人性的尊严遭到欺骗或暴政的侵犯，你们本来有能力但不立即去拯救那个不幸的同胞，或者你们虽然能够但不感觉自己有责任为解救受骗者或受压迫者而进行斗争——那么你们就是违背你们的生活法则，或者不理解将赐福于未来的宗教。
>
> 但是你们每个人能凭各自的力量为道德的增进、为人类的进步做些什么呢？……个人太渺小了，人类太庞大。法国布列塔尼的水手出海时祈祷说，“我的上帝，保佑我！我的船是这样小，而你的海洋是那么辽阔！”这个祈祷者是你们每个人处境的真实表达，直到你们找到无限增强你们的力量和活动能力的方法。当上帝给予你们一个国家时，他已向你们提供了这种方法。[①] 240

我们说这里有相同的信条并不离谱：地方主义是通向普遍的理想、普遍的目标的工具。这种对民族的辩护既诉诸假想的世界主义者，也诉诸假想的民族主义者，统一于他们共享的人本主义。正如马志尼坚持的：“为了让我们的国家在正确的方向上前进，我们朝着人类前进。我们的国家是我们用来追求共同善的杠杆支点。”自由主义的民族主义者如是说。

即使在那些最珍视地方传统特殊性的人当中，马志尼衷心支持的

---

① 马志尼接着说，“他像一个精明的领班，按工人的能力分派不同的工作，把世上的人类分成不同的群体，从而播下各国的种子。”*An Essay on the Duties of Man Addressed to Workingmen* (New York: Funk & Wagnalls, 1898), 57—58.

人本主义也不显得反常。在《反思法国大革命》一段常被引用的话中，伯克写道，“归属于我们的分支，热爱我们在社会中所属的小社团，是公共情感的第一原则。我们朝祖国和人类的爱前进，它是这一系列中的第一个环节。”这段话完全没有表现出对世界主义的敌意，它肯定了普遍主义的最高价值，以及对人类总体的爱；小团体的爱如此得到证明，因为它是这条道路上的第一步。[①]

当然，出于一些熟知的原因，我们不能满足于对民族情感的这种工具性的论述。是的，成为一个世界公民就是要去关心你的同胞，如纳斯鲍姆所说，表达那种关注的办法正是去为特殊地点的人民做事。一个世界的公民可以通过把一些地方变得更好来使世界变得更好，即使那个地方不是她的故土。这就是为什么当我的父亲说我们是世界的公民时，他接着说我们应该因此缘由（不管是一时还是一生）而为我们的故乡努力工作的原因。考虑在这些联系中，我父亲对加纳的忠诚，对阿桑特的忠诚，对他的母系氏族的忠诚，他本来指望别人也会忠于自己的民族、种族和熟悉的认同：这种忠诚不可能是一个冷静大脑的决定，一项如何最好地使世界变得更美好的公正计算。（他不得不为杰利比夫人的女儿感到遗憾，她大呼，“我希望非洲已经死了！”）相反，他知道
241 如果没有对特殊义务的感觉许多这些种类的关系是不可能存在的。他会希望他的孩子是世界主义者，但在两种意义上都是部分的世界主义者。

不用说，民族并不是唯一包含了“同等个人的范畴”。大多数集体认同将我们与陌生人相联系，与我们从未谋面的人相联系：天主教同

① Burke, *Reflections on the Revolution in France*, ed. J.C.D.Clark (Stanford: Stanford University Press, 2001), 202. 有一句古老的阿拉伯谚语看似反对伯克的观点：“我反对我的兄弟。我的兄弟和我反对我的表兄弟。我的表兄弟，我的兄弟和我反对全世界。”请注意在宗族与宇宙之间缺乏任何形式的社会组织，这可能反映了在阿拉伯世界缺乏对民族效忠的这种历史弱点。

伴，女同性恋同伴，数学家同行，洛杉机同乡。如我所说，如果你通过这些同一化来阐释和塑造你的自我感、你的生活，那么完美的陌生人的行为将会影响你的骄傲感和羞耻感。这些同一化将会帮助你确定你的计划，为你的行动提供理由。任何可行的世界主义必须承认，我们是谁帮助我们确定了我们关心什么。接受民族的计划（我们应该承认这类计划的复杂性；如我所说，塑造加纳的计划在很大程度上与获得独立的后殖民主义期望有关），在某种意义上，就是去过一种类型的生活。如本尼迪克特·安德森所说，想象的并非不真实：没有什么东西会比人类的想象更有力量。事实上，值得注意的一个事实是，你可以感受到对不是一个民族的国民的特殊责任。想一想拜伦，他行驶到希腊去参加反抗土耳其的起义。或者像殖民地的劳伦斯（T.E. Lawrence）那样怀有复杂的种族感情，如我所知，他不是英国的劳伦斯，而是阿拉伯的劳伦斯。或者是那些国际战线的外国人，他们与共和主义者一道在西班牙内战中打击佛朗哥的法西斯成员：在此，为普遍原则而战——打击法西斯主义——通常包含了更地方化的同一化形式。但没有比科西嘉岛的拿破仑更好的例子了，他生在拿布里欧（Nabulio），在他成为法兰西帝国的象征之前，他曾是一个强烈反对法国的爱岛分子。致使我们的伦理关注产生的认同并不简简单单是继承而来的；一个人对民族的忠诚并不仅仅由他的出生地来决定。

当然，你可以接受这个问答，但仍然可以假设相比那些我们在道义上义不容辞的东西，这些我们偶尔看重的东西没那么重要。在纳斯鲍姆看来，"一个人在哪里出生完全是一个偶然事件；任何人都可能出生 242
在任何国家"，所以这种差别不应该"成为我们与我们的人类同胞之间的障碍"。但在此偶然这个概念负担过重了。在形而上学的意义上对我们是谁来说必要的素质并不必然是道德上显著的特征。[①]我是我母亲

① Nussbaum, "Patriotism and Cosmopolitanism," 7. 参见我的文章"But Would That Still Be Me? Notes on Gender, 'Race', Ethnicity as Sources of Identity," *Journal of*

的儿子这个事实对她而言在形而上学上是偶然的，对我而言在形而上学上是必然的：但没有人会声称在我们之间特殊责任存在任何的不对等。即便把个人认同的问题放到一边，我们也会同意我们在生活中在意的大多数事情是偶然的——我们与卡尔·丹尼斯一样会好奇如果在生活中的某些时候我们做出了别的看似琐碎的决定会发生什么样的事情。我偶然地获得了一个家庭；我偶然地获得了对这种或那种社会纲领或政治纲领的信奉。我偶然地成为了我自己。

那么，就不能否认与计划相关的价值的力量，尤其当这个计划是民族计划的时候。谈到民族主义独特的力量，本尼迪克特·安德森——他的《想象的共同体》是对民族进行理论化研究最有力度的作品之一——问道，"谁会愿意为经济互助会——旧的东欧经济互助会——而死，或者为欧洲经济共同体而死？"你明白他的用意了吧。超民族的经济组织看上去不包含共享的记忆，紧密的叙事，而民族（或家庭，或宗教）包含这些东西。它们并不提供认同；它们的影响纯粹是形式化的；是合同和条约的问题。如果没有人为这些组织献身，这可能是因为没有人的生命是由它们构成的。但如果这意味着把民族主义从其他傲慢的竞争者中剔除，"谁会愿意去死"这个反问就是被乱用了。回想一下，在研究人员介入之前，响尾蛇队正用石头武装好自己准备接受鹰队的袭击。城市居民中有令人震惊的一部分人死于帮派之间的争斗——例如，作为拐子帮（Crips）的成员死去；作为血帮（Bloods）的成员被杀——在他们当中有陌生人被另外一些陌生人所杀，就是因为穿错了衣服的颜色。这些袭击者忠实于他们的部落——我们可以安全地得出
243 结论，那个部落不由不愿为了抽象原则而杀人的个人构成。①

Philosophy 87, no. 10 (October 1990): 493—499。还可参见上面的注释33。

① 使桑德斯的构想具有讽刺意味的是，他使用的血缘关系的例子不包含我们与民族的成员身份联系在一起的自我意识的认同形式——它们甚至不包含像赏鸟这样加强了活动的社会形式。再一次地，也不难想象从非天然的特征中产生出的一种集体认同的形

尽管如此，民族的公民身份问题还会产生一些持久的问题，特别是在国际关注的语境下。纳斯鲍姆捍卫世界主义，反对爱国主义，她说“承认诸如民族的边界这样道德上任意的东西在我们的慎思中有深刻的、构成性的作用，我们看似放弃了以有原则的方式去向公民论说他们应该携起手来跨越种族、阶级、性别和人种的界限”。①我可以说只有当我坚持国家与民族的区分时我所想的在此才是错误的。它们之间的合并对一个现代人来说是很自然的——即使在卢旺达、斯里兰卡、阿姆利则、波斯尼亚和阿塞拜疆之后。但在启蒙运动时期对国家与民族的区分旨在让国家之间的武断边界符合民族之间“自然的”人种地理边界；当然，这个观念是说有一些边界是武断的，另一些边界则不是。

不是说我支持这种本质上属于赫德尔的思维方式；我倾向于怀疑这种民族先于国家存在的想法。一个民族——这里使用的是一个松散和非哲学化的定义——是一个超越了面对面的交往水平的、由传统或祖先构成的“想象的共同体”，一个试图为自身寻求政治表达的共同体。但所有我能想到的、与国家没有紧密联系的民族都是旧的国家安排的产物——就像现在加纳的阿桑特；以及过去南斯拉夫的塞尔维亚和克罗地亚。②事实上，我希望区分民族与国家是为了得出一个不同于赫

式。如果一些政权试图迫害左撇子——包括那些有左撇子倾向的人，你可以期望在左撇子之间很快产生出一种友爱感。

① Nussbaum, “Patriotism and Cosmopolitanism,” 14.

② 我不是说任何不是国家的民族曾经都是一个国家。我的意思是，一种民族认同产生于人民对国家的反应，而不是某种自行产生出的对国家的欲望。换言之，共享一种语言、传统或实践并不会自然产生通过单一国家对共同性进行政治表达的欲望。有着明显不同起源的英国人构成了英国这个国家，美国的民族主义产生于对英国的回应，他们的领袖仍然认为他们是海外的英国人。举另外一个例子，巴勒斯坦的民族主义是非犹太人的阿拉伯人经验的产物，因为在奥斯曼帝国、英国和以色列的掌控下，它们采取了对阿拉伯人与居住在东部地中海沿岸的其他人差别对待。它不仅仅是共享的语言的产物，因为在巴勒斯坦边界阿拉伯人的方言没有明显的区别；它也不是共享的宗教的产物，因为巴勒斯坦人可能是朱斯教的教徒，也可能追随基督教或伊斯兰教的任何一个派别。一个阿拉伯的犹太人的概念或者一个犹太人的阿拉伯人的概念现在听起来很悖谬，因为它是一个政治过程的产

德尔的论点；即，如果任何事物都是武断的，那么武断的不是国家而是民族。因为人类生活在比物种更窄的政治秩序中，因为在这些政治秩序中公共的对错问题都被说出来、被决定了，考虑到我们规范性的承诺，成为一个公民这个事实一点都不武断。①

民族是任意的，但我们不能在规范性的思考中将民族置之不理。这个词在其根本意义上是任意的；因为根据牛津英语词典的解释，它对我们生活的重要性“取决于意志或快乐”。民族通常对人民而不是对国家更重要：单一民族的塞尔维亚比多元文化的波斯尼亚对一些人来
244 说更有意义；卢旺达的胡图人（或图西人）对一些人来说比图西人和胡图人和平共处的公民身份更有意义；只有当英国或法国既成为民族也成为国家的时候，普通公民才会关心成为法国人或成为英国人的问题。②但请注意让民族变得重要的原因是它们对个人来说是重要的。首先，民族在伦理上有意义的原因与足球和歌剧有意义的原因是相同的：它们是自主的行为者关心的事物，我们应该承认以及考虑自主行为者自主的欲望，即便我们并不总能获得这些欲望。这不是对民族认同采取的一种唯意志论的论述。这只是强调我们现在处于与计划相关的价值领域中。如果像我之前说的，按照罗马的模型，一个民族的人通过语言、法律和文学被捆绑在一起，如果他们共同经历了一些事件，那么民族性并

物，而非一个自然的事实。类似地，巴基斯坦的民族主义是由英国和印度的穆斯林国家在印度次大陆的差别对待造成的；还有非洲很多的民族主义，中东和拉美的民族主义也都是
335 对宗主国的一种回应，它们先于任何的民族认同。其中没有哪一个否认了由这些政治历史产生的民族认同的实在。

① 对“范围有限”的公正原则的具体阐释——比如，新西兰的正义制度只是“对”新西兰人而言的，它与法国人的正义制度相对，可以参见Jeremy Waldron, “Special Ties and Natural Duties,” *Philosophy and Public Affairs* 22 (1993): 3—30。沃尔德伦的论证支持了这种观念，即以国家为界的制度只能不武断地“适用”于这个政体的成员。

② 例如，参见Linda Colley, *Britons*: *Forging the Nation, 1707-1837* (New Haven: Yale University Press, 1992); Eugen Weber, *Peasants into Frenchmen* (Palo Alto: Stanford University Press, 1976)。

不是固有的，而是共同接触到对一些事件的叙述而产生的：它们出现在民间故事、小说和电影中；报纸和杂志中；广播和电视里；以及现代的民族学校教授的民族历史中。叙事对于政治认同的早期形式而言也很重要：荷马史诗对古希腊的城邦很重要；奥古斯都时期维吉尔（还有贺拉斯）的诗歌对受过教育的罗马精英阶层很重要；史诗桑迪亚塔对西非的马林克社会很重要；拉丁文的圣经对中世纪的基督教很重要；沙卡的故事对祖鲁民族也很重要。如果在新的民族故事中有什么特别的地方，那么特别之处在于：它不再用我们与上帝、国王和英雄共同的联系把公民捆绑在一起了，它把我们看作“同等的人”，参与一个共同故事的同胞。也就是说，现代政治共同体通过本身即是演员的共同体把我们捆绑在一起；而把我们与共同体联系在一起的是我们通过民族认同对共同体表演的参与。我们现代的团结来自我们共同参与的故事。

另一方面，国家具有内在的道德价值：它们之所以重要不是因为人民在乎它，而是因为它们通过需要得到道德证明的强制方式来管理我们的生活。国家制度之所以重要是因为它们对许多现代的人类目的而言很重要，也因为它们极有可能被滥用。正如霍布斯观察到的那样，国家要完成它的职能需要对授权了的某些形式的强制行为进行垄断；对 245
这种权威的运用即使在一些后殖民社会中也要求得到证明，因为很多人对国家没有正面的感情。因此，世界主义者不必像我说民族是任意的那样声称国家在道德上也是任意的。认为与其被一个单一世界国家所吞噬，生活在一个比物种更窄的政治共同体中对我们而言更好是有很多原因的：在一个国际都市中我们这些世界主义者不再是生动的而仅仅是字面意义上的。

这是因为人类最好生活在一个更小的范围中，自由主义的世界主义者应该不光承认国家的道德重要性，而且承认县镇、街道、商业、工艺、职业、家庭还有社群的道德重要性，它们是应该得到道德关注的、小于全人类视野的一些领域。

简言之，它们应该支持他人生活在民主国家的权利，支持他人在边界之内和边界之外进行联合的丰富可能性，尽管他们也是爱国的公民。而作为世界主义者，他们可以为他们自身的权利而呐喊。

去思考各种各样的世界主义是去思考世界主义的任务，这个问题是很多国家辩论与对话的焦点。在一个合法政体中，我们可以通过法令规定所有车都靠右行驶；禁止酷刑；限制二氧化碳的排放。（在合法的政体中，还有许多方式让人们为这些法令而争辩。）当然，政治哲学需要去解释这样一个政体是如何被组织起来的，正义或合法性要求什么。但是，一旦我们不再讨论一国之内的事情，而是讨论国家之间的事情，我们就不再能依赖法律或禁令了。我们必须聆听那些社群、信仰和计划都与我们大不相同的人们的声音，并具有向他们言说的能力。

对抗和对话

早在劳伦斯·斯特恩《感伤的旅程》中，叙事者汇报了他对一个"老式法国军官"的观察：

> 每一个民族都有优点和缺点；他说，每一个地方都有好与坏的平
> 246 衡；仅仅了解了这一点可以让世界上一半的人解除他们彼此敌对的预先印象——正如旅行被认为可以教会我们如何去生活一样，旅行的好处是可以见到很多人和很多风俗；它教会我们互相容忍；他向我鞠躬并总结说，互相容忍教会我们互爱。[①]

这是一个英国作家在用英语和法语的老式经典写法向我们讲述英法战争期间旅法的一段经历；它提醒我们注意在十九世纪前存在于欧

① Laurence Sterne, *A Sentimental Journal* (Oxford: Oxford University Press, 1968), 62—63.

洲受过教育的男士和女士中简单的世界主义。这种类型的世界主义敦促我们去了解他人，知道他们的不同，并相信这会带领我们走向宽容，甚至也许是“互爱”。

这种立论的方式立马产生了问题。因为它首先承认了好与坏各有一席之地。如果是那样的话，不把其他地方的人当作同胞对待是不是要求我们去爱他们好的方面但是去除他们坏的方面呢？为什么一个自由主义的世界主义者不该爱法国人本来的样子，而应该帮助他们变得更好呢？为什么不与此同时采用他们改进我们的那种方式呢？当然，我们可以从其他人以及其他社会中学到很多，正如他们也可以从我们身上学到很多一样。但如果我们这么做的话，我们将不可避免地走向一个有更大一致性的世界。差异仍然会存在，但它们会存在于与道德无关的领域中：这些领域的世界主义是没有问题的，但从道德的观点来看，它们之所以没有问题正因为它们不那么重要。这里对差异的尊重仍然服从于普遍的标准。

但还有另一条路可走。这就是反对普遍标准——大写的善，捍卫差异性，因为在这个世界中我们找不到阿基米德式的原点去裁决地方性的价值。这条路径的吸引力稍弱：东盟的独裁者说人权运动是一种将西方规范强加于“亚洲价值”的殖民主义尝试，以此来宽容它们的政权对大赦国际的敌视；或者那些支持对女性后代实行阴部扣锁法（“法老割礼”）的人把它看作“非洲价值”的一种表达。但它也有更投 247
入的支持者：那些希望为生活方式留有空间不受工业世界的经济霸权和政治霸权威胁的人。（我们在第四章中听到过一些这样的捍卫者。）

思考这些争论可以帮助我们区分我们也许能够宽容的、建立在地方传统之上的非自由实践的两种方式。大多数人对男性的包皮切除与女性的阴部扣锁法感觉非常不同。据我所知，对男性婴儿的包皮切除很少被看作是一种医疗程序；即使把它看作一种医疗程序，根据一般自由主义的立场，是否接受这样一种不可逆的身体变化也应该由男性自己来决定。①关于给女婴穿耳洞，我们也可以说出类似的话。但肯定地，把这种观点强加于亿万进行这种或那种实践的人，是对那些把这些实践与“认同”相联系起来的社会的不合法入侵。正是在此两种可能的回应路线分道扬镳了。

一条路线，如我说过的，是去否认我认为理所当然的这种普遍主义。自由主义只是我们地方的框架；儒家和许多非洲的宗教传统提供了其他的框架，他们说，每一种框架都是“同等有效的”。这会让我们允许对男性的包皮切除，但代价是同时也允许对女性的阴部扣锁法。目前为止我对这条路线没有丝毫同情，这没什么好奇怪的。它要求我们定义彼此封闭的、密封的世界，在这些世界中每个人都被一种道德共识所困，没有办法接触到外部的论证。它拒绝了它否定的那种从阿基米德式原点出发的道德普遍主义。而且，它处理不好内部分歧这个现实：对于反对阴部扣锁法的非洲妇女我们能说些什么呢？或者对于为言论自由而努力的印度尼西亚人我们能说些什么呢？我宁愿说由非自愿的男性包皮切除带来的伤害太小了，它无法抵消使这种实践得以植根的更广泛的意义语境中所产生的价值。这使我们可以将它与阴部扣锁法以及印度尼西亚的言论控制区分开来，因为不管后两者在地方性的传统中是如何的根深蒂固，要证明它们有助于特殊的非洲认同或者东南亚认同的
248 构成都太难了。

我对反普遍主义的抱怨是，它将每一个社群分区，让它拥有自己

① 在我的经验中，当你在一个这种实践很普遍的地方说这件事的时候，人们（通常是男人）会告诉你男性包皮切除减少了患一些疾病的机会，例如，人类乳头状瘤病毒感染。根据国际机构的十几个医生研究多中心子宫颈癌的癌症研究组的调查表明，这种说法看似是对的，他们最近在*New England Journal of Medicine* 346 (April 11, 2002)发表了一篇文章题目是“Male Circumcision, Penile Human Papillomavirus Infection, and Cervical Cancer in Female Partners”, 1105—1112。但是只有包皮切除没有相应的坏处这个问题才能得以解决；而且只有这些医疗好处足以压倒任何的坏处，并且以其他方式（例如，通过良好的卫生）不可能获得这样的好处时问题才能解决。当然，这些最近的论断显然无法建立这样一个论点，即这项实践从产生之初起就是合理的，因为那时他们还不知道呢。

独立的道德世界，以此来保护差异。所以，你可能会假设说，这样一种方法只不过是把自己变成了与世界主义计划无关的东西。毕竟，对根源的一种简单庆贺不是与世界主义的正面冲突，而只是对世界主义的一种替代。但有一种反普遍主义的路径——因为理查德·罗蒂而让人熟悉的路径——看上去正是自由主义的世界主义者积极参与的计划。事实上，如果我们可以谈论这种看似矛盾的现象，即一种彻底的特殊主义的世界主义，那么罗蒂为我们提供了最好的范本。

这个例子由他所说的“反讽主义”（ironism）开始，这种反讽主义结合了对我们核心信念和欲望所具有的历史偶然性的承认——他所说的我们的“最终词汇”——与关于“我们自身出发点”的“激进和持续的疑问”。这种反讽主义是当代学术界一个相当普遍的特征，尽管我们也应该记住这个世界（学术界之内和学术界之外都有）充满了对其自身道德立场的基础有疑问的人。反讽主义产生于一个人“被人们或者是书籍当作最终词汇的其他词汇所打动”的经验，以及他自己的最终词汇既无法掩盖也无法解决这些疑惑的信念，因为他的词汇与其他人的词汇相比并不更接近实在。[①]因此，正如斯特恩的那位法国军官所说的那样，它是自由主义的世界主义者开始遭遇跨国经验时产生的。反讽主义并不是为重视家庭生活的人准备的。

这种怀疑论的反普遍主义当然不止罗蒂这一种：在最近几十年，许多怀疑论者宣称他们反对“启蒙的人本主义”。他们脑中所想的人本主义——它有关人类本质和人类本性的观念是人权普遍性的基础——在很多人看来是荒谬的。但它的反对者给出的论证也并不总能避免混乱。从这些路线对启蒙的批评——这些批评结合了形而上学的反实在论与认识论的怀疑主义——与一种基础更普遍的批评结合了起来。也就是说，对“启蒙的人本主义”的批评不是对启蒙主张所具有的普遍性的批

① Richard Rorty, “Justice as a Larger Loyalty” in *Cosmopolitics*, ed. Phengh Cheah and Bruce Robbins (Minneapolis: University of Minnesota Press, 1998), 73.

249 评，而是对其真正的基础欧洲中心论的批评。但是，当然，休谟、康德或黑格尔无法想象一个非洲人能在“艺术和文学”的领域取得成就，这是令人反感的，不是因为它是人本主义的或普遍主义的，而是因为它两者都不是。激发目前这种反普遍主义思潮的主要是这样一种信念，它认为过去的普遍主义只是欧洲价值和利益的投射。这种批评最好由这个论断来加以表述，即实际存在的启蒙运动是不充分的启蒙；而不是说启蒙是一个错误的计划。

诚然，对旧的人本主义的怀疑引发了务实的考虑。在《作为一种更大忠诚的正义》这篇论文中，罗蒂写道：“我认为出于一些理由抛弃我们从启蒙运动继承下来的理性主义残余是明智的。这些理由当中有一些是理论上的，它们只对哲学教授的胃口……更多的是实践上的。一个实践上的理由是，放弃理性主义的修辞可以让西方以讲述启发性的故事的角色接触到非西方，而不是以更好地运用了普遍的人类能力的角色接触到非西方。”①

这种受到质疑的“普遍的人类能力”就是“理性”：罗蒂希望“西方”的对话者在它们与“非西方”的对话中，不要试图表明它们对揭示了更多真理和更好生活方式的理性这种普遍能力的运用，而是建议在我们“共享的信念和欲望中可能有足够的资源允许我们就非暴力的共存达成一致。”② 照我说，这个提议看似一个愉快的悖论：一种反普遍主义的世界主义。在刻画了我认为更合宜的一个版本后我会回到这个提议。

如果你坚持这个观点，即启蒙运动的种族中心主义是错误的，但仍然同情反讽主义者激进且持续的质疑，我想，我们必须发现与罗蒂不同的、对“被其他词汇打动”的世界主义经验的反应。我更愿意与启蒙运动对话：把对话看作——我指的不光是世界主义者喜欢的那种国家之

① Ibid., 57.

② Ibid., 55.

间的对话——一种对真理和正义的共同追求。

我们都同意，世界上其他地方的人会吸引我们的道德关注；通过他们我们可以看到在特殊的立场下“好与坏的平衡”，我们的同情心会 250
起作用。过去，根据人本主义的叙事，这本可以被解释为对我们共同人性的发现，而对他人的反应可以被当作一种洞察人性的来源加以捍卫。“是的，他们与我们不同，而且我们对此感到欣喜：但我们对此感到欣喜，最终仅仅是因为它是人类的差异。”这是错误的结论，在此我同意启蒙人本主义的批评者。

要得出正确的结论，让我首先来描画一种我们都拒绝的观点。根据那种古老的观点，存在一种客观的人性：人有客观的需要和兴趣，它植根于我们的动物本性和理性中，我们共有的人权正是建立在这些共同的本性之上的。因此，在向自己之外的社会——向道德观点与我们不同的人——论说的时候，一个人面临的任务就是去指出这种共同的人性以及那些道德论断是如何建立在这种人性之上的。原则是普遍的：应用是地方性的。这是道德实在论的一种形式：这种观点认为是宇宙而非人类情感决定了正确与善的标准。当然，对道德实在论者来说，如果宇宙在我这边，那么很自然地要反对那些与我意见不同的人。

这种计划在过去这些年产生了很多问题。一个问题是它看似犯了摩尔所说的“自然主义的谬误”，据说这是休谟发现的一个错误，它试图从“是”中推出“应当”，它混淆了事实与价值，真与善。在休谟哲学过去了两个世纪后，我们现在受到多方的敦促，要求我们放弃事实与价值的区分，接受某种形式的道德实在论。根据这些观点，道德事实就像有关鸟类和蜜蜂的事实一样完好无缺。罗蒂看上去想要走另外一条路，也就是放弃由宇宙决定事实的观点，因此价值就不比事实更不可信了。我想谈一谈这个哲学家的争论；我认为他是错的。围绕真与善的实在论争论在罗蒂的“西方”与“非西方”的对话语境中（或者说得更详细 251
些，在“人权”与“亚洲价值”的对话语境中）没有特别的分量。因为，如果自然主义的谬误是一个错误，那么古老的人本主义论证是人权信仰的坏基础，即使在西方也是如此。

即使道德实在论是正确的，我提出的有关跨社会对话的问题还是会产生。如果我刻画的古老的人本主义立场曾经严肃地面对过其他社会，它必须要应对这个非理论的问题。

我碰巧相信有普遍的人类生物学这样的东西，也就是说存在一种生物学的人类本性。例如，我们共享99%人类基因，我们最紧密的共同祖先可能生活于十万年前。作为“出生、交配和死亡”——如艾略特所说，它是“你来到黄铜般的钉子面前所知的全部事实”——这个三部曲的核心事件，它们显然是这种生物学的反映。所以我并不认为古老的论证的错误之处在于它诉诸了人类的本质。

在现实情况面前变得明显的问题是，人们出于共同的生物本性而拥有的很多兴趣不会在超出其象征语境之外的地方起作用。我们生的是孩子而不是有机体；我们和爱人或配偶交合而不是和其他人交合；我们生命的尾声所具有的意义不取决于事实的问题（有没有超越世俗的生命？），而取决于价值的问题（在我们的社会中，我们是否拥有在某种意义上来说完整的生命概念）。一种共享的生物学，自然的人类本质，并不会给予我们一种共享的伦理本性。而一旦你进入在这些问题上与你持不同观点的人的真正对话中，你会发现在基本事实的问题上没有办法避开循环论证，不管是道德的事实还是非道德的事实。没有确定无疑的基础。像道德实在论的老学究那样，说我们能否劝说人们我们观点的正确性对他们而言是好的与我们的观点是否正确是两回事，在此没有任何帮助。我也认为这是正确的；但它目前为止仍是一个理论问题，一个哲学家的问题。

在实际生活中，是非判断与形而上学的以及宗教的信念紧密联系
252 在一起，与有关自然秩序的信念紧密联系在一起。对这些问题我们可能难以达成一致。（很难劝说人们既没有电子，又没有女巫。）在这些情况

下真正的对话可能很快受阻，因为在这个层次上意见不一的对话者可能将其他人的论断看作仅仅是“假想的”从而放弃与他们进行严肃的对话。

结果是，如果我们进行跨越信仰、经验、想象或欲望的鸿沟来交谈，我们最后将无法在原则的层面上取得一致；更甚者，我们不仅无法在原则层面上——就我们应该相信什么而言——达成一致，而且也不能就将要做什么达成一致。说得实际一些，如果我们都同意应该救这个小孩，那么我们不必去解决为什么我们应该去救这个小孩在原则上的分歧。但是如果你相信因为她的祖先在召唤她所以她应该死，而我不这么想，又该如何呢？

我想说，关于应该如何去开展对话的这副原初图景是错误的。它建立在这样一个观念之上，即我们必须在原则的层面上达成某种一致：这是人性；这是人性的要求。我们从跨文化对话的努力——我们从旅行中，也从其他地方的诗歌、小说或电影中学到的是，我们可以在更具地方性和更偶然的场合取得某种一致。事实上，即使我们并不分享做出判断的框架，或者我们根本识别不出那些框架，又或者根本没有阐述任何原则，我们仍然会在很多时刻同意那些判断。而且，因为我们进入那些叙事或社区是有困难的，因为不管这些叙事或社区是临街的还是偏远的，问题都同样会发生。

我认为，我们的反讽主义者并没有注意到这一点，因为他假设西方内部的辩论与西方/非西方之间的辩论是不同的。这是因为他相信——正如罗蒂带有挑衅性的“种族中心论”宣称的那样——某种被称为“西方文化”的东西为西方内部的讨论所做的事情正是宇宙为人本主义者所做的事情。照罗蒂看来，所谓的“西方文化”，在历史上是
偶然的，它是我们共享的；它是我们共同航行的海洋，我们共同呼吸的 253
空气。我不相信在这股同质化的西方冷空气中还会飘来南方的“暖空气”。

我尽量不使用“文化”这个词来阐述这些问题，除了引用时以外（比如在最后的几句中），在看过了我在第四章的告诫后，你就一点不会觉得奇怪了。事实上，我认为在这些阐释中，文化就像十九世纪中发光性的醚一样起不了什么作用。我不是说“文化”这个词应该从我们的词典里废除；我不是说这个词完全没用。但是，如我们看到的那样，文化现象像杂草丛生，有时很难理出头绪。我认为，将罗蒂所说的“西方”和“非西方”的国际差异当作一种深刻的“文化差异”，是一种典型的现代错误。当我前不久重新阅读《感伤的旅程》时，它比任何一本我最近阅读的非洲小说都让我更陌生：它很难读；它需要更多的脚注；有很多句子我要读两遍。比起紫式部的性别政治，斯特恩随意放荡（我应该提醒你，是英国教会的一名牧师的放荡）的性别政治让我感到更陌生。在这些情况下，说西方文化强化了“我们”对斯特恩的反应，或者日本文化阻碍了“我们”对紫式部的理解，有什么帮助呢？

为什么我们要引入“文化”来解释我们这里以及他们那里的鸿沟，是一个值得深思的问题。但我们应该承认那个鸿沟在多大程度上是学科分类的产物。人类学作为他者叙事的来源，对差异有一种职业的偏见。谁愿意“在丛林中”做了一年的田野调查后回来说“他们”做的很多事情都跟我们一样呢？就像我们没有听到有关环境中的非致癌物质的报道一样，我们也没有听到跨文化的一致性：一致性等于没有结果。[①]

---

① 经常使用“文化”这个概念的一个目的是捍卫“文化的自主性”。例如，政治理论家安东尼·史密斯说，文化自主性意味着“种族社群中的代表完全控制了其文化生活的各个面向”。史密斯引用了Tomlinson在*Cultural Imperialism*第96页中的内容。这是一个不稳固的概念。John Tomlinson在更详尽的讨论中提出了文化自主性的问题。我们知道对一个人来说什么是自主的，或更准确地说，有潜在的实现自主性的能力。我们可以很简单地以这种方式来讨论机构的集体行为。但Tomlinson论证说，“文化自主性”要说得通，“文化需要成为免于外部控制的东西，成为行为者。对‘文化自主性’的典型讨论常常掩饰这个
336 议题。”而试图沿着安东尼的思路搞清楚文化自主性到底意味着什么，只会让这一点变得更明显。因为，Tomlinson注意到，一旦我们引入代表机构，他们也许不会为整体的文化而辩，我们失去了文化的整体性概念：“一个文化社群中的代表可能会反对社群中其他成员

我先前稍微谈到一点“跨越社会的对话”，也许你认为这只是一种引入跨文化对话的冗长方式。但如果说我们认为跨文化的对话中存在困难是真的，那么这些困难比起社会间对话的困难不多也不少。 254

竞争性的善，竞争性的上帝

将多样性和分歧混为一谈是一个常见的错误。然而，事实上，在那些分享很多观念和规范性原则的人中间，争论往往是最激烈的。你和你的猫不会有分歧。在接触到遥远地方来的人的习惯用语以及假设时，我们更常见的反应是不理解，而不是有分歧。（这只是人种学的一个基本事实。为什么这些努尔人拿着黄瓜蹦蹦跳跳呢？你要知道得更多才能形成意见。）只有当你们共享了之前所有的假设，你们才会得到各种富有成效的分歧。经济学家约瑟夫·斯蒂格利茨（Joseph Stiglitz）和安德烈·施莱弗（Andrei Shleifer）比起斯蒂格利茨和诗人乔丽·格雷厄姆有更多话题可以争论——可以得出更多有实质性的分歧，反过来，斯蒂格利茨和格雷厄姆比起斯蒂格利茨和科林·特恩布尔在《森林人》中所写的姆布蒂俾格米人(Mbuti pygmies)之一肯盖（Kenge）又有更多可以争辩的。两位美国宏观经济学家之间的争论不仅包括技术问题，还包括有关“价值”的实质性问题，在这个语境中，它可能涉及一些特定的考虑——如分配正义、透明度、非家长制——有多重要的问题。这也不仅仅是对小差异的自恋。（关于一种反实在论的语义学对直陈条件是否适当的问题，你可以反驳我，但你必须同意很多在先的命题，包括这个问

欢迎的文化输入：我们在此问题上又回到了个人分析的层次。但要紧的是整体论意义上的文化是否具备自主性。这里真正的问题是，在这个意义上文化不能被看作行为者。文化甚至不能在像政府这样的社会机构行为的抽象意义上‘行为’。在此意义上，文化只是对特定历史情境下社群中的人如何行为的描述。”个别的“文化代表”可能在联合国教科文组织鼓吹我们应该关注对原著民的不当对待。“但文化自身不能说话，不能行为，因此不能说它具有自主性”。Tomlinson, *Cultural Imperialism*, 96—97.

题值得拥有不同的观点这个概念本身。)归结为一个口号就是：分歧预设了同意的认识选择。[①]

也许我应该不用说，冲突的存在并非源于道德或形而上学的差异。在大多数情况下，国家力量之间的冲突并不是由善观念的冲突导致的。相反，当双方都将相同的东西看作是善的时候，冲突反而产生了；用经济学的行话来说，这是一种“竞争性的善”([rivalrous good]某种不能同时被双方共享的东西：一个港口，一块油田，一块肥沃的领土)。[②]
255 巴勒斯坦人和以色列人与耶路撒冷、与圣殿山有特殊关系这个事实，一直是冲突的可靠来源。玛莎·纳斯鲍姆说，世界主义的教育应该帮助学生“去认识人性，不管他们在哪里遇到它，都不要被那些陌生的特质吓跑”，“要从差异中学习识别出共同的目标、愿望和价值，并且要看到共同的目的是如何在多种文化和历史中实现的。”我再次认为这是一个值得称赞的理想；但认为可以就此取得人们之间的和谐是一个错误。精神上或者其他方面的接近有助于和睦，但也可能滋生敌对。贾科莫·列奥帕第(Giacomo Leopardi)在他的《随想》中写道，“有人对一个聪明人说，‘我爱你’，聪明人回答说，‘如果你和我不是同种宗教，或你不是我的亲属、邻居，或你不是追求我的人，你为何爱我呢？’”[③]

① 你可能想说在姆布蒂人(Mbuti)的生活世界和对于标准品牌营销的执行标准之间存在的重要性上的差异比起我们学者之间的争论来说大多了。但我们不该说那里有更多的分歧；我再强调一次，在我们无法比较的地方，我们也数不清。

② 我在这里列举了词典式的自由权利：用标准的经济学术语来说，当当事方是个人的时候，一件衬衫会被算作一种竞争性的善，而一个港口则不会。但在国家冲突的情境下，我觉得这个概念可以被有效地集体化。

③ Nussbaum, “Patriotism and Cosmopolitanism,” 9. Leopardi接着说，“我们对那些像我们的人的仇恨比对那些最像我们的人的仇恨大得多。” Giacomo Leopardi, *Thoughts*, trans. J. G. Nichols (London: Hesperus Press, 2003), 38.

旅行的故事

我想捍卫的世界主义不是静态封闭的文化间对话的名称，其中每一种文化在内部都是同质的，并且与其他文化不同；它也不是对一堆密封盒子之美的赞赏。我认为合理的一种世界主义形式对于可能塑造一种实践重要性的历史语境是敏感的。与此同时，我想阐述一下这个观念，即我们常常不需要很强的理论共识来确保共享的实践。

我刻画过的这种人本主义正确地认为，我们人类共享的东西是很重要的。但它错在没搞清楚我们共享的东西是什么。远非依赖于对我们共同人性的共同理解，或对道德领域的共同表达，我们经常就特定问题与其他人达成共同的判断。我们常常能在我们的背景下与不同背景下的其他人分享关于某件事情是对的或错的的感觉。把传教士医生和悲哀的母亲带到一个霍乱病孩子床前的不是原则：而是他们对这个孩子共同的关心。你不需要成为一个传教士或一个人种学家才能发现这样的时刻：当我们阅读的时候它就在发生。我们在史诗和小说中发现 256
的，总是来自其他地方的瓶中信，即使它是上周在你的家乡写成和发表的，并不是产生自对我们的共同本性有共同理解的一种理论理解，而是邀请我们去回应对叙事建构起来的情境的想象。不管我们是读者还是旅行家，总之，让世界主义的体验对我们来说成为可能的，并非出于我们共有的理性能力而共享的信念和价值：至少，在小说中，不是“理性”而是另外一种人类能力奠定了我们共享的基础：即，对允许我们按照我们的想象力去建构世界的叙事逻辑的把握。这种能力可以沿着亚马逊河、密西西比河、刚果河、印度河、黄河找到，也可以在雅芳河和多尔多涅河的河岸旁找到。在第一章中，我提到有很多哲学家有理由强调说我们的生活要通过叙事才有意义，我们应该将我们的行为和经验看成故事的一部分。把握（甚至陌生的）故事这种基本的人类能力将我们与他人，甚至陌生的他人有力地联系在一起。

我强调对特殊的事件而不是普遍的原则达成共识，以及叙事想象的作用，这是因为在我们如何回应与我们不同的陌生人的叙述中，它们是被忽略的要素。我并不否认会出现就普遍原则达成共识的情况。叙事的才能和对叙事的把握并不是我们唯一共享的东西。哲学家们有关理性主义的分歧在这里带来了一个差别：因为“理性主义的修辞”声称，人类在所有场合都挣扎着用类似的心理状态来理解单一世界。与罗蒂不同，不光是我相信事情就是这样的；我还认为这么想才导致了我与他者的分歧，不管这些他者是近在街角还是远在大洋彼岸或者活在几个世界之前。罗蒂假设，理性主义者必定认为“我们”是对的而“他们”是错的：但如果只有一个世界，那么也有可能他们是对的。只有当我们共享人类能力和单一世界时，我们才能学习其他人的故事：任何一
257 方的相对主义带来的都是沉默，而不是交谈。

在世界主义者想象的这个世界中，人、小说、音乐、电影和哲学都在不同的地方之间流动，在这些地方它们得到的理解是不同的，因为人是不同的并且欢迎这种不同。世界主义之所以行得通是因为对这些共享的观念和事物人们可以展开共同的对话。但让这些对话得以可能的并不总是共享的“文化”；也不是老一批人本主义者想象的普遍原则或价值（尽管，如我所说，远到而来的人会发现他们的原则是一致的）；也不是共享的理解（尽管不同经验的人最后会同意最可恨的事情）。与跨越空间、时间和经验的其他人相遇的情况中起作用的因素千变万化。对故事而言——例如，古代的史诗，以及像小说和电影这样的现代形式——它是一种追随叙事并虚构出一个世界的能力：事实证明，世界各地的人们都愿意这么做。正是这种道德认识论让世界主义成为可能。

自由主义的世界主义的纲领关注的是不同地方之间的对话：但这些谈话的情况适用于城市之间、宗教之间、阶级之间、性别之间、种族之间、性取向之间，几乎所有差别之间。因为当我们在回应人们用民间故事或是电影图像的叙事框架构建起来的世界时，的确学到了人性的

某些东西：我们学到了人类对这个世界多种多样的反应，以及这些反应无数的重合点。如果要批评启蒙运动，那么应该批评的不是它信仰人性的哲学，或者它宣扬的普遍理性：而是它在想象我们共有之处上的贫瘠。

我目前达到的这个立场看来很难在普遍主义和反普遍主义的立场中间安置下来。我说过，将两个人或两个社会共有的东西作为对话的基础一般来说会包含特殊性和普遍性的奇怪组合：叙事性的想象，爱和推理的能力，一些原则，对特殊事件的是非判断，还有对特定事物的欣赏。但这回避了一些关键的问题，比如，是否存在不同于西方价值的亚洲价值，它更多地强调集体性而不是个体性。要紧的不是我们共享的东 258
西是不是不同的，而是它是否包含了对一些根本道德价值的尊重，尤其是对根本人权的尊重。

另外，坚持这一观点，我并不仅仅关心我们是否拥有这些权利，我相信我们有……但我会因为某些东西被说成是西方的，就颇为坚定地在思想上隐藏于其中。我关心的是我所说的实践的问题，即我们能否期望世界上的每个人（或至少是绝大多数人，一旦他们给予我们合理程度的关注）都会过来同意我们拥有这些权利。

当然，在这里要回答的问题太大了：在某种意义上，它是一个其答案在我们眼前逐步发展的问题。我们正在注视的这个世界中，人们对于生活中什么是重要的有不同的看法，由于媒体、流行文化、福音主义以及其他一些途径的影响，关注点一直在转移。但为了更清楚地思考这里什么是要紧的，我们必须搞清楚我们赞同的权利是什么样子的。

人权的全球化

真实存在的人权首先是像法律那样的东西：它们是众多国家协议的产物，它们同意用原则来限制国家和个人的行为，这包括有时候同意一些行为，有时候禁止一些行为。官员们可以用人权来证明国家之内和跨国行为的正当性，许多国家的公民也可以用人权来保护自己以防权力的滥用。各种各样的人呼吁人权，他们对人权问题在形而上学上（尤其是宗教上）有不同的观点，而且，即便对这些问题有唯一正确的答案，那也不是我们所有人可以马上达到的。

这种不是来自形而上学传统的人权条约的优点在于，不同形而上
259 学传统的人都可以接受它。而它主要的缺点是，缺乏一些根基，不管是否是形而上学的，很难说清楚为什么它们是有力的或有效的。仅仅宣称你应该以这种方式或那种方式行为并不能让人们服从这些规范，尤其是缺乏强制执行的机制时。由于它们在哲学上根基不稳，因此人们怀疑究竟是什么赋予了人权条约以力量。

正如迈克·伊格纳蒂夫从这个问题的讨论中观察到的那样，“人权是通过地方化而全球化的”。世界各地的人们，尽管生活在不同的宗教和法律传统中，但都能找到理由来支持人权条约，因为这些条约提供了他们所需的保护。伊格纳蒂夫写道，“人权是唯一普遍可获得的道德术语，它让妇女和儿童可以有效地反对他们在宗法社会和部落社会中遭受的压迫；人权是唯一的术语，它让从属的人可以将自身视为道德行为者，可以去反对诸如包办婚姻、面纱、公民权被剥夺、割礼、家庭内的奴隶制等由它们的文化权威批准的实践。”“这些行为者寻求人权的保护正是因为人权赋予他们的反抗以合法性。”① 如他所坚持的，正是道德个人主义的人权话语让它能够扮演这一角色，因此我们不能说人权概念在形而上学上是一无所有的；不过从概念上来说它的确是稀薄的。②

---

① Michael Ignatieff, *Human Rights as Politics and Idolatry* (Princeton: Princeton University Press, 2001), 7, 68. 这一章对人权的讨论吸收了我对他2000年Tanner Lectures做的一些评论，它也被收录在该卷中。

② 具有“集体权利”（赋予群体以权利）形式的特殊法律能否在事实上为个人带来更大的福利是一个经验性的问题。它必须通过它们对个人的作用来得到证明。但我倾向于限制集体形式的“人权”。

当然，我们不必同意说，我们都是按照上帝的样子被创造出来的，或者我们拥有从人的本质中流溢出来的自然权利，才会一致反对政府官员的折磨，反对被武断地逮捕，或者丧失我们的生命、家庭和财产。

但是，必须承认对人权的讨论往往会逐步蔓延开来。在联合国1948年颁布的《世界人权宣言》中你能看到这种趋势，在这之后对人权的讨论就越来越多了。这里我们所关注的并不是西方狭隘价值论意义上的人权；事实上《世界人权宣言》中的很多内容都否认了“传统的”西方价值，包括各种形式的歧视。毫无疑问，当一些有争议的人权论断 260
预设了“厚的”人类善观念时，它们尤其会遭到除发达国家之外的一些国家的反对。但有时候当我们用“人权”这个光荣的词来指一些没有争议的目标时，我们会犯错。每个人都同意饿死是坏事。但我们有很好的理由把“人权”作为获得社会善的某种边际约束，而不是把人权当作善本身。[①] 相对照，《世界人权宣言》两者都采纳了。比如，《世界人权宣言》中说，每个人都有权接受教育（接受小学义务教育），高等教育也应该根据成绩平等地向每个人开放，每个人都有权获得充足的食物、衣服、医疗和社会服务。说每个人都拥有这些权利等于说它们都是非常重要的东西。它们的确非常重要。但把这些东西称作权利并不意味着它们不如权利重要；它们往往更重要。但它们不是一个尽管有好意却贫困的国家可以提供的。与禁止酷刑这样的要求不同，实现这些权利取决于我们拥有的资源，而不是政治意愿；它们不是简单地下命令就可以实现的。像罗伯特·诺齐克那样，将人权作为边际约束，等于说，如果你有权做X，那么其他人不能剥夺你的这种权利。他在《无政府、国家与乌托邦》开篇中说，“个人拥有权利， 有一些事情是其他人和群体不能对他们做的（会侵犯他们的权利）。”边际约束是道德上不可跨越的界限。我们也许会追求各种各样的目标，既是个人的也是道德的，但是，从这

① 参见L. W. Sumner在“The Analysis of Rights,” in *The Moral Foundation of Rights* (Oxford: Clarendon Press, 1987)一文中精神的讨论，尤其是第15—31页。

个观点来看，我们只能通过避免侵犯他人权利的方法来追求目标。对诺齐克的批评主要集中于这种约束的严格性；诺齐克认为，不管出于什么原因都要尊重这个界限。但更合理的一种假定是，不仅在权利发生冲突的时候人权可以被削减，而且有时候维权的成本过大足以超过我们对权利的考虑。我们以看似最基本的人权——言论自由（用《世界人权宣言》的原话来说，“通过任何媒体，不管任何国界”）——为例。假
261 设削减你的言论自由权将极大地降低发生骚乱的可能，而发生骚乱会损害人们的生命和财产。这里出现了权利的冲突。或者假设你的言论会让很多人感到深深地被冒犯，在这些场合下保护你的言论自由权成本过高。这里的权利冲突与对成本的考虑有关。[①]不过，一旦我们将人权想象为对追求社会善的限制，我们就不应该将国家无法满足的要求也包含在内。这就是为什么消极自由在基本的人权条约中如此突出的原因，因为放弃行动总是可能的。

现在人权不仅是你抵抗国家压迫的武器，也是你抵抗他人压迫的武器：我的生命权不仅仅是针对政府而言的。在我们对国际人权法做出承诺的时候，我们不仅要求政府尊重它们，而且试图强制政府尊重它们。即便这种权利是一种消极权利，保护这种权利也要求国家比克制住不去侵犯权利本身要做得多。这就已经让国家超越了它们有资源行事的范围。在一个婚姻被认为是家庭之间的安排、不需要妇女的选择或甚至妇女的同意的社会中，仅仅通过要求婚姻需要同意的法律并不

---

① 在大多数方面，美国有一个极奇开阔的言论自由制度，但即使在美国言论自由也受到了限制，立法上也是如此。第一修正案不保护一个合同杀手的口头合同；它不保护欺诈或诽谤言论；它不保护追求侵权或犯罪行为的言论。因此就有一个适用范围的问题，即哪些场合适用于自由言论权。一个学生不能在课堂上任意说他想说的话；一个雇员在私人部门工作时没有宪法第一修正案赋予他的表达自由；一位顾客不能在梅西百货展示布卢明
337 代尔百货吹嘘的价格标牌。即使在那些看上去像“公共论坛”的地方，你仍然会发现一些类似于分区限制的标志。因此，这种自由，不管多么真实，多么重要，它并不能完全应用于你生活的大多数地方。

能保护妇女的权利。很多政府说它们没有合法的权力强制执行这样的法律（例如，它们可能无法让人们把这条政策当真）；即使它们可以，有效执行这项法律所需的财务费用可能让它们无法履行其他义务。

你可以让人权的主张超出消极权利的范围。例如，你可以说国家应该要么要求他人提供资源（比如我们要求父母抚养他们的孩子），要么自己提供资源（比如只要政府有资源就应该保障最低程度的福利水平）积极地保障一些基本需要，比如营养的需要、抚育小孩的需要。但这种扩展增大了已经存在的风险，如我们在消极权利一例中看到的那样，我们将宣布人们拥有的权利事实上是不可能被满足的；这等于在实际上 262 说国家有义务去做事实上它做不到的事情。这些言论不仅违背了"应当暗示着可能"（ought implies can）的基本道德要求；而且这么做诋毁了人权制度。

所有这一切并不是要否认就人权规范达成国际共识的重要性：世界卫生组织和联合国艾滋病规划署发表声明以及颁布政策以防止艾滋病；联合国教科文组织挑选出世界遗产，各国向世界遗产基金会捐款以提供保护这些遗产的资源；儿童基金会促进母乳喂养和干净的饮用水；还有许多国际会计惯例和互联网协议既不由政府直接支持，而不由政府间组织支持。谁会反对这一切呢？我所坚持的只是，我们并不需要用人权的语言来解释每一种好的需求，只有在其应用范围内这种语言才最有意义。

任务蠕变并不是唯一困扰人权话语的问题。考虑一下不确定性的问题。谓语"随意的"——正如当一个人寻求阻止随意的逮捕，或对隐私、家庭、住所的随意干涉时——在人权的正式语言中，对"随意的"这个词经常有各种各样的解释，但什么才能算作是"随意的"不能被简化为一个判断问题。因此它与什么构成了"有辱人格的"待遇有关；在各种宗法社会中，我们由衷地认为让女性屈服部分地是保护女性尊严的正当措施。（这些社会中很多成员认为妇女的生殖器通过手术被适当地“女性化”了；而那些被好色的男人盯着看的妇女则一直在遭受人格侮辱。）这样的措施常常是根深蒂固的，充满了社会意义。早些时候我们看到，不同的社会对什么是坏的比对什么是好的更容易达成一致；但我还注意到，人们是在“描述下”想象他们的行为的，公共演员很少在可耻的描述下有意去做可耻的行为。

我提出的这些困惑只是对这个庞大而拥挤的兵工厂投去了短暂的一瞥。有关权利这个主题，无论你采取什么样的立场，你都能找到大量
263 的概念弹药。最基本的困境是我们熟知的。高度确定的权利概念在其应用上也许不足以赢得广泛的共识；而足以赢得广泛共识的权利概念又要冒不确定或无能的风险。

对我而言，人权理论让我印象深刻的地方在于，尽管它们有诸多明显的局限和模糊之处，但它们仍然能够有效地运转。的确，国际组织颁布的人权宣言很难确保获得各国的同意，即便它能获得同意也很难确保它在特殊场合下的具体应用。所以神奇之处在于在没有保证的情况下我们是如何做到的。这些权利的实质内容总是在被质疑和阐释；但这并不意味着它们无法引导我们去关注人们残忍相待的方式。与伊格纳蒂夫一样，我倾向于将人权看作一种慎议、论证或其他对话形式的语言。

我们应该追求的是对话，而不仅仅是转变；我们应该敞开自己，从我们的对话者那里学习他们的洞见。正如约瑟夫·陈和其他一些人评论的那样，儒家的传统认为孩子照顾他们年长的父母是非常重要的；从这种视角来看，年长的父母有权要求子女的照顾，就像幼年的子女有权要求被抚养一样。[①] 在最近巴黎的一股热浪中，上千老人孤独地死在

① 参见Joseph Chan, “A Confucian Perspective on Human Rights for Contemporary China,” in *The East Asian Challenge for Human Rights*, ed. Joanne R. Bauer and Daniel A. Bell (Cambridge: Cambridge University Press, 1999), 212—237; 以及Joseph Chan, “The Asian Challenge to Universal Human Rights: A Philosophical Appraisal,” in *Human Rights*

他们的公寓里，据新闻报道说，有一些人的孩子甚至不愿缩短假期来为老人收尸，你会好奇我们照顾老人的这种“西方”态度是不是需要改革了。我已经表达过对扩展此类积极权利（你的孩子要求你抚养也显然属于积极权利）的疑惑，因此我提出这一点，并不是为我支持的方案举一个例子，而是作为这样一个例子，此例中洞见的流动方向似乎不是从我们到他们，而是顺着我们的方向。

尽管我们常常注意到其他社会以及它们任命的发言人抵制人权的话语，但我们也应该警惕人权理论——尤其是比较薄的人权概念——是如何在不同的社会语境中扎根的。实际上，我们之所以不需要把人 264
权话语奠基在任何特殊的形而上学之上，原因是很多人权话语已经奠基在形而上学理论上了，它们从这些理论根源获得了实质的内容。我之前用过的一个简单例子来自我长大的地方阿桑特的传统。自由的阿桑特公民在国家被英国征服之前以及之后，都有个人尊严、尊重以及自尊的观念。尊重他人的应得对于阿桑特人的社会生活来说至关重要，他们对丧失尊严、羞耻和耻辱感到不安。正如欧洲的自由主义者是通过把封建社会只向贵族提供的尊严拓展到每一个男人和女人而成长起来的一样，[①] 现代的加纳人认为政治部分地依赖于早先对尊重（animuonyam）

and International Relations in the Asia-Pacific Region, ed. James T. H. Tang (New York: St. Martin's Press, 1995)。这种迫切所需之物应该被视为一种“权利”吗？尽管它被当作一种积极义务，它也可以被视为一种限制。请注意，这种权利与《世界人权宣言》中的大多数权利不同，它与两个人之间的关系有关，它不是个人与国家之间的关系（尽管国家可能被包含进来强制执行这种权利）。但是说一个孩子有权不被忽视不等于说一个孩子有权不被饿死：如果一个孩子的父母本身在挨饿，那么，不管他们怎么努力，都无法阻止孩子不被饿死，他们并没有忽视他。履行这种义务并不依赖于资源。（回想一下穆勒所说的：“义务是对一个人提出的要求，就像要求他还清债务一样。除非我们认为他能够完成这个要求，否则我们不把它叫做他的义务。” *CWM* 10: 246.）也可以类似地来理解老人要求被照顾的权利；它也许不得不与其他权利交换，包括我们孩子的那些权利。

①　“尊严”的民主化看上去可能是悖谬的。作为一个状态属性，它似乎是像“荣耀”那样的一个序谓词。然而，如何把它给予每个人呢？作为一种你一出生就获得的美德，这种属性有什么用呢？压缩和刻画一下政治史的话，你可以指出这种道德平等主义两种相反

概念的把握。阿肯人著名的谚语说得很清楚，过去，尊重并不是属于每一个人的东西：Agya Kra ne Agya Kwakyerēmē, emu biara mu nni animuonyam。（不管是Father Soul还是Father Slave Kyerèmé，都没得到尊重；不管你怎么称呼他，一个奴隶始终是奴隶。）就像尊严一样，它过去是精英的属性，现在它发展为人类的尊严，是每一个男人和女人的属性，因此尊重可以成为尊重所有其他人的基础，它处于人权承诺的核心。

这种挣扎在罗马的文化中也有类似体现。在贺拉斯的讽刺诗前两卷对话诗的第六首中，诗人——他父亲曾经是一名奴隶——谈到罗马奥古斯都时期最富有和最高贵的艺术赞助商米西奈斯。贺拉斯说，尽管米西奈斯“说不管你的父母是谁，只要你有价值就行”，[1]但绝大多数罗马人的观点正相反。

> 他郑重地向他的公民发誓，要照看他们的城邦，

的论证。法国大革命的历史学家描述了雅各宾派是如何将家庭关系的厚谓词转移到新的公民秩序上的。类似的修辞转移也适用于列宁主义，在此所有的地位身份都被独一无二的名称“同志”取代了。在这些激进的传统中，平均化是通过降低来实现的：国王是亲属，伯爵是同志。相对照，在现代自由主义思想中，这种转变——尽管它民主化了前现代伦理学的一个厚的和地位性的属性——将每一个人都推向了特权地位。你可以论证说，一种将每个人降低到同等层级的政治道德与一种将每个人高高举起的政治道德是不同的。召唤人们为朋友和家人牺牲比召唤他们为崇高的陌生人牺牲更容易。与此同时，尊严的概念有助于我们阐释公民们可能从公共行为中遭受的攻击和羞辱的特定形式。

①

Cum referre negas quail sit quisque parente

natus, dum ingenuus,...

338 Quintus Horatius Flaccus, Sermones 1.6.7—8.

贺拉斯在这里选择了“ingenuus”这个词，这让我们可以将他理解为，成为米西奈斯的朋友的唯一障碍是，你不是自由民。因为“ingenuus”这个词既可以意味着“拥有自由民的特征”也可以仅仅指“自由民”。当然，这个词的意思有点含糊不清，就像“绅士的”或“优雅的”这样的英语单词一样。

他们的帝国，意大利，以及诸神的庇护所，
他迫使每一个凡人去关注，去询问
他的父亲是谁，他是否因为他的母亲身份卑微而低贱。[①] 265

“他的父亲是谁，他是否因为他的母亲身份卑微而低贱”：贺拉斯强调了这一点，即对一些人来说是有益的认同（高贵的祖先帮助米西奈斯在他的公共生活中顺风顺水）却是建立在其他人与之互补的繁重身份（奴隶、自由民、“出生低贱”的人）之上的。但他也论证说真正的高贵——这首诗的题目是《论无上高贵》——正是米西奈斯所表现出的：一种独立于传统的社会身份参数的品质。但贺拉斯的观点不是说像他这样一个自由民的孩子可以做到“诚实”，而是说这类社会身份不是一种合法的参数：对一个人生活的衡量不取决于他是否来自一个“好家庭”。类似的论证可以在不同的概念习语中看到。

一旦我们遇到这些不同传统分道扬镳的例子，一个更丰富的形而上学基础也帮不了我们。因为当有人从儒家价值、毛主义、印度教或伊斯兰教的立场论证人权传统过于个人主义，因此某些个人权利不如集体利益有分量时，回到第一原则只会让我们从一个分歧的领域转向另一个似乎我们没有更多理由期望解决分歧的领域。

卡斯·桑斯坦在美国宪法的语境下捍卫他所说的“未完全理论化的一致”。[②] 我想捍卫一种来自人权法内部实践的高级理论发展所需的

---

①

Sic qui promittit civis, urbem sibi curae,
Imperium fore et Italiam, delubra deorum,
quo patre sit natus, num ignota matre inhonestus,
omnis mortalis curare et quaerere cogit.

Sermones, 1.6.34—37.

② Cass R. Sunstein, “Incompletely Theorized Agreement,” *Harvard Law Review* 108 (1995): 1733—1772.

类似自由。我们可以论证说人权条约提供了绝大多数公民想要的那种对抗政府的保护，同样他们也希望其他人通过他们的政府来支持人权条约，以此来捍卫我们的条约。一旦我们以实用主义的方式来捍卫这些权利，我们可以诉诸一组更具多样化的论证：也许一些权利不仅对于维持尊严和尊重是必要的，而且它们也有助于经济的发展和政体的稳定。这些东西是每个地方绝大多数人需要的。桑斯坦对“不完全理论化的同意”的论述是与某种具备了法律的谦逊精神的提议一致的：如我所说，如果我们拒绝指定我们应该虔诚地希望的“基本人权”，那么我
266 们就不会出错。

提出这种实用主义的主张并不是像有些人建议的那样，认为人权的合法性基础在于我们这个物种当中大多数人的同意。毕竟，我们很多的基本权利限制了大多数人，他们对这个体现了诸多限制的制度的同意并不代表着他们同意这些权利本身——否则就不需要这些权利了。（正如路易斯·梅兰德观察到的那样，“压迫是自然的；自由是人为的。”）[①] 如果同意是一个经验概念，那么大多数美国人不会同意他们实际享有的多数权利：例如，即使被判处死刑他们也有权结婚。人权话语在全世界的流行说明它可以诉诸不同地区和不同传统；对这一协议的共鸣解释了为什么我们可以找到对人权制度的全球支持。在广为流传的国际文件中阐明这些观念的一个原因仅仅是提醒大家注意这一协议的核心，从而赋予它实践的力量。我们无需被这个事实所恼，即形而上学的辩论不太可能产生共识，因为人权的共识可以也应该无需形而上学的共识就能维持。

---

① 他接着说，“自由是社会生成的空间，在这个空间里有特殊追求的各方享受免于其他各方干涉的保护。因此一个人的自由总是对另一个人的限制：如果压迫的现实不存在，我们甚至都不会有自由这个概念。” Louis Menand, “The Limits of Academic Freedom,” in *The Future of Academic Freedom* (Chicago: University of Chicago Press, 1996), 1.

世界主义的对话

我所捍卫的世界主义的根基是自由主义的：它们响应的是自由主义对人类尊严的坚持。要说清楚这到底意味着什么并不容易，的确，在我看来探究它可能意味着什么是自由主义的一项历史课题。但我们已经从现代世界中学习到了关于有尊严的生活要求什么的一些经验。所以让我回到这本书开始时的主题。我将再一次坚持声称，我们在这里所看重的个人的自我创造的价值并不是一种个人主义。我所说的没有
哪一点与承认我们人类自然而然、不可避免是社会性的不相符。首先， 267
由于我们不能独自发展，所以我们需要人的培育，道德和智力的教育，语言的实践，我们才能发展成为完全的人类。这是一种相互依赖的社会性。其次，我们渴望与他人建立关系：我们需要朋友、爱人、父母、孩子、更大的家庭、同事和邻居。这是作为目的的社会性。第三，我们看重的很多其他的东西都仰赖于社会生产，比如文学、艺术、文化世界、教育、金钱，还有现代世界中的食物和住房。这是工具的社会性。但我已经讨论过了为什么这幅图景承认个体自我的社会建构的所有原因。

这幅图景，如我们看到的那样，承认认同处于人类生活的中心：正如我在第三章中探讨过的，自由主义严肃地对待这幅图景，并试图在建构国家和社会时既不失掉对个人自主性的洞见，同时也将认同伦理学考虑在内。但世界主义的冲动也处于这一观点的核心，因为它将一个有着文化和社会多样性的世界看作对有意义的人类生活来说至关重要的自我创造的前提条件。让我说得更清楚些。世界主义看重人类的多样性，因为它使人类的行动力得以可能，一些文化多样性对人们的限制更多，而非赋权更多。如我在第四章中给出的理由，世界主义高度地赞扬多样性，因为它使得人类的选择成为可能，但多样性自身并不是我们无原则地看重的东西。（这是我认为将世界主义看作审美理想的

表达不妥当的原因之一。）还有其他的价值观。社会与社会之间有大量的差异，即使它们在某种意义上都是民主社会。[①]但每个社会应该尊重人类的尊严和个人的自主性这种基本观念比对多样性的世界主义之爱更根本；的确，多样性使得自主性成为可能，这才是对多样性的根本辩护。世界主义不要求其他人以牺牲他们的个人自主性为代价来维护物种的多样性。我们不要求其他人为我们提供一个文化博物馆以供我们游览，或者通过卫星电视去看那无休止的狩猎旅行；我们也不要求一个像香格里拉那样的世外桃源以扩大我们选择认同的范围。我们需要的
268 那些选择必须是可以自由维持的，就像对世界主义者来说人类多样性的存在是我们获得洞见和快乐的无尽源泉。在理论上，整个社会可以在非强迫的情况下汇聚于一组单一的价值。我可能会怀疑如此同质的社会是否适合我生活（即使主流的价值在某种意义上也是我的价值）。我认为它可能会冒很多文化上的、经济上的和道德上的风险，因为它可能最后要求我们把自己封闭起来，与外部世界隔离。但生活在这类社会中的人们毫无疑问有话要说——或也许拒绝和我讨论这个问题，最后，他们可能会发现他们的考虑比我的要有分量。所以，自由选择的同质性在我看来是没有问题的，最后我会说，祝他们好运。但如我说过的，没有理由认为人们都向往同质性；事实上，在一个更尊重人类尊严和个人自主性的世界，朝向同质性的运动可能会减速。

对我捍卫的这种观点所具有的世界主义特征的怀疑部分地来自这种想法，即它是欧洲及其自由主义传统的产物。[②]因此，也许我应该坚持说，我对这些观念的信奉来自我的父亲，我的父亲是在阿桑特长大

① 没有理由认为每个社会都需要以相同的方式灌输大众选择的观念；不同社会中不同的民主制度都满足对自主性的基本尊重。

② 我应该明确地记录我对这种观点的反对，即不管对欧洲人还是非欧洲人来说，这个起源都损害了这些观念。我想要讨论的问题是这些观念如何可能在不同的传统中扎根。我对论证这些原则可以找到阿桑特（或非洲）的起源的这种本土叙事不感兴趣。因此下一段提到的问题是历史性的，而不是辩护性的。

的，那个时候阿桑特人的道德观念是独立于欧洲启蒙运动的，这一点十分明显。而现在说他形成世界主义观，或他对人权和法治的信仰丝毫没有受到欧洲传统的影响是可笑的。但否认他的观念有阿桑特传统的根基同样是站不住脚的（事实上，你环游世界，考察二十世纪中叶南亚和非洲的自由民族主义，你不仅会被它们的相似性震惊，而且它们的地方性变种也会让你印象深刻）。我认为，在这种地方性传统中尤其有两样东西加深了我父亲对个人权利的信奉：首先，它来自在非自由政府下生活的经验；其次，它依赖于他的自我尊严感和他的同胞的尊严感，而这是阿桑特传统的产物。

第一点，关于经验，对自由主义来说十分关键。对不宽容带来的危
害的历史体验——例如，对洛克来说，欧洲十七世纪的宗教不宽容；对 269
甘地来说，殖民地统治的极端不宽容——构成了自由主义对国家干预个人生活的怀疑。我父亲看到宗主国对他的同胞的侮辱，尤其是拒绝给予他们应得的尊重。作为一名律师和反对党的成员，加纳独立后，他在加纳游走数年，捍卫民众被后殖民国家侵犯的权利。自由主义的政治传统就是从在非自由政府统治下生活的经验中生发起来的。自由主义对政府的限制之所以被不同传统的人接受正是因为它抓住了人类和现代政治的一个真理。就像那个时代的宗教战争让洛克写出了《政府论》，他将宗教宽容置于他所捍卫的自由主义的核心一样，后殖民国家的专制独裁者对政治异见者的迫害让保护异见者成为非洲反政府人士的自由主义的核心。（我父亲一点都不担心国家和宗教之间的纠葛；我记得有一次深夜我们坐在电视机前，我父亲唱起了国家的圣歌，这首歌替代了原来那首更世俗的赞歌，作为一天的告别曲，已经连续播放了几个晚上。他对我说，“这是一首更好的国家圣歌。”那时的我是一个自由主义者，我回答，“但原来那首歌的好处是，你不用信仰上帝就可以很

真诚地唱它。”我父亲回答道，“在加纳没有人傻到不信仰上帝。”[1]现在我认为他不去担心国家与宗教的纠葛是对的：在加纳没有宗教不宽容的历史，以至于必须把教会和国家分开；至少在美国电视传播的福音主义来临之前，一种和善的泛基督教主义一直是加纳的规范。）但我父亲更为关心的是个体人类尊严的根基，它存在于我说过的自由的阿桑特公民的尊重和自尊观念中。西赛罗所理解的那种尊严，反映出罗马共和思想与十九世纪阿桑特精英推崇的尊重观念的相似性；我认为，我父
270 亲是作为一个阿桑特人而不是作为一个英国人仰慕西赛罗的。

尽管我已经论证了这些故事的重要性，你不应该被我的故事说服，从而相信自由主义的世界主义如玫瑰般的景色一样美好。悲观主义者可以举出一连串令人沮丧的反例。但是，很难忽略基本人权的话语在全世界亿万人民中的流行。既然我们已经是世界公民了，我们就无需等待制度的变革以行使我们的公民资格：与世界上的其他人就我们必须共同解决的、或大或小的问题对话，就我们可以互相学习的很多议题对话，这已经是作为世界公民在生活了，像玛克斯·奥勒留和劳伦斯·斯特恩的法国军官所做的那样。我说过，这些对话可以有不同的起点，我们可以从共同的起点前进。上海的儒家与皮奥里亚的圣灵降临节集会教徒之间的对话可以是这样的，不同阶级、性别、职业，不同认同的人之间的对话也可以是这样的。从这些对话中我们可以为了我们共享的环境，为了人权，为了享受简单的友谊而走向共同的行动。而这样的友谊有可能在不同图腾的人之间盛行，也会在相同图腾的人之间蔓延。

---

① 我父亲的意思当然不是说加纳没有无神论者，而是说他们的观点无足轻重。当然，洛克同意：“对于否认上帝存在的人，根本没有宽容可言。作为人类社会界限的承诺、契约和誓约对无神论者来说都没有约束力。拿走上帝，即使在思想中拿走上帝，也会消融一切。”“A Letter Concerning Toleration,” in *Political Writing of John Locke*, ed. David Wootton (New York: Mentor, 1993), 246.

如果说这本书有一个图腾，那么它当然就是约翰·斯图亚特·穆勒，我们毫不奇怪穆勒自己有力地表达出一种世界主义的理想：“迄今为止受过教育的人很少在不犯错的情况下培养出一种好品质，不断地将他们自己的观念和传统与其他地方的人的经验比较是不可或缺的：没有哪个国家不需要向其他国家学习，不管是特殊的艺术或实践，还是它自己较弱的品格的本质方面。”[①]因此，穆勒可以与我们一起拒绝一种对我们的差异置之不理的人本主义形式；与他一样，世界主义者相信，有时候正是我们摆上桌面的差异使得这种互动卓有成效。但他也承认，正如我们也应该承认，我们共享的东西非常重要，虽然世界主义者会坚持说我们与他人共享的东西并不总是具有民族国家的性格：有时 271
候可能你和我都爱钓鱼或者都爱做美味的奶酪馅饼。也许我们都阅读了翻译过来的歌德，或者对吴哥窟和帕台农神庙的明信片都感到好奇，或者作为接受了不同训练的律师都具有法治的理想。这可能是世界主义发出的讲英语的声音。但以世界主义的精神，让我用我父亲的传统中一种类似的想法来结尾。Kuro Korō mu nni nyansa，这个谚语说的是：
在一个单一城邦，智慧没有用武之地。[②] 272

① Mill, *Principles of Political Economy, CWM* 3: 594.

② Kuro通常被翻译为“镇”或“乡”：但是在过去的阿桑特镇是相对自治的，因此 339
πολις看来是一个比较贴切的翻译。

致谢

我在三大洲与许多领域——人类学，文学研究，历史，法律，社会学，政治学，当然还有哲学——的学生和同事讨论过认同伦理学。因此我有特权从我在各地——像巴塞尔、伯克利、柏林、剑桥、里约热内卢，还有美国各个大学的听众那里——演讲获得的反响中学习。我很抱歉我不能回忆起所有人的名字以及所有场合；与其尝试着记起一个不完整的清单，我宁愿在此向所有我请教过的人一并表示感谢。当然，我还从与我写作的主题相关的大量文献中收获不小，我尝试着在脚注中将这些特殊的受益一一标明。

不过，我的确记得多年来与Elizabeth Anderson, Susan Babbitt, Richard Bernstein, Homi Bhabha, Jacquie Bhabha,Vincent Crapanzano, Ronald Dworkin, Amy Gutmann, David Hollinger, Mark Johnston, Tom Kelly, Philip Kitcher, Mahmood Mamdani, Tom Nagel, Alexander Nehamas, Robert Nozick, Martha Nussbaum, Susan Moller Okin, Lucius Outlaw, Philip Pettit, David Rieff, Tim Scanlon, Amartya Sen, Jesse Sheidlower, Tommie Shelby, Robert Silvers 以及Charles Taylor非常有价值的对话。二十世纪九十年代的多数时间里我是麻省剑桥Pentimento（以我们曾经会面的咖啡馆命名的）阅读小组的

成员，这个小组曾经汇聚了Larry Blum, Jorge Garcia, Martha Minow, David Wilkins和David Wong等人，我从他们那里学到了许多。1997年 273
秋Ronnie Dworkin和Tom Nagel在纽约法学院主持的一个研讨会上，还有1994年在加州大学圣地亚哥分校以及2001年在英国剑桥大学我主讲的两次Tanner Lectures上，我从很多提问者那里获益良多。毫无疑问，我在智慧上受益于Skip Gates的时间最久，他在二十五年前帮助一个剑桥的学生将他的兴趣提升到概率语义学之外。我能完成这本书还得益于普林斯顿人类价值研究中心的同僚Chris Eisgruber, Steve Macedo, Josh Ober和Peter Singer，得益于与研究中心的研究生以及访问学者的讨论：我们几乎每周举行的研讨会中常常包含着我可以运用的洞见。学生中，我尤其感谢参加了我在纽约大学法学院举办的两次研讨会的成员，这两次研讨会让我可以在1998年秋更细致地来讨论个性的问题；还有哈佛大学很多从事非裔美国研究的学生，1991年到2002年间我们一直在讨论认同的问题；还有在普林斯顿大学上的两门新生课，它们让我在2002年秋和2003年秋开设的《作为一种理想的个性》这门研讨课十分活跃。

我的同事Chris Eisgruber给即将定稿的本书提出了有益的评论，他渊博的法律知识以及他对宗教问题和美国宪法长期的兴趣对我有极大帮助；普林斯顿大学出版社的三位读者也提出了宝贵的意见。其中两位要求匿名，因此我只好默默地表达感谢；还有一位是Jacob Levy，我有幸可以说出他的名字，他的评论结合了纠正和鼓励。我还应该感谢普林斯顿大学出版社的Ian Malcolm，他组织了这些审稿人并帮助我思考如何回复他们。同样在出版社里，Lauren Lepow是一位优雅而亲切的文字编辑，我还要感谢Frank Mahood雅致的设计。另外我还要感谢纽约州立大学布法罗分校哲学系允许我将这本书完整的论证第一次作为
2004年George F. Hourani Lectures的内容讲出。 274

我想，个人拥有的，甚至产生于个人的思想不是最好的思想，毫无

疑问，许多帮助过我的人传递给我的思想也是来自他人的。但是，你可以创造思想的构成形式以及思想的组合，创造表达思想的方式，创造探索这些问题的一条路径：这才使你成为一本书真正的作者。但我甚至不能在那种意义上声称我完全是这本书的作者，因为书中的每一页都受到了我的搭档Henry Finder大量细致的评论、贡献和批评的影响：标题上的名字是我的，我要为这本书及其论断负责，但是，像穆勒说《论自由》是他和Harriet Taylor共同的结晶一样，我想说这本书是我们共同的作品。Harriet Taylor没有活着看到书的出版，所以我们不知道她是否会接受穆勒说这是他们共同的思想这种说法。Henry慷慨地坚持说（也许Harriet也会这样）他只提供了编辑上的帮助。但我知道如果没有他，我的名字将会出现在一本完全不同的、差劲得多的书的封面上。如果我有机会把这本书用拉丁文献给他，我将会烦恼究竟应该用与格（“致”或“给”）还是用夺格（“由、与”或“从”）来写他的名字。一本
275 宣扬一个人的个性可以由深刻共享的计划来表达的书，应该去实践它所宣扬的东西。

索　引

（条目后的数字为原书页码，见本书边码）

人文与社会译丛

第一批书目

1.《政治自由主义》(增订版),[美]J. 罗尔斯著,万俊人译 48.00 元
2.《文化的解释》,[美]C. 格尔茨著,韩莉译 89.00 元
3.《技术与时间:1. 爱比米修斯的过失》,[法]B. 斯蒂格勒著,裴程译 62.00 元
4.《依附性积累与不发达》,[德]A. G. 弗兰克著,高铦等译 13.60 元
5.《身处欧美的波兰农民》,[美]F. 兹纳涅茨基、W. I. 托马斯著,张友云译 9.20 元
6.《现代性的后果》,[英]A. 吉登斯著,田禾译 45.00 元
7.《消费文化与后现代主义》,[英]M. 费瑟斯通著,刘精明译 14.20 元
8.《英国工人阶级的形成》(上、下册),[英]E. P. 汤普森著,钱乘旦等译 168.00 元
9.《知识人的社会角色》,[美]F. 兹纳涅茨基著,郏斌祥译 26.00 元

第二批书目

10.《文化生产:媒体与都市艺术》,[美]D. 克兰著,赵国新译 29.00 元
11.《现代社会中的法律》,[美]R. M. 昂格尔著,吴玉章等译 39.00 元
12.《后形而上学思想》,[德]J. 哈贝马斯著,曹卫东等译 35.00 元
13.《自由主义与正义的局限》,[美]M. 桑德尔著,万俊人等译 30.00 元

14.《临床医学的诞生》,[法]M. 福柯著,刘北成译　25.00 元
15.《农民的道义经济学》,[美]J. C. 斯科特著,程立显等译　42.00 元
16.《俄国思想家》,[英]I. 伯林著,彭淮栋译　35.00 元
17.《自我的根源:现代认同的形成》,[加]C. 泰勒著,韩震等译　88.00 元
18.《霍布斯的政治哲学》,[美]L. 施特劳斯著,申彤译　29.00 元
19.《现代性与大屠杀》,[英]Z. 鲍曼著,杨渝东等译　59.00 元

第三批书目

20.《新功能主义及其后》,[美]J. C. 亚历山大著,彭牧等译　15.80 元
21.《自由史论》,[英]J. 阿克顿著,胡传胜等译　58.00 元
22.《伯林谈话录》,[伊朗]R. 贾汉贝格鲁等著,杨祯钦译　23.00 元
23.《阶级斗争》,[法]R. 阿隆著,周以光译　13.50 元
24.《正义诸领域:为多元主义与平等一辩》,[美]M. 沃尔泽著,褚松燕等译　24.80 元
25.《大萧条的孩子们》,[美]G. H. 埃尔德著,田禾等译　27.30 元
26.《黑格尔》,[加]C. 泰勒著,张国清等译　118.00 元
27.《反潮流》,[英]I. 伯林著,冯克利译　48.00 元
28.《统治阶级》,[意]G. 莫斯卡著,贾鹤鹏译　98.00 元
29.《现代性的哲学话语》,[德]J. 哈贝马斯著,曹卫东等译　78.00 元

第四批书目

30.《自由论》(修订版),[英]I. 伯林著,胡传胜译　69.00 元
31.《保守主义》,[德]K. 曼海姆著,李朝晖、牟建君译　16.00 元
32.《科学的反革命》(修订版),[英]F. 哈耶克著,冯克利译　58.00 元

33.《实践感》,[法]P. 布迪厄著,蒋梓骅译 52.00元
34.《风险社会》,[德]U. 贝克著,何博闻译 17.70元
35.《社会行动的结构》,[美]T. 帕森斯著,彭刚等译 80.00元
36.《个体的社会》,[德]N. 埃利亚斯著,翟三江、陆兴华译 15.30元
37.《传统的发明》,[英]E. 霍布斯鲍姆等著,顾杭、庞冠群译 21.20元
38.《关于马基雅维里的思考》,[美]L. 施特劳斯著,申彤译 78.00元
39.《追寻美德》,[美]A. 麦金太尔著,宋继杰译 35.00元

第五批书目

40.《现实感》,[英]I. 伯林著,潘荣荣、林茂译 30.00元
41.《启蒙的时代》,[英]I. 伯林著,孙尚扬、杨深译 35.00元
42.《元史学》,[美]H. 怀特著,陈新译 89.00元
43.《意识形态与现代文化》,[英]J. B. 汤普森著,高铦等译 68.00元
44.《美国大城市的死与生》,[加]J. 雅各布斯著,金衡山译 29.50元
45.《社会理论和社会结构》,[美]R. K. 默顿著,唐少杰等译 128.00元
46.《黑皮肤,白面具》,[法]F. 法农著,万冰译 14.00元
47.《德国的历史观》,[美]G. 伊格尔斯著,彭刚、顾杭译 58.00元
48.《全世界受苦的人》,[法]F. 法农著,万冰译 17.80元
49.《知识分子的鸦片》,[法]R. 阿隆著,吕一民、顾杭译 45.00元

第六批书目

50.《驯化君主》,[美]H. C. 曼斯菲尔德著,冯克利译 68.00元
51.《黑格尔导读》,[法]A. 科耶夫著,姜志辉译 45.00元
52.《象征交换与死亡》,[法]J. 波德里亚著,车槿山译 45.00元
53.《自由及其背叛》,[英]I. 伯林著,赵国新译 48.00元

54.《启蒙的三个批评者》,[英]I.伯林著,马寅卯、郑想译 48.00元
55.《运动中的力量》,[美]S.塔罗著,吴庆宏译 23.50元
56.《斗争的动力》,[美]D.麦克亚当、S.塔罗、C.蒂利著,李义中等译 31.50元
57.《善的脆弱性》,[美]M.纳斯鲍姆著,徐向东、陆萌译 55.00元
58.《弱者的武器》,[美]J.C.斯科特著,郑广怀等译 42.00元
59.《图绘》,[美]S.弗里德曼著,陈丽译 49.00元

第七批书目

60.《现代悲剧》,[英]R.威廉斯著,丁尔苏译 45.00元
61.《论革命》,[美]H.阿伦特著,陈周旺译 59.00元
62.《美国精神的封闭》,[美]A.布卢姆著,战旭英译,冯克利校 68.00元
63.《浪漫主义的根源》,[英]I.伯林著,吕梁等译 28.00元
64.《扭曲的人性之材》,[英]I.伯林著,岳秀坤译 22.00元
65.《民族主义思想与殖民地世界》,[美]P.查特吉著,范慕尤、杨曦译 18.00元
66.《现代性社会学》,[法]D.马尔图切利著,姜志辉译 32.00元
67.《社会政治理论的重构》,[美]R.J.伯恩斯坦著,黄瑞祺译 25.00元
68.《以色列与启示》,[美]E.沃格林著,霍伟岸、叶颖译 48.00元
69.《城邦的世界》,[美]E.沃格林著,陈周旺译 85.00元
70.《历史主义的兴起》,[德]F.梅尼克著,陆月宏译 48.00元

第八批书目

71.《环境与历史》,[英]W.贝纳特、P.科茨著,包茂红译 25.00元
72.《人类与自然世界》,[英]K.托马斯著,宋丽丽译 35.00元

73.《卢梭问题》,[德]E. 卡西勒著,王春华译　　15.00 元
74.《男性气概》,[美]H. C. 曼斯菲尔德著,刘玮译　　28.00 元
75.《战争与和平的权利》,[美]R. 塔克著,罗炯等译　　25.00 元
76.《谁统治美国》,[美]W. 多姆霍夫著,吕鹏、闻翔译　　35.00 元
77.《健康与社会》,[法]M. 德吕勒著,王鲲译　　35.00 元
78.《读柏拉图》,[德]T. A. 斯勒扎克著,程炜译　　28.00 元
79.《苏联的心灵》,[英]I. 伯林著,潘永强、刘北成译　　59.00 元
80.《个人印象》,[英]I. 伯林著,林振义、王洁译　　35.00 元

第九批书目

81.《技术与时间:2. 迷失方向》,[法]B. 斯蒂格勒著,
赵和平、印螺译　　59.00 元
82.《抗争政治》,[美]C. 蒂利、S. 塔罗著,李义中译　　28.00 元
83.《亚当・斯密的政治学》,[英]D. 温奇著,褚平译　　21.00 元
84.《怀旧的未来》,[美]S. 博伊姆著,杨德友译　　38.00 元
85.《妇女在经济发展中的角色》,[丹]E. 博斯拉普著,陈慧平译　30.00 元
86.《风景与认同》,[美]W. J. 达比著,张箭飞、赵红英译　　68.00 元
87.《过去与未来之间》,[美]H. 阿伦特著,王寅丽、张立立译　58.00 元
88.《大西洋的跨越》,[美]D. T. 罗杰斯著,吴万伟译　　108.00 元
89.《资本主义的新精神》,[法]L. 博尔坦斯基、E. 希亚佩洛著,
高铦译　　58.00 元
90.《比较的幽灵》,[美]B. 安德森著,甘会斌译　　48.00 元

第十批书目

91.《灾异手记》,[美]E. 科尔伯特著,何恬译　　25.00 元

92.《技术与时间:3. 电影的时间与存在之痛的问题》,
[法]B. 斯蒂格勒著,方尔平译 65.00 元
93.《马克思主义与历史学》,[英]S. H. 里格比著,吴英译 78.00 元
94.《学做工》,[英]P. 威利斯著,秘舒、凌旻华译 68.00 元
95.《哲学与治术:1572—1651》,[美]R. 塔克著,韩潮译 45.00 元
96.《认同伦理学》,[美]K. A. 阿皮亚著,张容南译 45.00 元
97.《风景与记忆》,[英]S. 沙玛著,胡淑陈、冯樨译 78.00 元
98.《马基雅维里时刻》,[英]J. G. A. 波考克著,冯克利、傅乾译 108.00 元
99.《未完的对话》,[英]I. 伯林、[波]B. P.-塞古尔斯卡著,
杨德友译 65.00 元
100.《后殖民理性批判》,[印]G. C. 斯皮瓦克著,严蓓雯译 58.00 元

第十一批书目

101.《现代社会想象》,[加]C. 泰勒著,林曼红译 45.00 元
102.《柏拉图与亚里士多德》,[美]E. 沃格林著,刘曙辉译 54.00 元
103.《论个体主义》,[法]L. 迪蒙著,桂裕芳译 30.00 元
104.《根本恶》,[美]R. J. 伯恩斯坦著,王钦、朱康译 78.00 元
105.《这受难的国度》,[美]D. G. 福斯特著,孙宏哲、张聚国译 39.00 元
106.《公民的激情》,[美]S. 克劳斯著,谭安奎译 49.00 元
107.《美国生活中的同化》,[美]M. M. 戈登著,马戎译 35.00 元
108.《风景与权力》,[美]W. J. T. 米切尔著,杨丽、万信琼译 45.00 元
109.《第二人称观点》,[美]S. 达沃尔著,章晟译 69.00 元
110.《性的起源》,[英] F. 达伯霍瓦拉著,杨朗译 58.00 元

第十二批书目

111.《希腊民主的问题》,[法]J. 罗米伊著,高煜译 48.00元
112.《论人权》,[英]J. 格里芬著,徐向东、刘明译 62.00元
113.《柏拉图的伦理学》,[英]T. 厄温著,陈玮、刘玮译(即出)
114.《自由主义与荣誉》,[美]S. 克劳斯著,林垚译 62.00元
115.《法国大革命的文化起源》,[法]R. 夏蒂埃著,洪庆明译 38.00元
116.《对知识的恐惧》,[美]P. 博格西昂著,刘鹏博译 38.00元
117.《修辞术的诞生》,[英]R. 沃迪著,何博超译 48.00元
118.《历史表现中的真理、意义和指称》,[荷]F. 安克斯密特著,周建漳译 45.00元
119.《天下时代》,[美]E. 沃格林著,叶颖译 78.00元
120.《求索秩序》,[美]E. 沃格林著,徐志跃译 48.00元

第十三批书目

121.《美德伦理学》,[新西兰]R. 赫斯特豪斯著,李义天译 55.00元
122.《同情的启蒙》,[美]M. 弗雷泽著,胡靖译 48.00元
123.《图绘暹罗》,[美]T. 威尼差恭著,袁剑译 58.00元
124.《道德的演化》,[新西兰]R. 乔伊斯著,刘鹏博、黄素珍译 65.00元
125.《大屠杀与集体记忆》,[美]P. 诺维克著,王志华译 78.00元
126.《帝国之眼》,[美]M. L. 普拉特著,方杰、方宸译 68.00元
127.《帝国之河》,[美]D. 沃斯特著,侯深译 76.00元
128.《从道德到美德》,[美]M. 斯洛特著,周亮译 58.00元
129.《源自动机的道德》,[美]M. 斯洛特著,韩辰锴译 58.00元
130.《种族与文化少数群体》,[美]G. E. 辛普森、[美]J. M. 英格尔著,马戎、王凡妹译(即出)

第十四批书目

131.《城邦与灵魂:费拉里〈理想国〉论集》,[美]G. R. F. 费拉里著,刘玮编译　58.00 元
132.《人民主权与德国宪法危机》,[美]P. C. 考威尔著,曹晗蓉、虞维华译　58.00 元
133.《16 和 17 世纪英格兰大众信仰研究》,[英]K. 托马斯著,芮传明、梅剑华译　168.00 元
134.《民族认同》,[英]A. D. 史密斯著,王娟译　55.00 元
135.《世俗主义之乐:我们当下如何生活》,[英]G. 莱文编,赵元译　58.00 元
136.《国王或人民》,[美]R. 本迪克斯著,褚平译(即出)
137.《哲学解释》,[美]R. 诺齐克著,林南、乐小军译(即出)
138.《自由与多元论:以赛亚·伯林思想研究》,[英]G. 克劳德著,应奇等译　58.00 元
139.《暴力:思无所限》,[美]R. J. 伯恩斯坦著,李元来译　59.00 元
140.《中心与边缘:宏观社会学论集》,[美]E. 希尔斯著,甘会斌、余昕译　88.00 元

有关"人文与社会译丛"及本社其他资讯,欢迎点击 www. yilin. com 浏览,对本丛书的意见和建议请反馈至新浪微博@译林人文社科。